入 門
刑事法
［第9版］

三井　誠・瀬川　晃・北川佳世子
編

有斐閣
YUHIKAKU

第 9 版　はしがき

　刑事法の入門書である本書は，このたび 9 度目の版を重ねることとなりました。

1　本書のねらい・特色

　「刑事法」は，刑法，刑事訴訟法，刑事学の 3 部門からなります。本書は 2000（平成 12）年，学生にとっては，本格的にこれらの各部門を学ぶ前のオードブル（前菜）となること，一般市民にとっては，刑事法の大枠を知り，その面白みを味わってもらうスナック（軽食）となることを目指してスタートしました。ほぼ四半世紀を経過する現在もこのねらいに変わりはありません。

　本書は，刑事法の全体を概観した「あらまし」を頭に，3 部門を章に分かち，章の初めにその部門の骨組み・エッセンスを解説したうえで（各章の「あらまし」），6〜8 個の個別 *THEME* につきその内容に立ち入って論ずるという構成をとっています。各 *THEME* は，その取り扱っている幅こそ広狭様々ですが，いずれもそれぞれの部門の軸となるような重要なものばかりです。入門書としてはやや異例かもしれませんが，全体を満遍なく眺めるよりも，各 *THEME* を通してそれぞれの部門の機微・奥行きを感得してもらう方が学習上，初学者にも意義があり有用ではと考えたことによります。

　また，本書では，相当数の *THEME* について，刑事法に関するエキスパートである，警察，検察，裁判の関係者，弁護士，刑務官，保護観察官に交々執筆していただきました。豊富な実務経験に裏打ちされた生き生きした論述は，本書の最大の特色です。

2　これまでの版では

　本書発刊時以降，刑事法の分野では，制度の改革，新法の制定，法律の部分改正等が相次ぎました。

　刑法および刑事学の領域では，自由刑の上限の引上げ，罰金刑の見直し，凶悪犯罪の法定刑の引上げ，人身の自由に対する罪の罰則整備，刑の一部執行猶

ii　第9版　はしがき

予制度の新設，自動車運転死傷処罰法の制定，性犯罪をめぐる多岐にわたる法改正などが挙げられます。児童虐待防止法，ストーカー規制法，DV 防止法など特別法の制定等も続きました。監獄法に代わる刑事収容施設法，更生保護制度の基本法である更生保護法の制定，その後の部分改正，数次に及ぶ少年法の改正，被害者をめぐる参加・支援制度の法的整備も重要です。

　刑事訴訟法の分野でも，司法制度改革に基づく，裁判員制度，公判前・期日間整理手続，即決裁判手続の新設，被疑者国選弁護制度の導入・拡充，取調べの録音・録画制度の実施，強制起訴制度の採用など，その変革は広範に及んでいます。

　したがって，これまでの版は，各領域の重要部分に関する解説に主眼をおきながらも，THEME の多くがこれら改革・改正およびその展開に配慮して書き進められました。

3　第9版の刊行にあたって

　その後も，懲役・禁錮の廃止と拘禁刑の創設，性犯罪規定のさらなる見直しなど法改正の動きはとどまりません。今回の改版にあたっても，第8版以降の法制，判例・実務の動向などを踏まえて，すべての THEME において再検討，修補の作業を行い，最新の情報を提供するよう努めましたが，とくに第9版については，次の点を挙げておきます。

　上記の性犯罪をめぐる新たな法改正について，第1章 THEME 4「性犯罪と刑法改正」において北川佳世子教授がその内容を詳述するとともに，法改正はまだ実現していませんが，その重要度にかんがみて，第2章 THEME 1 として，池田公博教授による「刑事手続の IT 化」を取り上げました。

　第2章 THEME 4「警察捜査の実態と今後の課題」については，津田隆好氏の手によって新たな稿が起こされました。これまで長期間にわたってご担当いただいた田中法昌氏に感謝いたします。

　第3章「刑事学」は，実務家による THEME 4 を除くすべての THEME につき全般にわたって，小西暁和教授の手により補訂されました。

　さらに，「誘い」コーナーでは，新しくそれぞれの立場から，木村ひとみ書記官が「Invitation to 裁判所事務官・裁判所書記官」を，橋本典子弁護士が「Invitation to スタッフ弁護士」を語られました。

第9版　はしがき　　iii

　今回の改訂にあたって，学生を中心とした読者，本書を講義の基本書・参考書として活用して下さる教員等の皆様から，貴重なご意見や種々のご提言・アドバイスを頂戴しました。また，有斐閣編集部においては，これまでの版に引き続き笹倉武宏さんに多々お力添え願うとともに，とくに入田萌衣さんには，学生時代のご経験をもとに学習書の勘所につき種々行き届いたご配意をいただきました。皆様方に心より御礼を申し上げます。

　今次の第9版についても，これまで同様多くの読者が得られますよう切に願っています。

※　なお，本書において掲載・言及している各種の統計は，とくに引用がない場合を含めて主として下記の資料に基づいています。
　・犯罪白書（法務省）
　　https://www.moj.go.jp/housouken/houso_hakusho2.html
　・警察白書（警察庁）
　　https://www.npa.go.jp/publications/whitepaper/index_keisatsu.html
　・年間の犯罪（警察庁）
　　https://www.npa.go.jp/publications/statistics/sousa/year.html

　　2024 年 8 月

編者を代表して

三 井　　誠

執筆者紹介

（執筆順。肩書は 2024 年 8 月現在。＊は編者）

＊**三井　誠**　序章あらまし，第 2 章あらまし，第 2 章 *THEME 2・3* 執筆
　　神戸大学名誉教授

曽根威彦　第 1 章あらまし，第 1 章 *THEME 1・2・3* 執筆（2・3 は北川佳世子との共同執筆）
　　早稲田大学名誉教授

＊**北川佳世子**　第 1 章 *THEME 2・3・4・5* 執筆（2・3 は曽根威彦との共同執筆）
　　早稲田大学教授

是木　誠　第 1 章 *THEME 6*，Invitation to 検察官 執筆
　　東京地方検察庁検事，福岡地方検察庁検事，千葉地方検察庁検事，法務省大臣官房参事官等を経て，現在，法務省刑事局総務課長

角田　亨　Invitation to 検察事務官 執筆（in 第 1 章 *THEME 6*）
　　和歌山地方検察庁，大阪地方検察庁，法務省刑事局，法務省大臣官房国際課等を経て，現在，最高検察庁総務部企画調査課長補佐

池田公博　第 2 章 *THEME 1* 執筆
　　京都大学教授

津田隆好　第 2 章 *THEME 4*，Invitation to 警察官 執筆
　　警察庁生活安全局生活経済対策管理官，鳥取県警察本部長，警察政策研究センター所長，大阪府警察本部副本部長等を経て，現在，静岡県警察本部長

大川隆男　第 2 章 *THEME 5*，Invitation to 裁判官 執筆
　　東京地方裁判所判事補，最高裁判所秘書課付，仙台高等裁判所判事，東京地方裁判所判事，仙台地方裁判所判事等を経て，現在，東京高等裁判所判事

木村ひとみ　Invitation to 裁判所事務官・裁判所書記官 執筆（in 第 2 章 *THEME 5*）
　　高松高等裁判所，大阪地方裁判所，東京高等・地方・簡易裁判所，千葉地方裁判所松戸支部等を経て，現在，東京地方裁判所立川支部主任書記官

吉田智宏　第 2 章 *THEME 6*，Invitation to 法曹（裁判員裁判）執筆
　　東京地方裁判所判事補，高知地方裁判所判事補，仙台高等裁判所判事，司法研修所教官，東京地方裁判所判事等を経て，現在，名古屋地方裁判所部総括判事

執筆者紹介　v

秋田真志　第2章 *THEME 7*，Invitation to 弁護士（刑事弁護人）執筆
　　弁護士。大阪弁護士会刑事弁護委員会委員長，日弁連取調べの可視化実現本部事
　　務局長，同刑事弁護センター事務局長，委員長等を歴任

山崎　学　第2章 *THEME 8* 執筆
　　千葉地方裁判所長，東京高等裁判所部総括判事，慶應義塾大学大学院法務研究科
　　客員教授，日本司法支援センター理事等を歴任

橋本典子　Invitation to スタッフ弁護士　執筆（in 第2章 *THEME 8*）
　　弁護士。平成21年弁護士登録と同時に，日本司法支援センター（法テラス）の常
　　勤弁護士に採用。現在，法テラス沖縄法律事務所で勤務

＊瀬川　晃　第3章あらまし，第3章 *THEME 1・2・3・5・6* 執筆
　　同志社大学名誉教授

小西暁和　第3章あらまし，第3章 *THEME 1・2・3・5・6* 補訂
　　早稲田大学教授

田中一哉　第3章 *THEME 4*（1・3・4），Invitation to 保護観察官 田中健太郎との共同執筆
　　法務省保護局処遇企画官，東京保護観察所長，近畿地方更生保護委員会委員長等
　　を経て，現在，更生保護法人神奈川県更生保護協会事務局長

田中健太郎　第3章 *THEME 4*（1・3・4），Invitation to 保護観察官 田中一哉との共同執筆
　　横浜保護観察所，千葉保護観察所，厚生労働省，法務省保護局企画調整官等を経
　　て，現在，甲府保護観察所長

松村憲一　第3章 *THEME 4*（2），Invitation to 刑務官　執筆
　　法務省矯正局，甲府刑務所，盛岡少年刑務所，府中刑務所，東京拘置所，東京矯
　　正管区等を経て，現在，矯正研修所矯正研修分析官

土方正樹　Invitation to 家庭裁判所調査官　執筆（in 第3章 *THEME 5*）
　　東京家庭裁判所（裁判所職員総合研修所教官兼務），京都家庭裁判所，外務省，大
　　阪家庭裁判所等を経て，現在，東京家庭裁判所総括主任家庭裁判所調査官

も く じ

序 章 刑事法とは

あらまし 2

1 刑事法とは ……………………………………………………2
(1) 刑事法 *2*　(2) 法律 *2*　(3) 新しい動き *3*　(4) 具体例 *5*
(5) 民事法との違い *6*

2 刑事法の学び方 ……………………………………………6
(1) 三位一体 *6*　(2) 学び方の共通性 *7*　(3) 裁判報道など *7*
(4) 本書では *9*

3 刑事法を担う人 ……………………………………………9
(1) 法曹三者など *9*　(2) 実務家への誘い *10*

第1章 刑 法

あらまし 14

1 刑法とは何か ………………………………………………14
2 刑法学にはどのようなものがあるか …………………15
3 刑法総論 ……………………………………………………16
4 刑法各論 ……………………………………………………16
(1) 個人法益に対する罪 *17*　(2) 社会法益に対する罪 *18*　(3) 国家
法益に対する罪 *18*

5 刑法の理論 …………………………………………………19

もくじ　vii

THEME1　刑法についての基本的な考え方　21

1　刑法の役割 ···21

　(1) 刑法は道徳の一部か　21　　(2) 刑法による介入はなぜ許されるのか　23

2　被害なければ刑罰なし ···25

　(1) わいせつ物輸入事件　25　　(2) 読みたい人にわいせつ図書を販売する
　行為も犯罪か　26　　(3) 自己が被害者の犯罪──賭博罪の場合　28
　(4) 被害者の承諾がある場合──同意傷害　29

3　法律なければ犯罪・刑罰なし──罪刑法定主義 ·····················30

　(1) 法益の保護と人権の保障　30　　(2) 罪刑法定主義の意義と根拠　31
　(3) 罪刑法定主義の内容　32

4　責任なければ刑罰なし──責任主義 ·······························34

　(1) 責任とは何か　34　　(2) 道義的責任論と社会的責任論　34

THEME2　犯罪とは何か　36

1　犯罪の概念 ··36

　(1) 犯罪の意義　36　　(2) 犯罪の要素　37

2　因果関係 ··38

　(1) 条件関係　38　　(2) 相当因果関係説　38　　(3) 判例と危険現実化説
　39

3　正当化事由 ··40

　(1) 正当化の基本原理　40　　(2) 正当防衛と緊急避難　41

4　故意・過失と錯誤 ···43

　(1) 故意と過失　43　　(2) 事実の錯誤　44　　(3) 違法性の錯誤　46

5　犯罪にはどのような形態があるか ·································46

　(1) 作為犯と不作為犯　46　　(2) 既遂犯と未遂犯　48　　(3) 正犯と共犯
　51　　(4) 共犯の基礎理論　54　　(5) 一罪と数罪　55

THEME3　人のいのちと刑法　57

1　人の始期 ··57

viii　もくじ

　　　　(1) 民法の「人」と刑法の「人」 57　　(2) 熊本水俣病と胎児傷害 57

　2　人の終期 ……………………………………………………………59

　　　　(1) 脳死か心臓死か 59　　(2) 脳死と臓器移植 59

　3　死ぬ権利と刑法 …………………………………………………60

　　　　(1) 自殺と刑法 60　　(2) 自殺関与罪と同意殺人罪 61

　4　安楽死と尊厳死 …………………………………………………62

　　　　(1) 安楽死と刑法 62　　(2) 尊厳死と刑法 63

THEME4　性犯罪と刑法改正　　　　　　　　　　　　　　　66

　1　はじめに …………………………………………………………66

　2　法改正の背景 ……………………………………………………66

　　　　(1) 性被害の捉え方の変化 66　　(2) 性犯罪の実情に即した対処の必要性
　　　　67　　(3) 処罰範囲の明確性・安定化の要請 68

　3　2017 年の刑法改正 ……………………………………………69

　　　　(1) 2017 年改正の主要点 69　　(2) 2017 年に改正されなかった点 69

　4　2023 年の刑法改正 ……………………………………………71

　　　　(1) 性犯罪の要件の明確化（不同意性交等罪・不同意わいせつ罪に再構成）
　　　　71　　(2) 性交等にあたる行為の拡張 71　　(3) 性交同意年齢の引上げ
　　　　72　　(4) 配偶者間の確認規定 73　　(5) 16 歳未満の者に対するわいせ
　　　　つ目的面会要求等罪の新設 73

　5　その他の改正点（2023 年）……………………………………73

　　　　(1) 刑事訴訟法上の改正点 73　　(2) 性的姿態撮影等処罰法の制定 74

THEME5　特殊詐欺と刑法　　　　　　　　　　　　　　　　　75

　1　特殊詐欺の横行 …………………………………………………75

　2　オレオレ詐欺と詐欺罪（刑法 246 条）の構成要件　………76

　3　受け子の故意 ……………………………………………………78

　4　詐欺罪の実行の着手 ……………………………………………79

　5　だまされたふり作戦と刑法理論 ………………………………81

もくじ　ix

　　　(1) 空箱を受け取った犯人の罪責　81　　(2) 見破られた後に関与した受け
　　　子の罪責　82

6　詐欺と窃盗の区別 ………………………………………………………84

THEME6　経済取引と刑法　　　　　　　　　　　　　86

1　はじめに ………………………………………………………………86
　　　(1) 経済取引と犯罪　86　　(2) 経済取引に対する制裁の態様　86
　　　(3) 社会の変化と経済犯罪　87

2　経済犯罪に適用される刑事罰則 ……………………………………88
　　　(1) 刑法上の罰則　88　　(2) 特別法上の罰則　90

3　役割を増す刑事罰則の様相 …………………………………………91
　　　(1) 独占禁止法違反の罪　91　　(2) 金融商品取引法違反の罪　93
　　　(3) 租税犯罪　96　　(4) 知的財産に関わる犯罪　97　　(5) その他　98

4　経済犯罪をめぐる最近の動き ………………………………………99
　　　(1) グローバル化の進展　99　　(2) 情報通信技術の高度化　100
　　　(3) 法改正等に伴う捜査手法の変化　100

5　おわりに ………………………………………………………………101

　　Invitation to 検察官　101　　　Invitation to 検察事務官　102

第2章　刑事訴訟法

あらまし　　　　　　　　　　　　　　　　　　　　106

1　刑事訴訟法とは ………………………………………………………106
　　　(1) 刑事訴訟法の姿　106　　(2) 刑事訴訟法典（昭和23年法律第131号・
　　　昭和24年施行）　107

2　現行刑事訴訟法の特徴 ………………………………………………108
　　　(1) 憲法化　108　　(2) 当事者主義化　108　　(3) アメリカ法化　109
　　　(4) 「疑わしきは被告人の利益に」　109

x　もくじ

3　刑事訴訟法の学び方 ······································· 110

　(1) 手続全体・運用の理解　110　　(2) 基本原理・理念　112　　(3) 条文
の操作　112　　(4) 法および制度の改正　114

4　刑事訴訟法への近づき――裁判の傍聴 ······················· 115

5　本書の構成 ··· 116

THEME1　刑事手続の IT 化　119

1　刑事手続の IT 化の意義 ································· 119

2　検討を要する課題 ······································· 120

3　IT 化の許容性と要件 ···································· 122

　(1) 書類の電子データ化・発受のオンライン化　122　　(2) 捜査・公判に
おける手続のオンライン化　124

4　終わりに ··· 129

THEME2　検察審査会制度　130

1　制度の誕生と制度の趣旨・活動内容等 ························· 131

　(1) 制度の誕生　131　　(2) 検察審査会の目的　132　　(3) 検察審査会の
活動　132　　(4) 実情（1949 年〜2008 年）とその評価　133

2　制度の見直し ··· 134

　(1) 見直しの動き　134　　(2) 制度の改正内容　135　　(3) 法改正の意
義・運用・評価　137

THEME3　伝聞法則　140

1　問題の所在 ··· 140

　(1) ある事例　140　　(2) 供述調書の証拠能力　140

2　伝聞法則とは ··· 141

　(1) 伝聞法則　141　　(2) 伝聞供述　141　　(3) 本事例の場合　142

もくじ　xi

3 伝聞法則の根拠 ・・・142

(1) 伝聞排斥の理由　*142*　　(2) 伝聞と非伝聞　*143*　　(3) 供述当時の心
理状態の供述　*145*　　(4) 伝聞法則と憲法 37 条 2 項・直接主義　*146*

4 伝聞法則の例外 ・・・146

(1) 例外の類型①　*146*　　(2) 例外の類型②　*147*

THEME4　警察捜査の実態と今後の課題　　　151

1 警察捜査の特徴 ・・・151

(1) 警察捜査の実際　*151*　　(2) 警察捜査の意義　*152*

2 犯罪に対する政府全体レベルでの取組み ・・・・・・・・・・・・・・・・・・・・・・・154

3 警察捜査の今後の課題 ・・156

(1) サイバー空間における対処能力の強化　*156*　　(2) 繁華街・歓楽街対
策の強化を含む，匿名・流動型犯罪グループに対する戦略的な取締りの強
化　*157*　　(3) 特殊詐欺に係る広域的な捜査連携の強化　*159*

4 警察制度の概要 ・・・159

(1) 警察の規模　*160*　　(2) 特徴 1──地方分権型組織　*160*　　(3) 特徴
2──公安委員会制度　*161*　　(4) 特徴 3──全国的な対応　*161*

Invitation to 警察官　*163*

THEME5　裁　　判　　　164

1 刑事裁判を担当する裁判所 ・・・・・・・・・・・・・・・・・・・・・・・・・・・・・・・・・・・・164

(1) 裁判所　*164*　　(2) 裁判官　*164*　　(3) 合議事件，単独事件　*165*

2 刑事裁判で判断される事項 ・・・・・・・・・・・・・・・・・・・・・・・・・・・・・・・・・・・・165

3 刑事裁判の各段階 ・・166

4 公判準備 ・・166

(1) 公判準備の目的，方法　*166*　　(2) 公判準備の内容　*167*　　(3) 公判
準備の手順　*168*

5 公判審理 ・・169

(1) 公判中心主義　*169*　　(2) 公判廷の構成　*169*　　(3) 訴訟指揮権と法

xii　もくじ

廷警察権　*170*　　⑷ 公判手続の流れ　*171*　　⑸ 冒頭手続──公判手続
の第Ⅰ段階　*171*　　⑹ 証拠調べ──公判手続の第Ⅱ段階　*172*　　⑺ 論
告・弁論──公判手続の第Ⅲ段階　*177*

6　評議，判決宣告 ･･････････････････････････････････････*177*

⑴ 評議　*177*　　⑵ 判決宣告　*178*

7　最後に──裁判官の職責 ････････････････････････････*178*

Invitation to 裁判官　*179*

Invitation to 裁判所事務官・裁判所書記官　*180*

THEME6　**裁判員制度** *181*

1　導入に至る経緯等 ･･････････････････････････････････*181*

⑴ 導入に至る経緯　*181*　　⑵ 裁判員制度実施に関連する法改正　*181*
⑶ 裁判員法施行後の法改正　*182*

2　制度の概要 ･･*182*

⑴ 対象事件　*182*　　⑵ 合議体の構成　*183*　　⑶ 選任される裁判員
183　　⑷ 裁判員の選任方法　*184*　　⑸ 裁判手続　*186*　　⑹ 裁判員の
職務，権限等　*189*

3　現状と課題 ･･*190*

⑴ 制度趣旨と成果　*190*　　⑵ 実施状況　*191*　　⑶ 課題　*191*

Invitation to 法曹（裁判員裁判）　*192*

THEME7　**刑 事 弁 護** *194*

1　はじめに──なぜ刑事弁護は必要か ････････････････････*194*

2　刑事弁護の発展経緯 ････････････････････････････････*196*

⑴ 従来の捜査手法と捜査弁護　*196*　　⑵ 長らく捜査弁護は不活発であ
った　*197*　　⑶ 接見指定（接見妨害）の問題　*198*　　⑷ 捜査弁護変革
の動き＝当番弁護士制度の発足　*200*　　⑸ 従来の刑事公判の問題点と公
判弁護──取調べ可視化論の始まりなど　*201*　　⑹ 司法制度改革論議に
おける刑事司法改革　*204*　　⑺ 取調べの可視化をめぐる論議の再燃と検
察改革　*204*　　⑻ 残された課題　*205*

もくじ　xiii

3 弁護実践はどのようなものか　………………………………207

　　⑴ 捜査弁護　*207*　　⑵ 公判弁護　*209*

4 これからの刑事弁護　…………………………………………212

　　Invitation to 弁護士（刑事弁護人）　*212*

THEME8　**刑事裁判と法テラス**　214

1 法テラス　………………………………………………………214

2 国選弁護等関連業務　…………………………………………215

　　⑴ 国選弁護制度　*215*　　⑵ 国選付添制度　*217*

3 犯罪被害者支援業務　…………………………………………218

　　⑴ 犯罪被害者等支援　*218*　　⑵ 刑事裁判への被害者参加　*219*

　　⑶ DV・ストーカー・児童虐待の被害者支援　*220*

4 スタッフ弁護士の活躍　………………………………………220

　　Invitation to スタッフ弁護士　*221*

第3章　刑事学

あらまし　224

1 刑事学とは　……………………………………………………224

2 刑事学の限界　…………………………………………………225

3 刑事学を学習する上でのアドバイス　………………………226

4 Go through the gate to Criminology !　………………………227

THEME1　**わが国の犯罪状況**　229

1 わが国の犯罪情勢　……………………………………………229

　　⑴ 戦後の犯罪動向の推移　*229*　　⑵ 少年犯罪・非行　*230*　　⑶ 女性

犯罪　*231*

2　犯罪は「凶悪化」しているのか　……………………………232

(1) 最近の犯罪動向　*232*　　(2) 少年犯罪・非行　*234*　　(3) 女性犯罪
235　　(4) 犯罪情勢の国際比較　*236*　　(5) モラル・パニック　*237*

3　わが国の治安安定の要因　…………………………………237

(1) わが国の治安安定の要因　*237*　　(2) ゆらぐ安全神話　*239*

4　被害者からみた犯罪の実態　………………………………240

(1)「暗数」問題と新しい犯罪実態調査　*240*　　(2) 犯罪に対する不安感
242

THEME2　なぜ人は犯罪を犯すのか　　　　　　　　　　*244*

1　犯罪学の誕生　…………………………………………………244

(1) ロンブローゾの生来性犯罪者説　*244*　　(2) 犯罪人類学の発展　*245*
(3) 環境学派からの反論——「遺伝か環境か」論争へ　*245*　　(4) 生来性犯
罪者説の意義　*246*

2　犯罪原因論の3つのアプローチ　……………………………246

(1) 犯罪生物学的アプローチ　*247*　　(2) 犯罪心理学的アプローチ　*248*
(3) 犯罪社会学的アプローチ　*248*　　(4) 犯罪原因論の混迷　*250*

3　犯罪原因論をめぐる議論の推移　…………………………250

(1) ラベリング理論　*250*　　(2) コントロール理論　*252*　　(3) フェミニ
スト犯罪学　*253*　　(4) 環境犯罪学　*255*

4　犯罪学の新たな動き——デジスタンス研究…………………256

(1) デジスタンス研究とは　*256*　　(2) デジスタンス研究の知見　*257*
(3) デジスタンス研究の課題　*257*

THEME3　「罰する」ことの意味　　　　　　　　　　*259*

1　刑罰を科す意義と目的　……………………………………259

(1) なぜ罰するのか　*259*　　(2) どんな刑罰が適当か　*261*　　(3) ダイ
バージョン　*261*

2　死　刑　…………………………………………………………263

もくじ　xv

(1) 死刑制度の概要　*263*　　(2) 死刑執行の手続　*264*　　(3) 死刑存廃論
265

3　自由刑と財産刑 ･･･*267*

(1) 自由刑　*267*　　(2) 財産刑　*269*　　(3) 法改正の動向　*270*

4　犯罪対策の新しい展開 ･･*272*

(1) 社会奉仕命令　*272*　　(2) 電子監視　*273*

5　新しい犯罪現象と刑事立法 ･･････････････････････････････････････*274*

(1) 児童虐待防止法　*275*　　(2) ストーカー規制法　*276*　　(3) DV 防止法
277　　(4) リベンジポルノ防止法　*278*　　(5) 新しい立法の評価　*280*

THEME4　犯罪者はどのように処遇されているか　　*281*

1　矯正と更生保護 ･･･*281*

2　矯正（施設内処遇）──自由刑の執行を中心に ･････････････････････*281*

(1) 刑事収容施設法　*281*　　(2) 刑務所と拘置所の違い　*281*　　(3) 自由
刑の執行　*282*　　(4) 少年鑑別所と少年院　*291*

3　更生保護（社会内処遇） ･･*292*

(1) 更生保護とは　*292*　　(2) 更生保護の組織　*293*　　(3) 仮釈放等　*295*
(4) 保護観察　*296*　　(5) 刑の一部の執行猶予　*302*　　(6) 処分時 18 歳・
19 歳の者の取扱い　*303*　　(7) 更生緊急保護　*304*　　(8) 更生保護の今
後　*307*

4　結　び ･･･*307*

　Invitation to 刑務官　*308*
　Invitation to 保護観察官　*309*

THEME5　大人とは違う少年犯罪者への取扱い　　*311*

1　少年法の骨格 ･･･*311*

(1) 保護手続　*311*　　(2) 保護処分と刑事処分　*312*

2　2000 年改正少年法 ･･･*313*

(1) 2000 年改正の背景　*313*　　(2) 2000 年改正少年法の概要　*314*

xvi　もくじ

3　その後の改正少年法（2007 年・2008 年・2014 年・2021 年）………317

　(1) 2007 年改正の背景　*317*　　(2) 2007 年改正少年法の概要　*318*

　(3) 2008 年改正の背景　*320*　　(4) 2008 年改正少年法の概要　*321*

　(5) 2014 年改正の背景　*322*　　(6) 2014 年改正少年法の概要　*322*

　(7) 2021 年改正の背景　*324*　　(8) 2021 年改正少年法の概要　*324*

4　改正少年法の評価………326

　Invitation to 家庭裁判所調査官　*328*

THEME6　被害者支援をいかに実現するか　*330*

1　被害者学の発展………330

　(1) 伝統的な被害者学の考え方　*330*　　(2) 新しい被害者学の考え方　*331*

　(3) これからの被害者学　*332*

2　わが国における犯罪被害者支援の変遷と現状………333

　(1) 犯罪被害者支援の変遷　*333*　　(2) 犯罪被害者支援の法的整備　*334*

3　犯罪被害者支援の展開………337

　(1) 被害者の刑事裁判への参加制度の創設　*337*　　(2) 経済的支援の充実
　338　　(3) 処遇段階での被害者の関与　*339*　　(4) 残された課題　*340*

4　修復的司法の考え方と問題点………341

　(1) 修復的司法とは　*341*　　(2) 修復的司法が急速に発展したわけ　*342*

　(3) 修復的司法の問題点　*343*

さくいん　*344*

序　章

刑事法とは

あらまし

■ 1 刑事法とは ■

(1) 刑事法

本書の題名は，『入門刑事法』です。皆さんがこれから学ぶ，「刑事法」とは何か，から説明を始めましょう。

皆さんは日常，新聞，ＴＶ，タブレット，スマートフォンなど各種のメディア手法を通して，Ｘが殺人を犯した疑いで警察に逮捕されたとか，Ｙが強盗の罪で起訴されたとか，Ｚが賄賂を受け取ったとして有罪判決を受けたなど，犯罪に関する事件をめぐる報道を目にしておられることでしょう。犯罪に関するこのような情報は巷に満ちあふれているといってもよいほどです。

刑事法とは，犯罪と刑罰に関する法の分野を指します。具体的には，それは**①刑法**，**②刑事訴訟法**，**③刑事学**の３つの部門に大別することができます。本書の目次を見てもらえば分かりますように，本書の章立てがそれを示しています。

①刑法は，犯罪とは何か，犯罪に対してどのような刑罰が科せられるかといった，犯罪と刑罰の関係を定めるものです。②刑事訴訟法は，犯罪が発生したとき，証拠を収集し，犯罪事実を認定して刑罰を科す手続を定めるものです。したがって，刑事手続法とも呼ばれます。手続は，捜査→起訴→公判→裁判と進みます。③刑事学は，犯罪現象・実態を分析し，犯罪の原因を調べたり，犯罪の対策を考えるものです。ここでは，矯正（刑務所等，矯正施設内での処遇），更生保護（施設外の処遇を軸とする社会内処遇）など，犯罪者の処遇のあり方も論じられます。そこで，刑事学は犯罪学，刑事政策，矯正保護とも呼ばれます。

(2) 法 律

①～③の内容については，本書の各章で詳しくお話ししますが，これらを検討する場合，それぞれを支える土台・骨ともいうべき法律があることを忘れてはなりません。①は「刑法」（1907〔明治40〕年制定の法律）ですし，②は「刑事訴訟法」

あらまし　*3*

（1948〔昭和23〕年制定の法律）です。③は，犯罪の原因や対策を扱いますから，関連する法律はいくつかありますが，柱となるのは，「刑事収容施設及び被収容者等の処遇に関する法律」（2005〔平成17〕年制定の法律）です。

　刑法および刑事訴訟法は，憲法，民法，商法（会社法），民事訴訟法とともに，いわゆる**六法**を構成しています（2004〔平成16〕年4月の法科大学院制度の創設以降は，行政法も加え，法律基本科目7法と呼ばれることもあります）。国の基本法である憲法を頂点に，刑法は民法，商法（会社法）同様，法律関係・権利義務関係の内容を定める「実体法」として，刑事訴訟法は民事訴訟法同様，それらを具体的に実現する手続を定める「手続法」として，重要な役割を果たしているのです。

　これらの法律は，各種の法規を収録した法令集である『六法』に登載されています。広く利用されているハンディーで簡便な『六法』としては，『デイリー六法』（三省堂）と『ポケット六法』（有斐閣）が挙げられます。「六法」と名が付いていますが，上記の6つの法典以外の法令も多数収録しており，小型ながらその法令の数は，抄録・抜粋も含めると，いずれも200を超えています。

　1907年に制定された刑法は，長年維持されてきた漢文調かつ片仮名表記が，ほぼ30年前の1995（平成7）年にやっと改正され，現代用語による平易化が実現しました。今でこそ，刑法も随分，読み易くなりましたが，それ以前の『六法』を開いてみると，「罪本重カル可クシテ」，「偶然ノ輸贏二関シ」，「臓物ノ運搬，寄蔵，故買又ハ牙保ヲ為シタル者」など，一般の人たちには読み方も意味も分からない言葉がそこかしこに見られましたので，その違いは一目瞭然です。

　これに対して，刑事訴訟法は，第二次世界大戦後に日本国憲法の制定に伴って全面改正され，1948年に法律131号として，装いを新たに成立しました。したがって，当初から条文は平仮名表記であり，これは当時にあっては，六法のうち憲法と刑事訴訟法だけでした（この2つの法については，制定時に条文見出しが法律として明記されていませんでしたので，上記の市販六法に付されている条文見出しは，各『六法』の編集者が付したものということになります）。

(3)　新しい動き

　①刑法は，施行後115年以上，②刑事訴訟法も，施行後75年を経過することになりました。刑事法制では，施行後ながらくさほど大きな立法面の動きはみられませんでしたが，ここ20余年ほどの間に，いわゆる組織犯罪対策三法（組織的犯

罪処罰法，通信傍受法など），いわゆる犯罪被害者等保護関連二法（犯罪被害者保護法など），心神喪失者等医療観察法の成立など，変化が生じてきました。

　刑法プロパーに関する主要なものとしては，懲役刑・禁錮刑の上限の引上げ，凶悪犯罪（殺人，傷害，強姦〔現在は不同意性交等〕等）の法定刑の見直し，人身の自由に対する罪の罰則整備，自動車運転過失致死傷罪の新設，刑の一部執行猶予制度の導入，自動車運転死傷行為処罰法の制定などが挙げられます。

　最近では，懲役・禁錮の廃止に伴う拘禁刑の創設，刑の執行猶予制度の拡充，性犯罪規定の大幅な見直し，性的姿態撮影等処罰法の制定などがみられます。

　刑事訴訟法においては，司法制度改革が断行され，重大な刑事事件における裁判員制度，被疑者国選弁護制度，公判前整理手続，即決裁判手続等の新設・導入が相次ぎました。2016（平成28）年には，取調べの録音・録画制度，証拠収集等への協力および訴追に関する合意制度，刑事免責制度などを導入する法改正が実現しました（⇨114頁）。

　その後も，性犯罪関係の公訴時効の延長，公判期日への出頭・裁判の執行を確保するための措置，逮捕・起訴等に際しての個人特定事項の秘匿などの法改正が続いています。

　③刑事学で挙げた「刑事収容施設及び被収容者等の処遇に関する法律」は，新しい法律です（⇨281頁）。これまでは，刑法に引き続き，1908（明治41）年に制定された「監獄法」が1世紀近く矯正部門を規律していたのですが，これが全面改正されたのです。保護部門の法律も，更生保護法の全面改正をはじめ大きな法改正が続きました（⇨292頁）。

　現在も，前記の拘禁刑の創設に伴って受刑者の矯正処遇・社会内処遇のあるべき姿を模索するとともに，被害者等の心情等の考慮，社会復帰支援の充実を踏まえて，刑事収容施設法および更生保護法等における関連規定の整備が進められています。

　なお，刑事法は3つに分かれるといいましたが，これらは主に成人犯罪を対象にしたものです。少年の犯罪・非行については，何が犯罪か（①）は成人の場合とほとんど変わりはありませんが，その手続（②）や原因の究明，さらにはその対策（③）となると，独自の検討を要します。この問題を扱う基本法は，少年法（1948〔昭和23〕年制定の法律）です。少年の健全育成を期したもので，半世紀を経て，2000（平成12）年に制定以来初の大幅な改正が行われました（⇨313頁）。さら

あらまし　5

に，2021（令和3）年には，18歳・19歳の者が罪を犯した場合には，その立場に応じた取扱いとするため，「特定少年」として，17歳以下の少年とは異なる特例を定める法改正も行われました（⇨325頁）。

(4) 具　体　例

　刑事法に関するこれまでの説明を補足するために，一例を挙げましょう。本書では，施行に先立って拘禁刑の語を使用していますが，拘禁刑について考えていただくために，この箇所だけは，改正前の懲役・禁錮の語を用います。

　Xは，自動車を運転中，道路を横断する歩行者Aに車を衝突させ，Aに大ケガを負わせたとします。

　Xが日頃，恨みに思っていたAを故意に撥ねたとしますと，傷害罪にあたり，「15年以下の懲役又は50万円以下の罰金」に処されます（刑法204条）。アルコールの影響により正常な運転が困難な状態でAを負傷させた場合は，危険運転致傷罪となり，罰金刑はなく，刑は「15年以下の懲役」となります（自動車運転死傷行為処罰法2条1号）。過失で前方注視を怠ったのが衝突の原因だとしますと，Xの行為は，過失運転致傷罪を構成し，刑は「7年以下の懲役若しくは禁錮又は100万円以下の罰金」です（同5条）。これらを定めるのが，①**刑法**です（自動車運転死傷行為処罰法は特別刑法です。⇨14頁参照）。

　もっとも，罪を犯したことを理由に，Xに対して刑罰を科すには，そのための手続が必要です。捜査機関が証拠を収集し，Xを取り調べ，それをもとに検察官が事件を起訴し，裁判所の審理を経て，有罪認定されて初めて，Xは処罰されるのです。これらの手続を定めるのが，②**刑事訴訟法**です。

　検察庁における過失運転致死傷事件の受理人員は，刑法犯全体の7割を占めます。事故を起こし，（実際にはその数は近時ごく限られていますが，）これらの罪で禁錮の実刑判決を言い渡された者，すなわち実刑者には，殺人や詐欺などの懲役の実刑者とは異なった処遇が求められます（⇨267頁，283頁参照）。また，交通安全教育を広げたり，道路交通環境を整備するのはこうした交通事犯を防止する方策の1つです。これら犯罪の対策や予防を検討するのが，③**刑事学**です。

　今次創設された拘禁刑は，刑事施設の処遇のより一層の充実を図ることを目指したものとされますが，懲役・禁錮の廃止→拘禁刑の創設がどのように展開されていくか注目されるところです。

6   序章 刑事法とは

(5) 民事法との違い

以上を，民事法に当てはめれば次のようになります。過失によって A を撥ねた X の行為は不法行為として，民事責任の対象となります。民法 709 条が「……過失によって他人の権利又は法律上保護される利益を侵害した者は，これによって生じた損害を賠償する責任を負う」と定めているのは，これを指します（これが民法です）。自賠責保険，対人賠償保険で対処されるのが通常ですが，A と X の間で過失割合や賠償額で折合いがつかない場合，A が X から損害賠償を得るには，民事訴訟という手続を経なければなりません（これを定めるのが民事訴訟法です）。

すなわち，民事事件は生活関係から生じる私人間の紛争や利害の衝突を指し，私人間の訴訟である民事訴訟を通してその解決が図られるのに対し，刑事事件は刑事制裁を科すかどうかの問題ですので，国家対私人の争いという構図をとることになります。これが民事法と刑事法の決定的な違いです。

刑事では，X は国家機関である警察の捜査を受け，検察官によって起訴されることになりますが，被害者 A は，参考人として取り調べられ，公判廷で証人として尋問されることはあっても，当事者になることはありません。近時，被告人質問を行うなど一定の範囲で被害者にも訴訟の参加が認められるようになりましたが（⇨170 頁，337 頁），当事者はあくまでも検察官と X です。一方，民事では，A 対 X の争いとなり，裁判所が審理を担当しますが，原則として国家は当事者として表に出てくることはないのです。

なお，民事についても，刑事学（刑事政策）に相当する研究・手法は実質上，多様に進められています。ただし，特に民事学（民事政策）と名付けて，講義等で展開されている例はほとんど見受けられないようです。

■ 2 刑事法の学び方 ■

(1) 三 位 一 体

以上のように，刑事法は，内容的には①刑法，②刑事訴訟法，③刑事学に分けることができます。どれが中核ということはなく，それぞれが重要な意味をもちます。ただ，一応 3 つに区分けしましたが，それは便宜上のものであり，これらは密接に関連し合っていることを忘れてはなりません。先ほどの交通人身事故の事例からも分かりますように，3 つは，統合的に検討されて初めて，意味をもち効果を発揮するのです。

あらまし　7

　皆さんは，これからそれぞれにつき，**刑法総論・刑法各論**，**刑事訴訟法**，**刑事学**などと，分野を異にするものとして，個別に勉強していくことになります。しかし，時折，立ち止まって3つの関連に思いを馳せてもらいたいのです。民事法でも同様のことが指摘できるかもしれませんが，この点は，犯罪を軸とする刑事法についてとくに強調されるべきことのように思われます。これを**刑事法における三位一体性**と呼んでもよいでしょう。

(2) 学び方の共通性

　学習するにあたって，刑事法だからといって，学びの真髄を簡単に身につける特別の方法があるわけではありません。

　たとえば，これから皆さんは，講義・授業等を通して，「外書講読における『辞書』の役割を思い起こして，絶えず『六法』を開く習慣を身につけるように」とか，「法解釈の軸となるのは判例ですから，教科書等に引用されている判例の内容には注意するように」といった留意事項を頻繁に耳にされることでしょう。特に，①の刑法および②の刑事訴訟法の学習は，自ずと条文の解釈が中心となりますし，その基軸は判例ですから，ことさらです。また，②は手続，③の刑事学は犯罪現象を対象としますので，刑事手続の実務の現状および犯罪の実態・実情に注意を払うように，などのアドバイスを受けることもあるでしょう。

　しかし，条文の参照を怠るな，判例を重視せよ，実務の動きに目を向けよ，日常の法の働き・実態に関心をもて，などは他のどの法分野にも当てはまることです。

　さらに学習が深まれば，比較法的な視座や歴史の流れを踏まえるようにといった要望も出されることでしょう。これらとて同様です。また，学ぶ上での特徴的な事項は，各章に記されていますので，ぜひ参考にしてほしいと思いますが，刑事法固有の学びの王道はないのです。

(3) 裁判報道など

　刑事法の学び方について，強いて，他の法分野と若干でも異なった点を挙げるとなれば，以下あたりでしょうか（後述のように，裁判員や検察審査員に選任されれば，直接，刑事法の運用に携わるわけですから，刑事法を学ぶ絶好の機会・場ですが，希望すれば選任されるわけではありません。⇨130頁，181頁）。

　I－学ぶにあたって格好の情報源となる新聞・TV・インターネット・映画およ

8   序章　刑事法とは

び小説・ノンフィクションなどに日常的に気を配ること，Ⅱ—裁判傍聴の機会をもつこと，Ⅲ—拘置所，刑務所など施設参観の企画に積極的に参加すること，Ⅳ—仲間・友だち同士で討議すること，です。

　刑事法は，一見市民にとって身近にあるように思われるものの，よく考えてみると，他の法分野と比べて，皆さんがこれに関する事象を当事者として体験することはごく稀でしょう。上記Ⅰ〜Ⅲは，このような点を補うためにも必要なことです。

　マスコミ報道は，社会に生起する犯罪の状況やそれに対処する刑事手続を多様に知らせてくれます。すでにひと昔前になりますが，たとえばオウム真理教地下鉄サリン事件（最判平成 23・11・21 裁判集刑事 305 号 203 頁）や和歌山カレー毒物混入事件（最判平成 21・4・21 判時 2043 号 153 頁）の裁判報道は随分詳細でした。最近は，サイバー犯罪，DV・児童虐待，ストーカー，特殊詐欺など，多様な刑事事件が頻発しているためか，個別の事件を長期間追うことは少ないにしても，裁判報道は絶えることがありません。裁判員裁判が始まる少し前になりますが，2008（平成 20）年 6 月，歩行者天国の秋葉原で発生した通り魔による 7 人死亡，10 人重傷の秋葉原無差別殺傷事件は，被告人死刑確定まで裁判の推移につき詳細な報道が続きました（最判平成 27・2・2 裁判集刑事 316 号 1 頁）。裁判員裁判が実施されてからも，たとえば，2017（平成 29）年 10 月に発覚した，座間 9 人遺体（殺害）事件の裁判（東京地立川支判令和 2・12・15 LLI/DB L07532474），2019（令和元）年 7 月，京都市伏見区のアニメ制作会社のスタジオに男が侵入しガソリンを撒いた放火により犠牲者 36 人を出した京都アニメーション放火殺人事件の裁判（京都地判令和 6・1・25 裁判所ウェブサイト）など，精神鑑定の内容などをめぐって，言い渡された死刑判決について多様な論議を呼んでいます（前者は，控訴取下げにより確定。後者は，現在控訴審係属中）。2022（令和 4）年 7 月に発生した安倍元首相銃撃事件もその公判の展開は世間の注視するところでしょう。

　犯罪に関するものは，小説・ドキュメント類において，1 つの有力なジャンルを形成しているといってよいと思われます。法律的に描写が不正確な場合もありますが，刑事法に関心が深まるにつれ，皆さんも自ずとこうした描写には少し距離をおいて見ることができるようになるでしょう。

　ⅡおよびⅢについては，**第 2 章**および**第 3 章**において，その重要性と接し方が説明されています（⇨115 頁，179 頁，192 頁，226 頁，227 頁）。ぜひ，参照してください。

あらまし　9

　他人との意見交換は他の法分野でも当然求められることですから，Ⅳは刑事法特有ではありませんが，各章の「あらまし」に示されているとおり，刑事法においては価値観，理論，政策面における対立が厳しいだけに，独りよがりにならないために，気の置けない仲間で議論し合う意味は小さくないはずです。また一歩進んで，ある事件・事案をめぐって刑法，刑事訴訟法，刑事学と各々が持ち分を決め，意見を述べ合うことは，うまくいけば各領域の相互的なつながりが意識され，刑事法の「三位一体性」を実感する対話になる可能性もあるでしょう。さらに，検察，弁護，裁判と立場を分けて議論してみるのは，いずれ経験すると思われる模擬裁判の予行的な面も伴って，他分野では経験することのない有意義な試みかもしれません。

(4)　本 書 で は

　本書では，刑事法を刑法，刑事訴訟法，刑事学の三領域に区分して各章に当て，章頭でその内容を概観したのち，各領域における重要なテーマを6～8取り上げ，少し詳しい解説を施してみることにしました。「あらまし」だけでは抽象的で取りつきにくく，また物足りないのではと考えたからです。この個別テーマには，入門書としてはやや難解な点がみられるかもしれませんが，少し背伸びしてでもともかく嚙りついてもらえれば，それなりの味が感じられるのではと思います。これを土台にして，次のステップに進んでください。

■　3　刑事法を担う人　■

(1)　法曹三者など

　刑事法には，多くの人が関与します。あるいは実際上，多数の人が刑事法を担っているといってよいかもしれません。

　被疑者・被告人とか，受刑者を別にすれば，関与者は主に，②の刑事手続と③の刑事学において現れます。もっとも，犯罪と刑罰の関係を定める，①の刑法については関与者がいないというわけではありません。むしろ，刑事手続の関与者は「犯罪」の成否を議論しますし，犯罪者処遇は「刑罰」と密接な関連をもっていますから，関与の仕方が少し異なっているといった方が正確かもしれません。

　刑事手続においては，犯罪が発生すると，まず**警察官**（刑事訴訟法では，司法警察職員と称されます）が犯人と思われる者の身柄の確保，証拠の収集など，捜査活動に従事します。次に，**検察官**は，捜査活動にも携わりますが，事件の起訴・不起

10　序章　刑事法とは

訴を決定するなど，ことさら訴追の面で強力な権限を行使します。また，事件が起訴されると，検察官は，当事者（訴追官）として公判の審理にも立ち会います。

裁判官は起訴前段階において令状の発付権限を有していますが，むろんメインの役割は，起訴された事件の審理を担当することです。審理の円滑・適正な進行に力を尽くしつつ，間違いのない事実認定と法令の適用を行わなければなりません。

検察官や裁判官が所属する検察庁や裁判所では，検察や裁判を支える職員として**検察事務官**や**裁判所事務官**，**裁判所書記官**なども活動しています。

弁護士は弁護人として，起訴前段階では接見等を通して，起訴後は公判の立会い等を通して，被疑者・被告人の権利・利益を擁護する役割を担っています。

一般に，裁判官，検察官および弁護士を**法曹**〔ないし**法曹三者**〕と総称します。

なお，裁判員裁判の実施に伴って，検察官および弁護人は，いかに裁判員に対して説得的に自己の主張を語りかけることができるかが重要となっています。裁判官は，いかに裁判員の意見を適切に汲み取ることができるか，裁判員とのコミュニケーションを的確に行うことができるかが問われます（裁判員裁判については，これを称して「**コミュニケイティブ司法**」と呼ぶことができます）。これまで特段に法曹に求められる能力ではなかっただけに，注目されるところです。

③の刑事学で取り上げられる犯罪者処遇は，前述のとおり，大別すると，矯正と保護の分野に分けられます。前者は，施設に勤務する法務事務官である**刑務官**によって担われますし，後者は，実質上，**保護観察官**や民間篤志家である**保護司**が担当します。

(2)　実務家への誘（いざな）い

きっとこれらの仕事に携わっている人たちは，自己の職務に生き甲斐を感じ，誇りをもって職務に精励されていることでしょう。本書では読者に対して，法曹である裁判官，検察官および弁護士，さらに警察官，刑務官，保護観察官の方々が仕事・職務の内容をそれぞれの角度から生き生きと語っています（⇨第1章 *THEME 6*，第2章 *THEME 4*，*THEME 5*，*THEME 6*，*THEME 7*，*THEME 8*，第3章 *THEME 4*）。本書の中枢は，実務家の手になるこれらの箇所にあるといってよいかもしれません。

また，本書では，読者に向けて，自分の職種および関連する職種に就いてみませんかという実務家による「誘い」のコーナーを設けました。「Invitation to ○○」

という箇所がそれです。上記の法曹三者（法テラスの弁護士を含む），警察官，刑務官，保護観察官のほか，近時希望者が相当数に及ぶ裁判所事務官，裁判所書記官，家裁調査官，検察事務官の皆さんが，実体験に基づいて自信をもってそれぞれの道に誘っています（⇨101頁，102頁，163頁，179頁，180頁，192頁，212頁，221頁，308頁，309頁，328頁）。

　就職が決まった卒業生に，その職種を選択した理由や時期を尋ねることが時折あります。すると，大学への入学時に何気なく目にした本から示唆を受けて自分の進む道を決めたと答える学生が案外に多いことに気づきます。大学に入学してからしばらくの間は，年齢的にも，また心のゆとりという点でも，自己の適性を見きわめる重要な時期なのかもしれません。若者ならではの感受性，可塑性が発揮される時期とも言えるでしょう。

　本書における実務家による「誘い」の言葉が，少しでも読者の琴線に触れるところがあればと切に願っています。

第 1 章

刑 法

あらまし

■ 1 刑法とは何か ■

　刑法とは，どのような法律でしょうか。この問いかけに対しては，2通りの答え方が可能です。まず，**a)** その内容面から考えてみますと，犯罪と刑罰，およびその両者の関係を規定したいっさいの法が刑法ということになります。この広い意味での刑法は，「実質的意義における刑法」とも呼ばれ，現在のわが国には，行政上の目的から一定の行為を禁止し罰則規定を設けている法律は多く，かなりの数に上ります。これに対して，**b)** 狭い意味で刑法というときは，1907（明治40）年に制定され，その後何度かの改正を経て（1995〔平成7〕年に刑法の口語化が行われました）今日に至っている**刑法典**（「刑法」という名称の法律）を指し，これを「形式的意義における刑法」と呼ぶことができます。私たちが「刑法」というときは，通常この刑法典を念頭に置いていることが多いと思います（⇨2頁）。

　広い意味の刑法のうち，一般刑法である刑法典以外の刑法を**特別刑法**といいます。そして，特別刑法はその内部でさらに，①軽犯罪法，暴力行為等処罰ニ関スル法律，自動車の運転により人を死傷させる行為等の処罰に関する法律（自動車運転死傷行為処罰法）などの固有の特別刑法と，②道路交通法，公職選挙法，大気汚染防止法，独占禁止法，金融商品取引法など，独立の禁止規定に罰則の付された特別刑法とに分けることができます。①の意味での特別刑法が刑法典に付属し，これを補充するものとして，刑法典と同じように，それ自体として反社会的・反道義的な内容をもつ行為（自然犯・刑事犯）を規制の対象としているのに対し，②の意味での特別刑法は，刑罰を科すことによって行政取締目的を達成しようとし（**行政刑法**），あるいは経済生活・活動を統制しようとするものであって（**経済刑法**），それ自体は倫理的に無色な行為（法定犯・行政犯）を処罰の対象としています（たとえば，自動車は，日本では左側通行，アメリカでは右側通行と決められています。これは，法律で決める前から，「自動車は道路のどちら側を走るべきか」について両国で異なる倫理が存在していたからではないのです）。

あらまし　15

　一方，狭い意味の刑法である刑法典（一般刑法）は，①各犯罪および刑罰に共通の問題を総括して規定した刑法総則（第1編　総則）と，②各犯罪について法律要件（犯罪）と法律効果（刑罰）とを規定した刑法各則（第2編　罪）とから構成されています。①たとえば，正当防衛（36条）や未遂犯（43条・44条），共犯（60条以下）は，殺人罪においても放火罪においても問題となりますから，刑法総則に規定され（第7章，第8章），また，刑の種類や軽重など刑に関する問題もすべての犯罪に共通ですから，やはり刑法総則に規定されています（第2章）。そして，刑法8条は，他の法令に特別の規定が存在しない限り，刑法典の「総則」がすべての刑法に適用されることを明らかにしています。

　これに対し，②殺人罪（199条），窃盗罪（235条），放火罪（108条以下）など，個々の犯罪類型に関する規定は刑法各則に置かれています（⇨4）。刑法第2編「罪」が刑法各則にあたり，ここでは各個々の犯罪について，その成立要件（これを**構成要件**と呼びます）とこれに付されている刑罰（これを**法定刑**と呼びます）とが規定されています。現行の刑法各則に規定する犯罪は，国家法益に対する罪，社会法益に対する罪，個人法益に対する罪に分けられ，かつ，おおむねこの順序で規定されています。これは，国家を最高の道義態と解した上で個人を超えた社会的実在として捉えた明治憲法下で制定された刑法として，その当時にあっては必然的な体系であったと考えられます。

■　2　刑法学にはどのようなものがあるか　■

　以上のような広い意味での刑法を対象とする学問分野が（広義の）刑法学ですが，ちょうど医学において実地に病人を診察・治療する臨床医学と，人と病気についての原理を研究する基礎医学とがあるように，刑法学も，a) 具体的事件に刑法を適用して事案の解決を図るために，現行刑法の規範的意味を解釈によって体系的に認識することを任務とする**刑法解釈学**（狭い意味の刑法学）と，b) 臨床的な刑法解釈学を理論的に支え，これに科学的素材を提供するという働きをもつ**基礎刑法学**（刑法哲学・刑法史学・比較刑法学など）とに分けることができます。

　このうち，前者の刑法解釈学の目的は，「どのような行為が，どのような条件の下で，どの程度に処罰されなければならないか」を明らかにするところにあります。つまり刑法解釈学は，①刑法の役割が国民の生活利益を保護することにあるという見地から（法によって保護される生活利益のことを**法益**といいます），刑罰法規の

16 第1章 刑　法

解釈を通して真に非難に値する行為を導き出すことによって，どのような行為が処罰されるのかという基準を示すとともに，他方で，②犯罪者の人権をも保障するという見地から処罰の限界を明らかにして，国民に行動の準則を示す，というきわめて実践的な働きをその任務としているのです。そして，刑法解釈学は，刑法が刑法総則と刑法各則とに分けられることに対応して，犯罪と刑罰に関する一般理論を研究する「刑法総論」と，個々の犯罪類型ごとの個別問題を研究する「刑法各論」とに分けられています。

■　3　刑　法　総　論　■

　刑法総論は，「刑法総則」に規定されている犯罪および刑罰についての条文解釈を内容の中心に置いていますが，刑法総論の研究対象となるのはそれだけではありません。①刑法総論の教科書を紐解くとき，通常，最初に掲げられているのが，基礎刑法学にあたる刑法の機能・効力・理論（⇨5）や罪刑法定主義など（⇨*THEME 1*），刑法典を超えた刑法一般や犯罪および刑罰の**基礎理論**に関する考察であることに気づかれると思います。

　次に，②「犯罪とは何か」という形で一般概念としての犯罪が取り上げられることになりますが，このような学問分野を「犯罪の理論」ないし単に**犯罪論**と呼んでいます。そして，犯罪論では，犯罪の一般概念を明らかにするほか，人の行為が犯罪とされるための要件を体系的に検討し，さらに犯罪の様々な発現形態について考察が加えられることになります（⇨*THEME 2*）。

　そして，③刑法総論のもう1つの柱が，刑罰の一般理論に関する**刑罰論**の分野です。刑罰論では，刑罰の本質や機能に関する基礎理論のほか，現行刑法の規定する「刑」についての解釈論的考察が加えられることになりますが，特に後者は事実学としての刑事学とオーバーラップする面もありますので，本書では主として第3章で取り扱われています。

■　4　刑　法　各　論　■

　先に見たように（⇨1），刑法各則は，国家・社会法益に対する罪→個人法益に対する罪の順に規定されていますが，個人の尊厳を基礎として基本的人権を最大限に尊重しようとする現行憲法の下においては，国家は，独自の価値を担ったものというよりむしろ個人の利益を維持・保全する機構・装置として捉えられるべきです。

あらまし　17

そこで，戦後の刑法各論の教科書では，論述の順序として，個人法益に対する罪から始めて，社会法益に対する罪，そして国家法益に対する罪へと至る体裁のものが一般的です。以下でも，この順に従って刑法各論の体系を概観しておくことにしましょう。

⑴　個人法益に対する罪

　⒜　個人法益に対する罪のうちでもっとも基本的なものは，一般に人身犯罪と呼ばれる**生命・身体に対する罪**です。刑法第 2 編は，①侵害犯（法益を侵害する犯罪）として殺人の罪（第 26 章），傷害の罪（第 27 章）および過失傷害の罪（第 28 章）を規定し，②危険犯（法益侵害の危険を生じさせる犯罪）として堕胎の罪（第 29 章）および遺棄の罪（第 30 章）を規定しています（人の生と死にかかわる問題については，⇨THEME 3）。

　⒝　生命・身体に次いで重要な法益が，人間の自然的・社会的生活にとって不可欠な各種の自由です。刑法は，**自由に対する罪**のうち，①もっとも根源的な人身の自由に対する罪として，人の移動の自由を害する逮捕・監禁の罪（第 31 章）および行動の自由を害する略取・誘拐および人身売買の罪（第 33 章）を規定し，②意思活動の自由に対する罪として，意思決定の自由を害する脅迫の罪（第 32 章），社会的活動の自由を害する業務妨害の罪（第 35 章）および性的自由を害する不同意わいせつ・不同意性交等の罪（第 22 章）を規定しています（性犯罪規定の改正については，⇨THEME 4）。

　⒞　第 3 に，**私生活の平穏（プライバシー）に対する罪**として，①他人からみだりに干渉を受けないという意味でのプライバシーを害する住居を侵す罪（第 12 章）と，②個人情報の自由なコントロールを保障するという意味でのプライバシーを害する秘密を侵す罪（第 13 章）があります。

　⒟　第 4 に，**名誉・信用に対する罪**としては，①人格的価値に対する社会の評価を毀損する名誉に対する罪（第 34 章）と，②人の経済的側面における社会の評価を毀損する信用に対する罪（第 35 章）があります。

　⒠　そして最後に，**財産に対する罪（財産罪）**として，窃盗・強盗の罪（第 36 章），詐欺・恐喝の罪（第 37 章），横領の罪（第 38 章），盗品等に関する罪（第 39 章）および毀棄・隠匿の罪（第 40 章）があります（詐欺罪のうち特殊詐欺については，⇨THEME 5，財産罪を含めて広く経済的利益が保護の対象とされている犯罪につい

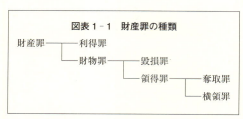

ては、⇨THEME 6)。

財産罪は、a) 客体の性質により、①有形の財物を客体（侵害対象）とする**財物罪**と、②財物以外の無形の財産上の利益を客体とする**利得罪**（利益罪）とに分けられます。窃盗罪・不動産侵奪罪・横領罪・盗品等関与罪・毀棄隠匿罪は財物罪ですが、強盗罪・詐欺罪・恐喝罪・背任罪には、財物と財産上の利益の両方が客体に含まれます。

財産罪（財物罪）は、また、b) 行為態様に応じて、①他人の財物の所有権を侵害し、これを自己の物として領得する**領得罪**と、②他人の財物自体を直接侵害（滅失・減少）する**毀損罪**（毀棄隠匿罪）とに大別され、領得罪は、さらに被害者の占有を排除し、財物を自己または第三者の占有に移す行為を内容とする**奪取罪**（窃盗罪・不動産侵奪罪・強盗罪・詐欺罪・恐喝罪）と、被害者の占有に属しない他人の物を不法に領得する**横領罪**（委託物横領罪・遺失物等横領罪）とに分けられています。

(2) 社会法益に対する罪

a) 社会法益に対する罪の第 1 は、**公共の安全に対する罪**（公共危険罪）で、これには騒乱の罪（第 8 章）、放火・失火の罪（第 9 章）、出水・水利に関する罪（第 10 章）、往来を妨害する罪（第 11 章）および公衆の健康に対する罪（第 14 章・第 15 章）があります。b) 第 2 は、**公共の信用に対する罪**で、刑法は、通貨偽造の罪（第 16 章）、文書偽造の罪（第 17 章）、有価証券偽造の罪（第 18 章）、支払用カード電磁的記録に関する罪（第 18 章の 2）、印章偽造の罪（第 19 章）および不正指令電磁的記録に関する罪（第 19 章の 2）を規定しています。c) 第 3 は、**風俗に対する罪**で、これには、①性的風俗を害するわいせつ・重婚の罪（第 22 章）、②経済的風俗を害する賭博・富くじに関する罪（第 23 章）、および③宗教的風俗を害する礼拝所・墳墓に関する罪（第 24 章）があります。

(3) 国家法益に対する罪

最後に、国家法益に対する罪は、国家の存立に対する罪と国家および地方公共団体の作用に対する罪とに大別されます。a) 第 1 の**国家の存立に対する罪**は、さら

あらまし　19

にその内部で，①国家の存立をその内部から脅かす内乱に関する罪（第2章）と，②これを外部から脅かす外患に関する罪（第3章）とに分かれます。刑法は，この他に③国交に関する罪（第4章）を規定しています。b) 第2の**国家の作用に対する罪**も，①それを国家機関の外部から侵害する公務の執行を妨害する罪（第5章），逃走の罪（第6章），犯人蔵匿・証拠隠滅の罪（第7章），偽証の罪（第20章）および虚偽告訴の罪（第21章）と，②国家の作用を国家機関の内部から侵害する汚職の罪（第25章）とに細分されます。

■　5　刑法の理論　■

　(a)　皆さんが刑法の教科書を開くとき，そこに個々の問題について様々な学説の対立があることを知って，さぞかし驚かれることでしょう。これは，他の法律学とは異なる刑法学の1つの大きな特色といえます。本章で扱う各 *THEME* についても，学説の厳しい対立状況が具体的に示されています。それは，結局，刑法の役割は何か（⇨*THEME 1*）ということに帰着するのですが，その前提として各論者の国家観なり世界観なりの違いが刑法理論に反映されていることが考えられます。ここでは，刑法学上の諸問題を理解する上から必要な限りで，これまで主張されてきた刑法における理論の歴史的な展開を簡単に紹介しておくことにしましょう。

　(b)　ヨーロッパでは19世紀から20世紀初頭にかけて，またわが国でも明治期から昭和期にかけて，古典学派（旧派）と近代学派（新派）との間で「学派の争い」がみられました。①**古典学派**は，まず刑罰の本質について，個人の人格の自由を強調する立場から，刑罰を，過去に行われた一定の悪行に対する反作用（悪果）として捉え（**応報刑論**），仮に刑罰の目的を考慮するとしても，それは刑法に刑罰が規定されていること，または刑罰が現に執行されることによって一般人を威嚇し，事前に犯罪の予防に役立つと考える一般予防にあるとしました（**一般予防論**⇨260頁）。古典学派の刑法理論は，犯罪を行為者の自由意思の所産と考えましたので，刑罰は，行為者が「自由な意思で犯罪を選択した」ことに対する道義的応報として理解されることになったのです。したがって，刑罰の大小は，なされた違法行為の大小に相応するものとし（行為主義），外部に現れた違法行為自体が科刑の基礎として現実的意味をもつと解したことから（現実主義），古典学派の犯罪論は**客観主義**に赴くことになりました（客観主義的刑法学）。

　これに対し，②**近代学派**は，刑罰の効果と限界について経験的，合理的に考えよ

20 第1章 刑　法

うとし，刑罰をもって，もっぱら将来の犯罪に対し社会を防衛するという目的達成のための手段であると解し（**目的刑論**），刑罰の目的は，刑罰を科することにより，犯罪者を威嚇・改善し，その者が将来再び犯罪に陥ることを防止しようとする特別予防にあるとしました（**特別予防論**⇨260頁）。近代学派の刑法理論によれば，犯罪は行為者の素質と環境の産物であり，刑罰の大小は犯人の社会的危険性の大小に相応するものと考えられましたから（行為者主義），なされた違法行為は犯罪者の危険性を徴表するという意味しかもたず（徴表主義），したがって近代学派の犯罪論は行為者の危険な性格・意思を重視する**主観主義**を採用することになったのでした（主観主義的刑法学）（刑罰論の詳細については，⇨第3章 *THEME 3*）。

　(c)　しかし，その後，現代社会における人間像の省察に基づき，両学派の主張が誇張され単純化されていたことが互いに自覚されるようになり，次第に両学派の間で様々な折衷と妥協が試みられるようになりました。現在のわが国についていえば，まず，①犯罪論の領域において，近代学派の説いた主観主義犯罪論は，人権保障の要請に沿わないということから，少なくとも純粋な形でこれを主張する学説は姿を消しました。今日の対立は，客観主義内部の争い，あるいは外部的な犯罪結果を重視して犯罪の本質を法益侵害・危険に求める客観主義（**法益侵害説・結果無価値論**）と行為者の主観を加味した犯罪行為を強調して犯罪の本質を規範違反に求める従来の折衷主義（**規範違反説・行為無価値論**）の対立にあるといってよいでしょう（⇨40頁）。

　反対に，②刑罰論の領域では，刑罰が国家制度の1つとして，合理的，経験的に刑事政策上の任務を遂行するものでなければならないことから，古典学派の本来の主張である絶対主義的な意味での応報刑論（絶対的応報刑論）を説く者はいません。今日の対立は，刑罰の目的を考慮しつつも，なお過去の犯罪に対する応報の観念を維持すべきか（相対的応報刑論），ということに帰着するといえます（⇨260頁）。

　以上のように，学派の対立は次第に往時の激しさを失っていったのですが，それによって刑法学から理論的対立が消滅したということではなく，今日も，姿を変えた形で「学派の争い」が続いているのです。

THEME 1
刑法についての基本的な考え方

　刑法は，犯罪に対して刑罰というきわめて峻厳な法効果が付される法律ですから，その適用は慎重な上にも慎重でなければなりません。そのため，特に近代以降の刑法にあっては，従来，刑法が社会において果たすべき役割・任務との関係で，国家の刑法による国民生活への介入が正当とされる諸原理，国家刑罰権の根拠と限界等の基本問題が様々に議論されてきました。

■　1　刑法の役割　■

(1)　刑法は道徳の一部か

(a)　**カルネアデスの板**　　次の場合，Ａの行為は犯罪となるでしょうか。

> 　ＡとＢは，乗り合わせた船が嵐のため大海で難破して，その他の乗客・乗組員とともに海に放り出された。そこに難破した船のものと思われる1枚の板が流れてきたので，ＡもＢもこれにつかまって生き延びようとして，ようやくの思いで2人はほぼ同時に板に泳ぎ着いた。ところが，この板は小さくてＡかＢどちらか1人の体重を支えるだけの浮力しかなかったので，腕力に自信のあるＡは，板にすがりつこうとするＢを海中に沈めて溺死させ，自分だけが助かった。

　これは，紀元前2世紀頃の古代ギリシアの哲学者であるカルネアデスが提起した問題で，「カルネアデスの板」と呼ばれています。そして，カルネアデス自身は，身を殺して他人を助けるのは正しいかもしれないが，自分の生命を放棄して他人の生命にかかずらうのは愚である，としました。この事例の場合，純粋に倫理的な立場に立って考えてみますと，自分が助かりたいために他人を犠牲にするのは不当のように思われます。ことに「己を殺して仁と為す」という儒教道徳からすれば，他人を殺して自分が生き残るというＡの行為は，もってのほかということになるでしょう。
　この問題は，法律上「緊急避難」の一種と考えられていますが，緊急避難は刑法上犯罪とされておらず（37条），処罰されることもありません。しかし，

22 第1章 刑 法

緊急避難がなぜ犯罪とされないのか，ということについては刑法と道徳の関係の問題とも関連して，実は刑法学者の間でも意見が分かれているのです。

　まず，①刑法と道徳を峻別して考える立場の人は，次のように説きます。この事例の場合，「（刑）法としては，できればA・B2人の命を救いたいのだが，それ（最善の策）ができない状況にある以上，2人とも死亡する最悪の事態だけは避けねばならず，そのためには少なくともどちらか1人は生き残る途（次善の策）を模索しなければならない。そして，2人の生命に価値の序列が付けられない以上，法としてはどちらが助かってもよいわけで，Aの行為は法の容認する事態，つまり適法行為となる」とするのです。これに対し，②刑法を道徳に近づけて考える立場の人は，「Aの行為は，何ら落ち度のない第三者Bの正当な利益（この場合は生命）を侵害するから，やはり違法であるが，板をBに渡して自らは身を引くという適法な態度を期待することができない以上，現実にAのとった態度を法的には非難することができない」と説明しています。専門的には，①の功利主義的立場を**違法性阻却説**，②のモラリスティックな立場を**責任阻却説**といいます（緊急避難一般については，⇨41頁以下）。

　(b)　法益の保護か社会倫理の維持か　　それでは，刑法は道徳の一部なのでしょうか，それとも道徳とはまったく異質の存在なのでしょうか。もちろん，純粋に良心の問題にかかわる個人道徳が刑法と異なることはいうまでもありませんから，ここで道徳というのは，社会道徳，つまり社会倫理のことを指しています。そして，上の問いかけに対しては，刑法と道徳の間には同質の面と異質の面がある，というのが一応の解答といえましょう。ところで，刑法は社会統制手段（何らかの制裁によって個人の行動を一定の期待された型に合致させる過程において用いられる手段⇨30頁）の1つと考えられていますが，道徳との同質面と異質面のいずれを重視するかによって，刑法の働きについて2つの考え方が現れることになるのです。

　1つは，刑法に独自の意義を認めつつも刑法の働きを道徳に近づけて理解しようとする立場で，刑法も基本的に社会倫理維持の機能をもつという考え方です（**社会倫理維持説**）。この立場も，刑法が生命・身体・自由・名誉・財産といった個々人のもつ社会生活上の利益（法益⇨15頁以下）を保護していることを否定するわけではありません。しかし，このような法益保護機能も刑法が社会倫理を維持することの結果として副次的に派生する効果であると捉えているに

THEME 1 刑法についての基本的な考え方 23

すぎません。社会倫理維持説に対しては，近代社会における法は，倫理的価値観が多元的に存在することを前提として，社会倫理に対し独自の意義と機能を主張するところにその特色があるのだから，近代刑法も個人の生活利益を保護するために存在するのであって，個人に礼儀正しい「立ち居振舞い」を教えるために存在するのではない，という批判がなされています。

この批判の根底にある考え方は，刑法は，まず抽象的に一定の法益侵害行為に対し刑罰を規定することによって，次いで現実に行われた法益侵害行為に実際に刑罰を科すことによって犯罪を防止し，法益を犯罪から保護する機能をもっている，とするものです（**法益保護説**）。したがって，刑法は，法益に対する侵害またはその危険が発生したときに初めて干渉することができるのであって，この立場では，そのような侵害が発生しないようにすることこそが刑法の任務だということになります。社会倫理維持説のように刑法の道徳形成機能を認める場合には，国家が刑罰を用いて，その価値観に基づき自己が正しいと信ずる社会倫理（国家的道義）を国民に押しつけてくる危険性がないとはいえません。個人の尊厳の思想を基礎に個人の権利・自由を最大限に保障しようとする現行憲法秩序の下では，結論的にみて，刑法の機能を法益の保護に求める法益保護説が妥当であるように思われます。

(2) 刑法による介入はなぜ許されるのか

(a) モラリズムと侵害原理 (1)でみたように，刑法の働きについて考え方が分かれるのは，刑法が刑罰という手段を用いて個人の権利・自由に介入することのできる根拠について，見解の相違があるからなのです。従来，個人の法益侵害という結果を惹き起こさなくても，倫理的にみれば悪い行為をした場合，ただそれだけの理由でこれを刑法的に規制しうるか，ということが問われてきました。社会倫理維持説の論者はこれを肯定し，法益保護説の論者はこれを否定してきました。前者はモラリズムの立場であり，後者は功利主義の立場です。もっとも，通常の犯罪の場合であれば，それは法益を侵害し，あるいは侵害の危険に陥れるとともに，社会倫理にも違反する行為であるわけですから，モラリズムの立場（社会倫理維持説）を採ろうと功利主義の立場（法益保護説）を採ろうと結論に違いは生じません。しかし，風俗に対する罪（風俗犯⇨18頁）に典型的にみられるように，社会倫理に反する行為であっても，具体

24　第1章　刑　法

的にどのような法益を侵害しているのか必ずしも明らかとはいえない場合には、両説の間で結論に差が生じてきます（⇨25頁以下）。

　モラリズムは、社会生活のあらゆる場面で社会倫理の維持を重視する考え方であって、特に（刑）法の目的を倫理それ自体の強制に求める立場を**リーガル・モラリズム**と呼んでいます。この見解は、社会の存立のために必要とされる限り、不道徳な行為は不道徳であるという理由それだけで犯罪として処罰すべきである、と主張します。これに対し、功利主義は、内心の個人道徳を尊重する自由主義的立場であって、イギリスの経験主義哲学者 J・S・ミルが説いた**侵害原理**（他者侵害なければ刑罰なし）を刑法による介入の基礎に据えています。法益保護説の立場からしますと、刑法による介入の根拠は侵害原理に求められることになります。刑法がその目的達成のための手段としている刑罰にきわめて重大な反作用・副作用があることを考えますと（法的制裁を薬にたとえるならば、刑罰は劇薬ということになります）、刑法による倫理の強制は謙抑的でなければなりません。刑法は、道徳や刑法以外の法（たとえば民法や行政法）など他の社会統制手段では法益保護に十分でないときに「最後の手段」（*ultima ratio*）として、初めて介入することになります。このような考え方を**刑法の謙抑性（補充性）**と呼んでいます。

（b）パターナリズム　ある人が他人に侵害を加える場合でなくても、本人を害する場合に本人自身の保護のために、その自由に干渉することを**パターナリズム**（父権的干渉主義）といいます。刑法による介入の根拠を考える上で問題となるのは、他人を害していない以上、刑法においてはパターナリズムもリーガル・モラリズムと同様に否定されなければならないのか、ということです。個人は、賢明でない誤った判断でも、その判断行為と結末から学びつつ、試行錯誤的に判断能力を高め、統合的人格を形成して、その自律や個性を完成させてゆくことを考えますと、全面的にパターナリズムを承認することには疑問があります。パターナリズムの思想は、特に、行為者が自由な意思決定に基づいて自己の利益を侵害する（たとえば、自分で自己の所有物を壊す）場合には、刑法はこれに介入すべきでない、という「自己決定の自由」（自己決定権）の考え方と相容れません。「判断能力ある人物は、自分の利益をもっともよく知っており、合理的な行動をするであろう」という自律的判断尊重の仮説を前提とする限り、現在の危険な行為（自傷行為、賭博等⇨28頁以下）が将来の重大な利益ま

たは自由の損失をもたらすおそれのあることを十分承知している行為者については，その行動への国家の介入は基本的に許されないと思われます（自殺については，⇨60頁以下）。

　もっとも，複雑な現代社会にあっては，我々自身が自分に関することについて必ずしも常に「最良の判断者」ということはできないのであって，一定の範囲で人々，特に社会的弱者を彼ら自身から保護する必要のある場合があることも否定できません。ところで，広い意味のパターナリズムには，①「ハード・パターナリズム」と，②「ソフト・パターナリズム」が含まれています。①の狭義のパターナリズムは，判断能力が十分である人間について，その個人の完全に任意な選択・行動にも介入することを認め，②の意味でのパターナリズムは，判断能力が十分でない人間について，その者の不任意な選択・行動にのみ介入を認めるものです（ベネフィシェンス〔徳行〕に基づく介入）。結論として，刑法においては，②のベネフィシェンスの原理は認められますが，①のパターナリズム（狭義）は原則として認められないということになるでしょう。

■　2　被害なければ刑罰なし　■

(1)　わいせつ物輸入事件

　話は少し古くなりますが，1986年ゲイ雑誌の編集長Ｔがアメリカから帰国した際，アメリカで入手した同性愛を描いたビデオテープ5巻と雑誌7冊などを所持して日本国内へ持ち込もうと企てたところ，税関当局に発見されて未遂に終わった，という関税法違反事件がありました。最高裁判所は，1995（平成7）年，わいせつ物に対する行政上の規制に必要性と合理性が認められる以上，その実効性を確保するために，行政上の規制に違反した者に対し，単なる所持を目的とするか否かにかかわらず，一律に刑罰をもって臨むことは憲法13条（個人の尊重と公共の福祉）・31条（法定手続の保障）に違反しない，と判示しました（最判平成7・4・13刑集49巻4号619頁）。同じわいせつ物に関する規制であっても，刑法旧175条（当時）がわいせつ物の所持を販売目的のある場合に限って処罰していた（販売目的なく所持していた場合は処罰しない）のに対し，関税定率法が「風俗を害すべき書籍・図画の輸入」をいっさい禁止し（21条1項3号〔現在，関税法69条の11第1項7号〕），関税法109条2項がこれを受けてそのすべてを（何の目的かにかかわりなく）処罰の対象としていることから問題が生

26 第1章 刑 法

じたのでした。最高裁判所の見解は，刑法（関税法も罰則規定をもつ限りでは広い意味の刑法に属します。⇨14頁）を道徳に近づけて理解する立場のものとみることができるでしょう。

ところが，原審の東京高等裁判所は，最高裁判決とは異なり，販売を目的としない単純なわいせつ物の所持は処罰の対象外であり，これを規制することは個人の自由への干渉となり憲法13条などに抵触する，との判断を示し，本件被告人に無罪を言い渡していました（東京高判平成4・7・13判時1432号48頁）。この判決は，(刑)法と道徳の問題について，次のようなきわめて注目すべき判断を示しています。

> 「猥褻表現物に関する罪は，道徳的秩序に関する罪であるが，そもそも道徳ないし倫理は本来自律的なものであって，法的規制，ことに刑罰をもってするそれとは性質上相容れないものである。したがって，……個人的鑑賞目的による単純な所持までも規制の対象とすることは，明らかに本来個人の自由に委ねられるべき領域と，法律をもって規制すべき領域との境界線を踏み越えるものである。それは，……本来最小限の道徳であるべき法律が個人の自由に委ねられるべき領域に干渉するものとして，条理上当然に排除されるべきものである」

この主張は，まさに道徳から独立した独自の意義を刑法に認める立場に立脚するものといえるでしょう。

(2) 読みたい人にわいせつ図書を販売する行為も犯罪か

ところで，わいせつな図書等を販売する行為はなぜ処罰されるのでしょうか。その理由は必ずしも明らかではありません。というのは，現行刑法によれば，わいせつな図書等を見たいという見る側の求めに応じて頒布（有償・無償を問わず不特定または多数の人に交付）する行為もすべて処罰されていますが（175条1項），わいせつな図書等を見るのが法的にみて個人の自由であれば，その者の求めに応じてこれを頒布する行為も，その道徳的な善し悪しは別として，法の関知するところではない，とも解せられるからです。

この問題は，「わいせつとは何か」ということと関連しています。判例は，わいせつを「①徒に性欲を興奮または刺激せしめ，かつ，②普通人の正常な性的羞恥心を害し，③善良な性的道義観念に反すること」と定義しています。こ

THEME 1 刑法についての基本的な考え方 27

れを一般に**わいせつ3要件**と呼んでいますが，わいせつ物の頒布等が処罰される理由も，現行法の立場では，結局このわいせつ概念の3要素によらざるをえません。しかし，これらの要素がはたして本当にわいせつ物頒布等の罪の処罰根拠として誰もが納得しうるものであるかについては，疑問の余地があるのです。とくに「善良な性的道義観念に反すること」という要素については，わいせつ表現によって具体的にいかなる内容の性道徳・性秩序が侵害され，それによって社会にいかなる実害が生じるかを論証することはできません。わいせつ表現を処罰することについては，また，表現の自由を保障した憲法21条に違反しないかという問題もあります。

　そこで，頒布すると処罰対象となるわいせつ表現の範囲を限定しようとする様々な試みがなされています。その1つが「端的な春本」説という考え方です。これは，刑法によって処罰することができる図書等は社会的価値のまったくない端的な春本（ハードコア・ポルノ）だけである，というものですが，この考え方にも問題があるように思われます。この見解のように，行為が社会的意義・価値を有しないという消極的理由だけでこれを処罰することになれば，（他者）侵害原理に反し，ひいては法の適正手続を保障した憲法31条の理念に抵触することにもなりましょう。道徳上の罪（sin）は，被害が発生しなくても存在しえますが（極端な場合，若い女性を見て色情を抱くなど，心の中で良からぬことを考えること自体すでに罪です），刑法上の犯罪（crime）は，外部に特定の実害ないしその危険が発生して初めて成立するものなのです。

　したがって，わいせつ図書等の頒布に対する規制が侵害原理およびベネフィシェンスの原理に沿うものであるときは，例外的に処罰が肯定されてよいことになります（⇨25頁）。まず，①侵害原理によって説明されるのは，その種の図書を「見たくない者」に対しその者の意思に反して無理やりこれを見せる場合であって（囚われの聴衆），「見たくない者の自由」という法益を害する行為として処罰の対象となります。次に，②ベネフィシェンスの原理によって説明されるのは，判断能力が十分に備わっていない青少年に対しわいせつ図書等を頒布する場合であって，青少年がわいせつ図書等の取得を望んだとしても青少年の保護・福祉の見地から刑法的介入が認められることになります（青少年に対するタバコ・酒の販売禁止と同じ趣旨です）。

28　第1章　刑　法

(3) 自己が被害者の犯罪——賭博罪の場合

　被害が発生すれば，通常は犯罪が成立しますが，被害が発生しても犯罪とならない場合があります。その1つは，行為者自身が同時に被害者となる場合です（自殺については，⇨60頁以下）。

　以前，元プロ野球選手Sと元ラグビー選手Mがポーカー賭博で警察の取調べを受けた，というニュースがマスコミを賑わしたことがありました。Mは記者の質問に対し，「最初，自分のしたことが，世間が騒ぐほどそんなに悪いことだとは思わなかった」といった趣旨のことを語っていました。この言葉こそが賭博行為に対する市民一般の感覚を表しており，また，賭博罪の本質を物語っているといえます。というのは，賭博で負けることがあるとしても，それは運が悪かったか当人の技量が劣っていたからであって，そのことは賭博の性質上，初めからお互いに了解済みであり，勝者としても他の誰に迷惑をかけたわけでもないと考えられるからです。また，今日の社会では，賭け麻雀・パチンコなどの賭け事が日常茶飯事のように行われていますし，さらに，国や地方公共団体が財政上の理由で，事実上賭博にあたる競馬・競輪等を開催しており，2016（平成28）年にはカジノを中心とした統合型リゾート（IR）の整備を推進するIR推進法も制定されたことから，世間では，本当に賭博行為を犯罪として処罰する必要があるのか，という疑問を抱いている人が多いことも確かです。

　賭博がなぜ処罰されるのかということについて，刑法学には2つの考え方があります。1つは，賭博は国民の射幸心を助長し，怠惰浪費の弊風（よろしくない不健全な経済風俗）を生じさせ，健康で文化的な社会の基礎をなす「勤労の美風」（健全な経済風俗）を害するから処罰される，とするものです。この考え方は，刑法に道徳形成機能を認めるリーガル・モラリズムの立場（社会倫理維持説）といえるでしょう。これに対し，もう1つの考え方は，賭博罪は，自己の財産に損害を与える行為，あるいは同意のある他人の財産に損害を与える行為を処罰するものである，と解するものです。これは，自分で自分の財産を守れない者のために，国家がこの者に代わって刑法という手段を用いてその者の財産を守ってやっている，という考え方であって，基本的に法益保護説に立ちつつも，パターナリズムの思想を刑法に取り入れたものであるといえます。

　しかし，いずれにしても，賭博罪，ことに単純賭博罪（刑法185条）を刑法

のカタログから外すべきである，との主張には根強いものがあります。というのは，まれに事件化される賭博行為を処罰してみても一罰百戒的な意味しかなく，多くの賭博行為を放任したままで，賭博罪規定を存置しておくことがかえって国民の遵法精神を損なっているといえることから，むしろ単純賭博行為を非犯罪化（ディクリミナリゼーション）した方がよいのではないか，と考えるからです。国民の間で，賭博に対する拒否反応が解消ないし緩和され，罪の意識が希薄化の一途をたどっている現在，（単純）賭博罪規定の存在意義について，改めて考え直してみる必要があるように思われます。

(4) 被害者の承諾がある場合——同意傷害

　被害が発生していても犯罪が成立しないもう1つの場合が，被害者が，自己の法益が侵害されることについて承諾を与えていたときです。実際にあった事件ですが，AがBと共謀し，Bが同乗する車にA運転の車を故意に追突させてBに傷害を負わせ，これをAの過失による交通事故であるかのように装って保険金をだまし取ろうとした事案について，最高裁は，「過失による自動車衝突事故であるかのように装い保険金を騙取する目的をもって，被害者の承諾を得てその者に故意に自己の運転する自動車を衝突させて傷害を負わせたばあいには，右承諾は，保険金を騙取するという違法な目的に利用するために得られた違法なものであって，これによって当該傷害行為の違法性を阻却するものではない」としました（最決昭和55・11・13刑集34巻6号396頁）。この場合に問題となるのは，「傷害を受けることをBが承諾していても（同意傷害），Aに傷害罪が成立するか」という点です。最高裁の考え方は，同意傷害であっても，その同意が犯罪目的に利用するために得られた場合は，公序良俗ないし社会倫理規範に違反して許されないとするものです。

　被害者の承諾に基づく法益侵害行為の刑法的意義についても，意見が分かれています。第1の考え方は，被害者の承諾があっても，その承諾を得てなされた「行為が社会倫理的な観点から許容されるか否か」が重要であるとし，承諾が行為を正当化するのは社会的に相当な例外的場合である，とするものであって（リーガル・モラリズム），先の最高裁決定の立場がこれです。これに対し，第2の見解は，被害者がその処分可能な利益に対する侵害を承諾すれば，刑法が保護する必要のある利益（法益）が存在しなくなり（侵害原理），あるいはそ

こに，自分の法益は自由に処分しうるという意味の自己決定の自由が実現されたとして（パターナリズムの否定），被害者の承諾による行為は原則として正当化される，とするものです。

たとえば，暴力団の組員が自分の不始末から所属する組に"迷惑"をかけた場合，小指を詰めるというのがヤクザの掟であるとされてきましたが，その組員の承諾を得て指を切断する行為は傷害罪となるでしょうか。まず，先の第1の見解からすれば，そのようなアウトローの行為は現行法秩序の認めるところではありませんから，当然に違法であって傷害罪を構成することになります。しかし，第2の見解によれば，指を詰めるような行為は社会倫理的にみればたしかに反道徳的な行為ではありますが，命に別状があるわけではありませんから，被害者による自己の身体に対する自由な処分を認め，そのような行為も刑法上はなお適法であるということになります。道徳と刑法とは一応区別して考えるべきだとする見地（法益保護説⇨23頁）からは，ここでも第2の見解の方が妥当だということになるでしょう（なお，指詰めの強要等に対する中止命令の違反は，暴力団対策法47条により処罰されています）。

■ 3 法律なければ犯罪・刑罰なし──罪刑法定主義 ■

(1) 法益の保護と人権の保障

刑法の機能が法益の保護にあるとしても，法益の侵害・危険という事態が生じたときに，ただちに刑法がこれに介入すべきだというわけではありません。実は，近代国家の刑法には，法益保護機能のほか，これを制約する人権保障機能というもう1つの重要な働きがあるのです。たしかに，刑法を発生史的にみますと，まず，社会の組織された権力が社会の秩序維持・法益保護のために個人または団体を社会統制する技術として現れたのですが（**第1次社会統制機能**），近代社会においては，これに国民の権利・自由を保障するため統治権力（国家）そのものを統制する機能（人権保障機能）が加わることになりました（**第2次社会統制機能**）。たとえば，刑法235条は，「他人の財物を窃取した者は，窃盗の罪とし，10年以下の拘禁刑又は50万円以下の罰金に処する」と規定していますが，この条文には2つの作用が秘められています。つまり，一方では，裁判官に窃盗犯人を処罰する権限を与えることによって，国民の財産的利益を保護するという積極的作用がありますが，他方で，裁判官に対して窃盗犯人に

10年を超える拘禁刑または50万円を超える罰金を科すことを禁止することで，窃盗犯人の人権にも配慮しているのです。

　刑法は，このように犯罪者を処罰することによって国民の法益を保護すると同時に，無用に人を処罰しないようにすることによって国民の人権を保障しようとしているのですが（**刑法のマグナ・カルタ機能**），時によって刑法の法益保護機能と人権保障機能との間に矛盾・衝突が生じてくることは避けられません。たとえば，映画を盗み見たり，コンサートの音楽を盗み聞く行為（これらを利益窃盗といいます）が行われた場合のように，重要な生活利益を侵害する行為が行われても，その行為を罰する規定が存在しないときは（窃盗罪の行為客体は財物だけで，サービスなどの無形的利益は含まれていません⇨37頁），この2つの機能の間に矛盾が生ずることになります。そして，国家に対する統制に重点を置く近代刑法は，このような場合，人権保障機能を優先させ，上記のような行為を窃盗罪の規定によって処罰することを断念します。

(2)　罪刑法定主義の意義と根拠

　法律の規定がなければ，道徳的にどのように非難される行為であっても，またどのような生活利益を侵害する行為であっても犯罪とされることはなく，これに対して刑罰を科されることはない，という近代刑法の基本原理が**罪刑法定主義**です。罪刑法定主義は，最初ヨーロッパにおいて近代市民階級が台頭する過程で，国家権力による刑罰権の過酷な恣意的行使から，市民の権利と自由を守るために登場してきた考え方であり，現代では各国の憲法・刑法において認められている刑事法上の大原則です。わが国でも，日本国憲法は，まず31条において「何人も，法律の定める手続によらなければ，その生命若しくは自由を奪はれ，又はその他の刑罰を科せられない」と規定して，**法の適正手続**を保障し，さらに39条は「何人も，実行の時に適法であつた行為……については，刑事上の責任を問はれない」と規定し，**遡及処罰の禁止**を宣言しています。

　罪刑法定主義は，いくつかの原理によって基礎づけられますが，まず，a) 形式的根拠として，民主主義の原理と自由主義の原理が考えられます。①**民主主義の原理**の第1は，三権分立主義であって，これによれば裁判所は自ら犯罪と刑罰を決定する権限をもたず，その任務は国会の制定した法律を適用することに限られることになります（モンテスキューは，裁判官は「法律の言葉を語る口」

32　第1章　刑　法

にすぎないと述べています）。第2は，国民主権主義ないし議会制民主主義の思想であって，これによれば犯罪と刑罰は国民自身がその代表である議会を通じて決定しなければならない，ということになります。一方，②**自由主義の原理**は，国民は法の事前の予告によって初めて，自己の行為が処罰されるかどうかについての予測可能性をもつことができる，という意味で「近代刑法学の父」と呼ばれるフォイエルバッハの主張した**心理強制説**（刑法は，犯罪と刑罰をあらかじめ法典に明確に規定しておくことによって，誰も犯罪を行わないように心理的に強制しなければならない）につながる原理であるといわれています。

　次に，b) 実質的根拠として，「個人の尊厳」によって基礎づけられる権利と自由を，国家刑罰権の恣意的行使から実質的に保障するという意味での**実質的人権保障の原理**が考えられます。罪刑法定主義が今日なお刑事立法や刑法解釈学の指導原理として長い生命を保ち，ますますその価値を高めているのは，このような高次の実質的，普遍的な原理によって支えられているからなのです。

(3)　罪刑法定主義の内容

　罪刑法定主義の内容には，形式的なものと実質的なものとがあります。

　(a)　形式的内容　第1が「犯罪と刑罰は法律で定められるべきである」とする**法律主義の原則**です（憲法31条）。まず，犯罪と刑罰は「成文」の法律をもって定められなければなりませんから，不文法である慣習法は刑法の直接の法源（「法」として援用できる根拠）とはなりません（**罪刑成文法主義**）。また，法律主義にいう「法律」は，原則として，直接国民の代表の手になる国会制定法でなければならないとされています（**国会制定法主義**。例外として，政令や条例に罰則を設ける場合があります）。

　第2は，憲法39条の規定する**刑罰法規不遡及の原則**（**事後法の禁止**）ですが（⇨31頁），刑法6条は，「犯罪後の法律によって刑の変更があったときは，その軽いものによる」と規定し，行為の時の法律（行為時法）の刑より裁判の時の法律（裁判時法）の刑の方が刑が軽くなった場合には，軽い刑を規定した裁判時法の遡及（裁判時法が有効となる前に行われた行為に時間的に遡って適用すること）を認め，罪刑法定主義の精神を拡充しています。なお，刑罰法規自体に変更はなかったが，被告人の行為時の判例の解釈によれば無罪となる行為について，その後判例が変更されて有罪と解するに至った場合，刑罰法規の場合と同

様に遡及処罰を禁止すべきか否かについて学説の対立があります（最判平成8・11・18刑集50巻10号745頁は，判例の遡及的変更を認めています）。

第3が**類推適用の禁止**であって，法律に規定のない事項について，これと類似の性質を有する別の事項に関する法律を適用することは，適正手続によらない法の創造であり，裁判官による事実上の立法であって許されません。たとえば，刑法134条は，医師，薬剤師，医薬品販売業者等が業務上取り扱ったことについて知りえた人の秘密を漏らす行為を処罰していますが，たとえ業務内容が類似しているからといって，この規定を明文のない看護師の秘密漏示行為にまで適用することは，類推適用であって禁止されます（看護師については，保健師助産師看護師法に同様の罰則規定〔44条の4〕があります）。ただし，たとえば緊急避難の保全法益である身体・自由に貞操や名誉を含めるなど，正当化事由の要件については（⇨41頁以下），被告人に有利な方向で類推として認められています。

(b) 実質的内容　罪刑法定主義を実質的な人権保障原理とするためには，さらにその刑罰法規の内容が明確であって，かつ適正なものであることが要求されます。第1に，刑罰法規は，どのような犯罪に対してどの程度の刑罰が科せられるかが一般国民にとって予測可能な程度に具体的かつ明確に規定されていなければなりません（**明確性の原則**）。まず，①刑罰法規によって何が禁止されているかを法文から容易に読み取ることができなければなりませんし（犯罪の明確性），また，②刑について種類も量もまったく定めのない「絶対的不定刑」や，刑種だけを規定し期間の定めのない「絶対的不定期刑」も，裁判所の言い渡す宣告刑に対する予測を困難にすることから，明確性の原則に反するものとして禁止されます。

第2に，法文が明確であっても，過度に広汎な行為を処罰する場合や犯罪と刑罰（法定刑）とが均衡を失している場合のように，その内容が適正でない刑罰法規は，やはり国民の権利・自由を不当に制限するおそれがあるため，裁判所によって違憲・無効と判断されることになります（**適正処罰の原則**）。これは，立法に対して裁判所が行う実質的な制約であり，違憲立法審査制度をもつアメリカで発展してきた考え方（**実体的デュー・プロセスの理論**）に由来する原則ですが，わが国では罪刑法定主義の実質的内容となっています。

34　第1章　刑　法

■ 4　責任なければ刑罰なし──責任主義　■

(1)　責任とは何か

罪刑法定主義と並ぶ，近代刑法の基本原理が**責任主義**です。これによれば，違法行為を行ったことについて行為者を非難できる場合でなければ刑罰を科すことができません（責任なければ刑罰なし）。責任主義は，近代刑法においては，特に主観的責任および個人的責任の思想として重要視されています。**主観的責任**というのは，結果的責任（客観的責任）に対立する考え方で，法益侵害の結果を惹起しただけでは行為者を処罰しえず，行為者に責任能力（刑事責任を負担しうる能力）と故意・過失（⇨43頁以下）が備わり，かつ，違法行為をやめ適法な態度をとる可能性（期待可能性）がなければ行為者を処罰しえない，という思想です。一方，**個人的責任**とは，かつて存在した連座・縁座の制度のような団体的責任に対抗し，行為者は自己の行った個人的行為についてのみ非難されるべきであって，一定の団体に属することを理由に，自分が関与していない他人の犯罪について処罰されてはならない，とする考え方をいいます。

ここでいう責任は，違法行為を行った行為者に対し，「けしからん」としてその者を規範的に非難できることをいい，この意味での責任を**規範的責任**と呼んでいます。規範的責任の中心的な考え方が**期待可能性**の思想です。文学作品を例にとりますと，フランスの作家ヴィクトル・ユゴーの小説『レ・ミゼラブル』（1862年）の主人公ジャン・ヴァルジャンは，たかだか一片のパンを盗んだことがもとで長期にわたる徒刑場生活を余儀なくされましたが，期待可能性の思想によれば，貧困のためパン1つ買うことのできない状況に置かれていた彼の行為は，まことに無理からぬ（悪いけれど，仕方のない）ものであって同情に値し，国家といえども彼にそのような行為に出ないことを期待することはできず，ジャン・ヴァルジャンに刑法上の責任を問うことはできないということになるでしょう。

(2)　道義的責任論と社会的責任論

責任の本質をめぐっては，従来，学説が鋭く対立してきました。古典学派（⇨19頁）の説く**道義的責任論**によれば，責任とは，行為者が道義的な規範意識に従って適法な行為を選択することができ，かつ，その選択に従って適法に行

THEME 1 刑法についての基本的な考え方 *35*

動することが可能であったのに，自由意思によって違法な行為を選択したことについて，行為者を道義的に非難できることを意味します。道義的責任論の説く責任概念は，個々の違法行為を責任非難の基礎に置くという意味で**個別行為責任**と呼ばれ（**行為責任論**），また，個々の違法行為に向けられた行為者の意思に対して責任を問うという意味で**意思責任**とも呼ばれています。

　これに対し，近代学派の主張する**社会的責任論**は，責任を「反社会的性格に基づく社会的危険性をもっている者が，社会を防衛する手段として科されるべき刑罰を甘受しなければならない法律上の地位」の意味に理解しています。ここでいう「責任」には，意思決定の自由を前提とする非難の要素は含まれておらず，責任の大小は，もっぱら犯人の将来における犯罪反復の危険性の大小に基づいて決定されることになります。社会的責任論は，個々の行為とその意思は行為者の犯罪的性格の危険性（悪性）の徴表にすぎないとして，その独立の意義を否定し（徴表主義），犯人の危険な性格に，社会からの防衛処分を講ぜられる基礎を見出そうとするのです（**性格責任論**⇨20頁）。

　ところで，刑法における責任は，刑罰という手段による法の立場からの非難可能性を意味しますから，社会倫理上の道徳的非難と常に一致するわけではありません。たとえば，小学生の行う万引きも道徳的には非難可能ですが，14歳未満の者の行為ですから，刑法上の責任はありません（刑法41条の刑事未成年）。反対に，自己の道徳的，宗教的または政治的信念に従って行動する確信犯人のように，道徳的には非難することができない者についても，法的には非難可能であって，これを処罰の対象とすることができる場合もあるのです。その意味で，道徳的非難を内容とする道義的責任論をそのままの形で刑法に取り入れることには問題がありますが，他方，責任を過去の犯罪行為に対する非難と解することによって初めて，犯罪予防目的追求を意図する国家刑罰権の行使に限界を設定することが可能となるという意味では道義的責任論に基本的正しさが認められます。結論として，刑法では，道義的責任論を出発点としながら，法的見地に立って責任概念から道義性を払拭しつつ，刑罰という峻厳な法効果にふさわしい責任だけを捉えるべきだと思われます（**法的責任論＝可罰的責任論**）。

36　第1章　刑　法

THEME 2

犯罪とは何か

　刑法は，犯罪と刑罰，およびその両者の関係を規定した法律ですが（⇨14頁），刑罰については，その基本理念（⇨19頁以下）は別として，現行法上の制度に関しては刑事学で扱われるのが一般です（⇨第3章 THEME 3）。そこで本章では，刑法のもう1つの柱である犯罪概念について，その意義・成立要件，および犯罪の諸形態をやや詳しく見ておくことにしましょう。

■　1　犯罪の概念　■

(1)　犯罪の意義

　「犯罪」という言葉を聞いたとき，皆さんは何を思い浮かべるでしょうか。ある人は，XがAを刺し殺したとか，YがBの財布をすり取ったというように，現実の社会生活で起こる具体的な犯罪現象（親族間の殺人と暴力団抗争に伴う殺人は，社会現象としては別です）を考え，また，ある人は，殺人・誘拐・窃盗・強盗・放火といった刑法に個別的に規定された観念的な犯罪概念（これを**犯罪類型**といいます。上記2つの殺人現象も「殺人罪」として同一の犯罪類型に含まれ，他の犯罪類型から区別されます）を思い浮かべることでしょう。実は，この2つはともに刑事法学の重要な研究対象なのです。第1の意味での犯罪は，刑事学の対象としての犯罪概念であり（⇨第3章），第2の意味での犯罪は，刑法各論の対象としての犯罪なのです（⇨THEME 3〜6）。

　しかし，刑事法学の研究対象としての犯罪概念はこれに尽きるものではありません。第3の犯罪概念として，殺人・窃盗・放火等のどの犯罪類型にも含まれている共通の要素によって構成された，よりいっそう包括的・抽象的な「一般概念としての犯罪」があります（殺人も放火も「犯罪」であることに変わりはありません）。これは，刑法総論の研究対象であって，このような犯罪の一般概念を明らかにすることには，犯罪を犯罪でない類似の現象（たとえば姦通，正当防衛による殺人，小学生の万引きなど）から限界づける基準を示すことによって，裁判官による判断に統一的原理を与え，犯罪の認定を安定・適正なものとする

という重要な意味があります。*THEME 2* で扱うのは，この意味での「犯罪」であって，一般に，犯罪とは「構成要件に該当する違法で有責な行為」と定義されます。

(2) 犯罪の要素

　　上の犯罪概念の定義から明らかなように，一般概念としての犯罪の構成要素として，以下の4つのものが考えられます。

　(ⅰ)　犯罪は，まず，外界に現れた人の**行為**でなければなりません（行為主義）。行為を行うのは人に限られ，動物の行動や自然現象は，どのような被害・災害をもたらそうとも，行為，したがって犯罪とはなりません。また，人にかかわることであっても，外部的態度とはいえない内心の意思や思想それ自体も行為ではなく，どんなに邪悪・危険なことを考えていてもそれだけでは処罰の対象とはならないのです。行為概念についてはいろいろな理解がありますが，ここでは，行為を「意思による支配可能な何らかの社会的に意味のある人の態度による外界の変更」と定義しておくことにします（**社会的行為論**）。

　(ⅱ)　次に，行為が犯罪となるためには，構成要件に該当しなければなりません。**構成要件**というのは，殺人なら殺人，窃盗なら窃盗という個々の犯罪を輪郭づけている観念的な（解釈により導出される）犯罪の型・枠組みのことです。現実の犯罪行為がこの構成要件に当てはまることを**構成要件該当性**といいます。たとえば，殺人罪（刑法199条）の場合ですと，「人を殺す」が構成要件であり，XがAを刺殺したときは「人を殺す」に当てはまるので殺人罪の構成要件該当性が認められます。また，侵入盗・スリ・万引き・置引き等がいずれも窃盗とされるのも，それぞれの行為が共に窃盗罪（同235条）の構成要件に該当するからであり，無形の情報を盗み出すようないわゆる利益窃盗（⇨31頁）が被害者に重大な財産上の損失をもたらす場合であっても窃盗とされないのは，「他人の財物を窃取する」という窃盗罪の構成要件に該当しないからなのです。このように処罰される行為と処罰されない行為を明確に限界づける機能を構成要件の罪刑法定主義的機能といいます。

　(ⅲ)　さらに，行為は，構成要件に該当していても違法でなければ犯罪とはなりません。たとえば，殺人の構成要件に該当する行為であっても，それが正当防衛（刑法36条1項）によるものであれば適法な行為であって犯罪とはならな

38 第1章 刑　法

いのです。刑法の**違法性**についても，様々な考え方がありますが，ここでは侵害原理の見地から（⇨24頁以下），「法益の侵害または危険の惹起」（**法益侵害説**）と理解しておくことにします（それ以外の見解については，⇨40頁）。

(ⅳ)　最後に，構成要件に該当する違法な行為が犯罪とされるためには，それが有責になされたものでなければなりません。ここに，**責任**とは「法の立場からみた非難ないしその可能性」をいいます。責任のない行為者の行為は，たとえ構成要件に該当し，かつ違法であっても，犯罪とはならないのです（**責任主義**⇨34頁以下）。たとえば，小学生が万引きをした場合や（刑法41条），人を死亡させたが故意も過失も認められない場合は（同38条1項），責任が否定されて行為者は処罰されません。

■　2　因 果 関 係　■

(1)　条 件 関 係

犯罪には，暴行罪（刑法208条）のように，行為の遂行だけで犯罪が完成する**挙動犯**と，殺人罪（同199条）のように，行為のほかに結果の惹起を必要とする**結果犯**とがあります。結果犯の場合は，行為と発生した結果との間に一定の原因―結果の関係がなければならず，これを**因果関係**と呼んでいます（これがないと，結果を「惹起した」といえなくなり既遂が否定されます）。因果関係は，「その行為がなかったならば，その結果は発生しなかったであろう」という**条件関係**を前提としています。

(2)　相当因果関係説

わが国の多数説は，条件関係があるだけで因果関係が認められるとは考えていません（これを認める見解を**条件説**といいます）。それは，行為と結果との間に条件関係が存在しても，因果関係を肯定して行為者に既遂の罪責を問うのは酷であるとみられる事例が存在するからです。たとえば，Xが殺意をもってAに切りつけた後，BがAを発見して病院へ収容したが，病院が火事になったためAが焼死したという場合，Xの行為とAの死亡結果との間には条件関係がありますが，Xに偶然遭遇した火事が死因となったAに対する殺人既遂の罪責を負わせることは不適当です。そこで，学説からは，条件関係の存在を前提として，そのような行為からそのような結果が発生するのが相当である（経

験的に通常といえる）場合に限って因果関係を認めようとする見解が登場しました。この見解は**相当因果関係説**と呼ばれています。

相当因果関係説は，行為が異常な因果経過を経て結果が発生した場合は刑法上の因果関係を否定するもの（上述の例ではXの切りつけ行為とAの死亡との間の因果関係が否定されるとXの罪責は殺人未遂罪にとどまる）ですが，どの範囲の事情を相当性判断の基礎資料（判断基底）とするかについて，以下の①説と②説が同説の内部で対立しています。たとえば，XがAを軽く（普通の人であれば負傷すらしない程度に）殴打したところ，Aは殴られると死ぬ特異体質の持ち主であったため死亡してしまった，という例について考えてみましょう。①行為当時において一般人が認識しえた事情および行為者が特に認識していた事情を判断基底に置く**折衷的相当因果関係説**によりますと，Aの特異体質を一般人が認識しえず，また行為者も特に認識していなかったときは判断基底から除かれて相当性が判断される結果，相当因果関係は否定されることになります（Xの罪責は暴行罪）。これに対して，②行為当時におけるすべての客観的事情を判断基底に据える**客観的相当因果関係説**によれば，Aの特異体質は行為当時すでに存在した事情ですから，その当時その事実が判明していなくても相当性判断の基礎に置かれ，相当因果関係は肯定されることになります（Xの罪責は傷害致死罪）。このように，被害者の特異体質など「行為当時に存在した事情」に関する相当性判断については①説と②説の間で判断が異なりますが，行為後に異常な事情が介在したときの「行為後の事情」に関する相当性判断については，両説はともに，行為後の事情が経験則上通常といえるか，つまり行為当時に一般人が認識しえた事情であったか否かを基準に相当性を判断しています（因果経過の経験的通常性判断）。

(3) 判例と危険現実化説

他方，判例は，相当因果関係説とは異なり，必ずしも因果経過の経験的通常性判断を重視した因果関係判断を行っているわけではありません。犯人が第1現場で被害者に暴行を加え，脳出血を発生させて意識消滅状態にして，第2現場に運び放置して立ち去ったところ，被害者は脳出血により死亡したが，第2現場に放置された被害者はその生存中，何者かにより角材で頭部を殴打されており，それは幾分か死期を早める影響を与えるものであったという事例（大阪

40　第1章　刑　法

南港事件）において，最高裁は，「犯人の暴行により被害者の死因となった傷害
が形成された場合には，仮にその後第三者により加えられた暴行によって死期
が早められたとしても，犯人の暴行と被害者の死亡との間の因果関係を肯定す
ることができ」るとしています（最決平成2・11・20刑集44巻8号837頁）。判例
は，犯人の行為が結果発生の決定的な原因（死因）となった以上，行為の危険
性が結果に現実化したと判断できる点を重視し，たとえ行為後の因果経過が異
常で行為時に一般人が認識しえない事情であったとしても，因果関係を肯定し
ています。このような判例の考え方は**危険現実化説**と呼ばれています。

■　3　正当化事由　■

⑴　正当化の基本原理

　構成要件に該当する行為は，通常違法でもありますが（たとえば適法な窃盗行
為などは普通考えられないでしょう），行為の時に特殊な事情が存在するために，
行為が構成要件に該当していても適法となる場合があります。刑法学では，こ
のような事情を**正当化事由**または**違法性阻却事由**と呼んでいます。ところで，
構成要件に該当し，他人の法益を侵害しているにもかかわらず，行為が正当化
事由にあたる場合になぜ適法とされるのか，その理論的根拠については学説上
の争いがあります。それは，「違法とは何か」という**違法性**の本質について，
学説に対立があることに由来しています。

　その1つは，違法性の実質を（社会倫理）規範違反に求める見解です。これ
は，*THEME 1* でみたように，刑法の役割・任務として社会倫理あるいは国家
的道義の維持を重視する見地から，そのような倫理・道義に反することが違法
の本質であると解する立場です（**規範違反説**）。この見解からしますと，法益を
侵害したとしても，それを招いた行為が「国家によって承認された共同生活の
目的達成のための相当な手段」である場合（**目的説**），または，行為が「歴史的
に形成された社会生活秩序の枠内にあり，そうした秩序によって許容されてい
ること」（**社会的相当性説**）が正当化の根拠ということになります。

　これに対し，第2の見解は，刑法の任務が法益の保護にあるとする見地か
ら，侵害原理に立脚して「法益を侵害すること，または侵害の危険を発生させ
ること」が違法性の本質であると考えています（**法益侵害説**）。この立場からし
ますと，ある法益の侵害が他のより高い価値の法益を救うことになる場合（**法**

THEME 2 犯罪とは何か　41

益衡量説），あるいは法益衡量のほかに個別具体的な諸事情（たとえば保護した法益と侵害した法益の量と範囲，法益侵害の必要性の程度など）を考慮して，行為者の側に包括的に優越的利益が認められる場合（**優越的利益説**）に，行為は正当化されることになります。

　ところで，正当化事由には，自己または他人の法益に切迫した危険からこれを擁護するために他者の法益を侵害する**緊急行為**と，すでに通常の事態において他者の法益を侵害することが許容されている**一般的正当行為**とがあります。前者には，正当防衛（刑法 36 条）や THEME 1 の冒頭に掲げた緊急避難（同 37 条）があり（⇨21 頁以下），後者には，法令行為や正当業務行為（同 35 条）があります（そのほかに明文の規定はないが理論上認められている被害者の承諾，自救行為等の超法規的正当化事由があります）。以下では，私たちになじみがあると同時に，理論上困難な問題が多く含まれている緊急行為について見てみることにしましょう。

(2)　正当防衛と緊急避難

(a)　意義・本質　　**正当防衛**は，「急迫不正の侵害に対して，自己又は他人の権利を防衛するため，やむを得ずにした行為」であり（刑法 36 条），**緊急避難**は，「自己又は他人の生命，身体，自由又は財産に対する現在の危難を避けるため，やむを得ずにした行為」であって，これによって生じた害が避けようとした害の程度を超えないものをいい（同 37 条），いずれの行為も処罰されることはありません。正当防衛と緊急避難は，いずれも緊急行為（ほかに刑法に規定のない自救行為があります）であって，緊急状況において国家の救済を求めるいとまのない場合に，自ら自己または他人の法益を保全するために他者の法益を侵害する，という共通の性格をもっています（自己保全行為）。

　しかし，正当防衛では，不正な侵害に対し正当な利益を保全するという「不正 対 正」の関係が認められるのに対し，緊急避難は，現在の危難を避けるため，危難とは関係のない第三者の正当な利益を侵害するという「正 対 正」の関係にある点で，両者は大きく異なっており，そのことがそれぞれの成立要件の違いに微妙に反映しています。

(b)　要件　　正当防衛および緊急避難が成立するためには，第 1 に，それぞれに「急迫不正の侵害」および「現在の危難」が存在しなければなりません。

42 第1章 刑 法

まず，「急迫」と「現在」は，ともに侵害・危難が目前に迫っているか現在進行中という意味であり，過去および将来の侵害・危難に対して，正当防衛・緊急避難は認められていません（緊急行為たるゆえんです）。それでは，防衛者が相手方の侵害行為を予期した上でそれに対抗した場合はどうなるでしょう。最高裁はこれを「急迫」性の問題として捉え，「刑法 36 条は，急迫不正の侵害という緊急状況の下で公的機関による法的保護を求めることが期待できないときに，侵害を排除するための私人による対抗行為を例外的に許容したものである。したがって，行為者が侵害を予期した上で対抗行為に及んだ場合，侵害の急迫性の要件については，侵害を予期していたことから，直ちにこれが失われると解すべきではなく，対抗行為に先行する事情を含めた行為全般の状況に照らして検討すべきである」と述べた上で，具体的な考慮事情を例示し，「行為者と相手方との従前の関係，予期された侵害の内容，侵害の予期の程度，侵害回避の容易性，侵害場所に出向く必要性，侵害場所にとどまる相当性，対抗行為の準備の状況（特に，凶器の準備の有無や準備した凶器の性状等），実際の侵害行為の内容と予期された侵害との異同，行為者が侵害に臨んだ状況及びその際の意思内容等を考慮し，行為者がその機会を利用し積極的に相手方に対して加害行為をする意思で侵害に臨んだときなど，前記のような刑法 36 条の趣旨に照らし許容されるものとはいえない場合には，侵害の急迫性の要件を充たさない」（最決平成 29・4・26 刑集 71 巻 4 号 275 頁）としています。次に，正当防衛の「侵害」は不正，すなわち違法でなければなりませんが，緊急避難の「危難」はその正・不正を問わないと考えられています。

　第 2 に，正当防衛は，自己または他人の権利を防衛するため，やむを得ずにした行為でなければならず，また，緊急避難は，自己または他人の生命・身体・自由・財産に対する現在の危難を避けるため，やむを得ずにした行為であることが必要です。まず，「権利」というのは，広く法の保護する利益（法益）を意味し，他人の法益も含まれますが，国家・社会法益のための正当防衛については，それが政治的に濫用されるおそれがあることを考えれば，これを認めるべきではないでしょう。なお，刑法 37 条は，緊急避難について保全することができる法益を列挙していますが，通説は，貞操や名誉もこの中に含まれていると解しています（被告人に有利な類推⇒33 頁）。次に，「防衛するため」「避けるため」という文言が主観的な防衛意思・避難意思を必要とする趣旨かどう

かについては，争いがあります。違法性の本質について（⇨40頁），法益侵害説に立って，違法性を純粋に客観的に捉えようとする場合には不要説に至り，規範違反説の立場から，違法性判断にあたっては行為者の主観をも考慮しなければならないと解する場合には必要説を採ることになります。

　正当防衛と緊急避難の違いが顕著に表れるのが，「やむを得ずにした」という必要性・相当性（均衡性）の要件です。同じ表現でも，正当防衛の場合は，単に必要やむを得ないことを意味し，他にとるべき方法がなかったことを意味しませんが，緊急避難の場合は，他にとるべき方法がないことまで要求されます（補充性の原則）。また，正当防衛では，保全法益と侵害法益とが著しく均衡を失していなければ「やむを得ない」といえますが，緊急避難が成立するためには，避難行為から生じた害が避けようとした害の程度を超えないことが要件となります（均衡性の原則）。これらの相違はいずれも，「不正 対 正」の関係に立つ正当防衛と「正 対 正」の関係にある緊急避難との本質的な違いに由来するものです。

■　4　故意・過失と錯誤　■

(1)　故意と過失

　刑法38条1項本文は，「罪を犯す意思がない行為は，罰しない」と規定していますが，この「罪を犯す意思」が**故意**であって，行為者が犯罪事実を認識していることを意味します。刑法は，このように故意に基づかない行為を処罰しないことを原則としていますが，同項ただし書は，「法律に特別の規定がある場合は，この限りでない」と規定して，例外的に過失犯も処罰できることを定めています。ここに，**過失**とは，不注意（注意義務違反）により犯罪事実を認識しないことをいいます。このように，故意と過失とは，定義上は犯罪事実の認識の有無によって区別されますが，限界的な事例において両者の判別は必ずしも容易ではありません。

　故意には，犯罪事実の認識が確定的な**確定的故意**と，認識が不確定な**不確定的故意**とがあり，過失には，いったんは結果の発生を予見しながらも，不注意により後になってこれを打ち消した**認識ある過失**と，不注意により最初からまったく結果発生の予見がない**認識なき過失**とがあります。このうち，両極に立つ確定的故意と認識なき過失との区別はそれほど困難ではありませんが，中間

44 第1章 刑 法

に位置する不確定的故意，特に結果の発生そのものの認識が不確定な**未必の故意**と認識ある過失との区別には相当な困難を伴います。一般には，たとえば人の混雑している通りを自動車で疾走し人を死傷させた場合，同じく人を死傷させる蓋然性を認識しているときでも，①人を傷つけてもかまわない，やむをえないと認容していたときは（未必の）故意が認められ，②自己の運転技量を過信して誰も死傷させず通過することができると考えていた場合は（認識ある）過失と解されています。

(2) 事実の錯誤

(a) 意義と種類　行為者が主観的に認識した内容と客観的な事態とが食い違っている場合が錯誤ですが，このうち行為者が認識した（構成要件該当）事実と現に発生した（構成要件該当）事実とが一致しないことを**事実の錯誤**といいます。刑法38条2項は，「重い罪に当たるべき行為をしたのに，行為の時にその重い罪に当たることとなる事実を知らなかった者は，その重い罪によって処断することはできない」とだけ規定し，事実の錯誤のその後の取扱いをいっさい解釈に委ねています。

　事実の錯誤には，様々な形態があります。これを構成要件の範囲を基準として分類しますと，①たとえば，Aを殺害するつもりでBを殺害してしまった場合のように（事例Ⅰ），同一構成要件（この場合は，殺人罪）の事実に誤認のある**具体的事実の錯誤**と，②人形を壊すつもりで人を殺してしまった場合のように（事例Ⅱ），異なる構成要件（この場合は，器物損壊罪と殺人罪）に属する事実の間に誤認のある**抽象的事実の錯誤**とに分けることができます。また，事例Ⅰの具体的事実の錯誤は，さらに構成要件要素を基準として，③たとえばBをAと人違いして殺害してしまった場合のように（事例Ⅲ），侵害行為は認識どおりの客体に向けられたが，人違いであった**客体の錯誤**と，④Aを殺害しようとして発射した弾丸が外れ意外のBに命中してこれを殺害してしまった場合のように（事例Ⅳ），狙った客体とは違った客体に結果が生じた**方法の錯誤**とがあります。

(b) 方法の錯誤　以上のうち，事例ⅢについてBに対する殺人が成立することに異論はありませんが，事例Ⅳについては，Bに対する殺人罪を認める法定的符合説と過失致死罪しか認めない（Aに対しては殺人未遂罪）具体的符合

説が対立しています。①**具体的符合説**は，行為者の認識した事実と現に発生した事実とが具体的に一致しない限り故意を阻却する，という学説であって，方法の錯誤の場合は，認識事実（狙った「その人（A）」の生命侵害）と発生事実（狙った「その人でない人（B）」の生命侵害）とが具体的に一致していないから故意を阻却する，と考えます。これに対し，②**法定的符合説**は，行為者の認識した事実と現に発生した事実とが法定的に罪質を同じくする限り故意を阻却しない，という学説ですので，方法の錯誤であっても，Aの殺人とBの殺人は罪質（「人」の生命侵害）を同じくすることからBに対する関係で故意の阻却を認めないことになります（Aに対する殺人未遂罪も認めるか否かは，同説の内部で見解が分かれています）。判例も，Aを殺して強盗する目的でAを狙って銃を発射し，Aを傷つけるとともに付近にいた意外のBをも傷つけたという事案につき，Aに対してだけではなくBに対する関係でも強盗殺人未遂罪の成立を認めています（最判昭和53・7・28刑集32巻5号1068頁）。

(c) 抽象的事実の錯誤　①**法定的符合説**は（具体的符合説も），行為者の認識した事実と現に発生した事実とが罪質（構成要件）を異にするときは故意を阻却すると考えますので，事例IIでは，器物損壊と人の殺害とが罪質（構成要件）を異にする以上故意犯の成立は否定され，過失致死罪のみ（器物損壊の未遂は不可罰）が成立することになります。これに対し，②行為者の認識した事実と現に発生した事実とが罪質（構成要件）を同じくしない場合でも必ずしも故意を阻却しないとする**抽象的符合説**は，抽象的事実の錯誤の場合でも，犯罪意思で行為に出ている以上認識事実と発生事実のうち少なくともどちらか軽い方の罪の故意犯の成立を認めますから，事例IIの場合は，器物が損壊されていないのに器物損壊罪（と過失致死罪）が成立しますが（牧野説），このような考え方は罪刑法定主義に反するものです。判例は，覚せい剤輸入罪を犯す意思で麻薬輸入罪にあたる事実を実現した場合について，両罪の構成要件は実質的に重なり合っているから被告人の錯誤は麻薬輸入罪の故意を阻却するものではない（両罪の法定刑は同一），としており（最決昭和54・3・27刑集33巻2号140頁），構成要件の重なり合いを考慮する立場ですが，形式的には異なる法律に規定された罪の間であっても，両罪の構成要件の重なり合いの有無を法益や行為態様の共通性から実質的に判断しています。

46　第1章　刑　　法

(3)　違法性の錯誤

　行為者に故意・過失があっても，自己の行為が法的に許されないこと（違法性）を意識する可能性がなければ，刑事責任に問われることはありません。それは，行為者に違法性の意識ないしその可能性がなければ，違法行為をやめ適法な態度をとるという反対動機を形成することができず，違法行為を行ったことについて行為者を法的に非難することができないからです。もっとも，かつての判例は故意犯の成立には必ずしも違法性の意識ないしその可能性は必要でないと解してきたとされていますが，近年の最高裁判例は違法性の意識の問題を何らかの形で考慮しようとする姿勢を示しています（たとえば，最決昭和62・7・16刑集41巻5号237頁）。それでは，たとえばある映画の上映が刑法上のわいせつ図画の公然陳列（刑法175条）にあたる行為であったが，映倫審査の通過によりその映画の上映は違法でないと思った場合のように，行為が客観的には違法であるのに，行為者が錯誤により違法でないと思ったとき（**違法性の錯誤**）は，刑法上どのように扱われることになるのでしょうか。

　刑法38条3項は，「法律を知らなかったとしても，そのことによって，罪を犯す意思がなかったとすることはできない。ただし，情状により，その刑を減軽することができる」と規定していますが，その意味については，次のように理解すべきでしょう。つまり，本条項は，違法性の錯誤は故意の成立とは無関係であるが（本文），違法性の錯誤の結果として違法性の意識を欠いた場合は違法性の意識がある場合よりも非難可能性が低いから，相当の注意を払うことによって錯誤を回避することができた（違法性を意識する可能性があった）場合は，その刑を減軽しうる旨を明らかにしたものである（ただし書），と解するのです。その上で，違法性の錯誤が回避不可能な場合，つまり違法性を意識しなかったことについて相当の理由がある（違法性の意識可能性がなかった）ときは，故意はあっても責任が超法規的に阻却されて不可罰とすべきでしょう（**責任説**。これに対し，この場合故意が阻却されるとする見解を**故意説**といいます）。

■　5　犯罪にはどのような形態があるか　■

(1)　作為犯と不作為犯

（a）　**作為と不作為**　　犯罪は人の行為に限られますが（⇨37頁），行為には作為と不作為があります。**作為**とは，人に対して刀で切りかかるというよう

に，一定の身体運動をすることをいい，**不作為**とは，川で溺れている子供を救助しないというように，（社会的に期待された）一定の身体運動をしないことをいいます。犯罪も，現実に行われた行為の態様によって作為犯と不作為犯とに区別され，作為によって犯される犯罪を**作為犯**といい，不作為によって犯される犯罪を**不作為犯**といいます。

　一方，刑法規範の形式は，「何々するな」という禁止規範と「何々せよ」という命令規範とに分かれますが，いずれの規範に違反するかによって，不作為犯はさらに次の2つに分けることができます。①たとえば，暴行または脅迫をするため多数の人が集合した場合において，権限のある公務員から解散の命令を3回以上受けたにもかかわらず「解散しない」ことにより，「解散の命令を3回以上受けたら解散せよ」という規範に違反する場合のように（刑法107条），不作為によって命令規範に違反する場合が**真正不作為犯**であり，②溺れている子供を救助しないことにより「人を殺すな」という規範に違反する場合のように，不作為によって禁止規範に違反する場合が**不真正不作為犯**です。

　(b)　不真正不作為犯　真正不作為犯においては，たとえば不解散罪における「解散の命令を3回以上受けて解散すべき義務」のように，遵守すべき**作為義務**の内容が法文に明示されているので，その成立要件について疑問の生ずる余地はありませんが，不真正不作為犯においては，たとえば殺人罪における「人を殺すな」という規範のように，結果の惹起自体を禁止の対象とする結果犯（⇨38頁）を内容とする規範が前提とされているため，刑法が作為義務（たとえば，親が溺れている子供を救助すべき義務）について何らの規定を設けていない場合に，「溺れている子供を救助せよ」という命令規範から導かれる作為義務に対する違反を問題にしなければならないという難しさがあります。ところで，不真正不作為犯は，作為によって禁止規範に違反する**真正作為犯**と同一の構成要件に該当するのですから，そのためには不作為が作為と同価値のものでなければなりません。そこで，**作為との同価値性**を認定するためには，その不作為が結果の発生を防止すべき作為義務に違反することが要求されます。

　たとえば，同じように溺れている子供を救助しうる場合であっても，その子の親には作為義務（救助義務）を肯定して，単なる通行人には（道徳上の救助義務はあっても）作為義務を否定する理由は何でしょうか。作為義務は，法令，法律行為・事務管理および一般規範に基づいて発生するとされ，親には民法

48 第1章 刑 法

820 条に規定する親権者の子に対する監護義務により，溺れているわが子を救助すべき行為義務が発生すると説明されることが多いのですが，実質的には，親は日頃から子の世話を引き受け，子が親にその生存を依存する関係が認められる実態があり，親が子の命運を支配しているからこそ，親に作為義務が発生するのです。つまり，このような親と子の関係性から，親が溺れている子を見殺しにする不作為は作為の「殺した」と同価値であると評価されるのです。

(2) 既遂犯と未遂犯

(a) 未遂犯 行為者が犯罪意思を抱いてから犯罪結果が発生するまで，犯罪は時間的順序を追って生成発展していきます。行為者は，犯罪の実現に向けてまず準備行為（**予備・陰謀**）をし（準備行為を伴わない場合もあります），次いで犯罪の実行に着手して**実行行為**（基本的構成要件に該当する行為）が行われ，結果犯の場合は，実行行為の終了とともに因果関係が進行し，最終的に結果が発生するという経過をたどります。このうち，実際に結果を発生させた場合が**既遂**であり，実行に着手しても結果が発生しなかった場合が**未遂**です。

刑法 43 条本文は「犯罪の実行に着手してこれを遂げなかった者は，その刑を減軽することができる」と規定し，減軽の可能性を認めつつも（任意的減軽），未遂犯の可罰性を宣言しています（なお 44 条）。結果を発生させていないにもかかわらず未遂犯がなぜ処罰されるのか，については見解の対立があります。①客観主義刑法学（⇨19 頁）を前提とする**客観的未遂論**は，客観的にみて結果惹起の可能性があったこと（客観的危険）に未遂犯の処罰根拠を求めています。これに対し，②主観主義刑法学（⇨20 頁）に立脚した**主観的未遂論**は，犯罪を行おうとする行為者の危険な意思が実行行為に表現されていること（犯意の飛躍的表動）に未遂犯の処罰根拠を求めたため，実行の着手の判断が早まる傾向にありました。既遂に至る客観的危険性ではなく，犯意に重点を置く主観的未遂論は主観的刑法学の衰退と共に支持を失い，現在では，①客観的未遂論を基調とする（実質的）**客観説**が主流です。もっとも，客観説においても実行の着手の判断について 2 つの見解に分かれ，結果を惹起する現実的危険性を含む行為（なお，構成要件的行為の開始を要求する見解が形式的客観説です）を開始した時点とする見解（行為の危険性を重視する立場）と結果発生の切迫した（既遂に至る）現実的危険が生じた時点とする見解（未遂結果の危険性を重視する立場）が対立しています。

判例も客観説を採用しています（最決昭和 45・7・28 刑集 24 巻 7 号 585 頁）が，行為者の立てた犯行計画も考慮しています。判例は，犯人が複数の行為によって犯罪を遂げようとする場合，たとえば，被害者を薬物を使って失神させた（第 1 行為）上で自動車で移動して，そのまま海中に転落させて溺死させる（第 2 行為）という計画に基づいて，第 2 行為に密接な第 1 行為を開始すれば，その時点ですでに殺人に至る客観的危険性が認められることを理由に，殺人罪の実行の着手を肯定しており，必要不可欠性，障害となるような特段の事情の不存在，時間的場所的近接性の観点から密接性を判断しています（最決平成 16・3・22 刑集 58 巻 3 号 187 頁）。

(b) 不能犯　未遂犯の処罰根拠は法益侵害の危険ですが，実行行為自体にそのような危険が認められず，結果の惹起が不可能であるために未遂犯として処罰できない行為が**不能犯**です。不能犯に関する学説は，未遂犯の処罰根拠の問題と関連して分かれています。

現在支配的な客観的未遂論に立脚する客観主義的見解の中でも 2 つの立場が対立しています。①**客観的危険説**は，事後判断により行為後に判明した事情を含めて，行為当時に存在したすべての客観的事情を判断基底に置いて，（科学的）一般人の見地から可能性としての危険の有無を判断し，危険がある場合（相対不能）を未遂犯，ない場合（絶対不能）を不能犯と解しています。この立場では，たとえば X が白い粉末状の砂糖を毒薬と誤信し，殺意をもってこれを A に投与した場合，仮に行為当時一般人も砂糖を毒薬と誤信するような状況（たとえば砂糖が薬品会社の棚に置いてあった）があったとしても，不能犯ということになります。これに対し，②**具体的危険説**は，行為当時において一般人が認識しえた事情，および行為者が特に認識していた事情を基礎として，一般人が具体的に結果発生の危険を感ずる場合を未遂犯，そうでない場合を不能犯と解しています。前例でいいますと，X は白い粉末を毒薬と認識（誤信）していますから，あとは行為当時一般人であれば砂糖を毒薬と誤信しない状況であれば不能犯ですが，一般人も毒薬と誤信したであろう場合は殺人未遂となります。現在の学説上，多数説は②説です。①説も有力ですが，近年は，結果不発生の原因を究明した上で結果発生がありえた場合は危険を認めて未遂犯と解する見解が①説の主流です。裁判例上は，死亡直後の被害者を殺意をもって刺すというような**客体の不能**の場合は②説を採用しています（広島高判昭和 36・7・

50 第1章 刑 法

10 高刑集 14 巻 5 号 310 頁等）が，方法が不適切で結果発生に至らなかった**方法の不能**の場合は科学的根拠を重視した①説に近い判断をしています（東京高判昭和 37・4・24 高刑集 15 巻 4 号 210 頁）。なお，衰退した近代学派（⇨20 頁）の主観的未遂論によれば，前例の X は砂糖を毒薬と誤認し危険な意思を有しているので殺人未遂となります。

（c）**中止犯**　未遂犯は，意外の障害により結果が発生しなかった場合ですが（障害未遂），自己の意思によって結果の発生を阻止した場合が**中止犯**（中止未遂）です。たとえば，X は A に殺意を抱いて毒薬を飲ませたが，A が苦しむのを見て気の毒になり解毒剤を与えて A の命を取りとめた，という場合がそうです。刑法 43 条ただし書は，「自己の意思により犯罪を中止したときは，その刑を減軽し，又は免除する」と規定し，中止犯については犯罪（未遂犯）自体は成立しても，刑を必ず減軽または免除すること（必要的減免）を認めています。問題となるのは刑の必要的減免の根拠ですが，中止犯の法的性格をどのように理解するかによって見解が分かれます。

まず，ⓐ**刑事政策説**は，「後戻りのための黄金の橋」（リスト）という標語に示されるように，任意に犯罪の実行を中止した場合には，そのことに対する褒賞として刑を減免することが結果発生防止に役立つ，という考え方です。しかし，政策的考慮だけでは中止犯の法的効果を十分に説明しえないことなどから，ⓑ中止犯の刑の必要的減免の根拠を中止行為の法的性質に求める**法律説**が登場しました。このうち，①**違法減少説**が，行為者が反規範的意思（故意）を放棄した点または危険消滅行為により結果を発生させなかった点に必要的減免の根拠を求めるのに対して，②**責任減少説**は，犯行の決意（故意）の事後的な撤回によって行為者に対する非難（責任）が減少する，と説いています。近年の学説は，刑事政策説と法律説（①②のいずれかまたは両方）を併用して中止犯の法的性格を説明する学説が多数です。

中止犯は，犯罪を中止したのが「自己の意思により」，つまり，**任意性**が認められなければなりません。任意性に関する学説には，①外部的障害による場合以外と外部的障害を認識して中止する場合以外が自己の意思による場合である，と解する（**心理的**）**主観説**，②「自己の意思により」ということを，行為者の規範意識の覚醒ないし広義の後悔に出たことと解する**限定主観説**（**規範的主観説**），③犯罪を遂げない原因が社会通念に照らし通常障害と考えるべき性

質のものでない場合には自己の意思によったものである，とする**客観説**等があります。このうち，任意の中止といえるために道徳的悔悟，倫理的動機まで要求する②説は法と道徳とを混同するものであって妥当とは思われませんし（⇨21頁以下），③説は「自己の意思」という行為者の主観面を十分に考慮していないうらみがあります。したがって，理論的には①説に従い，「たとえ成し遂げることができるとしても，成し遂げることを欲しない」ときが自己の意思による場合（中止犯），「たとえ成し遂げることを欲したとしても，成し遂げることができないと思った」ときが自己の意思によらない場合（未遂犯），とする**フランクの公式**が妥当と考えます。ただし，刑事実務では，行為者の認識した事情がその主観にどのような影響を及ぼすものかを客観的に評価した上で任意性の有無を判断せざるをえないという事実認定上の制約があります。

(3) 正犯と共犯

(a) 意義　**正犯**とは，犯罪を実行する者，すなわち（基本的）構成要件に該当する行為（実行行為）を行う者をいい，**共犯**（狭義＝加担犯）とは，実行行為以外の違法行為を行う者を指します。正犯のうち，実行行為のすべてを単独で行う場合を「狭義の正犯」（**単独正犯**），各自が実行行為の一部を分担すれば足りる場合を「広義の正犯」（**共同正犯**）といいます。たとえば，XがYとZに強盗を教唆し，Wが凶器を準備するなどしてこれを幇助し，Yがその凶器を示してAを脅迫している間にZがAから財布を強取したという場合，X（教唆犯⇨53頁）およびW（従犯⇨53頁）が共犯です。Y・Z（共同正犯⇨52頁）は，強盗の実行を分担していますから広い意味では正犯ですが，各自が強盗行為のすべてを行っているわけではありませんから（強盗罪は暴行・脅迫と財物強取の2つの行為から構成されています），狭い意味では正犯でない（複数犯という意味では広義の共犯）ということになります。

(b) 間接正犯　正犯は，自己の手によって直接に構成要件に該当する事実を実現する**直接正犯**と，他人を道具のように利用して自己の犯罪を実現する**間接正犯**とに分けることができます。たとえば，自分の言いなりになる幼児を使って店の商品を万引きさせる場合が間接正犯です。同じく複数の人間が犯罪に関与する場合であっても，共犯では相互に意思疎通がみられますが，間接正犯においては相互の意思疎通を欠き，利用される他人（被利用者）に適法行為の

期待可能性がないため規範的にみて犯罪実現の障害（規範的障害）となっていない点で共犯から区別されます。

間接正犯の態様としては，①心神喪失者（刑法 39 条 1 項）等の責任無能力者の行為を利用する場合（ただし，是非弁別能力が備わっている刑事未成年者〔同 41 条〕を利用する場合には，強制した場合を除き，背後者に共犯が成立します），②故意のない者（過失のある者を含む）を利用する場合，③「故意ある道具」を利用する場合（たとえば映画の撮影用であると偽って行使の目的のない印刷工に通貨を偽造させる場合のように，「目的のない故意ある道具」の利用の場合と，公務員である夫が妻に賄賂を受け取らせる場合のように，「身分のない故意ある道具」の利用の場合等があります），④他人の適法行為を利用する場合等が考えられています。

(c) 共同正犯　2 人以上共同して犯罪を実行した者が共同正犯ですが，共同正犯はすべて正犯として扱われます（刑法 60 条）。その趣旨は，共同して犯罪を実行した場合は，各自が犯罪の一部しか行っていなくても全体について刑責を問われる，というものです（**一部行為の全部責任**）。たとえば，X と Y が事前に強盗することを合意して，X が A を脅迫して反抗を抑圧している間に，Y が A から財物を奪取したという場合，X・Y は 60 条により強盗罪として処断されることになります。共同正犯が成立するためには，2 人以上の者の間で共同犯行の意思を形成することが必要ですが，これを**共謀**と呼んでいます。そして，共同正犯は，①共謀した共同者のすべてがそれぞれ実行行為の全部または一部を分担する実行共同正犯と，②共謀者のうち一部の者のみが犯罪の実行を担当した場合において，実行を担当しない者も共同正犯として扱う**共謀共同正犯**とに区別されています。

②の共謀共同正犯を認めることができるか否かについて，学説上争われてきましたが，判例は，旧刑法（1880〔明治 13〕年）以来一貫して共謀共同正犯を認めてきました。まず大審院時代に，昭和 11 年 5 月 28 日の大審院連合部判決（刑集 15 巻 715 頁）が共同意思主体説に基づいて共謀共同正犯の理論を確立し，次いで最高裁時代に入って，練馬事件に関する昭和 33 年 5 月 28 日の最高裁大法廷判決（刑集 12 巻 8 号 1718 頁）が新たな理論構成（個人的共犯論）によって共謀共同正犯論を基礎づけ，この理論は判例上揺るぎないものとなっています。最近は，共犯者間に黙示的な意思連絡があれば共謀を認めるなど，共謀共同正犯を拡大適用する傾向にあります（最決平成 15・5・1 刑集 57 巻 5 号 507 頁）。他

方，学説は，かつては否認論が圧倒的通説でしたが，近年では，判例の確固とした姿勢を前提として，是認論に立ちつつ，これに一定の歯止めをかけようとする立場が多数説となっています。もっとも，是認論の内部においてその理論構成をめぐって見解の対立がみられます。学説が共謀共同正犯論に慎重な姿勢を示す理由は，背後にいる大物の黒幕を重く処罰しなければならないという実際上の要請がある一方で，共謀者中のある者が犯罪の実行に出れば，自らは実行行為を担当していなくても，共謀に参加した全員が，正犯である共同正犯としての責任を問われることの理論的説明が，個人責任の原理（⇨34頁）との関係で必ずしも容易ではないからです。

　ところで，日本には，2人以上の者の間で違法な行為を行うことの事前の合意そのものを**共謀罪**（conspiracy）として処罰する一般的規定はありません。国際組織犯罪防止条約の批准に向けて，2003年から「組織的な犯罪の共謀罪」の立法化が試みられましたが，反対が強く廃案となりました。その後，2017（平成29）年にテロ組織や暴力団等の「組織的犯罪集団」に限定した上で対象犯罪を絞り，資金または物品の取得その他の「計画をした犯罪を実行するための準備行為」を行うことを構成要件に加えた「テロ等準備罪」が新設されました（組織犯罪処罰法6条の2）。テロ等準備罪は，共謀罪と異なり，犯罪を計画するだけでなく一定の準備行為に出ることを要件にしていますが，「組織的犯罪集団」や「準備行為」などの概念内容があいまいであり，対象犯罪の範囲がきわめて広いなど，多くの問題を残しています。

　(d) 教唆犯　人を教唆して犯罪を実行させることが**教唆犯**ですが，これに対しては正犯の刑が科されます（刑法61条1項）。また，教唆者を教唆した者（**間接教唆**）についても，正犯の刑が科されることになっています（同条2項）。教唆犯が成立するためには，人を教唆することによって相手方に犯罪の決意を生じさせ，かつ，これを実行させることが必要です（共犯の実行従属性⇨54頁）。ここに**教唆**とは，違法性の弁識能力のある他人に，特定の犯罪を実行する決意を生じさせることをいい，正犯者が違法性の弁識能力ある他人（規範的障害）である点において，教唆犯は，そのような能力のない者を利用する間接正犯から区別されます。

　(e) 従犯　正犯を幇助する行為が**従犯**（**幇助犯**）であって（刑法62条1項），教唆犯と同様，狭い意味での共犯（加担犯）に属しますが，その刑が正犯に照

54 第1章 刑 法

らして必要的に減軽される点で（同63条），教唆犯より軽い共犯形式です。なお，従犯を教唆した者にも，従犯の刑が科されます（同62条2項）。従犯が成立するためには，正犯を幇助し，かつ，被幇助者（正犯）が犯罪を実行したことが必要です（共犯の実行従属性⇨54頁）。**幇助**とは，正犯者の犯罪の実行を容易にすることをいい，凶器の貸与といった物質的・有形的幇助だけではなく，助言・激励を与えるといった精神的・無形的幇助も含まれます。なお，たとえばXが金庫破りを企てていることを知ったYが，一方的にXを幇助する意思で目立つ場所に金庫の鍵を置き，そうとは知らないXがその鍵を利用して金庫を開けて窃盗を遂げた場合のように，幇助者にのみ共犯意思が存在する**片面的幇助**を認めることができるかについては争いがありますが，判例は肯定しています。

(4) 共犯の基礎理論

(a) 共犯の処罰根拠　共犯は，自ら犯罪を実行していないにもかかわらず，なぜ処罰されるのかについては，3つの考え方があります。①**責任共犯論**は，共犯が正犯を誘惑して堕落させ罪責と刑罰に陥れた点が，②**違法共犯論**は，共犯が正犯に違法な行為を行わせた点が共犯の処罰根拠であると考える立場ですが，①説は正犯との責任連関に，②説は正犯との違法の連帯性に重点を置く一方で，法益侵害と関係づけていない点に問題がありました。現在では，共犯は正犯が実現した法益侵害を共に惹起したがゆえに処罰されると考える③**因果的共犯論（惹起説）**が採られています（なお，同説の中でも，共犯は，正犯行為を通じて法益侵害を惹起するので，共犯の違法を正犯の違法性に従属させる見解が多数説です）。

(b) 共犯の従属性　共犯者が処罰されるには，少なくとも正犯が犯罪を実行しなければならない，という原理を**共犯の実行従属性**といいます。現在では，この原理を肯定する**共犯従属性説**が圧倒的に支配的ですが，かつてはこれを否定する**共犯独立性説**も有力でした。たとえば，XがYに殺人の実行を教唆したが，Yが殺人の実行行為に出なかった場合（教唆の未遂），共犯従属性説によればXは不可罰ですが，共犯独立性説によるとXは殺人（教唆の）未遂として処罰されることになります。共犯独立性説は，行為者の反社会的性格を重視した近代学派（⇨19頁以下）が唱えた見解で，正犯とは独立の共犯行為自体の犯罪性だけで処罰しうるという主張でした。これに対して，古典学派（⇨19

頁）は，共犯行為自体には法益侵害の十分な危険性がないから正犯が実行しな
かった場合は共犯を処罰する必要はないと説いたのです。現在では，正犯が実
行行為に出なければ法益侵害の危険性が生じたとはいえないとする共犯従属性
説が一致した考え方です。

また，共犯が成立するためには，正犯行為が構成要件，違法性，責任という
犯罪成立要件のうちどこまで備えることが必要か，という問題があります（**共
犯の要素従属性**）。通説は，正犯行為に構成要件該当性と違法性を要求する**制限
従属性説**を採用しています。正犯行為を通じて法益を侵害する点に共犯の処罰
根拠を認めつつ，法益侵害を違法性の本質と捉える法益侵害説（⇨40 頁）から
は，制限従属性説が支持されます。

さらに，共犯は正犯に成立する罪名と一致しなければならないか，という**共
犯の罪名従属性**の問題があります。この問題は，共同正犯の場合，①**行為共同
説**と②**犯罪共同説**の対立となってあらわれます。まず，①行為共同説は，数人
が行為を共同することによって各自の犯意を実現するのが共同正犯であると考
えます。この見解によると，たとえば，X は殺意をもって，Y は傷害の意思を
もって A に向けて一緒に発砲したところ，一方の弾丸のみが命中して A が死
亡した場合は，X と Y に行為の共同が認められる以上，X には殺人の共同正
犯が，Y には傷害致死罪の共同正犯が成立します（XY 間に罪名の一致は不要）。
これに対して，②犯罪共同説は，特定の犯罪を数人で共同する場合が共同正犯
であると解していますので，同じ犯罪（罪名）についての共同正犯しか肯定し
ませんが，故意を異にする共同者が実行しようとする異なる犯罪について，そ
の重なり合う限度で共同正犯の成立を肯定します（**部分的犯罪共同説**）。したが
って，先の例では，殺人罪と傷害致死罪が重なり合う傷害致死罪の限度で両罪
の構成要件が重なり合っていますから，X と Y には傷害致死の共同正犯が成
立します（罪名の一致が必要。なお，X にはさらに殺人罪の単独犯が成立する）。判例
は②説を採用しています（最決平成 17・7・4 刑集 59 巻 6 号 403 頁）。両説の対立
は，狭義の共犯についても妥当すると考えられています。

⑸ 一罪と数罪

犯罪の単複（犯罪の個数）のことを**罪数**といいます。罪数には，論理的な発
展段階を異にする 2 通りの意義があり，①1 個の犯罪が成立するのか数個の犯

56 第1章 刑 法

罪が成立するのか，という犯罪成立上の問題を**理論上の罪数**と呼び，これに対し，②成立した数個の犯罪を科刑上どのように扱うか，という犯罪競合の問題を**科刑上の罪数**と呼びます。

まず，ⓐ理論上も科刑上も一罪の場合を**本位的一罪**といいます。これには，①1つの行為が1個の罰条にしか該当しない**単純一罪**と，②たとえば，一発の発砲行為で人を殺す（殺人）とともに衣服をも傷つけた（器物損壊）場合のように，現に数個の単純一罪が存在するにもかかわらず，その実質的な一体性を理由に重い1個の罰条（殺人罪の法定刑）だけを適用して処断すべき**包括一罪**とがあります。

次に，ⓑ理論上も科刑上も数罪の場合として，①確定裁判を経ていない（同時審判の可能性のある）数個の罪を意味する**併合罪**（刑法45条）と，②同時審判の可能性のない2個以上の犯罪を意味する**単純数罪**があります。現行法は，併合罪につき，加重主義（同47条）を原則とし，例外的に吸収主義（同46条），併科主義（同48条）を採用しています。

最後に，ⓒ理論上は数罪であるが**科刑上一罪**の場合について，刑法は，成立するそれぞれの罪名に対応する法定刑のうち，上限も下限ももっとも重いものによって処断される（同54条1項），としています。科刑上一罪には，「1個の行為が2個以上の罪名に触れ」る場合の**観念的競合**と，「犯罪の手段若しくは結果である行為が他の罪名に触れる」場合の**牽連犯**とがあります。

THEME 3
人のいのちと刑法

　刑法では，生命および身体が最重要法益として厚く保護され，生命・身体に対する罪（人身犯罪）は，個人法益に対する罪のうちでも，もっとも基本的なものとされています。そして，行為の客体はいずれも「人」ですので（ただし堕胎罪は胎児を含みます），*THEME 3* では，人のいのちをめぐる刑法上の諸問題について考えてみることにしましょう。

■　1　人の始期　■

(1)　民法の「人」と刑法の「人」

　胎児が人となる時期について，民法と刑法との間でズレがみられます。民法は，「私権の享有は，出生に始まる」（3条1項）と規定していますが，ここでいう「出生」とは，胎児が生きて母体から全部露出することである，と解するのが民法学上の通説です（**全部露出説**）。これは，胎児が母体から完全に分離されることによって「人」として社会生活上認知され，私法上の権利義務の主体（担い手）となる，と解されるからです。

　これに対して，刑法では，**一部露出説**が通説・判例となっています。刑法上，胎児がいつ人となるかは，堕胎罪と殺人罪・傷害罪等を区別する上で重要な意味をもちます。身体の一部でも母体から露出すれば直接攻撃可能になることなどがその理由とされています。したがって，一部露出段階のヒトは，民法上は胎児であって権利義務の主体とはなりえませんが，刑法上は人として殺人罪や傷害罪の規定によって保護されることになるのです。

(2)　熊本水俣病と胎児傷害

　熊本水俣病は，熊本のチッソ水俣工場の廃水に含まれていた有機水銀が魚介類を介して人体に入り，そのため神経が侵され，四肢のマヒ，言語・目・耳などへの障害が出た悲惨な公害病です。刑法上問題となったのは，工場廃水の排出により有機水銀に汚染された魚介類を妊娠中の女性が摂取したために，母体

58   第1章 刑   法

を通して胎児に傷害（胎児性水俣病）をもたらして障害児として出生させ，さらに死亡するに至らせたことが（業務上）過失致死傷罪を構成するか，という点でした。この点に対し，最高裁昭和63年2月29日決定（刑集42巻2号314頁）は，次のように判示して，被告人に業務上過失致死傷罪（刑法211条）の成立を認めました。

> 「現行刑法上，胎児は，……母体の一部を構成するものと取り扱われていると解されるから，業務上過失致死罪の成否を論ずるに当たっては，胎児に病変を発生させることは，人である母体の一部に対するものとして，人に病変を発生させることにほかならない。そして，胎児が出生し人となった後，右病変に起因して死亡するに至った場合は，結局，人に病変を発生させて人に死の結果をもたらしたことに帰するから……同罪が成立するものと解するのが相当である」

この考え方は，胎児を母体の一部とみて，胎児に対する侵害を人（母親）に対する侵害と同一視するものです。しかし，胎児は堕胎罪によって独立の法益主体として規定されているのですから，胎児に対する過失致（死）傷行為が母親に対する過失致（死）傷罪を構成するとみることには，刑法上問題がないわけではありません。また，傷害の対象（母親）と致死の対象（出生児）とが異なるという問題もあります。

学説にも，過失により妊娠中の母親を介して胎児に傷害を与えた結果，出生後の人に傷害が認められた場合に，過失傷害罪が成立するという見解があります。それは，胎児ないし胎芽に有害な作用を及ぼし傷害を与えるという方法によって，本来ならば完全な健康状態で生まれるはずの胎児を傷つけて，先天性の障害児として出生させることは，生まれた子供を傷つけたのと価値的に同視しうる，と解しうるからです。しかし，過失傷害罪が成立しないとする見解の方が学説上の多数説です。過失により「人」を傷害する行為を処罰している過失傷害罪（刑法209条）の要件としては，一部露出説が採用されていることとの関係上も，行為者による行為が被害者の身体に作用する時点で「人」の存在を必要とし，結果発生の段階で初めて「人」が存在するだけでは足りないと解されますし（過失致死についても同様），また，過失により胎児を死亡させても犯罪とならないのに（刑法は過失による堕胎を処罰していません），過失により胎児を傷害した場合に，その胎児が生まれたら人に対する過失傷害として処罰さ

れるのは不合理であるからです。過失による胎児傷害のもつ悲惨な実態からみてその犯罪的性格は否定できないとしても，立法的解決はともかく，これを現行刑法の規定の解釈により犯罪と評価することには疑問があるのです。

■ 2 人の終期 ■

(1) 脳死か心臓死か

人は死亡によって，殺人罪等の客体から死体損壊罪の客体となります。殺人罪の最高刑は死刑ですが（刑法199条），死体損壊罪の刑は3年以下の拘禁刑ですから（同190条），「人がいつ死亡したといえるか」は重要です。人の終期に関し，かつては**心臓死説**ないし**三徴候説**（呼吸・脈拍の不可逆的停止・瞳孔の拡大をもって人の死とするもの）が唱えられ，異論はほとんどみられませんでした。ところが，①一方で人工的生命維持装置の発達に伴い，その使用・取外しの時期との関連で，②他方では臓器移植の発達に伴い，臓器の供給を確保するためになるべく新鮮な死体から臓器を摘出したいという要請と結び付いて，**脳死説**が台頭してきたのです。脳死状態の患者は，脳の機能が完全に失われ，回復不能と認められる状態です。しかし，人工呼吸器の補助を受けているにせよ呼吸をしており，心臓の機能も正常に働いて脈拍も触れることができ，血色も良く皮膚に温かみを感じることもできます。そこで，脳死をもって人の死とみるべきかが刑法においても問題の焦点となっているのです。

(2) 脳死と臓器移植

移植のための臓器，特に心臓の摘出については，ドナー（臓器提供者）に対する積極的な侵襲を伴います。そのため，従来の心臓死説によると，脳死状態のドナーから心臓を摘出する行為は殺人罪（ドナーの同意があっても同意殺人罪）の構成要件に該当しますし，法の下ではドナーとレシピエント（臓器移植患者）の生命の重さは等しく扱われるべきなので，ドナーの生命に代えてレシピエントの生命を救う臓器移植の完全な適法性を説明することが困難です。これに対して，脳死説を採用すると，上記行為は死体損壊罪の構成要件に該当する行為にすぎないうえ，通常，臓器の移植によって得られる利益（レシピエントの生命の維持・延長）が臓器の摘出から生ずる不利益（ドナーである死体に対する敬虔感情の侵害）に優越すると考えられますから，臓器摘出が適法化され，犯罪とな

60　第1章　刑　　法

らない説明が容易になります。

　1997（平成9）年に制定された「臓器の移植に関する法律」は，臓器を提供する場合に限り脳死を人の死とする立場を導入しました。さらに，2009（平成21）年の改正臓器移植法が，移植のための臓器摘出を予定していると否とを問わず，「脳死した者の身体」を「死体」としたことによって（6条1項），この部分のみ見た限りでは，脳死がおよそ「人の死」であるかのような規定になりました。しかし，6条2項によると，「脳死した者の身体」とは，脳幹を含む全脳の機能が不可逆的に停止するに至ったと判定された者の身体をいうと定義され，法定の脳死判定が必要ですので（同条4項），脳死判定を行うための要件（同条3項）を満たさなければ依然として心臓死が「人の死」とされることになります。また，本法は，その名称からもうかがわれるように，臓器移植以外の場合に脳死をどう扱うかについて定めるものではありません。ですので，限定された脳死判定に基づく臓器移植以外の場面では，従来どおり心臓死が人の死であるといわざるをえません。

■　3　死ぬ権利と刑法　■

(1)　自殺と刑法

　わが国の刑法では，自殺ないしその未遂は不可罰ですが，自殺（未遂）はなぜ処罰されないのでしょうか。自殺が不処罰とされる実質的な根拠については，①自殺が自己の法益の処分であることを理由に人に死ぬ権利を認め，自殺を適法行為と解する立場（**適法行為説**），②自殺は生命の尊重という価値観を基盤とする法秩序全体の精神に反する違法な行為であるが，自殺（未遂）者を非難しえないから責任がないとする立場（**責任阻却説**），さらに，③自殺は法が違法・適法の判断を差し控えている「法的に空虚な領域」にある放任行為だとする立場（**放任行為説**）の3つの考え方があります。

　結論的にいって，すべての人の生命を例外なく尊重するということが法秩序にとって望ましいことであり，自殺は法の容認しない違法行為と解さざるをえません。法益の担い手による法益の自由な処分可能性（自己決定の自由）も，個人尊重の建前からみて法によって最大限に保障されなければなりませんが，自殺は法益主体（自殺者）そのものの抹殺を意味する行為であって，自己決定の自由の実現によっても補いえないほど重大な法益である生命の侵害を伴うた

THEME 3　人のいのちと刑法　*61*

め，違法と解さざるをえないからです。仮に自殺を適法行為だとしますと，後述のように（⇨(2)），生命の侵害にとって自殺自体より間接的な自殺関与行為を刑法が犯罪としていることの説明に窮することにもなります。

　ただ，違法な行為をすべて処罰すべきであるとするのは，刑法の謙抑性・補充性の思想（⇨24頁）からみて妥当ではありません。自殺の場合は，自ら自己の生命を絶つことにより，その限りでは自己決定の自由の利益が実現されていることも確かであって，個人のプライバシーの領域のうちでももっとも内的な部分へ刑罰によって干渉することは，適切な選択とはいえません。その意味で，④自殺不処罰の根拠は，自殺は違法ではあるが，被害者自身の行為であることによって，その違法性が可罰的な程度にまで達していないこと（不可罰的違法性）に求められるべきでしょう（**可罰的違法性阻却説**）。

(2)　自殺関与罪と同意殺人罪

　自殺自体は不可罰ですが，刑法は，自殺の周辺に位置する行為ないし自殺に関連する行為を犯罪としています（202条）。自殺に他者が関与する自殺関与罪（自殺教唆・幇助罪）と，被害者の同意に基づく同意殺人罪（嘱託・承諾殺人罪）がこれです。ここで，**自殺教唆**というのは，自殺の決意をもっていない者に自殺の意思を生じさせて自殺させることをいい，**自殺幇助**というのは，すでに自殺を決意している者に対して，その自殺を援助して自殺させることをいいます。また，**嘱託殺人**というのは，被殺者から依頼されてこれを殺害することであり，**承諾殺人**というのは，殺害を申し出て被殺者からの承諾を得てこれを殺害することをいいます。

　問題となるのは，自殺が不可罰であるのになぜ自殺関与行為が処罰されるのか，ということです。まず，①自殺を適法と解する立場は，生命という法益のもつ一身専属性を強調し，自殺自体は適法であるとしても，自殺関与行為は自殺者本人だけが左右しうる他人（自殺者）の生命への干渉として（可罰的）違法性を帯びる，と説きます。これに対し，②自殺を（不可罰的）違法と解する立場は，自殺は自己の生命の侵害であるから不可罰であるが，自殺関与行為は他人の生命への干渉であるから可罰性を獲得する，と説明しています。生命が一身専属的法益であることは認めるとしても，適法行為への間接的関与を違法とすることには理解を超えるものがあり，②の説明の方が妥当と思われます。

62　第1章　刑　法

■　4　安楽死と尊厳死　■

(1)　安楽死と刑法

　安楽死とは，広い意味では，死期の切迫している患者の耐え難い肉体的苦痛
を緩和・除去して安らかな死を迎えさせるすべての場合をいいますが，刑法上
問題となる安楽死は，このうち生命短縮を手段とすることによって自然の死期
に先立って患者を死亡させる**積極的安楽死**を指します（以下，単に安楽死ともい
います）。安楽死が一定の要件を充たした場合に犯罪（同意殺人罪を含む殺人罪）
とならないことは一般に認められていますが，その理由づけについては，安楽
死が法の認める適法な行為であるから犯罪とならないとする**違法性阻却説（適
法説）**と，違法ではあるが行為者に責任非難を加えることができないから犯罪
を構成しないとする**責任阻却説（違法説）**とがあります。

　適法説は，人道主義，患者の自己決定権などを根拠にあげています。たしか
に，安楽死の場合，自己決定の自由という利益とあいまって，「患者の耐え難
い苦痛の緩和・除去」という利益が「救助の可能性のない生命」という利益と
拮抗している状況が存在することは否定できないからです。これに対して，違
法説は，生命が何物にも代え難い利益と考えられること，患者の嘱託・承諾も
死苦の極限状態にある弱い立場の病者によってなされることを考えると，安楽
死の違法性はなお残らざるをえないように思います。安楽死は責任論において
解決すべき問題と考えますが，皆さんはどのように考えますか。

　1991（平成3）年4月に東海大学医学部付属病院で起きた安楽死事件につい
て，横浜地裁平成7年3月28日判決（判時1530号28頁）は，患者の主治医に
対して殺人罪の成立を認めました。

　事案は，多発性骨髄腫で入院していた患者の治療にあたっていた医師が，患
者の家族から「早く楽にしてやってほしい」と懇願されたことから，患者の静
脈に心臓停止の副作用がある塩化カリウムなどの薬物を注射し，心不全によっ
て患者を死亡させたというものでした。裁判所は，医師による末期患者に対す
る致死行為が，積極的安楽死として許容されるための要件として，①患者が耐
え難い肉体的苦痛に苦しんでいること，②患者は死が避けられず，その死期が
迫っていること，③患者の肉体的苦痛を除去・緩和するために方法を尽くし他
に代替手段がないこと，④生命の短縮を承諾する患者の明示の意思表示がある

こと，の4つをあげた上で，本件被告の行った塩化カリウム等を注射して患者を死亡させた行為については，①③および④の要件を欠き積極的安楽死として許容されるものではない，と判示しました。

　最近では，難病のALSを患っていた女性本人から依頼を受け，薬物を投与して殺害した医師に対して，京都地判令和6年3月5日（LEX/DB 25573420）が嘱託殺人罪の成立を認めています。同裁判所は，患者からの依頼を受けた医師の行為を処罰することは患者の自己決定権を保障する憲法に違反するとした弁護人の主張を退けた上で，社会的相当性が認められて嘱託殺人罪に問うべきでない事案がありうるとしても，最低限の要件として，医療従事者が①医学的に行うべき治療や検査等を尽くし，他の医師らの意見も求め患者の症状をそれまでの経過等も踏まえて診察し，死期が迫るなど現在の医学では改善不可能な症状があること，それによる苦痛等の除去・緩和のために他に取るべき手段がないことなどを慎重に判断し，②患者に対して，現在の症状や今後の見込み，取りうる選択肢の有無等について可能な限り説明を尽くし，正しい認識に基づいた患者の意思を確認するほか，患者の意思をよく知る近親者や関係者等の意見も参考に，患者の意思の真摯性およびその変更の可能性の有無を慎重に見極めた上で，③苦痛の少ない医学的に相当な方法を用い，④事後検証可能なように一連の過程を記録化することが必要であると判示しています。

(2)　尊厳死と刑法

　安楽死では，患者の肉体的苦痛を緩和・除去して安らかな死を迎えさせる行為が問題とされましたが，尊厳死では，通常，無意識状態の患者の生命維持治療を中止し，「人間らしい厳かな死」を迎えさせることが刑法上の問題となります（両者を併せて**臨死介助**といいます）。**尊厳死**は，①狭い意味では，回復の見込みのない末期状態の患者に対して生命維持治療を中止することをいいますが（たとえば人工呼吸器の取外し），②広い意味では，不可逆的な意識喪失状態に陥ったいわゆる植物状態患者の場合を含めて，未だ死期が切迫しているとはいえない患者に対する特別な治療措置の停止も含んでいます。

　尊厳死の問題は，「死ぬ権利」の一種とみられていることからも明らかなように，患者の生命に対する自己決定権，およびそれに基づく治療拒否の思想と深くかかわっています。しかし，安楽死の場合には，耐え難い肉体的苦痛の緩

和・除去という患者自身の利益が認められますが，必ずしも肉体的苦痛にあえいでいるとはいえない尊厳死の場合には，患者自身の利益は必ずしも明白ではなく，事情によっては，治療のための経済的負担から家族等を解放するために尊厳死が問題となる可能性もないとはいえません。また，患者の意思についても，患者に意識のない尊厳死の場合は，その意思を知ることが困難であり，尊厳死にとっても自己決定権が本質的な意味をもつにもかかわらず，そこにおいては本人の意思を直接知りえないという矛盾した状況が現れているのです。

　この矛盾を解消するために，まず，①患者の自己決定権を誰かに代行させるという考え方が生まれてきます。アメリカの有名なカレン嬢事件においては，家族・後見人の代行が認められましたが，国家機関による代行はもとより家族の代行についても，それが患者の意思を擬制するという側面をもつことは否定できず，ここでは本人の「死ぬ権利」と第三者の「死なせる権利」との差は紙一重といっても過言ではありません。次に，②行為時における患者の意思に代わる「生前の意思」(living will) によって自己決定権の問題に対処する方途が考えられますが，はたして患者の事前の意思を生命維持治療中止の段階における真意と認めてよいか，また，老人や病者のような弱い立場にある者にそのような意思表明を強いることにはならないかといった問題も残されています。

　ところで，尊厳死のもつ刑法的意味について，まず，**広い意味での尊厳死**，つまり意識回復の可能性はないが未だ脳死状態に至っていない患者（植物状態患者を含む）に対する生命維持治療を中止する行為を是認する論者は，患者の意識回復が不可能であることから，すでに「人間としての尊厳」が失われたかのように判断していますが，このような考え方は，人間の「生命の質」を問題とするものであって，患者の意思の捉え方いかんによっては「生存する価値のない生命」の抹殺につながるおそれがあります。

　次に，**狭い意味での尊厳死**，つまり生命救助の可能性のない末期状態の患者に対して生命維持治療を中止する行為に関する刑法的評価についても，これを認める立場は，患者が回復する見込みがない場合に人工呼吸器を取り外す行為は，最初から人工呼吸器を取り付けなかった場合と同様，医師に治療を継続する義務がないから，人工呼吸器を取り外しても犯罪にはならないとし，あるいは，患者が末期状態に入り，生命を救助する可能性がなくなった場合には，患者側の承諾があることを条件として，医師の刑法上の治療義務がなくなるか

ら，生命維持治療の中止が許容される，と主張します。しかし，死が目前に迫っているとはいえ，苦痛を感じていない患者の生命を短縮してまで実現すべき利益を見出し難いこと，また，患者の承諾についても，完全に自由な意思決定に基づくものとはいい難いことなどからしますと，この意味での尊厳死についてもこれを適法視することには疑問が残ります。

　生命維持治療の中止は，結局，回復の見込みのない「無益な生命」の排除を合理化する方向に道を開く危険性を内在させている（滑りやすい坂），という見方もむげに拒否することはできないと思われますが，いかがでしょうか。

　尊厳死に関して，治療行為の中止が問題となった川崎協同病院事件があります。これは，医師である被告人が，気管支喘息の重積発作で低酸素脳損傷となり昏睡状態が続いていた患者に対し，気道確保のために挿入されていた気管内チューブを抜管し，筋弛緩剤を静脈注射して窒息死させた事案です。最決平成21年12月7日（刑集63巻11号1899頁）は，本件事実関係の下では，被告人の行為は法律上許容される治療中止には当たらない，として殺人罪の成立を認めた原審の判断を是認しましたが，原審は，終末期の患者の生命を短縮させる治療中止行為が許されるか否かについて，治療中止行為を適法とする根拠として，①患者の自己決定権と，②医師の治療義務の限界のいずれからのアプローチにも司法判断では限界があるとし，尊厳死の問題を抜本的に解決するには，尊厳死法の制定ないしこれに代わりうるガイドラインの策定が必要である，という考え方を示していました。厚生労働省は，2007（平成19）年に，「終末期医療の決定プロセスに関するガイドライン（2015年に「人生の最終段階における医療・ケアの決定プロセスに関するガイドライン」に名称変更，さらに2018年に改訂）を策定しましたが，同ガイドラインは，生命を短縮させる意図をもつ積極的安楽死を対象外としています。また，決定プロセスを示すものにすぎず，延命治療の不開始・開始された延命治療の中止の要件を定めるものでもありません。急速な高齢化社会も進む中，終末期医療の統一的なルール作りを急ぐ必要がある一方で，患者本人を主体に，家族，医療従事者の間で将来の治療を話し合い，本人の意思決定を支援するACP（Advanced Care Planning，人生会議）の普及もこれからの重要課題です。

66　第1章　刑　法

THEME 4
性犯罪と刑法改正

■　1　はじめに　■

　2023（令和5）年6月16日に，性犯罪関係の規定を大きく見直す法改正があり，刑法の性犯罪規定だけでなく刑事訴訟法も改正され（令和5年法律第66号），「性的な姿態を撮影する行為等の処罰及び押収物に記録された性的な姿態の影像に係る電磁的記録の消去等に関する法律」（令和5年法律第67号。以下，「性的姿態撮影等処罰法」といいます）が新たに立法されました。このうち，刑法の性犯罪規定については，2017（平成29）年にも改正があり，短い間に2度も大きな見直しが行われたことは刑法改正が少ないわが国では異例です。

　そこで，本THEMEでは，性犯罪と刑法改正を取り上げてお話することにします。

■　2　法改正の背景　■

　性犯罪に関する法改正の背景には，(1)性被害の捉え方の変化，(2)近時の性犯罪の実情に即した対処の必要性，さらに，2023年改正時にとくに意識された点として，(3)処罰範囲の明確性・安定化の要請等があげられます。

(1)　性被害の捉え方の変化

　昔は，性犯罪は「女性の貞操」を侵害するものであり，女性の貞操は一族の体面，家制度を維持するために守るべきものであり，性犯罪は性秩序に対する罪であるとも考えられていました。しかし，第二次世界大戦後は，新たな憲法下で個人が尊重される社会となり，性犯罪は「個人の**性的自由・性的自己決定権**」の侵害であるという認識が一般化します。もっとも，刑法の性犯罪の構成要件自体は1907（明治40）年の刑法制定当時のままであり，旧強姦罪の対象は，2017年改正前まで，女性に対する姦淫行為のみで，男性に対する深刻な性侵害については軽い旧強制わいせつ罪しか適用できませんでした。これに対

して，西欧諸国では，**性に関する社会意識の変化**に応じて性犯罪規定が改正され，男女を問わず，被害者の意思に反する性行為を厳正に処罰する方向で立法が進んでいました。

そうした状況の中，2017年改正法（平成29年法律第72号）は，時代遅れになった性犯罪規定について，現代社会の価値観を反映させ，近年の性犯罪の実態に合わせる必要があるという認識のもと，刑法規定の見直しの検討が進められた末，ようやく国会で成立したものです。2017年改正では，後述3のように，旧強姦罪の構成要件が大きく見直された上に法定刑も引き上げられ，性被害を重くみる現代社会の価値観が反映されました。この頃，学説においても，性被害の深刻さをより的確に示すために，「個人の人格・尊厳」の侵害と表現する見解が登場しており，また，性犯罪が「性的自由」の侵害であるとしても，個人には自己の身体を他人の性的道具にされない自由・権利があり，**被害者の意思に反する性行為は被害者の人格・尊厳を著しく侵害する**という実態を持つという理解が共有されていました。こうした理解のもとで刑法改正論議が進んだのです。

なお，2017年には最高裁大法廷判決（最大判平成29・11・29刑集71巻9号467頁）が，旧強制わいせつ罪の解釈に関する判例変更を行い，行為者の**性的意図**を一律に強制わいせつ罪の成立要件とすることは相当でないとしましたが，最高裁も，判例変更の理由として，性被害に対する社会意識の変化への対応をあげています。

(2) 性犯罪の実情に即した対処の必要性

次に，性犯罪の実情に即した対処の必要性についてですが，2017年改正時には，子供が家庭等で性的虐待に遭う事例に対して従来の法制度では適切かつ厳正な対処が困難であったことから，**監護者わいせつ罪，監護者性交等罪**が新設されました。また，2023年改正時には，デジタル社会における性被害の実態に即して必要な措置を講じるために早急な法整備が求められたという事情がありました。他人の性的姿態を盗撮する行為やその画像等をネットで拡散する行為，また，SNSを利用して性的目的を隠して若年者に近づき手なずけた上で（**性的グルーミング**）性加害に及ぶ事案やいわゆる自撮り被害等が急増し，法的規制の必要性が高まっていたのです。

68 第1章 刑 法

(3) 処罰範囲の明確性・安定化の要請

さらに，2023年改正時には，刑法の性犯罪規定において従来の条文のままでは処罰範囲が明確ではなく，判断にばらつきが生じる懸念が問題になりました。これは，2017年改正後の，2019（平成31）年春に相次いだ無罪判決がきっかけでした。このうちの2件を紹介しますと，1件は，実父が19歳の娘に対し性交したとして旧準強制性交等罪で起訴され，父親に扶養され，かねてから暴行や性的虐待を受けていた娘が父親に抵抗することが困難な状態であったか否かが争われた事件ですが，第1審（名古屋地岡崎支判平成31・3・26判時2437号100頁）は，父親は娘の人格を完全に支配していたとはいえず，抗拒不能と断定できないとして，父親に無罪を言い渡しました。もう1つは，大学サークルの飲み会で男子学生が女子学生に酒を大量に飲ませた上で姦淫したとして旧準強姦罪で起訴された事件ですが，第1審（福岡地久留米支判平成31・3・12刑集75巻6号620頁）は，男子学生は女子学生の様子から抗拒不能に陥っていることに気づかず，女子学生が性交を許容していると誤信していたと認定し，無罪判決を言い渡しました。無罪判決が報道されると，裁判所の判断に抗議するフラワーデモが起こり日本各地に広がりました。その後，これら無罪判決は，高裁（名古屋高判令和2・3・12判時2467号137頁，福岡高判令和2・2・5刑集75巻6号630頁）で有罪判決に転じました（いずれも最高裁で有罪確定）。しかし，このような判断にばらつきが生じるのは刑法の性犯罪の条文に問題があるからだとして刑法改正を求める世論が高まり，性被害者を支援する市民団体が，9万人を超える署名を添えた刑法改正に関する要望書を法務大臣に提出しました。要望の主な内容は，性犯罪の暴行・脅迫要件と被害者の抗拒不能要件を撤廃して不同意の性行為をすべて処罰の対象とし，地位関係性を利用した性犯罪類型の創設や低すぎる性交同意年齢についての引上げ，公訴時効の延長等を求めるものでした。

こうした事態を受けて，2020年に法務省内に性犯罪に関する刑事法検討会が設置され，2017年に改正されなかった論点を見直すとともに，スマホ等の利用により急増する盗撮行為やSNSを利用して子供に近づき性加害に及ぶ事案等に対する法的措置を講じるべきであるとする報告書が取りまとめられました。その後，法制審議会刑事法（性犯罪関係）部会の審議を経て法案がまとまり閣議決定の後国会に提出されるという経緯を経て，2023年改正法が成立し

たのです。

■ 3 2017 年の刑法改正 ■

　以下では，法改正の概要について解説していきますが，先に 2017 年改正前の規定を踏まえた上で，2017 年改正の主要点を説明するとともに，2017 年に改正されなかった点を確認するという順序で説明します。

(1) 2017 年改正の主要点

　2017 年改正前の刑法は，女性に対する姦淫行為を対象とする強姦罪と，それ以外の性行為を対象とする強制わいせつ罪の軽重 2 種類の罪を設けた上で，それぞれ暴行・脅迫手段を要件（**暴行・脅迫要件**）とする強姦罪，強制わいせつ罪と，被害者の心神喪失・抗拒不能状態を要件（**抗拒不能要件**）とする準強姦罪，準強制わいせつ罪に区分して規定していました。その上で，性的判断能力を欠く子供に対する性行為については暴行・脅迫要件・抗拒不能要件を欠いても処罰の対象とし，その年齢を 13 歳未満として，性交等の性行為に同意できる能力が備わる年齢（**性交同意年齢**）を 13 歳以上としていました。また，強姦罪・準強姦罪の法定刑は 3 年以上の懲役であり，被害者の告訴がなければ裁判することができない**親告罪**（死傷結果が生じた場合等の重い場合を除く）でした。

　2017 年改正では，**性犯罪のジェンダーレス化**を進め，①強姦罪・準強姦罪の被害者に男性を含めるとともに，対象行為を姦淫行為から性交・肛門性交・口腔性交へと拡大した上で，罪名を強姦罪・準強姦罪から強制性交等罪・準強制性交等罪に改め，②法定刑の下限を 5 年以上に引き上げ，③性犯罪の親告罪規定を廃止しました。さらに，性交同意年齢に達した未成年者に対する性的虐待に対する措置として，④18 歳未満の者を監護する者がその影響力に乗じてした性行為を処罰する監護者性交等罪・監護者わいせつ罪（179 条）を新設しました。

(2) 2017 年に改正されなかった点

　他方，2017 年改正時には，(a)暴行・脅迫要件（および抗拒不能要件）の見直し，(b)性交同意年齢の引上げや，(c)配偶者間でも性犯罪が成立する旨を明示する規定（確認規定）の設置は行われませんでした。また，(d)性犯罪の公訴時効

70 第1章 刑　　法

も延長されませんでした。

　(a)当時，旧強姦罪等の暴行・脅迫要件の認定が厳しすぎる等の指摘がありましたが，刑事実務では，性犯罪にいう暴行または脅迫の行為は，単にその程度のみを取り上げて観察するのではなく，被害者の年齢，性別，素行，経歴等やそれがなされた時間，場所の四囲の環境その他具体的事情の如何と相伴って，被害者の抗拒を不能にし，またはこれを著しく困難ならしめるものであれば足りると解すべきであるとした最高裁判例（最判昭和33・6・6裁判集刑事126号171頁）を前提に，暴行・脅迫要件は被害者が同意しないのに性行為が行われたことを示す外形的事情として緩やかに解されており，個別事案における事実認定に問題がある事例があっても要件自体を改正する必要はないとされました。また，(b)性交同意年齢が低すぎるという指摘に対しては，性交同意年齢を引き上げなくても児童福祉法の児童淫行罪（10年以下の懲役）等による処罰は可能であること，逆に13歳より上に引き上げると同年代の恋愛行為まで処罰対象に含まれる不都合が生じることが指摘されていました。(c)配偶者に関する確認規定については，従前から処罰の対象になっていたことから，わざわざ設ける必要はないとされ，(d)公訴時効期間については，性犯罪だけを他の犯罪と比して特別扱いするのは妥当でないという指摘や，公訴時効を延長しても性犯罪は証拠が乏しく，関係者の証言のみを手がかりに公訴するのが困難であるという指摘がされていました。

　2017年改正時の国会審議では，衆参両院で，調査研究や研修の推進により，被害者の心理状態を踏まえた適切な「暴行又は脅迫」，「抗拒不能」の認定を求める旨の附帯決議が付されるとともに，2017年改正法の附則9条として，改正後の規定の実施状況等を踏まえて政府に必要な措置を講じることを求める3年後の検討条項（**見直し条項**）が付けられましたが，近年の法改正では検討条項が付けられることが多く，短期間に再び大幅な法改正が行われることは予想外の展開であったといえるでしょう。

　ところが，上述したように，2019年春の無罪判決に抗議するフラワーデモ等をきっかけに，再度の法改正に向けての動きが急展開し，2023年の改正に至ったのです。

THEME 4 性犯罪と刑法改正 71

■ 4 2023年の刑法改正 ■

　ここからは，2023年の改正点とその趣旨について，刑法に関する部分を中心に解説します。

(1) 性犯罪の要件の明確化（不同意性交等罪・不同意わいせつ罪に再構成）

　改正前の性犯罪の暴行・脅迫要件と抗拒不能要件を見直して，強制性交等罪と準強制性交等罪，強制わいせつ罪と準強制わいせつ罪を統合・再構成し，罪名も不同意性交等罪（177条），不同意わいせつ罪（176条）に改め，構成要件を明確化しました。

　176条および177条の各1項では，性行為を行う際に被害者を「同意しない意思を形成・表明・全うが困難な状態」にする・させる点が**性犯罪の本質的要素**であることを示す（実質・包括要件）とともに，その原因となりうる行為・事由として，①暴行・脅迫，②心身の障害，③薬物等の影響，④睡眠等の意識不明瞭，⑤意思を示すいとまの不存在（不意打ち等），⑥恐怖・驚愕（フリージング等），⑦虐待による心理的反応，⑧経済的・社会的地位関係性による不利益憂慮，の**8項目を例示**しています。このように不同意を示す外形的事情を具体的に例示することによって，処罰範囲を客観的に可視化し，一般国民にも理解しやすい規定に生まれ変わらせたわけです。また，従来は準強制性交等・同わいせつ罪の対象であった**欺罔・錯誤型**については，各2項で「行為がわいせつなものではないとの誤信」，「人違い」をさせること・そのような錯誤に乗じることをあげ，処罰対象を限定しています。

　なお，条文を明確化することによって，判断のばらつきを防ぐことが2023年改正の趣旨ですので，改正前に処罰できなかった行為を新たに処罰対象にすることを意図するものではありません。

(2) 性交等にあたる行為の拡張

　2023年の改正では，わいせつな挿入行為の取扱いが見直された結果，重い不同意性交等罪（177条）の対象行為に，改正前の性交・肛門性交・口腔性交に加えて，膣・肛門に，陰茎以外の身体の一部・物を挿入する行為であってわいせつなものも含められることになりました。2017年改正時は男性器の挿入

72　第1章　刑　法

重い性犯罪規定の変遷

	2017 年改正前	2017 年改正	2023 年改正
罪名	強姦罪・準強姦罪	強制性交等罪・準強制性交等罪	不同意性交等罪
法定刑の下限	3 年以上の有期懲役	5 年以上の有期懲役	5 年以上の有期拘禁刑
対象行為	女性に対する姦淫行為	男女を問わず，性交・肛門性交・口腔性交	膣・肛門への身体の一部・物の挿入行為でわいせつなもの，を追加
手段・状態要件	暴行脅迫／抗拒不能	同左	8 類型＋実質要件
監護者類型	—	新設	変更なし
性交同意年齢	13 歳	同左	16 歳（5 歳差要件付）
親告罪規定	—	廃止	—

の有無を基準に重い性犯罪の対象行為にあたる性交等と軽い方のわいせつ行為を区別していましたが，この基準を変更し，性的な挿入行為が被害者に与える精神的被害の重大性（重い屈辱感）を考慮した見直しです。

⑶　性交同意年齢の引上げ

　性交同意年齢が 13 歳から 16 歳に引き上げられ，16 歳未満の子供を相手にした性行為は，不同意か否かを問わず，処罰の対象とした上で，13 歳以上 16 歳未満の場合は，行為者が 5 歳以上年長であることとする要件（5 歳差要件）が付けられました（176 条 3 項，177 条 3 項）。13 歳以上 16 歳未満の中学生は，行為の性的意味を理解する能力があっても，性的行為に向けた目上の（対等な関係にない）相手からの働きかけに的確に対処する能力等は十分に備わっていないとする心理学的・精神医学的知見から，義務教育終了相当の 16 歳に引き上げられたのです。ただし，思春期世代の対等な交際に基づく等，上記対処能力の欠如が問題にならない場合を処罰対象から除外するための要件を設けておく必要があります。5 歳差未満等の**年齢差要件**と，「対処能力が不十分であることに乗じた場合」といった実質要件（または両者の併用）のいずれを採用するかについて議論がありましたが，2023 年改正では，5 歳以上離れた相手はおよそ対等な関係になく，対処能力を発揮できないとみて年齢差要件が採用されました。形式的な年齢差を要件とすれば，実質要件とは異なり，裁判で無用な争い

をせずに済むという利点もあります。

(4) 配偶者間の確認規定

　配偶者間では性犯罪は成立しないという誤解を払拭する必要があるという被害者側の要望を受けて、婚姻関係の有無にかかわらず、不同意性交等罪、不同意わいせつ罪が成立する旨の確認規定が設けられました（176条1項、177条1項）。

(5) 16歳未満の者に対するわいせつ目的面会要求等罪の新設

　わいせつ目的で、16歳未満の子供（13歳以上16歳未満の場合は5歳差要件）に対し、①威迫、偽計、利益供与等の手段を用いて面会を要求する行為（182条1項）や、それにより実際に面会する行為（同条2項）、②性的姿態を撮影（いわゆる自撮り）して送信するよう要求する行為（同条3項）を処罰する規定が新設されました。上記(3)でみたように対処能力が不十分な16歳未満の若年者の特性を考慮して、性犯罪に至る前の段階で、ⓐ対面した状態で行われる性犯罪（面会した後にわいせつ行為・性交等に及ぶもの）とⓑ遠隔から行われる性犯罪（事情をよく理解しておらず性的判断能力も不十分な被害者自身の撮影・送信行為を利用したわいせつ行為）を未然に防止するための予備罪的規定です。

■ 5 その他の改正点（2023年）■

　最後に、刑法以外の改正点についても簡単に紹介しておくことにしましょう。

(1) 刑事訴訟法上の改正点

　性犯罪に関する公訴時効の期間が、それぞれ5年間延長されることになりました。

　公訴時効については刑事訴訟法250条に規定があり、各罪の法定刑に応じて公訴時効期間が決まりますが（刑訴法250条1項・2項）、性犯罪の場合、被害者が被害申告に躊躇して周囲も気づかず潜在化してしまい、他の罪と比べて訴追が可能になるまでに時間を要する特殊性があることを認めて、公訴時効期間を5年延長することとしたのです（同条3項）。その結果、不同意性交等罪、監護

74　第1章　刑　法

者性交等罪は15年，不同意わいせつ罪，監護者わいせつ罪は12年，致傷結果
が生じた場合は20年に，公訴時効期間がそれぞれ延長されます。

　その上で，被害者が18歳未満の場合は，知識・経験が不十分で社会生活上
も自立しておらず，成人と比べて被害申告がより困難であることを考慮して，
18歳になる日までの期間分，さらに延長されることになりました（同条4項）。

　そのほかにも，性犯罪被害者等による被害状況等の供述およびその状況を録
音・録画した記録媒体を，一定の条件下で証拠として用いること（伝聞例外）
ができるよう刑訴法が改正されました（321条の3）。性犯罪被害者等の心理
的・精神的負担の軽減を図るための措置です。

(2)　性的姿態撮影等処罰法の制定

　さらに，新法により近時社会問題化していた**性的姿態の盗撮行為**等に対処し
ました。改正前は盗撮行為に対する国の法律はなく，地方自治体の迷惑条例等
で規制されるにとどまり，深刻な被害に比して刑が軽く，国で一律に規制しな
いと処罰が困難な事案もありました。

　性的姿態撮影等処罰法では，性的姿態等を盗撮または性犯罪の犯行時に撮影
する行為（2条）とともに，その画像を他に提供する行為・公然陳列する行為
（3条），そのために保管する行為（4条），性的姿態等の影像を送信する行為（5
条）等を，自己の性的姿態を他の機会に（性的姿態をとった時以外に）他人に見
られない自由・権利を侵害・危殆化する行為と捉えて処罰するものです。

　また，刑法（19条）では原本でない複写物を没収の対象としていないため，
新法により性的姿態等の画像の「複写物」を没収することができるようにしま
した（性的姿態撮影等処罰法8条）。

　さらに，検察官が保管する押収物に記録された性的姿態等の画像・映像のデ
ータについて，刑事裁判の有罪判決を経なくても，消去，廃棄できる行政措置
が新たに導入されました（9条以下）。

THEME 5

特殊詐欺と刑法

■ 1 特殊詐欺の横行 ■

　日本各地で特殊詐欺といわれる，様々な手法を用いて金品をだまし取る事件が横行し，大きな社会問題となっています。

　警察白書等によりますと，**特殊詐欺**とは，被害者に電話をかけるなどして対面することなく信頼させ，指定した預貯金口座への振込みその他の方法により，不特定多数の者から現金等をだまし取る犯罪（現金等を脅し取る恐喝や隙を見てキャッシュカード等を窃取する窃盗を含む）の総称をいうとされています。特殊詐欺の手口には，①親族を装うなどして電話をかけ，身近な人が困難な状況に陥っており現金が至急必要であるかのように信じ込ませ，動転した被害者に指定した預貯金口座に現金を振り込ませるなどの手口によるオレオレ詐欺，②架空の事実を口実に金品を請求する文書を送付して，指定した預貯金口座に現金を振り込ませるなどの手口による架空料金請求詐欺，③融資を受けるための保証金の名目で，指定した預貯金口座に現金を振り込ませるなどの手口による融資保証金詐欺，④市区町村の職員等を装い，医療費の還付等に必要な手続を装って現金自動預払機（ATM）を操作させて口座間送金により振り込ませる手口による還付金詐欺のほか，たとえば，金融商品等取引名目，ギャンブル必勝法情報提供名目，異性との交際あっせん名目など，様々な手口があります。

　特殊詐欺は，オレオレ詐欺を中心に2003年頃から目立ち始め，2004年には認知件数（警察等捜査機関が把握した犯罪の発生件数）が約2万6000件に達しました。近年も1万数千件の水準で推移するとともに年間総額数百億円規模の被害が生じており，依然として深刻な情勢が続いています（『令和5年版犯罪白書』より。なお，2023年には法務総合研究所から「特殊詐欺事犯者に関する研究」が公表されています）。

　特殊詐欺事件の背後には，暴力団等の組織が関係しているものもあり，警察の摘発をかいくぐるために特殊詐欺の手口は年々巧妙になっています。そのせ

76 第1章 刑　法

いもあって，犯人が摘発され刑事裁判になったときに，その犯人（被告人）の行為が犯罪の成立要件を満たしているかどうかが争われる事案も増えており，近年特殊詐欺事件に関する重要な最高裁判例が複数出ています。

　以下では，いくつかの事例を素材に特殊詐欺に関連して問題となる刑法上の争点を検討し，それぞれの事項に関する理解を深めてもらいたいと思います。

■　2　オレオレ詐欺と詐欺罪（刑法246条）の構成要件　■

　最初に，検討の出発点となる詐欺罪の構成要件を説明します。

　刑法246条1項は，「人を欺いて財物を交付させた者は，10年以下の拘禁刑に処する」として詐欺罪を規定しています。同条2項により，人を欺いて「財産上不法の利益を得」た場合も詐欺罪が成立します（利益詐欺または2項詐欺と呼ばれています）。詐欺罪が成立するためには，相手方の意思に反して財物を奪う窃盗と異なり，①「人を欺く行為」（欺罔行為といいます）により相手方を錯誤に陥らせて，②相手方に財物（または財産上の利益）を交付させる（**交付行為，または処分行為**といいます）という関係が必要です。詐欺罪にいう**欺罔行為**とは，相手方において交付の判断の基礎となる重要な事項を偽ることをいい（最決平成22・7・29刑集64巻5号829頁），財物等の交付行為に向けられる必要があります。したがって嘘により相手の注意をそらせて，その隙に所持品を持ち去る行為は詐欺罪ではなく，窃盗罪の構成要件に該当します（⇨90頁）。

〔オレオレ詐欺事例〕
　(1)　甲と乙は金欲しさにAから現金をだまし取ろうと共謀し，甲がAの息子のふりをしてAに電話をかけ，「母さん，助けて。俺だけど，会社の金を使い込んでしまった。今から同僚の乙が行くから100万円を渡してくれ」と嘘を申し向けたところ，だまされたAは，現金を受け取りにやって来た乙に100万円を渡してしまった（現金交付型）。
　(2)　甲と乙は金欲しさにAから現金をだまし取ろうと共謀し，甲がAの息子のふりをしてAに電話をかけ，「母さん，助けて。俺だけど，会社の金を使い込んでしまった。今から言う口座に100万円を振り込んでくれ」と嘘を申し向けたところ，だまされたAは，甲から告げられた銀行口座に100万円を振り込んでしまった。その後，乙が銀行のATMから100万円を引き出した（現金振込型）。

(1)と(2)の事例は，犯人の1人が被害者の身内のふりをして電話をかけて，身内のために金が必要であると被害者をだまして現金を手に入れる，いわゆる「オレオレ詐欺」の事例です。

(1)では，甲が電話をかける「かけ子」役を，乙が被害者から現金を受け取る「受け子」役を分担して行います。(1)の事例を詐欺罪の構成要件に当てはめると，甲が行った「Aに100万円を交付させるために嘘を申し向ける行為」が①の欺罔行為に該当します。Aが乙に100万円もの現金を交付したのは，甲の嘘によって息子を助けるために必要な金だと誤信したからなので，財物交付の判断の基礎となる重要事項の偽りがあったといえ，この甲の嘘によって錯誤に陥ったAが乙に100万円を交付したことにより，②財物を交付させたという関係が認められますので，詐欺罪の客観的な構成要件を満たします。次に，詐欺罪の成立にはその客観的構成要件に該当する事実の認識（故意）と不法領得の意思が必要ですが，本事例ではいずれも欠ける事情はありません。そして，甲と乙は，上記①と②の事実を事前に共謀した上でそれぞれの分担行為を実行していることから，刑法60条により詐欺罪の共同正犯となります。

(2)については，①の判断は(1)の場合と同じであり，また，甲・乙に犯罪事実の認識・領得意思に欠けるところがない点，事前の共謀により共同正犯になる点も(1)と同様です。(2)が(1)と異なるのは，②の交付に当たる行為が，Aが現金を，乙に直接渡すのではなく，銀行口座に振り込む行為に変わる点です。この場合，Aをして甲指定の口座に現金を振り込ませれば，甲らはいつでもその口座から現金を自由に引き出すことが可能になりますので，甲指定の口座に100万円が振り込まれた時点で1項詐欺罪が既遂になると解されています。その上で，「出し子」の乙が甲の口座に振り込まれた100万円を銀行のATMから引き出す行為については，別途，窃盗罪が成立します。乙が銀行のATM管理者の意思に反して，銀行が占有する現金を自己の占有に移す行為は刑法235条の「窃取」に当たると解されるからです。そして，Aに対する詐欺罪と銀行に対する窃盗罪は，被害者が別ですので，併合罪となります。

以上の判断を前提に，刑法上の論点に関連して詐欺罪の成否が争われるいくつかの事案をみていきたいと思います。

■ 3 受け子の故意 ■

特殊詐欺において，詐欺罪の実行行為である①欺罔行為（かけ子）と②相手方から財物を受け取る行為（受け子）が分担して行われることが多いのは，途中で詐欺であることが発覚し，②の交付の段階で逮捕されるリスクがあるためです。主犯格は，このリスクを回避するために末端の受け子役に②の行為をさせることが多いのです。この損な役回りを担う受け子が，事案の詳細を明かされずに特殊詐欺に加担してしまう事例も見受けられます。主犯格としては，受け子が逮捕されても自分たちに害が及ばないように，受け子にはなるだけ事情を明かさないようにする場合があるのです。

〔現金送付型事例〕
　甲は，知人の暴力団組員Ｘから，荷物を自宅で受け取ってバイク便に受け渡す仕事に誘われた。荷物１個あたり１万円という高額の報酬を支払うと言われたので，犯罪に関わる仕事ではないかと不審に思った甲がＸに中身を尋ねたが，Ｘは書類だから大丈夫だと答えるだけだった。金を稼ぎたいと考えた甲は結局Ｘの依頼を引き受けて，自宅に配送されてきた他人宛の荷物の中身を確認することなく，バイク便の男に引き渡す行為を複数回繰り返して多額の報酬を得たのだが，甲が受け取った荷物の中身は，Ｘにだまされた被害者らが発送した現金であったことから，甲は詐欺罪の容疑で逮捕されてしまった。一方，Ｘは被害者らからだまし取った現金をもって，まんまと行方をくらませてしまった。

　このような事例では，受け子の甲は，「Ｘには被害者らから現金をだまし取る意図があったとしても，自分はそれを知らされておらず，現金をだまし取る認識を欠いていたのだから，詐欺罪の故意はない（したがって，Ｘとの共謀もなく，詐欺罪の共同正犯には当たらず，自分は無罪である）」と弁解するでしょう。

　これに対して，最判平成30・12・14刑集72巻6号737頁は，依頼された仕事の内容から，(a)甲は自己の行為が詐欺に当たる可能性を認識していたことを強く推認させるものであり，(b)それ以外に詐欺の可能性があるとの認識が排除されたことをうかがわせる事情も見当たらないのであれば，甲は「自己の行為が詐欺に当たるかもしれないと認識しながら荷物を受領したと認められ，詐欺の故意に欠けるところはなく」，共犯者らとの共謀も認められると判示しまし

た（最判平成 30・12・11 刑集 72 巻 6 号 672 頁も同旨）。

　被告人が詐欺罪の故意を否認するような場合，裁判所は，情況証拠から故意の有無を判断することになります。その場合，何かは特定できないけれども，何らかの犯罪に関わる仕事であることが疑われる事情を認識しただけでは詐欺罪の故意としては不十分です。前記最判平成 30・12・14 は，甲が X の依頼を受けて，自宅に配達される荷物を名宛人になりすまして受け取り，直ちに回収役に渡す仕事を繰り返して多額の報酬を得ているという事実が，「詐欺等の犯罪」に基づいて送付された荷物を受け取るものであることを十分想起させるものであるため，(a)甲は自己の行為が詐欺に当たる可能性を認識していたことを強く推認させ，(b)それを排除する事情もないという判断過程を示した上で詐欺罪の故意を認めています。つまり，最高裁は，故意の認定において，「何らかの犯罪」への関与の認識があれば足りるとするのではなく，「詐欺罪の可能性」の認識まで要求しているのです。もっとも，詐欺だという確定的な認識がなくても構いません。たとえば，詐欺かもしれないし窃盗かもしれないという認識があれば，どちらの犯罪かまで特定していなくとも，詐欺の可能性を排除せずにあえて行為したといえることから，不確定的な**未必の故意**（⇨44 頁）に当たると解して，詐欺罪の故意を肯定できます。このような故意の認定方法は，犯人が故意を否認することが多い薬物犯罪の事例においてもみられます（最決平成 2・2・9 判時 1341 号 157 頁等参照）。

■　4　詐欺罪の実行の着手　■

　特殊詐欺の事例の中には，犯人が被害者に気づかれないように，最初から現金の交付を求めることはせず，巧妙に嘘を重ねて一定の虚構の情況を被害者に信じ込ませた上で，最終段階でようやく被害者に現金の交付を求めた上で現金をだまし取ろうと計画したのに，結局そこまでに至らず，失敗に終わるケースもあります。その場合を詐欺罪の未遂として処罰できるかをめぐって，いつから**詐欺罪の実行の着手**が認められるかが争われることがあります。詐欺罪にいう欺罔行為は，相手方の交付行為に向けられている必要があるため（⇨76 頁），財物の交付を求める段階でついた嘘でなければ，詐欺罪にいう欺罔行為が開始されたとはいえないのではないか，が問題となったのが次の事例です。

80 第1章 刑 法

〔被害金回復名目詐欺事例〕

　前日に特殊詐欺に遭い 100 万円を交付してしまった A は，警察官を名乗る男（X）から，預金を全額下ろした方がよい，前日の詐欺の被害金を取り戻すために警察に協力してほしいという電話を受けた。X の指示に従って，A が銀行に出かけ預金を引き出して自宅に戻ってきた頃に，X から 2 回目の電話があり，これから警察官が A 宅を訪問すると告げられた。その後間もなく，甲が警察官になりすまして A から現金を受け取ろうとやってきたが，甲は，A 宅に到着する前に，本物の警察官から職務質問を受けて逮捕された。上記の電話は，A が前日に遭った詐欺の被害を回復するための協力という名目で，A に預金口座から現金を払い戻させた上で，警察官を装って A 宅を訪問する予定でいた甲に，A をしてその現金を交付させて，だまし取るという計画に基づくものであった。

　最判平成 30・3・22 刑集 72 巻 1 号 82 頁の原審は，X による電話は，財物の交付に向けた準備行為を促す行為であるものの，A に対して引き出した現金の交付を求める欺罔行為が開始されていないことを理由に詐欺罪の実行の着手を否定し，甲に無罪を言い渡しました。しかし，最高裁は，原審を破棄し，X の嘘が，A をして，現金を A 宅に移動させた上で，警察官を装った甲に現金を交付させる計画の一環として述べられたものであって，「嘘の内容は，その犯行計画上，被害者が現金を交付するか否かを判断する前提となるよう予定された事項に係る重要なものであ〔り〕……被害者に現金の交付を求める行為に直接つながる嘘が含まれており，……被害者において，間もなく被害者宅を訪問しようとしていた被告人の求めに応じて即座に現金を交付してしまう危険性を著しく高めるものといえる」とし，これらの嘘を一連のものとして A に対して述べた X による電話の段階で，たとえ A に現金の交付を求める文言を述べていなくても，詐欺罪の実行の着手を肯定しました。本最高裁判決で補足意見を述べた山口厚裁判官は，最決平成 16・3・22 刑集 58 巻 3 号 187 頁（⇨49頁）を引用し，犯罪の実行行為自体ではなくとも，実行行為に密接であって，被害を生じさせる客観的な危険性が認められる行為に着手することによっても未遂罪は成立しうることに言及した上で，「本件では，預金口座から現金を下ろすように求める 1 回目の電話があり，現金が被害者宅に移動した後に，間もなく警察官が被害者宅を訪問することを予告する 2 回目の電話が行われてい

る。このように，本件では，警察官になりすました被告人が被害者宅において
現金の交付を求めることが計画され，その段階で詐欺の実行行為としての『人
を欺く行為』がなされることが予定されているが，警察官の訪問を予告する上
記2回目の電話により，その行為に『密接』な行為が行われていると解するこ
とができる。また，前日詐欺被害にあった被害者が本件の一連の嘘により欺か
れて現金を交付する危険性は，上記2回目の電話により著しく高まったものと
認められる」として，現金交付を求める前の段階であっても，詐欺罪の実行の
着手を肯定することができる理由を説明しています。

■ 5 だまされたふり作戦と刑法理論 ■

(1) 空箱を受け取った犯人の罪責

　警察や行政，金融機関，マスコミ等が様々な特殊詐欺撲滅キャンペーンを実
施しています。近年では，犯人に狙われた被害者がかけ子の嘘を見抜いても，
その嘘にだまされたふりをして警察に協力する「**だまされたふり作戦**」が実施
されています。だまされたふり作戦は，たとえば，かけ子が指定した場所に現
金が入っているようにみせかけた空箱を発送して，その箱を受領した受け子を
詐欺容疑で逮捕し，それを糸口に背後の主犯格らの逮捕や詐欺組織の全容解明
につなげようとするものです。

　ところで，上記の例では，作戦の実施により現金が入っているようにみせか
けた空箱が受け子に届けられるため，被害者は現金を発送（交付）しておら
ず，犯人側が現金を受領することは不可能です。したがって詐欺罪の既遂は成
立しませんが，詐欺罪の未遂ならば肯定できるのでしょうか。

　この問題には，**不能犯論**（⇨49頁）が関係します。未遂犯と不能犯の区別に
関する「**具体的危険説**」（⇨49頁）によりますと，だまされたふり作戦が実施さ
れてもそれを知らない犯人や一般人であれば被害者から発送された箱の中には
現金が入っていると判断するでしょうから，箱の中身が受領される危険性が認
められて未遂犯が成立します。これに対して，「**客観的危険説**」（⇨49頁）は2
つの見解に分かれます。1つは，詐取しようとした現金が入っておらず，客体
がない場合は既遂に至る危険性が発生しようがないので不能犯だと考える見解
です。もう1つは，状況に応じて現金が発送される可能性があった場合は既遂
に至る危険性を肯定して未遂犯の成立を認める見解です。後者の見解によれ

82 第1章 刑　法

ば，上述の空箱の場合でも，被害者がかけ子の嘘を見抜かなければ現金を発送
した可能性があるとして未遂犯の成立を認めることが可能です。

(2)　見破られた後に関与した受け子の罪責

　さらに，特殊詐欺の事例では，主犯格による手配の下，かけ子による欺罔行
為と受け子による受領行為というように，詐欺の実行行為が時間を前後して分
担されて行われるという事情から，かけ子が被害者に電話をかけて欺罔行為を
した段階では，まだ受け子に荷物の受領を依頼しておらず，かけ子が被害者を
欺いた後に，受け子との共謀が成立する場合があります。こうした場合，欺罔
行為には関与しておらず，後から荷物の受領にのみ関与した受け子に詐欺罪の
成立を認めうるかという問題が生じます。

　刑法総論の共犯論では，犯罪の途中から加わった者（後行者）が，共謀に加
担する前に行われた先行者の行為の責任も負う（承継する）のかという「**承継
的共犯（共同正犯）**」に関して議論があります。**共犯の処罰根拠**が共犯は正犯行
為を介して法益侵害に対して因果性（寄与）をもつ点にあること（**因果的共犯論**
⇨54頁）からすると，共謀加担前の先行者の行為によりすでに生じた侵害結果
については，後行者がそれに因果性を及ぼすことはありえませんので，後行者
がその責任を負うことはないのが原則です。判例も，傷害罪の事例では，「被
告人は，共謀加担前にＸ〔先行者〕らがすでに生じさせていた傷害結果につい
ては，被告人の共謀及びそれに基づく行為がこれと因果関係を有することは
ないから，傷害罪の共同正犯としての責任を負うことはなく，共謀加担後の
傷害を引き起こすに足りる暴行によってＡ〔被害者〕らの傷害の発生に寄与し
たことについてのみ，傷害罪の共同正犯としての責任を負うと解するのが相
当である」としています（最決平成24・11・6刑集66巻11号1281頁）。

　それでは，詐欺罪の欺罔行為後に加わった受け子（後行者）はかけ子（先行
者）の欺罔行為に因果性を及ぼしえないため，詐欺罪の共同正犯に問えないの
でしょうか。この点について，学説上賛否両論ありますが，詐欺罪の場合は，
傷害罪のような，暴行・傷害が複数繰り返されて1つの傷害罪と評価されうる
ものの，先行者による暴行・傷害が後行者の暴行の動機や契機になることがあ
るにすぎないような（先行者による暴行・傷害のみで暴行罪・傷害罪を構成する）犯
罪とは異なり，「財物交付に向けられた欺罔行為」と「財物の交付を受ける行

為（受領行為）」が強く結合して「詐取」を構成する犯罪である上，詐欺罪の保護法益が個人の財産であることに鑑みれば，受領行為に本質的な法益侵害が認められ（先行する欺罔行為は法益侵害の手段・前提にすぎない），因果的共犯論の立場からも，構成要件該当事実のすべてではなく，本質的な法益侵害との間に因果性があれば足りると解して，先行者による欺罔行為後に加わった後行者であっても財産を移転させる詐欺罪の本質的部分において重要な寄与をなす（予定である）ことから，詐欺罪の承継的共同正犯を肯定することができるとする立場が有力です。

それでは，以上の説明を頭に入れた上で，次の事例を検討してください。

〔だまされたふり作戦事例〕
　X（かけ子）は，某月1日，Aに電話をかけ，Aをだまして現金を配送させようとしたが，その後，Aは，Xの嘘を見破り，警察官に相談して，だまされたふり作戦を開始し，現金が入っていない箱を指定された場所に発送した。一方，甲（受け子）は，同月7日に，だまされたふり作戦が開始されたのを知らずに，Xから報酬約束の下に荷物の受領を依頼され，それが詐欺の被害金を受け取る役割であることを認識しつつ引き受け，同月8日，指定された空き部屋で，Aから発送されてきた荷物を受け取った。

最決平成29・12・11刑集71巻10号535頁では，上記のような事案において，共犯者Xによる欺罔行為後に，だまされたふり作戦の開始を知らずに，Xの依頼を受けて被害者から発送された荷物の受領行為に関与した甲が，詐欺未遂罪の共同正犯の責任を負うのか，が争点となりました。

1審は，甲には詐欺未遂罪は成立しない（無罪）とし，その理由を，Xの欺罔行為とAの発送行為との間に因果関係が認められないからだと説明しました。1審は，Aの発送行為はXの欺罔により錯誤に陥ったことにより行われたのではなく，だまされたふり作戦によって行われたにすぎず，Xの嘘が見破られた段階で詐欺は未遂で終了したと判断し，犯罪終了後に関与した甲はXの犯罪（詐欺未遂）に加担したとはいえないと解したのです。これに対して，控訴審および最高裁は，甲に詐欺未遂罪の承継的共同正犯の成立を認めました。最高裁は，「被告人は，本件詐欺につき，共犯者による本件欺罔行為がされた後，だまされたふり作戦が開始されたことを認識せずに，共犯者らと共謀

84 第1章 刑　法

の上，本件詐欺を完遂する上で本件欺罔行為と一体のものとして予定されていた本件受領行為に関与している。そうすると，だまされたふり作戦の開始いかんにかかわらず，被告人は，その加功前の本件欺罔行為の点も含めた本件詐欺につき，詐欺未遂罪の共同正犯としての責任を負うと解するのが相当である」と判示しています。

　ところで，控訴審は，まず，①不能犯の問題として，だまされたふり作戦が実施された事案であっても，Xや甲はだまされたふり作戦が開始されたことを認識しておらず，一般人も気づかない状況であるので詐欺が既遂に至る危険性がなお認められるという見解（⇨81頁の具体的危険説）を採用しました。その上で，控訴審は，②詐欺罪に途中から関与した甲に承継的共同正犯を認めてよいかという上述の問題に取り組み，後行者の分担する受領行為が詐欺罪の法益侵害を構成する本質的部分である点を指摘した上で，欺罔行為後，財物交付の部分のみに関与した者についても，本質的法益の侵害について因果性を有する以上，詐欺罪の共犯と認めてよく，その役割の重要度等に照らせば正犯性も肯定できるとしています。一方，最高裁は，②について「本件欺罔行為と一体のものとして予定されていた本件受領行為に関与している」点を指摘するのみで，①の点には触れていません。その理由は明らかではありませんが，1つの考え方として，Xによる欺罔行為の時点で詐欺罪の可罰未遂が認められて不能未遂ではない以上，その欺罔行為と一体のものとして予定されていた受領行為の危険性も認めることが可能であり，危険性判断はだまされたふり作戦の開始といった偶然の事情に左右されないという見方がありえるでしょう。そうすると，だまされたふり作戦の開始を知らずに財物の交付について共謀を遂げた後行者についても（予定されていた）財物の交付の危険性をさらに継続させたとして，詐欺未遂の継続に関与したと解することにより，甲に詐欺未遂罪の共同正犯を肯定したものと理解できます。

■　6　詐欺と窃盗の区別　■

　最近多くみられる特殊詐欺の手口として，次のような事例があります。

〔すり替え事例〕
　甲は，警察官になりすましてＡのキャッシュカードを手に入れようとたくらみ，Ａに電話をかけて，警察官を名乗り，「あなたの銀行口座が不正に使用されています」と嘘を言い，「これからお手元のキャッシュカードを確認しに参ります」と告げた後に，警察官を装ってＡ宅を訪問した。甲は，Ａ宅玄関において，「この封筒にキャッシュカードを入れて自宅で厳重に保管してください」と言って，持参した封筒をＡに渡しＡのキャッシュカードを入れさせた上で，さらに「封筒に封印しますので，印鑑を持ってきてください」と要求した。Ａがキャッシュカード入り封筒を玄関に置いたまま，印鑑を取りに玄関を離れた隙に，甲は事前に用意した（偽カード入りの）ダミー封筒とすり替えて，Ａのキャッシュカード入りの封筒を自分の懐に隠したが，印鑑を持って戻ってきたＡはそれに気づかなかった。甲はＡがダミー封筒に封印するのを見届けた上で，「後日また来ますので，封筒は絶対に開封しないでください」と言い残して，立ち去った。

　このような事例では，甲の行為に成立する罪名は，詐欺罪（246条1項）ではなく，窃盗罪（235条）です（京都地判令和元・5・7 LEX/DB 25563868参照）。Ａは甲の嘘にだまされてキャッシュカードを奪われていますが，Ａがそれを甲に交付することによって奪われたのではありませんし，甲もＡにキャッシュカードを交付させるために嘘をついたのではありません。詐欺罪の要件である相手方の交付行為も交付行為に向けられた欺罔行為も認められないのです。

　本事例では，Ａが印鑑を取りに玄関を離れた隙に甲が封筒をすり替えることによってキャッシュカードが奪われており，甲の嘘はＡを油断させるための嘘です。もし甲がキャッシュカードを持ち帰りたいので渡してくださいと言えばＡに疑われてしまうので，キャッシュカードをＡの手元に残したままであるかの如く装うためについた嘘なのです。Ａには甲にキャッシュカードの占有を移転する意思（交付意思）はありませんし，Ａが印鑑を取りに短時間玄関を離れただけで，封筒の中に入ったキャッシュカードに対するＡの占有が失われてしまうわけでもありません（占有の弛緩）。Ａ宅玄関に置かれた封筒の中のＡのキャッシュカードの占有はなおＡに認められる状況の下，甲が，それを密かに自分の懐に入れることにより，Ａの意思に反してその占有を奪った段階で235条の「**窃取**」に当たることになります。

86 第1章 刑 法

THEME 6

経済取引と刑法

Invitation to 検察官／検察事務官

■ 1 はじめに ■

(1) 経済取引と犯罪

　人間が社会生活を送る上で金銭は必要不可欠であるため，古くから，金銭を
めぐる悪事は絶えませんでした。経済活動が盛んになり，流通が拡大すると，
経済取引に関連する犯罪も増えていきました。こういった経済取引に関連する
犯罪は，必ずしも現代社会に特有のものではなく，たとえば，江戸時代の近松
門左衛門の浄瑠璃には，商店の金銭を持ち逃げしたり，商人間で金銭を騙し取
ったりといった人間模様が描かれています。

　その後，市場経済が確立していくと，刑事罰則は，公正な競争秩序を維持す
る上での役割を強めていきます。資本主義経済は自由競争をその礎としていま
すが，他者の財産権を侵害する不正行為が蔓延するような状況では，そもそも
自由競争の基盤が失われ，無秩序な状況に陥ってしまいます。そこで，自由競
争市場の参加者として最低限守らなくてはいけないルールを逸脱したような場
合には，私人間における解決のみに委ねるのではなく，国家が刑事罰をもって
臨む必要がある場面が生じるのです。

(2) 経済取引に対する制裁の態様

　もちろん，経済取引の中で不正が行われた際の制裁は刑事罰だけではありま
せん。商取引の中で詐欺などの不正行為が行われた場合には，損害賠償請求訴
訟が提起され，行為者等が賠償責任を負うことがあります。株式会社におい
て，取締役等が違法行為を行った場合には，会社から損害賠償請求されること
がありますし，株主代表訴訟が提起されることもあり得ます（会社法847条以
下）。違法行為を直接行ったわけではない取締役等の役員も，損害賠償責任を
負うことがあります（同法423条）。こういった**民事上の制裁**は，違法行為を抑
止する上で重要な役割を果たしています。

THEME 6 経済取引と刑法 *87*

　また，経済取引に関わる違法行為に対して法令に基づいて**行政上の制裁**が加えられることもあります。典型的なものとしては，事業者が違法行為を行った場合に，監督官庁等により業務停止命令等の行政処分が発せられる場合などが挙げられます。たとえば，悪質商法を行った業者に特定商取引に関する法律に違反したとして業務停止命令が発せられたなどといった報道を目にすることがあるのではないでしょうか。事業者にとって，事業を継続できないということは経済的に大きな損失につながりますから，悪質な行為に対しては，こういった行政上の制裁も違法行為の抑止に大きな役割を果たします。後に触れますが，独占禁止法や金融商品取引法等においては，経済的な不利益を課すことによって違反行為を抑止するとの観点から，違反者に課徴金納付命令が発せられることもあり，これもこのような行政上の制裁の一種です。

　刑事罰は，これら民事上・行政上の制裁と同様に，時にはそれらと並存して不正に対する制裁として機能するものです。刑罰は対象となった者にスティグマ効果があるとされ，その適用は謙抑的であるべきものとされている一方，刑事手続の過程で行われる真相解明の手続は，強力かつ精緻な手段によって行われるものですから，巧妙に秘匿された不正行為を解明する必要がある場合には，非常に大きな威力を発することがあります。社会全体のコンプライアンスに対する意識が高まりを見せ，経済取引における公正性や高い法令遵守が国際的にも求められているなどといった社会情勢の変化もある中，経済取引における公正な秩序・ルールを害する悪質な事案に対しては，的確に刑事罰を適用することが求められています。

(3) 社会の変化と経済犯罪

　経済取引に関連した不正・違法な行為は，社会の変化に伴って様々な形で顕在化してきました。これらの不正・違法な行為のうち，罰則の適用対象となる行為をここでは**経済犯罪**と呼ぶことにします。

　経済犯罪は，その時々の社会情勢を反映しています。たとえば，戦後間もない時期は，軍需物資を横流しする闇ルートが存在することが大きな問題でした。当時，そういった問題に対応するため，東京地方検察庁に隠退蔵事件捜査部という組織が設けられ，これが現在の特別捜査部のはじまりとされています。企業のコンプライアンス意識が現在ほどは高くなかった昭和期には，会社

88　第1章　刑　　法

から巨額の資金が流出する背任事件等がままありましたし，いわゆるバブル期には，金融機関による不正融資や放漫経営に伴う投機的な取引が刑事事件化するケースが目立ちました。昨今は，金融・資本市場のグローバル化の進展に伴い，海外取引を悪用して外国に資金を移転したり，いわゆるタックス・ヘイブン国に設立したファンドに資金を隠匿したりという事案が摘発されるなど，経済犯罪の国際化が顕著になっています。また，近時，知的財産を侵害する犯罪や産地等の偽装行為なども注目を集めています。直近では，コロナ禍の社会において，補助金等の不正受給が社会問題として取り上げられたことが記憶に新しいところです。経済犯罪は，このように社会・経済情勢に直結したものだという点をまず指摘しておきたいと思います。

■　2　経済犯罪に適用される刑事罰則　■

皆さんは，経済犯罪に適用される罰則としてどのようなものを思い浮かべるでしょうか。社会における経済活動は多様であり，その過程の色々な場面で不正が行われ得ますので，経済犯罪に適用される罰則についても様々なものがあります。おそらく，報道や映画・小説などで見聞きした内容などによって，脱税事犯であったり，証券犯罪であったり，思い浮かべる犯罪類型が違うのではないかと思います。ここでは，刑法上の罰則と特別法上の罰則に分け，経済犯罪に適用される代表的な罰則を概観してみたいと思います。

⑴　刑法上の罰則

詐欺罪，横領罪，背任罪などといった典型的な財産犯は，古くから経済取引に関連して発生してきました。もっとも，これらの財産犯の手口も，社会・経済の変化とともにその手口は少しずつ変わっているのが実情です。

（a）詐欺罪（刑法246条）　詐欺罪は，時代背景を反映しやすい犯罪類型の1つです。かつては，会社間の取引に手形や小切手が用いられることが多かったため，これらを悪用した詐欺事件も多くみられました。また，クレジットカードが広く流通するようになると，その不正使用が詐欺罪として取り上げられることが増えていきました。そして，コンピュータの普及により，銀行取引その他の場面において，債権債務の管理，決済，資金移動等の事務が，人と人の対面取引だけではなく，電磁的記録を媒介とするデータのやりとりによって

行われることが増えていくと，これに対応するため，刑法に**電子計算機使用詐欺の罪**（刑法246条の2）が新設されました。このほか，土地価格の上昇に応じて土地の名義を不正に書き換えて売却するいわゆる「地面師」と呼ばれる者が暗躍したり，詐欺的なマルチ商法が社会問題化したりと，その時々に応じた様々な詐欺の手口が用いられてきました。近時，いわゆる特殊詐欺（これも，当初「オレオレ詐欺」と呼ばれたものが，その後「振り込め詐欺」と呼ばれるようになるなど，手口の変化に伴って呼び名が変わっています⇨THEME 5）が大きな問題となっていることについてはご承知のとおりです。経済活動の中で取引される物品やサービスが変化したり，決済手段が変化したりすれば，それに応じた様々な詐欺の手口が生じ得ます。クレジットカード詐欺において，その被害者（加盟店かクレジットカード会社か）や被害内容（1項詐欺か2項詐欺か）をめぐって議論が生じ，近時は電子マネー等の新たな決済手段をめぐる不正行為の擬律が問題となるなど，経済活動やテクノロジーの発展に伴って現れる新たな態様の経済取引に罰則を適用する場合には，法解釈上の問題点が生じやすいものです。そのため，適切な処罰を実現するためには，経済取引の実態に対する正しい理解が必要です。

(b) 横領罪（刑法252条），背任罪（刑法247条）　横領罪（業務上横領罪・刑法253条）や背任罪についても，経済取引に関連して適用されることが多い罪名です。**業務上横領罪**については，集金担当者がそれを持ち逃げしてしまういわゆる集金横領のような事案から，ワンマン経営者が会社を私物化し，会社資産を個人的に流用するような大型の事案まで様々な規模なものがあります。また，詐欺罪，横領罪，背任罪などに関しては，実際に行われた行為がどの構成要件に該当するかという点についても十分な検討を要する場合があります。先ほどの集金横領についても，個別のケースの事実関係によって，正規の手続であるかのように装って取引先から集金する行為を詐欺罪として捉えるべきか，集金した金銭を持ち逃げした行為を捉えて業務上横領罪と構成すべきかなどといった点に頭を悩ますことがあります。

　背任罪については，会社財産の私的流用などの場面で適用されることが多く，会社犯罪の代表とも言いうる犯罪類型です。会社法では，取締役等の特定の者が任務に違背して株式会社に損害を負わせた場合について，**特別背任罪**という，刑法上の背任罪よりも加重された罰則が設けられています（会社法960

90　第1章　刑　　法

条）。これまでにも，金融機関による不正融資や企業経営者による企業の私物化・放漫経営などの事案において，特別背任罪が適用された事例が数々みられました。

　(c)　**その他の刑法犯**　そのほかにも経済取引に関わる犯罪に適用される刑法上の罰則は複数あります。たとえば，産業スパイが企業の重要情報を盗み出す際，書類や記録媒体を事務所から持ち出すという態様がとられれば，**窃盗罪**（刑法235条）などの適用が検討対象となります。また，ライバル社の営業を妨害するために虚偽情報を広めるような行為は，**信用毀損**や**業務妨害の罪**（刑法233条）の適用が考えられるでしょう。

　また，汚職の罪である**贈収賄**（刑法197条，198条等）についても，たとえば，事業者が工事の入札において有利な取り計らいを受けるなど，経済活動に関わる理由で実行されることがほとんどです。バブル崩壊後には，不良債権の回収をめぐり，強制執行等の妨害行為が社会問題となり，**執行妨害に関する罪**（刑法96条の2ないし96条の4。これらの執行妨害に関する罪は2011年の刑法改正によって構成要件が変わっています）が適用されるケースが目立ちました。

(2)　特別法上の罰則

　もっとも，現代の経済取引は複雑で多様ですから，刑法上の罰則のみでは経済取引に伴う不正行為に適切に対処することは困難です。そのため，経済取引に関わる様々な特別法に罰則が設けられ，それぞれの法律の立法趣旨に沿った形でその役割を果たしています。こういった経済取引に関わる刑罰体系を総称して**経済刑法**と呼ぶことがあります。経済刑法に位置づけられる罰則規定は幅広いものがありますが，代表的なものとしては，公正かつ自由な競争秩序を保護し，それを阻害する行為を処罰する独占禁止法違反の罪のほか，証券取引等に伴う不正を処罰する金融商品取引法違反の罪，会社財産を危うくする行為などを処罰する会社法違反の罪などがあります。また，いわゆる脱税などの租税犯罪，知的財産を侵害する犯罪，消費者犯罪なども代表的な経済犯罪と言えるでしょう。

　経済取引における刑法やその他の刑事罰則の役割を知ることは，現代社会や金融・経済の仕組みを知ることであり，とても興味深い作業です。これから法学を本格的に学ぶ方には，ぜひ，関心をもってこの分野を学習してほしいと思

います。

■ 3 役割を増す刑事罰則の様相 ■

　情報通信技術がますます高度化し，社会がDX（デジタル・トランスフォーメーション）を加速化させ，人・モノ・カネが瞬時に国境をまたいで移動するなど，社会・経済が複雑化・多様化していくのに伴い，経済犯罪も複雑化・巧妙化しており，刑罰を適用する必要がある悪質な事案も後を絶ちません。ここでは，代表的な経済犯罪を類型別に概観することを通じて，経済犯罪の現状についてもう一歩踏み込んで見ていきたいと思います。

(1) 独占禁止法違反の罪

　(i) **独占禁止法**は，正確には「私的独占の禁止及び公正取引の確保に関する法律」といいます。独占禁止法違反の罪は，以前から，経済犯罪の代表的なものとされてきました。独占禁止法の1条は，法律の目的として「私的独占，不当な取引制限及び不公正な取引方法を禁止し，（中略）公正且つ自由な競争を促進し，事業者の創意を発揮させ，事業活動を盛んにし，雇傭及び国民実所得の水準を高め，以て，一般消費者の利益を確保するとともに，国民経済の民主的で健全な発達を促進すること」と定めています。独占禁止法は，いわば自由競争経済そのものを保護法益とする法律ですので，経済犯罪の代表のようにいわれるのももっともだと思います。

　独占禁止法には複数の罰則規定がありますが，適用対象の中心となってきたものは**不当な取引制限の罪**と呼ばれている罰則（独占禁止法89条1項1号後段）です。「不当な取引制限」とは，独占禁止法の2条6項に定義が定められており，概要，「事業者が，他の事業者と共同して，相互にその事業活動を拘束し，又は遂行することにより，公共の利益に反して，一定の取引分野における競争を実質的に制限すること」をいいます。なかなかこの定義だけではイメージがわきにくいかもしれませんが，一般に「カルテル」とか「入札談合」などと呼ばれている行為がこの典型例になります。リニア中央新幹線の建設工事をめぐる談合事件に関する報道等を目にした方もいるのではないかと思いますが，こういった事案は，不当な競争制限の罪に刑事罰が適用された実例です。

　不当な競争制限の罪について，もう少し具体的に見ていきましょう。たとえ

92 第1章 刑 法

ば，ある県が発注する特定の分野の公共工事に関して，入札参加資格を持つ県内の業者が集まり，共存共栄のため，年間を通した各工事の受注者をあらかじめ決めておくことにしたとします。このような取決めがある場合，取決めに参加した業者間では，受注予定の業者が確実に工事を落札できるようにするため，互いに入札価格を教え合い，受注予定の業者が最も低い入札価格にするなどといった受注調整が行われることになります。こういった状況になると，この県のこの分野の公共工事に関しては，各業者が品質の良いものをより安価で提供・供給するための努力をする必要がなくなっていき，自由な競争が成り立たなくなることから，不当な取引制限の罪が成立するのです。

　不当な取引制限の罪に関しては，「他の事業者と共同して」といえるためにはどの程度の意思の連絡が必要なのか，共同行為（上記の例でいえば各工事の受注者についての事前の取決め）からの脱退が自由であっても「相互にその事業活動を拘束し」ているといえるのか，「一定の取引分野」とはどの程度細分化された市場まで含まれるのかといったように，様々な解釈上の論点があります。経済取引に伴う不正行為のすべてを構成要件として具体的に定めておくことは難しいため，独占禁止法違反に限らず，経済刑法においては，その適用の可否を一定程度解釈に委ねざるを得ない場合があります。実際に経済活動の中で行われたいかなる行為が犯罪の構成要件に該当し，処罰すべきものであるかどうかを見極める作業は，経済活動の実態の正しい理解の下で行う必要があり，決して簡単なことではありませんが，その分，法律家としての醍醐味があるのではないかと思います。

　⒤　ところで，独占禁止法違反の罪に関しては，専門機関である**公正取引委員会**が刑事告発に向けた調査を行い，その調査結果に基づき，刑事処罰を求めて告発を行うという独特な仕組みが設けられています。この刑事告発に向けた調査のことを，一般の行政調査と区別して**犯則調査**といいます。公正取引委員会の一定の職員は，犯則調査として，嫌疑者や参考人に出頭を求めて質問したり，必要な照会を行ったりするだけでなく，裁判官の令状を得て捜索や差押えを行うこともできます。犯則調査手続は行政手続ですが，告発を通じて刑事手続に移行するものであり，判例でも捜査手続に類似した性質を持つとされています。このような独特な手続が導入されているのは，独占禁止法が極めて高い専門性を有する分野であることなどが理由です。後に紹介するとおり，証券犯

罪や租税犯罪に関しても同様の犯則調査手続が設けられています。

公正取引委員会は，国民生活に広範な影響を及ぼすと考えられる悪質かつ重大な事案などについて刑事告発を行います。他方で，事案によっては，刑事手続に移行することなく，事業者に**課徴金**の納付を命じるともあります。課徴金は，冒頭でも触れたとおり，一種の行政罰であり，刑事罰ではありません。また，課徴金に関しては，事業者が公正取引委員会に対して違反行為を自ら報告し，資料の提出を行った場合は，納付を免除したり金額を減額したりするという**課徴金減免制度（リニエンシー制度）**が導入されています。この制度は，課徴金の減免によって事業者の自発的な情報提供を促し，違反行為の端緒の把握を容易にしようとするものです。2005 年の独占禁止法改正により導入された制度ですが，秘匿裏に行われる違反行為を把握するための手段として機能しています。

（ⅲ）　独占禁止法違反の不当な取引制限の罪については，5 年以下の拘禁刑又は 500 万円以下の罰金という法定刑が定められています（独占禁止法 89 条 1 項）。そして，両罰規定が適用され，法人や事業主が処罰される場合には，5 億円以下の罰金刑という高額の罰金刑を科すことができることとされています（同法 95 条 1 項 1 号）。経済犯罪においては，このように違反行為を実際に行った自然人と比して法人等に対しては高額の罰金刑が定められていることがしばしばあります（**法人重課**）。これは，経済犯罪については，罰金刑を通じて利益を剥奪することにより犯罪を抑止する効果が必要であることが多いことが影響しているものです。

(2)　金融商品取引法違反の罪

（ⅰ）　**金融商品取引法**は，もともとは証券取引法という名称の法律でしたが，金融・資本市場をとりまく環境の変化に対応し，利用者保護ルールの徹底と利用者利便の向上，市場機能の確保，金融・資本市場の国際化への対応を図ることを目指すなどといった観点から，2006 年に全面改正され，現在の名称になりました。金融商品市場は，社会経済の変化に伴って大きく変化します。日本では，バブル崩壊以降，不良債権問題が長く証券市場の足かせとなっていましたが，その後，「金融ビックバン」と呼ばれる金融市場の利便性向上等に向けた取組みが進められ，その一連の流れの中で，株式等の有価証券のみならず，

94 第1章 刑 法

投資サービス全般を横断して規制する法律として金融商品取引法が生まれたのでした。

(ⅱ) 金融商品取引法における罰則の代表的なものとして，**企業内容等の開示**（ディスクロージャー）に関わる罰則があります。株式等の金融商品の取引が活発に行われる健全な市場を維持するためには，投資家が正しい情報に基づいて安心して投資できる環境が必要不可欠です。そのため，一定の要件を満たす会社については，毎事業年度ごとに**有価証券報告書**という事業概要や財務諸表等を掲載した報告書を提出することとされており，その内容が投資家等に開示されることになっています。なお，金融商品取引法には，有価証券報告書のほかにも，様々な企業内容等の開示に関する規定が設けられています。

有価証券報告書は，多くの場合，金融庁が運営する EDINET（エディネット）というシステムを通じて提出されますが，このシステムに登録された有価証券報告書やこれに関連する書類は，誰でもインターネットを通じて見ることができます。有価証券報告書に掲載される情報は，投資家の投資判断の基礎を成すものですから，その内容に虚偽があるような場合には安心して投資することができませんし，そのような虚偽の情報が横行する市場は，投資家から信頼されないことにつながります。そのため，虚偽の記載をした有価証券報告書を提出する行為については，10 年以下の拘禁刑若しくは 1000 万円以下の罰金，又はその併科という厳しい罰則が定められています（金融商品取引法 197 条 1 項 1 号）。また，法人については，罰金の上限額は 7 億円に引き上げられています（同法 207 条 1 項 1 号）。有価証券報告書等の虚偽記載に関しては，インターネットプロバイダ会社をめぐる事件や大手自動車会社をめぐる事件などが大きく報道されるのを目にした方もいるのではないかと思います。成熟した金融市場においては，投資家に適切な情報が提供されることは極めて重要であり，金融商品取引法は，その確保のため，課徴金に関する規定等とともに厳しい刑事罰も定めているのです。

(ⅲ) 金融商品取引法には，このほか，金融商品取引業者に対する規制等も定められており，これに違反した場合に罰則が適用される事案もままみられます。さらに，個々の有価証券等の取引に関する規制に違反する行為についても，証券取引法の時代から摘発が繰り返されており，いわゆる証券犯罪として注目されてきました。

THEME 6　経済取引と刑法　　95

　証券犯罪の代表例としては，**相場操縦**（金融商品取引法 159 条）が挙げられます。相場操縦は，買い注文や売り注文の出し方を操作することによって，売買が頻繁に行われている銘柄であるものと他の投資家を誤解させ，他の投資家の注文を誘引して株価を吊り上げるなどといった行為です。証券犯罪の行為者は，熟練した手法によって株価を吊り上げて高値で売り抜けるなどし，多額の利益を手に入れることがありますが，相場操縦は，市場における公正な価格形成を歪める行為ですので，10 年以下の拘禁刑若しくは 1000 万円以下の罰金又はその併科という厳しい法定刑が定められています（同法 197 条 1 項 5 号）。なお，法人については，7 億円以下の罰金と上限額が引き上げられています（同法 207 条 1 項 1 号）。

　そのほか，皆さんが比較的耳にすることが多いと思われる違法取引として**インサイダー取引**（同法 166 条，167 条）があります。インサイダー取引は，上場会社の役職員等の投資家の投資判断に重要な影響を及ぼす情報を知りうる内部者が，そのような未公表の重要情報を知りながら株式の売買を行うことを処罰するものです。自らの名義で株式の売買等を行えばすぐ発覚してしまいますので，実際には，知人等に情報を提供して株式等を取得させることが多く，そのような直接の情報受領者による取引も処罰対象となります。たとえば，会社の取締役が，株価の上昇原因となる自社の合併情報を知った後，親族にその名義で自社の株式を取得させるなどといった行為がこれに当たります。インサイダー取引に関する罰則は，証券市場や証券取引の公正性・健全性に対する社会的関心の高まりや諸外国における規制強化の動きなどを受けて 1988 年の証券取引法改正によって導入されたものです。先ほどの相場操縦等と比べると，新しい時期に設けられた犯罪類型でありますが，刑事事件として取り上げられることは多く，対策強化のため，法定刑についても当初の 6 月以下の拘禁刑若しくは 50 万円以下の罰金又はその併科という法定刑から，5 年以下の拘禁刑若しくは 500 万円以下の罰金又はその併科と段階的に引き上げられています（同法 197 条の 2 第 13 号）。また，インサイダー取引についても，法人の罰金刑の上限は 5 億円と自然人に比して引き上げられています（同法 207 条 1 項 2 号）。

　(iv)　日々新しい金融商品が生まれ，複雑で大規模な金融商品取引が行われる状況になっている中，こっそりと行われる不正行為を発見するのは容易なことではありません。金融商品取引法違反事件に関しては，このように専門性が高

い分野であることもあり，専門機関である**証券取引等監視委員会**が調査を行い，捜査機関に刑事告発するという形で捜査が進められることが多くあります。証券取引等監視委員会についても，公正取引委員会と同様に，令状に基づく捜索等を行うことができる犯則調査の権限を持っています。また，暴力団関係者等が不正な証券取引等によって利益を得ようとするケースもあり，そういった場合には，証券取引等監視委員会と警察が連携して捜査・調査を行うことになります。

(3) 租 税 犯 罪

（ⅰ）　国の税金については，納税者が税務署に所得等の申告を行うことにより税額が確定し，確定した税額を自ら納付する申告納税制度が採用されていますが，高額の利益が生じた際に納税が惜しくなってしまうことはままあるようで，租税犯罪についても後を絶ちません。一般に「脱税」という言葉がよく使われますが，租税を免れる実質犯については，刑事法の世界では**ほ脱（逋脱）犯**と呼ぶことが多いので，ここではその言葉を使っていきたいと思います。

　ほ脱犯は，「偽りその他不正の行為によって税を免れる行為」という形で，**所得税法・法人税法・相続税法**等の税法に構成要件が定められています。これに該当する典型的な行為としては，実際よりも少ない虚偽の所得金額が記載された確定申告書を提出し，税を免れる行為が挙げられます。もっとも，申告書の金額だけを操作しても税務調査が行われれば簡単にばれてしまいますから，多くの場合，一部の売上伝票を少ない金額に書き換えたり，取引先や知人に依頼して嘘の内容の領収証を作成してもらい，架空の経費を計上したりといった工作が同時に行われています。また，所得を秘匿するための工作を行った上，申告自体を全くしないような行為も，ほ脱犯の構成要件に該当します。それまで事業によって利益を生じることがなかったのに，突然単年で多額の利益を生じたような場合には，取引に伴う証拠書類を全部廃棄し，利益が生じたこと自体を隠してしまおうとすることがありますし，不動産取引のように単体の取引で多額の利益が発生した場合にも，同様に不申告となる事案がよくみられます。

（ⅱ）　1989 年に導入された消費税は，徐々に税率が引き上げられたこともあり，2023 年度には総税収（国税）に占める割合が約 40% を占めるなどその基

幹税としての役割は大きくなっています。そのため，近時の特徴として，ほ脱事案の中でも**消費税法違反**の事案が増えています。消費者の立場からみると，消費税は買い物をする時に支払うものという意識が強いですが，納税義務を負う事業者の立場では，簡略化すると，商品の販売等の売上げに係る消費税額から仕入全般に係る消費税額が控除され，差額が納付を要する消費税額となるという仕組みになっています。したがって，実際には存在しない架空の仕入れを計上するという手口については，所得額を実際よりも減らして所得税や法人税を免れるという目的だけではなく，控除対象となる仕入れに係る消費税額を増やして消費税を免れるという目的でも用いられます。また，消費税に関しては，**不正受還付**という手法も問題となっています。これは，仕入れに関して支払った消費税額の方が売上げに関して受け取った消費税額よりも多かったと偽るなどして，差額相当額の還付を求めるものであり，いわば国庫金の詐取のような悪質性を持つ行為です。売上げに伴う消費税が発生しないようにするため，海外への輸出について消費税が免税となる制度を悪用し，実際には存在しない海外への架空売上げを計上するなどといったケースがしばしばみられます。

(ⅲ) ほ脱事案に関しても，その高い専門性等を考慮し，犯則調査制度が設けられています。ほ脱事案の犯則調査手続については，現在は**国税通則法**という法律に定められていますが，もともとは明治時代からある「国税犯則取締法」という法律で定められたことに端を発しており，犯則調査手続の中でも最も歴史があるものになります。犯則調査の主体は，主に**国税局**の**査察部門**に属する国税査察官等であり，そのためこの犯則調査制度のことを査察制度と呼ぶこともあります。査察調査を受けた際に「マルサが来た」などという略語が使われることがありますが，こういった略語が通用していること自体，その調査能力が恐れられていることの印かもしれません。ほ脱事案に関しては，会計帳簿や証憑類等の内容や口座取引等の金銭の流れを徹底して解明することが求められますので，査察部門のような専門機関の役割は非常に大きいものです。

(4) 知的財産に関わる犯罪

経済取引に関わる犯罪類型として，知的財産に関わる罪についても，近時，その役割が一層注目されるようになっています。知的財産は，企業の競争力の

98　第1章　刑　法

源泉であり，その保護が強く指摘されるようになっていますし，「クールジャパン」という言葉に代表されるように，日本の著作物等が持つブランド力は，世界のマーケットにおいても注目されるべきものになっています。他方で，悪質な知的財産権侵害も目立つようになっており，対策が急がれる状況にあります。たとえば，皆さんの中には，漫画を作者に無断でインターネット上にアップロードしていた事業者が摘発されたというような報道を目にした方もいるのではないかと思いますが，こういったインターネットを利用した犯行は，摘発を免れるために国外のサーバーやプロキシサーバー（内部ネットワークとインターネットの中継等に用いられているサーバー）等が悪用されることが多く，その全容解明には困難を伴います。また，単に違法に著作物をアップロードするのではなく，違法にアップロードされた著作物へのリンク情報を集約し，ユーザーを誘導する「リーチサイト」による海賊版被害なども大きな社会問題となっており，2020年には，これに対応する著作権法等の改正が行われています（著作権法119条2項4号，5号等）。

　特許法，著作権法，商標法等のように知的財産の客体を直接保護する法律に加え，**不正競争防止法**についても，商業慣行の中で許されない行為を禁止行為とすることなどにより，間接的に知的財産を保護する役割を果たしています。不正競争行為の代表的な類型としては，**営業秘密の侵害行為**（不正競争防止法2条1項4号ないし10号，21条1項等）があります。技術者が勤務先企業の営業秘密をライバル会社に横流しする行為などがその典型であり，書類や記録媒体を持ち出す行為がなくとも，営業秘密を侵害する行為があれば，不正競争防止法違反として処罰されます。このほか，広く認識されている他人の商品や営業と同一・類似の表示を行って混同を生じさせる行為（周知表示混同惹起行為・同法2条1項1号）など不正競争防止法には様々な不正行為類型が定められています。食料品の産地偽装行為が摘発されたという報道を目にすることもありますが，これも誤認惹起行為（同法2条1項20号，21条3項1号・5号）として処罰対象となるものです。

⑸　その他

　これまでに会社犯罪として大きく取り上げられた事案をみていくと，先に触れた特別背任罪のほかにも，たとえば，会社法では，円滑に株主総会を終わら

THEME 6 経済取引と刑法 99

せるために総会屋に金銭等を供与することを禁止する**利益供与の罪**（会社法120条1項，970条）であるとか，配当可能な利益がないのに粉飾決算を行って株主に配当することを禁止する**違法配当の罪**（同法963条5項2号）なども定められており，大手金融機関に適用された事案などが知られています。また，しばしば目にするものとして，会社ぐるみで悪徳商法を行った事案につき，**特定商取引に関する法律**が適用され，摘発されることなどがありますが，こういったいわゆる**消費者犯罪**も経済犯罪の一種といえるように思います。同様に，ヤミ金融が高利を取得する行為等が罰せられる**出資の受入れ，預り金及び金利等の取締りに関する法律違反**も経済犯罪の一種といえそうです。いかなる範囲のものを「経済犯罪」の範囲に位置づけるかはなかなか難しく，厳密な定義があるわけではありませんが，様々な罰則が存在し，経済活動の中での不正行為を摘発するため，それらが駆使されていることは理解していただけるのではないかと思います。

■ 4 経済犯罪をめぐる最近の動き ■

これまで触れてきたとおり，経済犯罪については，非常に様々な類型があり，罰則規定の新設や改正もしばしば行われています。日々変化する経済取引の中で行われる不正行為に対して適切に対処するには，社会・経済の変化を鋭敏に察知し，不正が行われやすい土壌を把握することが必要になります。この*THEME 6* の最後に，経済犯罪をめぐる最近の動きについても若干触れておきたいと思います。

(1) グローバル化の進展

社会・経済のグローバル化は著しく，現在の経済取引には国境の垣根がありません。物品や資金は，短期間のうちに世界中を動き回っており，日本国内における不正な経済取引によって得られた資金が外国に移転されていることはもはや珍しくありません。外国企業との間の架空取引を用いて所得を実際よりも少なく見せかけるなどといった事案はままみられますし，不正に得られた資金がタックスヘイブン国に設立されたダミー法人等の口座を転々移転しているなどといった巧妙な事案も目につきます。

また，企業が国際的な商取引を頻繁に行うことに伴って，外国の公務員に対

100　第1章　刑　法

して賄賂が提供されるという事案も生じており，国際的な問題として OECD などで取り上げられています。不正競争防止法には，**外国公務員等に対する不正の利益の供与等の罪**（不正競争防止法 18 条 1 項，21 条 4 項 4 号）が設けられており，捜査機関はその摘発にも力を注いでいます。

　こういった国際的な犯罪の捜査に際しては，**国際捜査共助**の枠組みが用いられます。外国に所在する証拠を共助の枠組みで入手するには，国内における犯罪捜査とは異なる困難を伴いますが，捜査機関は，社会・経済のグローバル化に対応するため，国際的な連携についても強化しています。

(2)　情報通信技術の高度化

　知的財産に関連して若干触れたとおり，高度情報化社会においては，経済犯罪にも様々な情報通信技術が用いられるようになっています。典型的なものはネット取引を悪用した詐欺などでしょうが，最近は資金決済にも種々の情報通信技術が用いられるようになっていますから，金銭が関わる犯罪については，罪名に関わりなく何かしら情報通信技術が関連しているのが実情です。今後，キャッシュレス社会が進めば進むほど，現金などの有体物を手に入れる古典的な窃盗や詐欺よりも，決済に用いる ID 番号やパスワードを悪用する犯罪の方が目立つようになるのではないかと思います。

　このような動きの中，今後着目していくべきものとしては，いわゆる暗号資産などを挙げることができます。すでに，不正アクセスにより暗号資産を取得したり，犯罪によって得た資金を暗号資産によって留保したりという事案がみられますが，預金や有価証券等よりも捕捉されにくい資金として暗号資産が悪用されるケースが増えていくことが懸念されます。また，決済手段が多様化することに伴い，さらに複雑な仕組みが生まれていくことも十分考えられます。高度情報化社会・キャッシュレス社会における経済犯罪は，今後，サイバー犯罪と密接不可分になっていくのではないかと思います。

(3)　法改正等に伴う捜査手法の変化

　経済犯罪の捜査に関しても新たな潮流がみられます。1 つの視点は，不正に取得された資金の剝奪に向けた取組みです。経済的な利得を目的として犯罪に及んだ者にとって，それを奪われることは大きな打撃ですし，不正資金がさら

なる犯罪に悪用されることを抑止する必要も高いので，捜査機関は，利益の剥奪という観点を重視しています。そして，その1つの手段として，**組織的な犯罪の処罰及び犯罪収益の規制等に関する法律**で定められた**マネーロンダリングの処罰**規定や**犯罪収益の没収**等に関する規定が活用されています。2022（令和4）年にはマネーロンダリングの罪の法定刑を引き上げ，犯罪収益等として没収することができる財産の範囲を拡大するなどの法改正が行われており，こういった取組みは一層強化されています。

　また，別の視点になりますが，2016年には，刑事訴訟法が改正され，**協議・合意制度**という新たな制度が導入されました。この制度は，組織的な犯罪等の全容の解明等を目的とし，検察官と被疑者・被告人とが，弁護人の関与の下，共犯者等の他人の犯罪事実を明らかにするための証拠収集への協力を前提として，不起訴処分・特定の求刑などの合意をするというものであり，一定の経済犯罪や薬物銃器犯罪に用いられます。2018年6月に施行されており，社会の変化の中でこういった新制度も活用されています。

■　5　お わ り に　■

　この *THEME* でご紹介したのは，経済取引に罰則が適用される場面のあくまで一部であり，実際には，日々新しい類型の経済犯罪が生じています。繰り返し指摘したとおり，経済犯罪は社会の縮図であり，その原因や背景をみていくと，その時々の経済情勢・市場動向等が影響していることもままあります。このように，法律と経済の接点という観点からしても大変興味深い分野ですので，法曹やその他の法律に関わる進路を志す読者の皆さんにぜひとも関心を持っていただきたいと思います。

Invitation to 検察官　検察官の役割は，犯罪について捜査し，その結果を踏まえて公訴を提起するかどうか判断し，公判で必要な主張・立証を行うことなどが中心になります。取り扱う犯罪の類型に限定はなく，本文で紹介した経済犯罪の捜査・公判に関わることもありますし，殺人罪などの凶悪事件の捜査・公判に関わることもあります。

　経済犯罪に関しては，その専門性ゆえに頭を悩ますことも多いですが，収集した多数の証拠の分析によって事案の実態を解明し，過去の裁判例や文献を吟味して法

102　第1章　刑　　法

適用の可否を検討していくという作業は，実務家として大いに醍醐味があるものです。また，警察，国税当局，公正取引委員会，証券取引等監視委員会などといった高い専門性と熱意がある関係機関の方々と互いに協力し，困難な事案に取り組むことができる点もこの種の事案の魅力です。他方，凶悪重大事案においては，事件の被害にあった方やご遺族などに接する場面もあります。大切な方を亡くしたご遺族とお話をする際などは，言葉で言い表しようのないやるせなさ，喪失感を知り，自らの無力を感じますが，何としてでも犯人を検挙し，適切な処罰を実現しなくてはならないと強く感じ，真相解明に知力の限りを尽くさなければと考えます。

　検察官は，同僚検察官や日常業務を支えてくれる検察事務官とともにチームを組んで事案に取り組む場面が多くあります。同じ方向を向いて一丸となって努力し，最終的に適切な処罰を実現することができた際には，仲間に恵まれたことに感謝しますし，互いに深い絆が生まれます。検察官の職務上の責任は重たいものですが，やりがいがあることは間違いありませんので，ぜひとも多くの方に志していただきたいと思います。

〔是木　誠〕

Invitation to 検察事務官　　「検察事務官」と聞いて，その仕事の内容にピンとくる方がどれくらいいるでしょうか。恥ずかしながら，大学で刑事法を専門に勉強していた私ですら，当時はよく知らなかったのですが，恩師の勧めもあって，検察事務官としての道に進むことになりました。

　犯罪の捜査の主役は検察官や警察官ですが，刑事訴訟法をよく見ると，検察事務官が行うことのできる業務が意外に多いことに気付きます。検察官の指揮を受けて，令状による逮捕，捜索，差押えを行えるほか，自ら被疑者や参考人の取調べを行い，供述調書を作成することもできます。さらに，刑事事件の証拠品の管理・保管，裁判の執行，罰金等の徴収などの事務も検察事務官の重要な仕事です。

　私も様々な業務を経験しましたが，特に思い出深いのは，特定の検察官とペアを組んで捜査等を行う立会事務官としての業務です。扱う事件どれ一つとっても同じ事件はなく，検察官と共に被疑者等の取調べや捜査を行って証拠を収集し，二人三脚で事件を「解決」していくという過程に非常にやりがいを感じました。私が初めて立会事務官となった当時の検察官はすでに退職していますが，今でもお酒を酌み交わせば，思い出話に花が咲きます。

　このような捜査等の現場での業務のほか，私は法務省で法務行政に携わる機会にも恵まれました。法務省の組織の中で，刑事法制に関する事務等を所掌するのが刑事局であり，全国の検察庁から集まった検事や検察事務官が業務に従事しています。刑事局では，刑事事件を取り巻く社会情勢や現場のニーズを把握して，刑事関

係法令の立案や，犯罪被害者保護等の様々な施策を企画します。仕事は忙しいですが，現場の検察庁の仕事を自分たちが支えているのだという気概を持って皆が仕事をしており，活気にあふれています。自分たちが苦労して立案した法律が国会で成立したときの達成感もまた格別です。また，犯罪のグローバル化に対応するための外国の捜査機関との国際会議に出席する機会もあり，国際的な仕事に関わりたいという方にもお勧めです。

このように，検察事務官は，捜査公判の現場の醍醐味に加え，検察庁の仕事を後方から支える仕事など様々な道が開かれている点でも魅力的です。ちなみに，検察官の仕事に興味を持った検察事務官は，特別の選考試験を経て，副検事や検事になる道もあります。これにより，司法試験に合格した検事と同じように捜査を行ったり公判に立ち会うことができます。

検察事務官は，検察庁の内外から刑事手続を支えることができるやりがいのある仕事です。皆さんにもぜひチャレンジしてもらいたいと思います。

〔角田　亨〕

第 2 章

刑事訴訟法

106　第2章　刑事訴訟法

あらまし

■　1　刑事訴訟法とは　■

(1)　刑事訴訟法の姿

　第1章において，「刑法」とは何かの説明がありました。皆さんも刑法の姿 形（すがたかたち）は理解されたことでしょう。「刑事訴訟法」とは，この刑法を具体的に実現するための手続を定めた法律です。刑法は**実体法**であり，刑事訴訟法は**手続法**です（刑事訴訟法は，**刑訴法**とか**刑訴**などと略称されます）。

　たとえば，刑法199条は，「人を殺した者は，死刑又は無期若しくは5年以上の拘禁刑に処する」と規定しています。殺人罪の構成要件とこれに対する刑罰の規定です。しかし，これはいわば抽象的な刑法のルールにとどまります。これを実現するには，具体的事案をもとに，殺人を構成する事実を認定できるか，その事実で殺人罪が成立するか，成立した場合どの程度の処罰を加えるのが妥当か，を慎重に検討しなければなりません。この手続を定めるのが刑事訴訟法です。

　手続がなければ実体は機能しません。刑法には罪刑法定主義といって「法律なければ犯罪・刑罰なし」との原理があります（⇨30頁）。これになぞらえれば，刑事訴訟法の場合，「手続なければ実体なし」とでもいうことができるでしょうか。

　民事事件と異なり，刑事事件の場合，人の処罰という重大な事柄に関わりをもちますから，必ず法定の手続を経る必要があります。憲法31条は，「何人も，法律の定める手続によらなければ，その生命若しくは自由を奪はれ，又はその他の刑罰を科せられない」と定めています。民事事件のように，和解で事件を解決することはできないのです。一連の手続は，**犯罪の捜査，公訴の提起，事件の審理，裁判，裁判の執行**という順をたどります。全体の手続を規律する法体系の全体が刑事訴訟法です（厳密には，「訴訟」は公訴が提起されたのち裁判までを指す言葉ですから，用語としては，「刑事手続法」の方が適切でしょうが，一般に「刑事訴訟」という場合，起訴前の手続や裁判の執行を含む意味で使われます）。

(2) 刑事訴訟法典（昭和23年法律第131号・昭和24年施行）

　刑事手続に関する法体系の基本は，**刑事訴訟法典**です。ほかに関連する法律として，少年法，裁判所法，検察庁法，弁護士法，検察審査会法，警察官職務執行法などがあります。最近では，これらに加えて，通信傍受法，裁判員法，犯罪被害者保護法なども入ってきます。また主に刑事手続の運用細則的なものとして，最高裁判所規則の1つである**刑事訴訟規則**があります。

　刑事訴訟は，民事訴訟と違って，国家が私人を訴追し，私人が自己を防御する，すなわち国家対私人（被疑者・被告人）の争いという形態をとります。したがって，利益の衝突が厳しく，社会のあり方や政治の体制がその国の刑事訴訟のあり方と密接に結びついていることが少なくありません。

　そのあらわれでしょうか，わが国の場合，刑事訴訟法典は，**治罪法**（1880〔明治13〕年）→**旧旧（明治）刑事訴訟法**（1890〔明治23〕年）→**旧（大正）刑事訴訟法**（1922〔大正11〕年），第二次世界大戦後（以下，第二次世界大戦を基準に戦前，戦後と記します）になって，**現行刑事訴訟法**（1948〔昭和23〕年）の誕生，こういう移り変わりを経ています。刑事訴訟法への関心が深まれば，訴訟の構造，捜査機関による強制処分を規制する方法，被疑者・被告人の防御権の捉え方などこれら各法典における違いを学ぶことがあるでしょう。その際に，その法典の時代的背景，社会情勢や政治システムがどのようなものであったかなどを顧みることも有意義と思われます。

　日本国憲法の制定を受けて相当数の法律が改廃されましたが，いわゆる六法の中で全面的に改められたのは，憲法を除けばこの刑事訴訟法だけなのです。刑事訴訟法の性格を端的に示すものといえます（先に触れたように，市販の六法における憲法と刑事訴訟法の条文見出しは編者によって案出されたものですので〔⇨3頁〕，勉強が進んでくれば一度，両法についてその見出しを見比べてみると新しい発見があるかもしれません）。

　また，他の基本法も現在でこそ，1995（平成7）年の刑法典をはじめ，民事訴訟法，民法，商法・会社法と順次，ほぼ現代語化，口語化をし終えましたが，刑事訴訟法は戦後に全面改正された副次的効果として，当初から平かな・口語体であり，これは条文の難解さや法典に対する取りつきにくさをいくらか弱める役割を果たしてくれたと思われます。

　現行刑事訴訟法は，施行後75年を経ました。過去の刑事訴訟法典のどれよりも

108 第2章 刑事訴訟法

長命です。その間，部分改正はたびたび行われましたが，大幅な改正となると，20年ほど前までは，勾留期間や保釈事由，簡易公判手続，控訴審の事実取調べの範囲などに関する1953（昭和28）年の一部改正が挙げられる程度でした。ところが近年では，2000（平成12）年の犯罪被害者保護を軸とする改正をはじめ，後に述べるように重要な法改正が随分多く実現することとなりました。

■ 2 現行刑事訴訟法の特徴 ■

現在の刑事訴訟法の特徴は，憲法化，当事者主義化，アメリカ法化の3点に集約することができます。併せて法諺を1つ挙げておきます。

(1) 憲 法 化

現行法の成立は日本国憲法の成立と密接不可分です。憲法は**刑事人権**にことさら配慮を示しました。憲法31条の適正手続の保障以下，裁判を受ける権利（32条），逮捕に関する保障（33条），抑留・拘禁に対する保障（34条），捜索・押収等に対する保障（35条），拷問および残虐な刑罰の禁止（36条），公開裁判・迅速裁判を受ける権利，証人審問権，弁護人依頼権（37条），自己負罪拒否特権，自白に関する法的規制（38条），遡及処罰の禁止・一事不再理効（39条），刑事補償（40条）などです。これらは憲法全体の約1割を占めており，内容面はもとより，その量の多さは比較法的にも類例が乏しいものです。憲法の意気込みとみてよいでしょう。なかでも31条は，適正手続条項と呼ばれ，32条以下の人身の自由に関する個別規定を総括するものとして重要な意味をもっています。刑事訴訟法は憲法の精神に照らし，その要請を充たしていなければならないのです。こうして刑事訴訟法は「**応用憲法**」とも呼ばれます。

戦前においても，上位規範として帝国憲法がありましたが，人身の保障に関する帝国憲法の規定はわずか3か条（帝国憲法23条〜25条）にすぎず，それもいわゆる**法律の留保**を伴ったものでしたので（たとえば，23条は「日本臣民ハ法律ニ依ルニ非スシテ逮捕監禁審問処罰ヲ受クルコトナシ」と定めています），現行法で議論されるような**憲法化**は，取り上げるべくもなかったのです。

(2) 当事者主義化

旧刑事訴訟法では，検察官は事件を起訴する際，裁判所に対して起訴状とともに

捜査記録や証拠物を一括して提出し，引き継いだ裁判所は，これらに事前に目を通した上で，公判審理に臨み，自ら証拠を収集し，証人を尋問して事実を究明するという方式を採用していました。これを**職権主義**といいます。

これに対して，現行法は，捜査と公判，訴追者と判断者とを機能的に分離し，裁判官に予断を抱かせないよう，検察官に対し起訴時には起訴状だけを裁判所に提出させるとともに（**起訴状一本主義**），公判では証拠調べ請求，意見陳述など，当事者（検察官および被告人とその代理人としての弁護人）の主導的な活動を重視することとしました。当事者の主張・立証を基本とする訴訟追行の形態を**当事者主義**といいます。後述のとおり，事案の真相を究明することは重要ですが，裁判所は，その究明に積極的に乗り出すのではなく，訴追者である検察官が主張し立証しようとする内容が納得のいくものであるかを第三者的に審査するのです。

これが訴訟の構造における，旧法から新法への根本的な変革です。

(3) アメリカ法化

日本国憲法 31 条以下の条項は，アメリカ合衆国憲法修正 4 条〜6 条，8 条の刑事人権規定の影響を顕著に受けていますが，刑事訴訟法も，憲法におけるアメリカ法的指針を受けて，人身の自由に関する憲法規定を具体化するとともに，予審の廃止，令状主義の徹底，弁護人制度の充実・強化，被疑者の身柄拘束の規制，訴因制度の導入と起訴状一本主義の採用，伝聞証拠の排除（⇨139 頁），自白の規制，控訴審の事後審化，不利益再審の廃止など，重要な改革を実現しました。これらの改革は，アメリカ法制の示唆を受けたものとみてよいでしょう。現に，現行法の制定過程をみると，そこで示された GHQ（連合国軍総司令部）の協力・助言・示唆はきわめて重要な意味をもっています。以上を**アメリカ法化**といいます。

帝国憲法下の刑事訴訟法である，治罪法および旧旧（明治）刑事訴訟法は，フランス法に依拠し，旧（大正）刑事訴訟法は，ドイツ法を範としていました。すなわち戦前の刑事手続は，一貫していわば**大陸法系**に位置していましたので，比較法的にも，現行法は興味ある転換を遂げたことになります。

(4) 「疑わしきは被告人の利益に」

ちなみに，現行刑事訴訟法は冒頭に第 1 条として，それまであまり法律にはみられなかった目的規定——「この法律は，刑事事件につき，公共の福祉の維持と個

110　第2章　刑事訴訟法

人の基本的人権の保障とを全うしつつ，事案の真相を明らかにし，刑罰法令を適正且つ迅速に適用実現することを目的とする」——を置きました（今では，多くの法律でこのような目的規定が置かれています）。

「事案の真相を明らかに」するといっても，過去に起きた事件について，真相を究明することには，自ずと限界があります。真実発見のために活動するのが人間である以上，誤りを完全に払拭することはできません。時の経過により証拠が散逸してしまうこともあるでしょう。真実発見のために用いることのできる人的・物的資源にも限りがあります。このようにさまざまな制約があるなかで，刑事司法の関与者，とくに裁判所は工夫を凝らしながら，事案の真相を明らかにすることを追求せざるを得ません。その際に，事案の真相究明をどのようなものとして捉えるべきでしょうか。

読者の皆さんは，「十人の真犯人を逃すとも，一人の無辜を罰するなかれ」（十人の罪のある者を逃しても，一人の罪のない者を罰してはならない），「疑わしきは被告人の利益に」（疑わしきは罰せず）などの法諺を耳にされたことがあるでしょう。処罰することに万遺漏無きを期す，犯人必罰の思想には一定の限界があることを示すことわざです。

学習する過程では，現行刑事訴訟法1条にはこのような法諺の趣旨が内在しており，上記の(1)～(3)の特徴に支えられながら，その趣旨を体現するものとして現行刑事訴訟法が構想・設計されていることを常に想起していただきたいものです。

■　3　刑事訴訟法の学び方　■

刑事訴訟法を学ぶ際には，どのような点に留意すべきでしょうか。これまでのところからも分かりますように，刑事訴訟法は刑法を実現する手続ですから，前提となる刑法の学習は欠かせません。また，上位規範である憲法，特に31条～40条を修得しておく必要もあります。しかし，ここでは次の4点を挙げておきましょう。

(1)　手続全体・運用の理解

第1は，**刑事手続の全体の流れをおおまかに把握する**ことです。刑事手続は，刑事事件の発生→犯罪捜査→公訴の提起（起訴）→公判→裁判（判決）という順で

あらまし　*111*

進んでいきます。まずは，日常的に行われているこうした刑事手続の通常の進行過程＝生理現象をおさえることが大切です。勉強が進むにつれ，ややもすれば適法か違法かが鋭く争われる事象＝病理現象ばかりに目が行きがちになります。しかし，事象が病理かどうか，どの程度の病理かは，法律が想定している基本形である生理現象の理解がない限り，正確に捉えることはできません。さらに，できれば大ざっぱにでも，運用実態を知っておいてください。自分が学んでいることが手続全体のどこに位置づけされるのかを常に自覚する必要があります（⇨「刑事手続の流れ」118 頁参照）。「木を見て森を見ない弊」は極力避けるべきです。何の問題でも刑事手続で生じる論点は，手続全体から見ればごく一部にすぎません。その問題にどのように対処すべきかは，自ずと他の場面に影響を及ぼします。

　一例を出します。同僚の Q とともにパトロール中の警察官 P は，聞き込みによって，X が自宅に覚醒剤を所持しているという情報を得ました。その情報はかなり信憑性が高い内容でしたので，P と Q は急いで X 宅に赴きました。しかし，X が留守であったため，Q は入口で見張り，一方，P は無断で X 宅に立ち入り，屋内を捜し回ったところ，寝室のタンスの中から覚醒剤が発見されました。覚醒剤所持の有力な証拠として，P はこれを差し押さえました。

　ここから種々の論点が出てきます。①捜査活動として，警察官が令状もないまま，X 宅に立ち入って捜索・差押えの活動をすることは許されるだろうか。②この捜査活動が違法だとすれば，検察官は，捜査の結果得られた覚醒剤を有力な証拠として，X を覚醒剤所持で起訴することができるだろうか。③起訴が許されるとした場合，検察官は公判において，差し押さえられた覚醒剤を有罪立証の証拠としてその証拠調べを請求することができるだろうか。この覚醒剤が有罪立証の証拠として使用されることに，弁護人が異論を述べるか述べないかによって違った答えが出るだろうか。④違法な捜査だとすると，令状なしに捜索・差押えをした警察官に対してどのような民事上・刑事上の責任を問うことができるだろうか。

　問題の連鎖は広がっていきます。各論点の解決は，それぞれの場面における原理・法規に基づいて図られるのですが，その際には手続全体，ひいては他の論点およびその処理を視野に入れる必要があります。刑事手続は大きな 1 つの生命体ですから，このような配慮がないと説得的な答えを出すことができないのです。

112 第2章 刑事訴訟法

(2) 基本原理・理念

第2は，刑事訴訟法について，ある問題を解決する筋道を見つけたり，条文を解釈したりする場合，**対立する刑事訴訟法の原理・理念に還元させて検討すること**です。刑事訴訟法には古くから，たとえば，前述した**職権主義 vs 当事者主義，糾問主義 vs 弾劾主義**（刑事責任の追及の役割と判断の役割を同一の主体〔裁判所〕に委ねるか別の主体〔検察官と裁判所〕に委ねるかの方式の違いです）など原理・理念の対立があります。制度のあり方を論じる場合などでは，**英米法主義 vs 大陸法主義**を意識すべきでしょう。どの法分野も同じですが，刑事訴訟法でも折ごとに，このような原点に立ち返る必要があります。

先ほど挙げた，令状なしに差し押さえられた証拠物の証拠能力は，突き詰めれば，〔どのような事実が認められるかをできる限り正確に解明しようという〕**実体的真実発見** vs〔「生命若しくは自由を奪はれ，又はその他の刑罰を科せられ」るには，適正な手続によらなければならないという〕**手続の適正さ**（憲法31条）の衝突です。

もっとも，同時に忘れてならないのは，原理・理念だけで個別問題につき短絡的に答えを出してはいけないことです。学部のゼミなどで議論していると，すぐに人権保障，適正手続，治安維持，犯人必罰などの言葉が飛び交い，議論がその時点で頓挫することがあります。しかし，原理は原理であって，それ以上のものではありません。論点に対する答えは，その解決の条文上の根拠，理論的裏付け，関連する判例の分析などがどこまで説得的に展開されているかによって決まることを看過してはなりません。その上で，改めて憲法や刑事訴訟法上の原理・理念が理論上・実務上どのように機能するのか，自分の主張を裏付ける内容をもつのかを再考することが大切なのです。

さらに，最近では，国民の司法参加，犯罪被害者の保護，被告人・被疑者の処分権など，既存の原理・理念の枠内で対処するには限界がある問題も登場してきました。これからの課題として，頭の隅に入れておいてください。

(3) 条文の操作

第3は，刑法とは異なり，刑事訴訟法の場合，前もって**条文の順序・配列を知る**とともに，さらに**条文の操作**（目当ての条文の見つけ方・使い方）**に慣れる**ことです。

『六法』中，刑事訴訟法の箇所を開いてください。刑事手続は，捜査から公訴提起へと進んでいきますので，法典もその順序で規定されていると思われるかもしれません。しかし，1条は目的規定ですから別として，2条以下には，裁判所の管轄に関する規定が置かれており，ここには捜査の規定はありません。捜査に関する条項は，何と189条が最初です。これは現行法が前述した（⇨107頁）旧刑事訴訟法にならって，第1編「総則」として，この編に相当数の条文を置いたからです。第2編以下が各則規定で，ここから手続の順序に沿って，捜査，公訴提起，公判……と続くのです（もっとも，第2編「第一審」中に「捜査」，「公訴」の章が入っており，いずれ手直しを要すると思われます）。ひとまずこの点に注意してください。

条文の操作について，一例を挙げましょう。逮捕された被疑者は，弁護人と会うことはできるでしょうか。刑事訴訟法39条1項は，「身体の拘束を受けている……被疑者」は弁護人と接見することができると規定しています。ですから，弁護人と会うことができるのは疑いありません。それでは家族とはどうでしょうか。もし，その被疑者が逮捕に引き続き勾留された場合はどうでしょうか（なお，勾留という身柄拘束方法は，起訴前と起訴後いずれにも認められています）。

関係する規定はなかなか見当たりません。家族との接見を認めた規定は，80条にありますが，主体は「勾留されている被告人」となっています。被告人は起訴された者を指しますから，捜査の対象にとどまる被疑者はこれに当たりません。したがって被疑者には家族と会う権利が認められていないことになりそうです。

しかし，そうではありません。皆さんにとって現段階では，文字からその意味を理解することは難しいでしょうが，207条1項に，被疑者勾留については被告人勾留の規定を準用するという趣旨の規定が置かれています。すなわち80条の「勾留されている被告人」は「勾留されている被疑者」と読み替えることができるのです。ただし，80条を逮捕段階の場合に準用する規定はどこにも見当たりません（209条参照）。

結局，刑事訴訟法は，勾留された被疑者には家族と接見する権利を認めているが，逮捕段階の被疑者については，この権利を認めていないということになります（もっとも，権利としてこれを認めた規定はないというだけであって，逮捕され留置中に家族と会うことが許されないというわけではありません）。

いずれにしろ，刑事訴訟法を学ぶ上で，こうした条文の操作は不可避なのです。

114　第2章　刑事訴訟法

(4)　法および制度の改正

　第4は，近年，刑事訴訟法およびその周辺で，**法や制度の重要な改正**が相次いでいますので，これらの動きの大枠を把握しておく必要があることです。先ほど述べましたように，現行刑事訴訟法が誕生してから今日まで75年を経過しますが，誕生後，半世紀の間，それほど大きな法および制度の改正は見られませんでした。しかし，この20数年の間に，事情は大きく変わりました。皆さんは，これらの動きにも関心をもってもらいたいものです。

　具体的には，まず，2000（平成12）年5月，犯罪被害者保護関連二法（「刑事訴訟法及び検察審査会法の一部を改正する法律」および「犯罪被害者等の保護を図るための刑事手続に付随する措置に関する法律」）が成立し，性犯罪の告訴期間の撤廃，証人の負担を軽減する措置（付添い，遮蔽，ビデオリンク方式），心情・意見陳述，傍聴，記録の閲覧・謄写など被害者に対する配慮と保護を図る種々の手続が整備されました。

　その後，2001（平成13）年6月の司法制度改革審議会意見書に基づく改革が相次ぎました。まず，「裁判員の参加する刑事裁判に関する法律」が制定され，重大な刑事事件の公判への裁判員の参加を認める制度が設けられました。いわゆる**裁判員制度**（⇨THEME 6）の導入です。刑事訴訟法の一部改正では，被疑者に対する国選弁護制度が導入されるとともに，公判前整理手続（⇨167頁，186頁）が創設され，証拠開示が拡充されました。即決裁判手続の新設も意見書を踏まえたものです。検察審査会制度については，一定の議決に対して法的拘束力が付与されることになりました（⇨135頁）。2005（平成17）年の犯罪被害者等基本法の施行に伴って，2007（平成19）年には，被害者の刑事手続への参加，損害賠償命令の申立てなどが認められています（⇨219頁）。2011（平成23）年には，サイバー犯罪その他の情報処理の高度化に伴う犯罪に対処するため，刑事訴訟法の一部が改正されました。

　さらに，その後，法制審議会は，「時代に即した新たな刑事司法制度の基本構想」を取りまとめ，取調べおよび供述調書への過度の依存から脱却し，証拠収集手段の適正化・多様化および公判審理の更なる充実を図るべく制度改革の検討を行い，それを基にした法改正作業が進められ，2016（平成28）年5月，取調べの録音・録画制度，証拠収集等への協力および訴追に関する合意制度，被疑者国選弁護の拡充，犯罪被害者・証人の保護措置などに関する法改正が実現しました（⇨101頁，

あらまし　*115*

175 頁，205 頁）。

　最近でも，性犯罪関係の公訴時効の延長，司法面接的手法による記録媒体の証拠能力の特則，公判期日への出頭・裁判の執行を確保するための措置，逮捕・起訴等に際しての個人特定事項の秘匿などの法改正が続いています。さらには，刑事法に限られるものではありませんが，IT 化問題は刑事手続においても急ぎ解決が求められている重要なテーマです。

　過度に敏感である必要はありませんが，これらの動向についてもその概略は押さえておいてください。

■　4　刑事訴訟法への近づき──裁判の傍聴　■

　他の法分野もさほど変わりはないと思いますが，特に刑事手続に関しては，皆さんが当事者としてこれを実体験する機会は乏しいでしょう。刑事訴訟法の場合，一度，他人の財布を盗んで逮捕されてみてくださいなどと勧めることはできません。

　ただ，2009（平成 21）年 5 月から一定の重大事件について裁判員裁判が実施されましたので，裁判員や補充裁判員に選任されれば事実を認定する作業を通して，自ずと各条項が実際にどのように運用されているか，機能しているかを膚で知ることができるようになります（⇨THEME 6）。場面は限られますが，ずっと古くからある検察審査会制度における検察審査員についても同様のことが当てはまります（⇨THEME 2）。後述のとおり，いずれの制度についても 2022（令和 4）年 4 月から，選任資格が 20 歳以上から 18 歳以上に引き下げられましたのでことさらです（⇨130 頁，183 頁）。この経験が，法の理解に決定的な役割を果たすことはほぼ疑いないでしょう（また，裁判員，検察審査員を経験した人の体験談を通じて，刑事手続の実際が広く伝わることも考えられます）。しかし，これらの制度が実施されているからといって，誰もが裁判員や検察審査員に選任されるわけではありません。

　そこで 1 つだけアドバイスします。それは近くの地方裁判所（支部を含む）に出向いて**刑事裁判を傍聴する**ことです。これについては，本章の *THEME 5* の「Invitation to 裁判官」，*THEME 6* の「Invitation to 法曹（裁判員裁判）」でも言及されています（⇨179 頁，192 頁）。また，第 3 章の刑事学の「あらまし」にも法廷見学の勧めが記されています（⇨226 頁）。裁判の公開は憲法上の原則ですから（憲法 82 条 1 項），傍聴は自由です。傍聴していると，刑事訴訟法の規定がどのように運用されているかを耳と目で確かめることができます。

116　第2章　刑事訴訟法

　第1回公判の事例（これを新件といいます）ですと，人定質問，起訴状朗読，黙秘権等の告知，被告人・弁護人の陳述という順で手続が進行します。これは冒頭手続と呼ばれます。これらは刑事訴訟法291条，刑事訴訟規則196条，197条に定められているところです。

　また，証拠調べにおいて証人尋問が行われていれば，それが当事者主義的な交互尋問であって，刑事訴訟法304条1項の規定とは違う進め方であることに気づくでしょう。何度か傍聴すれば，刑事訴訟規則199条の2以下の交互尋問ルールがこういう形で機能しているのかと合点がいくはずです。

　とくに裁判員裁判は，連日開廷し，継続して審理が行われますので（刑事訴訟法281条の6），数日間，集中して傍聴を続ければ，きっと刑事裁判の運用を大づかみすることできるでしょう。また，自分も裁判員になった心づもりで傍聴してみると，そこかしこに新しい発見があるのではと思われます。

　さらに，もし授業科目に「模擬裁判」があれば，積極的にトライしてください。法曹三者間の立場による考え方の違いとともに，先に挙げたその背後にある基本原理・理念（⇨112頁）を具体的に感じ取ることができるでしょう。

■　5　本章の構成　■

　本書118頁に，わが国における刑事手続の大まかな進行形態を図示しています。前述のとおり（⇨110頁），刑事手続を学ぶ際には，いつも全体の流れを頭に思い浮かべ，自分が現在取り組んでいる事項・問題がどこに位置するかを意識してもらいたいと思います。

　この図に即して，本章における THEME について説明しましょう。最初の警察の捜査に関するものが THEME 4（「警察捜査の実態と今後の課題」）です。訴追段階の「検察官の事件処理」に関しては，THEME 2 で「検察審査会制度」を取り上げています。

　刑事事件全般の第1審の公判準備・公判手続の進行がどのような内容かについては，THEME 5（裁判）が解説しています。THEME 6（裁判員制度）は，制度の成立ち・概要とともに，とくに裁判員裁判の実際を描写したものです。THEME 3（伝聞法則）は，「証拠調手続」において解釈論上，いつも初心者を悩ませる書証の取調べを扱っています。

　以上の手続において，被疑者・被告人の防御の視点から弁護士の活動を描いたの

が *THEME 7*（刑事弁護），また，国選弁護・国選付添や犯罪被害者支援をめぐるスタッフ弁護士について紹介したのが *THEME 8*（刑事裁判と法テラス）です。

　併せて，第 9 版では，刑事訴訟法の全体にまたがるテーマとして，前述した喫緊の課題である「刑事手続の IT 化」を取り上げました。*THEME 1* がこれに当たります。

　刑事手続は，警察，検察，裁判，弁護など多くの実務家によって運用されています（⇨9 頁参照）。それぞれ職責・職務の内容は異なりますが，よりよい刑事司法を目指してその活動が続けられていることは疑いありません。本章を通して，それぞれの活動の全体を掌握してください（なお，検察については，第 1 章 *THEME 6*〔「経済取引と刑法」〕も参照）。と同時に，刑事法の性質上，立場の違いによって意見が大きく分かれることもあります。たとえば，*THEME 4* および *THEME 7* を読み比べると，そこから警察と弁護における視座の違いが感得されることでしょう。このような点にも目を向けながら，自分なりに納得のいく考えを練り上げてほしいものです（*THEME 1〜3* は研究者，*THEME 4〜8* は実務家の執筆にかかります）。

118 第2章 刑事訴訟法

刑事手続の流れ

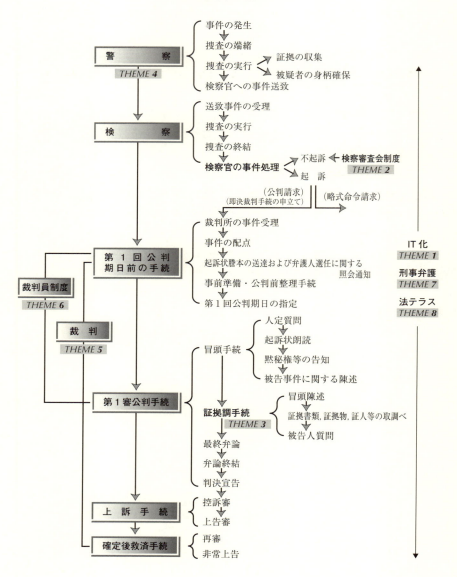

THEME 1
刑事手続の IT 化

■ 1 刑事手続の IT 化の意義 ■

　かつて，学習や業務のために必要な資料は，紙で用意して，それを運んで配付するのが当たり前でしたし，その学習や業務自体も，それに関わる人が一堂に会して行われてきました。しかし，情報技術の進展に伴い，必要な資料はパソコンで電子データとして作成すれば，プリントアウトまでしなくても，送付・共有・保管することが可能となりましたし，会議なども，ビデオ会議システムの普及により，参加者が現実に同じ場所に集まらなくても行うことができるようになりました。このように，技術の進展は，紙での書類の作成や現実の対面を省略することを可能にし，それによって，我々が日常の生活を効率的に送れるようにしてきました。

　刑事手続においても，これまで，手続の進行にあたって必要となる情報は，主として紙を用いた書面に必要な事柄が記載されたものを，関係者の間で発受し，保管する形で取り扱われてきました。こうした取扱いは，たとえば，裁判官が捜査機関に処分の実施を許す，あるいは命じる旨の裁判は，裁判官が「令状」という書面を発付することによって捜査機関に伝えられ（刑訴法 218 条 1 項），検察官による公訴の提起には，「起訴状」という書面を作成し，これを「提出」しなければならないとされる（同法 256 条 1 項），といった規定に基づきます。また，手続そのものも，現実に人が対面する形で行われてきました。たとえば，第一審の公判期日における手続は，法廷という場所に裁判官をはじめとする関係者が集まっていることが，その実施の前提とされてきました（同法 282 条〔裁判官の「列席」，検察官の「出席」が「公判廷……を開く」前提とされる〕，286 条〔原則として被告人の「出頭」がないときは開廷できない〕）。

　しかしながら，刑事手続のこうしたありようは，冒頭で述べた現実社会における業務遂行の方法と比べて，すでに省略されて特段の問題もない負担をそのまま引き継いでいて，効率的とはいい難いもののように見えます。むしろ，刑

事手続にも技術の進展の成果を取り入れ，紙の書類をその記載内容からなる電子データ（条文では「電磁的記録」と表記されます）に置き換え（**電子データ化**），また，書類の発受を電子データの送受信に替え，また現実の対面を映像および音声の送受信に替えること（**オンライン化**）によって（手続の運営に情報技術〔IT〕を活用する以上の方策を，併せて**IT化**といいます），その実施の効率化を図り，もって手続の関与者である国民の負担が軽減されることが期待されます。のみならず，手続のIT化によって，関係人，とりわけ被疑者や被告人といった立場にある者の手続上の権利の行使が，物理的な障壁の除去を通じて容易になれば，手続の適正さも一層向上することになるでしょう。

　こうして，刑事手続のIT化は，現代社会において刑事手続がその役割を一層効率的かつ適正に果たすために，必要とされる状況にあります。

■ 2　検討を要する課題 ■

　刑事手続のIT化は，それに携わる者がこれから資料をメールでやりとりし，手続をビデオ会議で進めるように取り決めさえすれば自動的に実現される，あるいはされてよいものではなく，その実現のためにはいくつかの検討を要する課題があります。

　まず，刑事手続は法律の根拠に基づいて運営されているため，現行法のもとでのIT化の許容性を確認する必要があります。冒頭でも述べたように，現行の刑事訴訟法その他の刑事手続を規律する法令の条文には，書類の使用や対面による手続の実施を前提とする文言が用いられているものがあります。そこで，少なくともこうした規定については，IT化を許容する文言に置き換えるための法改正が必要となります。

　次に，手続を実施する手段としてのITの適切性を検討する必要があります。この観点からは，まず，ITが，手続そのものの目的を果たしうるものであるかどうかが問題となります。たとえば，証人尋問についていえば，その目的は証人の証言を得ることにあり，そのこと自体はITであるビデオ会議システムを通じてでも可能ですから，手段としてITを選択することに，この観点からは支障はありません。

　しかしそれにとどまらず，紙や対面といった物理的要素を必須としてきた，従来の手続の存在形態自体に何らかの意味があるかどうかも，意識的に検討す

る必要があります。たとえば，**証人尋問**では，証言を得ることが目的ではあるのですが，それに尽きるものではなく，その証言によって立証しようとしている事実の存在がどれだけ確からしく認められるか，すなわちその証拠価値，ないし信用性の評価も求められます。このこととの関係では，オンラインで証人を尋問する場合と比べて，証人を現実に法廷に出頭させる方が，裁判所としては，証人の供述態度を直接観察できるので，証言の信用性を評価する手がかりをより豊富に得られるとも考えられますし，被告人や弁護人としても，証人に直接対面することで，証言の信用性を吟味するための反対尋問の有効性を高める効果が得られるとも考えられます。このように，直接の対面を通じて手続が行われること自体に，手続の趣旨にも関連する意味があるとすると，対面の要素を省略することとなる IT を，対面と同等であって平等に選択可能な手段として位置付けることには慎重でなければなりません。

　以上を踏まえると，IT 化の許容性は，それが手続の目的を果たしうる手段であるかどうかのみならず，従来の存在形態が手続にもたらしてきた価値に与える影響の内容を明らかにし，かつそれを許容しうるか否かをも踏まえて，検討される必要があるといえます。

　さらに，以上の検討を踏まえて IT 化が許容されるとして，それをどのような場合に，どの範囲で認めるかも問題となります。たとえば，証人尋問のオンラインでの実施は，対面の持つ信用性評価のための機能を一部失わせるものであることから，オンラインは，それが許されるとしても，例外的な手段として，つまり証言確保のためにそうする必要の認められる事情がある場合で，被告人の反対尋問権の行使や，裁判所の事実認定や審理の遂行に与える影響も踏まえて相当なときに認めることとするのが妥当であると考えられます。

　刑事手続の IT 化を論じるためには，以上に述べてきた検討が，手続ごとに，その性質を踏まえて行われる必要があります。法務省の法制審議会では，2024（令和6）年2月に，こうした検討を踏まえて今後の法改正の方針をまとめた「要綱（骨子）」が取りまとめられました。以下では，その内容も踏まえつつ，現時点での刑事手続の IT 化をめぐる検討の概要をお示しします。

122　第 2 章　刑事訴訟法

■　3　IT 化の許容性と要件　■

(1)　書類の電子データ化・発受のオンライン化

(a)　書類一般　一定の事項を記録し，伝達，保管を図るための手段，ある
いはそれを用いた申立て等の手続が実際に行われた根拠としての書類は，その
記載内容の電子データのやりとりによってもその目的を果たすことができます
し，物理的な運搬や保管を必要としないことから，目的達成にとってより効率
的な手段であるといえます。さらに，紙媒体と電子データが混在すれば，それ
自体が資料の所在を不明確にするなどの弊害をもたらしうることを踏まえる
と，書類の作成の電子データ化と発受のオンライン化は，可能な限り一律に進
められるべきでしょう。したがって，現行法の，紙の書類を前提とする規定
は，それが電子データによる資料の作成，発受，保管，またその使用にも妥当
する旨を明示するとともに，そうすることがかえって非効率となる例外的な場
合を除いて，原則として電子データによるべきものとする旨の規定を設けるべ
きものと考えられます。併せて，裁判官の記名押印（刑訴法 63 条・107 条など），
被疑者等の署名押印（同法 198 条 5 項など），契印（刑訴規則 58 条など）といった，
書面を前提とする作成主体の明示，あるいは供述録取の正確性の確認や書類作
成後の改ざん防止のための方策も，電子データに適した記載内容，また技術的
措置を用いて対応する旨を定めることも必要となります。

(b)　令状　書類の中には，裁判官の発する令状もあります。この令状との
関係でも，一定の裁判の存在および内容を示すという目的は電子データの作成
および表示によって果たされ，また，請求，発付にかかる手続において，請求
する捜査機関から提出される疎明資料や交付される令状そのものの印刷や運搬
が不要となることで，その手続の効率化，とりわけ処分実施の迅速化を通じ，
被疑者等を含む関係者の負担軽減が図られます。したがって，令状の発付手続
も上記と同様，原則として電子データ（このとき発付される令状を「**電子令状**」と
いいます）によるべき旨を明示する規定を設けるべきものと考えられます。加
えて，令状は，処分を受ける者に提示すべきものとされています（逮捕状につ
いて刑訴法 201 条 1 項，捜索差押許可状について，同法 222 条 1 項により捜査機関の処
分に準用される同法 110 条など）。もっとも，令状の内容を構成する電子データ自
体は，そのままでは目に見えません。そこで，その記載内容をタブレットなど

（条文では「電子計算機」と表記します）の映像面に表示することで示す旨の規定を設けることが併せて必要となります。また，令状は，その有効期間の経過後には返還しなければならないとされています（刑訴法219条1項参照）が，電子令状との関係では，返還を必要とすることの趣旨と考えられる，それが有効期間を過ぎて使用されないようにすることを担保するために，令状のデータを消去すべきものとする規定を設けるのが適切と考えられます。

(c) 証拠開示 他方で，**証拠開示**（刑訴法299条1項・316条の14第1項など）との関係では留意を要する点があります。もちろん，電子データで作成された証拠の開示がオンラインで行われることは，これまでの，訴訟資料を，時には高額を負担して謄写することを余儀なくされてきた状況を劇的に改善するもので，争点および証拠の整理が効率化されるのみならず，特に被告人が，その防御権の行使に必要とする証拠をより容易に入手できるようになるなど，手続の適正にも資するものといえます。したがって，オンラインでの証拠の閲覧，謄写機会の付与をもって開示がなされたこととなる旨を明示することそれ自体は妥当といえます。もっとも，証拠の中には，目的外流用の決して許されない，関係者のプライバシー等に関わるセンシティブな内容のものも含まれています。それらを電子データのまま開示して，セキュリティ確保のための措置が破られてインターネット上に流出した場合，その複製や伝達が極めて容易であることに鑑みれば，その関係者に，紙の資料が部外者に渡された場合とは比較にならない影響をもたらすおそれがあります。もちろん，厳重なパスワードをかけるなどの技術的対策もとられるべきですが，現状では，流出の完全な防止は困難でもあります。このことを考慮すると，現時点では，開示は一律にオンラインとするのではなく，開示する者が証拠の性質および流出等防止のために取りうる技術的措置の水準を考慮して，適切な手段を選択すべきものとすることが妥当と思われます。そして以上の考慮は，裁判所における訴訟資料の閲覧等（刑訴法40条参照）にも当てはまり，オンラインで謄写をするには特に裁判長の許可を必要とすることが妥当であるといえます。

(d) 身体拘束中の者との書類の授受 さらに，手続全体の効率化，適正化を図る観点からは，身体拘束中の者との間での**書類の授受**も，原則として電子データにより行うべきとも考えられます。ただしこの場合，電子データの閲覧のために収容施設内で用いられる電子機器について，それが戒護に支障を生じ

124 第2章 刑事訴訟法

させないようにするための（たとえば凶器としての使用を防ぐために，什器等に嵌め込んで容易に取外しができないようにするなどの）対応を図る必要があります。また，現行法は，身体の拘束を受けている被告人または被疑者の逃亡，罪証の隠滅または戒護に支障のある物の授受を防ぐために必要な措置がとられうるとしており（刑訴法39条2項），たとえば，収容施設職員が，授受される書面の検査をすることなどができるとされています（刑事収容施設法135条など）が，電子データは大量となりうるために，その作業が膨大になることの懸念があります。そして現在の実務は，これらの懸念に対応できる状況にないため，仮に法律でそれを可能としても，現状ではその実施が困難であるとされています。したがって，身体を拘束された者との間で電子データの授受を実施するには，こうした実務上の課題の解決が求められます。

(2) 捜査・公判における手続のオンライン化

次に，これまで対面を前提に行われてきた手続を，オンラインで実施することの許容性について考えます。

(a) 取調べ　まず，供述を求める捜査活動である**取調べ**（刑訴法198条1項・223条1項）は，ビデオ会議システムを用いて行ってもその目的を果たすことが可能です。また，条文上はその態様として，「出頭を求め」て行うとされるものの，出頭のない形で行うことが禁じられているわけではありません。もちろん，接続先において，第三者が対象者になりすましていたり，不当な影響を及ぼす第三者が同席していたり，あるいはその状況を外部に通信されるなどといった，捜査目的の達成を阻害する状況が生じることの懸念はありますが，その懸念にもかかわらず捜査機関が取調べをオンラインで実施すると決め，対象者がこれに応じる限り，現行規定との関係でその実施を妨げる理由はないと考えられます。

(b) 接見交通　同様に考えると，身体拘束を受けている被疑者または被告人と弁護人等との**接見**（刑訴法39条1項）も，オンラインで助言を受けあるいは相談をすることは可能であり，また，現行法はオンラインで実施することを禁じていないため，許されるとも考えられます。もっとも，権利とされる現行法の接見と同様に，立会人を置かないオンラインの接見の申出がある限り，収容施設がこれを常に認めなければならない，と理解することには困難もありま

THEME 1 刑事手続の IT 化 125

す。というのも，この接見は，弁護人でない者のなりすましやその同席（とりわけ接見禁止処分〔刑訴法 81 条〕が下されている場合），接見内容の外部への通信といった，この権利が弁護人等との間でのみ認められていることに適合しない態様での実施は想定されていない一方，オンラインの場合に，接続先にそのような状況が生じていないことを，すべての施設で確認できるようにすることが現時点では困難であるなど，なお同列とはいい難い点があるためです。したがって，立会人を置かないオンラインの接見を権利として認めるには，弁護人等のみとの接見であることを担保するための技術的措置，あるいは実務上の工夫がなされることが現実的な課題となります。

　なお，現在の実務では，弁護人等が，被疑者等が収容されている施設とビデオリンク方式で接続されている，拘置所等の特定の施設（アクセスポイント）に赴いた上で，当該施設の職員等が，弁護人等の身分確認，通信設備がある部屋への他の者の入室や，不正使用されうる電子機器等の持込みがないことなどの確認をし，入室後に不正行為が疑われる状況があれば中止を促すなどする形で，通信手段を用いてする面会の機会が設けられています（**アクセスポイント方式**）。

　(c)　勾留質問・弁解録取　　被疑者や被告人の勾留に際して行われる，いわゆる**勾留質問**（刑訴法 61 条・207 条 1 項）も，勾留の裁判の慎重を期して被告人等の意見や弁解を聴くことを目的とするもので，オンラインでも行うことが可能であり，またこれを実施する場所の定めもないことから，オンラインでの実施が禁じられているとは理解されていません。ただ，身体拘束について告知と聴聞（処分の理由を告げて言い分を聴く）の機会を設けること自体の重要性と，特に逮捕されている被疑者との関係で，中立的な立場にある裁判官が，逮捕した捜査機関の影響を排除して手続を実施することの必要性に鑑みて，この手続は従来，収容施設等から現実に離れて，裁判所の庁舎で実施することが適切であると考えられてきましたし，実際そうされてきました。この考えを前提とすると，被疑者を収容施設にとどめたままオンラインで勾留質問を実施することは，そうした考慮の実現を妨げる意味を持つことになります。そのため，裁判所への移動が困難であるなど必要な場合に，例外的に実施すべきものとして位置付けられ，またその場合も，捜査機関の影響を受けずに陳述できるよう裁判官に特別の配慮が求められるというべきでしょう。

126 第 2 章 刑事訴訟法

　これに対して，司法警察職員によって逮捕された被疑者を受け取った検察官による弁解の機会の付与（**弁解録取**。刑訴法 205 条 1 項）も，実務上，収容施設等から検察庁に被疑者を押送して実施されています。もっともこれは，捜査機関内部でその後の留置，勾留の是非を判断するために行われるものであり，手続相互の独立性が強調されるものではないことから，留置施設からオンラインでの実施とするかの選択は，実施する検察官の裁量に委ねられるものとすることが許されるでしょう。ただしもちろんこの場合も，先行する逮捕に関与した司法警察職員の影響を排除して弁解を聴取するために，手続を実施する検察官には手続の趣旨を十分に説明することへの配慮が求められます。

　(d)　**裁判所における手続**　　他方で，公訴提起を受けた裁判所における手続との関係では，規定上，関係人が現実に手続の場にいることが前提とされています。さらに，裁判所を構成する裁判官や書記官は，その庁舎に勤務していること，また検察官については交代が可能であるため，いずれもオンラインでの参加を認める必要性を想定し難く（ただし，公判前整理手続との関係では異なる考慮がありえます〔後述イ〕），また，選任された裁判員については，対面で参加する裁判官と異なる態様で審理に関与することで事実認定に影響が生じることを避けるため，オンラインでの出席を認めることは妥当でないと考えられます。そこで，オンラインでの参加の是非が問題となりうるのは，もっぱら，被告人およびその弁護人，被害者参加人およびその委託を受けた弁護士，ならびに裁判員等選任手続の期日に呼び出された裁判員候補者ということになります。

　ア　被害者参加人・裁判員候補者　　このうち**被害者参加人**等は，被害者参加の制度（刑訴法 316 条の 33 以下）が，被害者等の公判期日への現実の出席を可能とするために設けられたものであることを踏まえると，オンラインでの出席を認める必要はないとも思われます。もっとも参加人が多数に上り，すべての参加人が在廷することが困難な場合などに，申出に応じてオンラインでの出席を認めることは，代表者のみの法廷への出席を許すことに比べれば，参加を認める意義に照らしてむしろ適切と考えられます（その場合には，被害者参加人の委託を受けた弁護士が接続先で同席することが適切な場合もあり，あわせて認められるべきでしょう）。

　他方で，**裁判員候補者**には，裁判員等選任手続の期日において，欠格事由や，不公平な裁判をするおそれの有無の判断のために質問がされますが（裁判

員法 33 条・34 条），事柄の性質上，候補者の態度を現実に観察して行うことの必要は高いものではなく，相当な場合にオンラインでの出頭を認めることが許されるものと考えられます。

イ　公判前整理手続への出席・出頭　これに対して，被告人の出頭との関係では，まず，**公判前整理手続**は，争点および証拠の整理のためのものであり，オンラインで実施してもその目的を果たすことが可能です。現に，書面を提出させる方法での実施も可能であり（刑訴法 316 条の 2 第 3 項），関係人の対面を伴う期日の実施が不可欠とはされていません。そのため，確かに，被告人には期日に出頭する権利が認められてはいる（同法 316 条の 9 第 1 項）ものの，それはあくまで裁判所が期日を設ける判断をしたことを前提に行使すべきもので，出頭権の実現のために裁判所が期日の実施を義務付けられるものではないといえます。したがって，裁判所が当事者の意見を聴いて相当と認めるときに，期日の手続をオンラインで実施することが許され，その場合は，裁判所の構成員や検察官，弁護人と並んで，被告人も，これにオンラインで出席ないし出頭することになるとするのが適切と考えられます。

ウ　第一審の公判期日への被告人の出頭　一方，**第一審の公判期日**は，被告人の出頭は権利であると同時に義務でもあるとされています（刑訴法 286 条参照）。それは，当事者の攻撃防御の場に被告人自身を出廷させることがその権利保護のために必要であると同時に，裁判所の手続を適正にするためにも役立つとの考えによります。もっとも被告人の出頭，在廷義務には例外もあり（同法 284 条・285 条・304 条の 2 など），不在廷のまま審理を進めることも許されないものとはされていません。他方で，オンラインで出頭する場合，不在廷とは異なり手続の進行状況は同時的に知りうることに鑑みると，たとえば審理の進行のために必要な事情（傷病のために出頭が著しく困難であることなど）があり，かつ実施される手続の内容等を考慮の上，手続の適正の確保の観点を踏まえてもなお相当と認められる場合に，裁判所が法廷外の被告人に対してオンラインでの出頭を命じる余地があると考えることも許されることになるでしょう（そしてその場合には，弁護人が接続先で同席することが認められるべきでしょう）。

エ　控訴審の公判期日への被告人の出頭　他方で，**控訴審の公判期日**は，被告人の出頭は権利ではあるものの義務とはされていません（刑訴法 390 条）。ただし期日の手続は公判廷で実施されますので，出頭の権利は対面で行使される

128 第2章 刑事訴訟法

ことが前提となります。このように，公判前整理手続とも，第一審の公判期日とも異なる考慮が妥当しますので，たとえば第一審よりは緩やかな要件のもとでオンライン出頭を命じうるものとすることも考えられますが，そうでなければならないというものでもありません（なお，「要綱（骨子）」は，第一審と控訴審とで公判期日への被告人のオンライン出頭の要件を区別していません）。

(e) **証人尋問等**　証人尋問については，2で概略を述べたように，オンラインでの尋問は対面の尋問に比べて，証言の信用性を評価するための手がかりの獲得が間接的なものにとどまることに加えて，裁判所が，法廷の外にいる証人との関係で訴訟指揮権や法廷警察権を行使すべきものとされる点において対面の場合とは異なる考慮が妥当しますので，これを特に許す旨の規定が必要となります。現行法にはすでに，一定の犯罪の被害者について，証言を得るにあたりその出頭に伴う負担を緩和することを目的に，オンラインでの尋問（一般に「ビデオリンク（方式を用いた）**尋問**」といわれます）の実施が規定されています（合憲性について最判平成17・4・14刑集59巻3号259頁）。そして，対面の証言を困難にする事情は多様に存在しうるものであり，そうした事情があっても証言を確保すべく，より幅広く実施を可能とするには，そのほかの類型を追加したり，あるいはより包括的に，裁判所が必要かつ相当と認める場合に実施する旨の規定を設けたりすることが必要となります。そのほか，被告人と検察官においてともにビデオリンク尋問に異議がない場合には，対面で証人尋問を実施することについての当事者の利益が問題とならないことになりますから，裁判所が訴訟運営や事実認定に与える影響を踏まえて相当と認める限り，ビデオリンク尋問が許されるものと考えられます。

　これに対して，鑑定人に鑑定を命じる際の尋問は，鑑定人の経歴や鑑定の経験など鑑定能力の確認にかかるもので，事実認定に直接の影響を与えないこと，また通訳人については特に少数言語等で確保が困難である一方，事実認定のために通訳人自身が在廷していることの必要性は高くないことから，証人尋問よりは緩やかに，相当と認める場合にオンラインでの実施を認めることが許されるものと考えられ，またそうすることにより，柔軟な期日指定が可能となり，裁判の迅速に資することが期待されます。

(f) **公判審理の傍聴**　公判審理の傍聴をオンラインで行うことは，裁判の公開や国民の知る権利の保障を一層充実させることとなりますし，被害者が多

数の事件において傍聴席の限界を超えて傍聴の機会を設けることも可能となります。もっとも，公判審理が広範囲に公開され，またインターネット上で永続的に視聴可能となることが，とりわけ被害者である証人や，被告人，また裁判員といった手続に関与する者にとって心理的な負担をもたらし，審理の充実や，手続への積極的な参加にとっての妨げとなるおそれもあるほか，民事事件や行政事件の裁判に及ぼす影響も踏まえる必要もあります。オンラインでの傍聴は，こういった様々な視点も踏まえて，引き続き検討が求められるべき問題といえるでしょう。

■ 4 終わりに ■

IT 化は，総体として効率性の向上をもたらすものですが，以上に述べたように，そのことが権利の行使のあり方や手続の適正さに与える影響はよいものばかりとはいえないため，既存の手続の利点を失わせるおそれにも留意しながら，均衡を保ちつつ進めることが求められます。もっとも，そうした影響に対する評価，あるいは均衡のとり方についての考え方が，人によって異なるために，具体的な場面では，手続の IT 化に対する評価が分かれることも少なくありません。そのため，今後新たな技術を適切に活用していくためにも，個々の手続の意味や目的について立場を超えて共有されるべき基本的な理解を解明し，あるいは構築するという作業を続けていくことが，依然として重要であるといわなければなりません。

130 第 2 章 刑事訴訟法

THEME 2

検察審査会制度

　皆さんは，検察審査会制度をご存じでしょうか。たとえば街中の路上で，買い物帰りの A が自動車とぶつかり足に傷害を負ったとします。警察は事件の捜査を進め，自動車運転手 X のわき見運転が原因であると判断したときは過失運転致傷罪（以前は刑法典に規定されていましたが，現在は 2014〔平成 26〕年に施行された自動車運転死傷行為処罰法 5 条に移されています。⇨4 頁）で，捜査資料やその他の記録などとともに，事件を検察官に送致します（刑事訴訟法 246 条）。

　検察官は，ときに自ら現場検証をするなどして事件を起訴するか否かを決定します。犯行を裏付ける証拠や嫌疑が十分に固まらなかった場合，事件を不起訴処分に付します。犯罪が成立すると確信しても，X の情状等を考慮して事件の起訴を見送ることもあります（起訴猶予。同 248 条）。

　加害者 X を厳罰に処してほしいと願っていた被害者 A は，事件が起訴されないことに釈然としない思いをすることもあるでしょう。検察審査会制度は，そのような思いの受け皿とでもいうべきもので，11 人の検察審査員が，被害者等の申立てを受けて，検察官による不起訴処分が妥当であったか否かを審査するのです。

　検察審査員は，衆議院議員の選挙権を有する満 18 歳以上の国民の中からくじで選ばれます。実は 2016（平成 28）年 6 月に改正公職選挙法が施行され，選挙権を有する年齢が満 20 年以上から満 18 年以上に引き下げられた際，公職選挙法の一部改正法（平成 27 年法律第 43 号）附則 7 条によって，当分の間「年齢満 18 年以上満 20 年未満の者」は検察審査員の選任対象から除かれていました。ところが，この取扱いも 2022（令和 4）年 3 月までとなり，同年 4 月以降，この年齢に該当する者も検察審査員の選任資格を有することとなりました。以上の点は裁判員についても同様ですので（⇨183 頁），本書の若い読者は，自分たちも検察審査員や裁判員に選ばれる可能性があるのだととくに留意してほしいものです。

　本 THEME では，裁判員制度に先立って，国民の司法参加の方策として今日

まで 75 年以上にわたって活動を続けてきたこの制度を紹介することにします。

■ 1 制度の誕生と制度の趣旨・活動内容等 ■

(1) 制度の誕生

すでに述べたように，日本の刑事訴訟法は，第二次世界大戦後，1948（昭和23）年に全面的に改正されました（⇨107 頁）。この全面改正の過程には，アメリカの GHQ（連合国軍総司令部）が大きな役割を果たしています。

日本における検察制度は中央集権的機構であり，独占的に検察官が起訴・不起訴を決定する権限を握っていました（**検察官起訴専権主義**。旧刑事訴訟法 278条）。また，犯罪の嫌疑があり，犯行を確実に示す証拠が揃っている場合でも，性格・年齢・境遇，情状，犯罪後の情況など諸般の事情を考慮して，加害者を訴追する必要がないと判断したときは，検察官に事件を不起訴にする権限が認められており（**起訴裁量〔便宜〕主義**。同 279 条），実務上この起訴猶予裁量権限は，広範に活用されていました。

大幅な訴追権限を独占する戦前の伝統的な検察法制が維持されることを懸念した GHQ は，検察民主化ないし民主的統制の一環として，日本に対して検察官の公選制とともに，市民が事件を起訴するか否かを決定する大陪審（起訴陪審）制度の採用を要請しました。しかし，日本の政府・司法当局（法務庁）は，日本人の国民性や司法事情からいずれの制度の採用にも踏み切ることができず，時期尚早であり勘弁してもらいたいとしてその採用を拒絶しました。日本ではすでに 1923（大正 12）年制定の陪審法により〔小〕陪審（審理陪審）制度が運用されていたのですが（準備期間を経て，1928〔昭和 3〕年より実施），実際にはその実施件数が僅少であるなど必ずしも十分な成果を挙げておらず，1943（昭和 18）年の「陪審法ノ停止ニ関スル法律」によって停止の状態であったことが実際には拒絶の大きな理由となっていました。

GHQ は納得せず，公訴権の行使が公正さを欠いたり，国民感情から遊離し独善に流れるなどの危険はなお残っており，対応策を講じる必要は強いと主張し，日本側との微妙な綱引きの上，構造・機能において世界にも類例のないユニークな制度＝**検察審査会制度**が誕生することとなりました。大陪審のような直接的な形ではなく，公訴権の行使に対し間接的に国民の眼を光らせようというものです（それも検察官が事件を不起訴処分に付した場合に限られ，公訴が提起さ

132　第 2 章　刑事訴訟法

れた事件は対象から外されました）。同時に，公選制に代替するものとしては，**検察官適格審査制度**が作られました。これらの制度はときに「妥協の産物」と称されることがありますが，それはこのような成り立ちによるからです。

　こうして，1948（昭和 23）年 7 月，刑事訴訟法の枠内ではなく，独立の法律として**検察審査会法**が公布・施行されました（法律第 147 号）。同法は，後に述べるように，2004（平成 16）年に抜本的な改正を経ることとなりましたが，まずその前に検察審査会制度の目的・活動内容，運用状況について説明しましょう。

(2)　検察審査会の目的

　検察審査会法 1 条にあるとおり，検察審査会は，公訴権の実行に関し民意を反映させてその適正を図るものです。検察官の活動に対して，法律実務家とは異なった一般市民の良識・感覚を反映させる制度であり，戦後における検察民主化の一方策です。

　その職掌は，検察官の不起訴処分の当否の審査および検察事務の改善に関する建議・勧告（検察審査会法 2 条 1 項）です。後者の建議・勧告は，検察活動全般に関するものですから，この制度の主たる存在意義は，前者にあります（建議・勧告は，初期はともかく最近ほとんどその例を見なくなりました）。その主たる狙いは，**①不当な不起訴処分の抑制**，および**②刑事司法への国民参加**にあるということができます。その後，犯罪被害者に対する配慮・支援の重要性が実務面のみならず，立法面でも多様な議論を呼び起こすに伴って，本制度は，**③犯罪被害者の保護**をも目指していることが自覚されるところとなりました。

(3)　検察審査会の活動

　その活動内容は，被害者や告訴人等で不起訴処分に不服をもつ者から，審査の申立てがあった際，審査員全員 11 人が出席して審査会議を開き（全員出席が会議を開き議決する要件とされています。同 25 条），事件の記録を調べ，ときには証人（冒頭のケースの場合，事件を目撃した歩行者・通行人など）を呼んで事故の状況を確認したり，公務所に照会して必要事項の報告を求めるなどして，検察官による不起訴処分が妥当であったか否かを検討するものです（なお，Y と B が大喧嘩の結果，B が死亡した事件について検察官は Y の殺意を認定するに至らず傷害致死での起訴にとどめた場合，〔事件は起訴されていますので〕B の遺族が Y を殺人で起

訴すべきであったと審査申立てをすることは認められていません）。不起訴とした検察官に必要な資料の提出や不起訴とした理由の説明を求めることもできます（同35条〜37条）。会議は，非公開です（同26条）。

審査員の任期は，6か月です（同14条）。審査対象となる事件の罪種には限定がありませんし，申立てがなくとも，審査会は職権で審査事件を取り上げることができます（同2条3項）。検察審査会は，全国の地方裁判所と主な地方裁判所支部の所在地に置かれ（同1条），これまでその数は200か所に及びました。

審査の結果，不起訴処分は妥当であったと判断すれば「**不起訴相当**」，改めてより詳しい捜査を行うのが望ましいと判断したときは「**不起訴不当**」，積極的に起訴が相当であるとの意見がまとまれば「**起訴相当**」の各議決を行います（同39条の5第1項）。

「不起訴相当」と「不起訴不当」の議決は過半数で決することができますが，「起訴相当」の議決は審査員8人以上の多数によらなければなりません（同27条・39条の5第2項）。

検察審査会は，当否に関する議決をすれば，理由を付した議決書を作成し，この謄本を，不起訴処分をした検察官を指揮監督する地方検察庁の検事正および検察官適格審査会に送付しなければなりません（同40条）。そのうち，「不起訴不当」と「起訴相当」の議決があった事件については，検察官は，その議決を参考にして捜査を遂げ，検討の上，速やかに改めて起訴すべきか否かを決めることが求められます（同41条）。すなわち，検察審査会の議決には，**法的拘束力**がありませんでした。

⑷　実情（1949年〜2008年）とその評価

1949（昭和24）年の制度実施後から2004（平成16）年の改正法が施行される前，すなわち2008（平成20）年までほぼ60年にわたる実態を概観しましょう。累計によれば，検察審査会における事件の処理状況（既済）は，総数15万4083人，うち起訴相当2379人（1.5%），不起訴不当1万5204人（9.9%），不起訴相当8万5419人（55.2%），その他（申立て却下，移送および審査打切り）5万397人（32.7%）となっています。

審査事件のうち刑法犯（刑法典の罪）につき罪名別に見ると，累計で数が多

134 　第2章　刑事訴訟法

いのは，自動車運転（業務上）過失致死傷，詐欺，窃盗，職権濫用，文書偽造，暴行，傷害・同致死などです。起訴相当・不起訴不当の議決事件を，対象となった不起訴理由別に見ますと，「嫌疑不十分」が最も多く，次いで「起訴猶予」です（「嫌疑なし」，「罪とならず」で不起訴となった事件については起訴相当・不起訴不当の議決はほとんど見られません）。起訴相当・不起訴不当の議決後にこれを参考にして検察官が事件を起訴した割合については，施行当初から2008（平成20）年までの累計によれば，総数1万6948人中，起訴1408人，不起訴維持1万5540人，起訴率は8.3%です。

　議決を受けて起訴され，第1審の裁判が終局した人数（1949年〜2008年）の累計は1408人，うち有罪を言い渡された人員は1254人（94.0%），無罪（免訴・公訴棄却を含む）を言い渡された人員は80人（5.7%）です。第1審における公判請求事件全体の無罪率は，一部無罪を含めても0.2%程度ですので，これと比べると無罪率は若干高いといえます。

　これらの統計数字のみから検察審査会の運用をどのように評価するかは難しい問題です。ただ，本制度が理念に沿って活性化しているとまで言えるかには疑問があるにしても，不起訴不当や起訴相当の議決はしばしばマスコミにおいて報道の対象とされ，また検察官も次第にその存在意義を積極的に認めるところとなり，刑事司法における唯一の直接的な市民参加の制度として，日本に根付き一定の役割を果たしてきたことは間違いないと思われます。地道ではあるものの，司法参加の先駆けとして，検察審査会が一定の運用実績を示していたからこそ，裁判員制度（⇨THEME 6）を産み出したという側面があることも否定できません。

■　2　制度の見直し　■

⑴　見直しの動き

　検察審査会法にはその後，重要な改正がありました。まず2000（平成12）年の法改正で，被害者が死亡した場合の遺族（配偶者・直系親族・兄弟姉妹）にも審査申立権を認め，また，申立人に意見書や資料の提出を認める規定が新設されました。これに次ぐ2004（平成16）年改正は，大がかりなものでした。それは次のような経緯をたどっています。

　1999（平成11）年7月，内閣に設置された司法制度改革審議会は，約2年に

及ぶ審議を経て,「司法制度改革審議会意見書——21世紀の日本を支える司法制度」(2001年6月12日付)をとりまとめました。

その中で,刑事司法制度改革の1つとして,「検察官の起訴独占,検察官への訴追裁量権の付与は,全国的に統一かつ公平な公訴権行使を確保し,また個々の被疑者の事情に応じた具体的妥当性のある処置を可能にするものであり,今後,国民の期待・信頼に応えうるよう,一層適正な運用が期待される。同時に,公訴権行使の在り方に民意をより直截に反映させていくことも重要である。検察審査会の制度は,まさに公訴権の実行に関し民意を反映させてその適正を図るために設けられたものであり……,国民の司法参加の制度の1つとして重要な意義を有しており,実際にも,これまで,種々の問題点を指摘されながらも,相当の機能を果たしてきた。このような検察審査会制度の機能を更に拡充すべく,被疑者に対する適正手続の保障にも留意しつつ,検察審査会の組織,権限,手続の在り方や起訴,訴訟追行の主体等について十分な検討を行った上で,検察審査会の一定の議決に対し法的拘束力を付与する制度を導入すべきである。」と検察審査会制度の改革を提言するに至りました。

この報告書を受けて,2001(平成13)年12月,内閣に司法制度改革推進本部が設置され,「裁判員制度・刑事検討会」において,「公訴提起の在り方」につき検討が重ねられ,それが法案化されて,2004(平成16)年3月,検察審査会法改正案を含む「刑事訴訟法等の一部を改正する法律案」が閣議決定の上,国会に上程され,同年5月21日,成立しました(法律第62号)。

(2) 制度の改正内容

2004(平成16)年の主要な改正内容は,次の3点です(ほかに,検察審査会の建議・勧告に対する検事正の回答義務の明文化〔検察審査会法42条2項〕,検察審査会数〔最低設置数〕の見直し〔200→169(現在は165)。同1条参照〕,罰則の整備〔同44条・44条の2〕などの改正が行われています)。

第1——起訴議決に基づく公訴提起制度(強制起訴制度)の導入(同41条の2・41条の6)

検察審査会が申立事件の審査において,11人中,8人以上の多数により起訴相当の議決をしたものの(第1段階の審査),再度捜査を行った検察官が再び不起訴処分をしたとします。あるいは,一定期間以内に公訴提起の手続を

図表2-1　強制起訴制度のイメージ

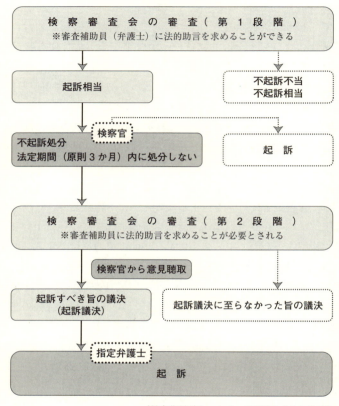

（最高裁判所ホームページ掲載をもとに作成）

とらなかったとします。これらの場合，その旨の通知を受けた検察審査会は，第2次の審査（いわゆる第2段階審査）を開始し，再び起訴を相当と認めるときは，起訴をすべき旨の議決（起訴議決）をすることになります。ここでも，起訴議決をするには，11人中，8人以上の多数によらなければなりません。起訴議決がなされるときは検察官には審査会に出席して意見を述べることが義務づけられます。

　こうして起訴議決に基づいて強制的に公訴が提起される制度（**強制起訴制度**）が創設されることになりました。法的拘束力のなかった検察審査会の議

決について限られた範囲ではありますが，実質的に法的拘束力を認めたのですから重要な改正です（なお，不起訴不当の議決があった事件については，検察官が前と同一の理由で不起訴処分とした場合，申立人は検察審査会に再び処分の当否の審査を申し立てることができないこととなりました。同41条の8）。

第2──指定弁護士による公訴維持の遂行（同41条の7・41条の9・41条の10）

起訴議決後の公訴提起およびその維持に当たるのは，裁判所により指定された弁護士（**指定弁護士**）です。すなわち，裁判所が検察官の職務を行う弁護士を指定し，この指定弁護士が，起訴状を作成して裁判所に公訴を提起し，さらにそれを維持するための公判活動を行うのです。（検察官を介して）検察事務官や司法警察職員に対し捜査をさせることもできます。付審判手続における指定弁護士制度にヒントを得たものといえます（刑事訴訟法268条参照）。

第3──審査補助員制度の創設（検察審査会法39条の2・41条の4）

検察官の不起訴処分の当否を審査するにあたって，検察審査会は，法律に関する専門的な知見を補う必要があると認めるときは，弁護士のうちから事件ごとに**審査補助員**1名を委嘱することができるようになりました。審査会の審査が充実するように，関係法令の解釈の説明，事件の事実上・法律上の問題点の整理，証拠の整理，法的見地からの必要な助言，議決書の作成の補助などを行うものです（これまでは，「相当と認める者」に専門的助言を徴することが認められていただけでした　同38条）。上述のいわゆる第2段階審査においては，必ず審査補助員を委嘱しなければなりません。

(3) 法改正の意義・運用・評価

(a) 法改正の意義　上記の制度改正のうち，**第1**の検察審査会の議決に法的な拘束力を認めた意味は小さくはありません。大きな変革と言ってもよいでしょう。公訴権行使に対し直接に民意を反映させることを狙いとするもので，わが国が長い間，採用していた前出の検察官起訴専権主義（⇨131頁）に，限られた範囲ではありますが，その例外が認められたことになるのです（起訴議決による強制起訴の適否については，刑事訴訟手続において判断されるべきもので，行政事件訴訟を提起して争うことはできないとされています。最決平成22・11・25民集

138　第2章　刑事訴訟法

64 巻 8 号 1951 頁）。

　起訴議決の結果，強制的に公訴が提起された場合，その事件につき訴追者としての最終責任を負うのは検察官ではなく，検察審査会ひいては国民であることを意味します。したがって，拘束力を付与したことに基づいて起訴された事件が有罪とならなかったとしても，その結論を国民は「受容する」との姿勢をとることが当然の前提となります。上記**第2**の指定弁護士制度が採用されたのもこの趣旨であると考えられます。前記したいわゆる第2段階の審査に審査補助員を付すことを必須とした上記**第3**の点も，同様の配慮からことさら手続に慎重を期そうとしたものです。

　(b)　法改正後の全体的運用　この改正は，2009（平成 21）年 5 月から施行され 15 年を経過しました。施行後の運用状況を眺めておきます。2009（平成 21）年～2022（令和 4）年の累計によれば，検察審査会における事件の処理状況（既済）は，総数 3 万 3937 人，うち起訴相当 248 人（0.7%），不起訴不当 1688 人（5.0%），不起訴相当 2 万 6375 人（77.7%），その他（申立て却下，移送および審査打切り）5626 人（16.6%）です。

　起訴相当・不起訴不当の議決後にこれを参考にして検察官が事件を起訴した割合については，2009 年～2022 年の累計によれば，1888 人中，起訴 424 人，不起訴維持 1464 人となっており，起訴率は 18.9% です。法改正前は，前述（⇨134 頁）のとおり 8.3% でしたからかなりの高率です。起訴相当議決に限りますと，いわゆる第2段階の審査に入る前に，ほぼ半数について検察官は事件を起訴しています。

　議決を受けて起訴され，第 1 審の裁判が終局した人数（2009 年～2022 年）の累計は 300 人，うち有罪を言い渡された人員は 274 人（91.3%），無罪（免訴・公訴棄却を含む）を言い渡された人員は 26 人（8.6%）です。第 1 審における無罪率が高くなっています。

　審査補助員制度の運用，すなわち補助員を委嘱した人員は，最近やや増加傾向がみられるものの，この 15 年間の審査事件（既済）3 万 3937 人中，935 人（2.8%）にとどまります（第2段階の審査は委嘱が義務づけられますが，上述のように第2段階に進んだケースは限られますので，全体には大きな影響を有しません）。

　(c)　強制起訴の実例　これまで起訴議決により強制的に公訴が提起された事件の大部分は施行当初の数年間に集中しており，2010 年の①明石花火大会

歩道橋事故（業務上過失致死傷罪），②JR福知山脱線事故（業務上過失致死傷罪），③沖縄県南城市未公開株詐欺事件（詐欺罪），④陸山会事件（政治資金規正法違反罪），2011年の⑤尖閣諸島中国漁船衝突事件（公務執行妨害罪等），⑥徳島県石井町長女性ホステス暴行事件（暴行罪），2012年の⑦鹿児島ゴルフ指導者準強姦事件（準強姦罪），2013年の⑧長野県松本市小学生柔道教室事件（業務上過失傷害罪），2015年の⑨東京電力福島第一原子力発電所事故（業務上過失致死傷罪），2020年の⑩東名高速あおり運転・デマ投稿事件（名誉毀損罪），2024年の⑪長崎県佐世保市クレジットカード不正使用事件（詐欺罪・窃盗罪）の11件，強制起訴された人数は15人（②と⑨はそれぞれ3人）を数えます（2024年4月現在）。社会の耳目を集めたケースが多いのが特徴的です。

　裁判の結果，言い渡された判決に有罪もありますが（⑥と⑧のケース。いずれも確定），②，⑨の各被告人3名とも無罪など（②は確定。⑨は上告審係属中），無罪判決が少なくありません（③，④，⑦，いずれも確定）。他は，免訴（①─公訴時効成立），公訴棄却（⑤─期限内の起訴状不送達，⑩─被告人死亡）です（⑪は第1審係属中）。

(d) 評価　　法改正後の運用実態はどのように評価すべきでしょうか。

　強制起訴に基づく裁判結果について，検察審査会における起訴不起訴の判断基準の不明確さ，審査過程の密行性などを指摘し，強制起訴制度の新設に疑問を呈し，制度の見直しを主張する意見も種々，展開されるようになりました。個人の刑事責任追及ではなく，過度に事案の真相究明，再発防止に傾いているとの批判も見受けられます。改正法の柱の1つである審査補助員制度の運用には改善を要する点が多々みられます。

　しかし，未だ施行後15年を経たのみです。検察審査会制度全体について検討課題は残っているものの（たとえば，弁明，意見表明の機会が欠ける等，審査対象者の防御権保障が不十分であるなど），法改正後，上述のように検察官は検察審査会の議決に一層配慮していることは疑いなく，審査補助員が付される数も増加傾向がうかがえ，今しばらく運用の実態を慎重に見極める必要があるでしょう（強制起訴されたのは15人ですが，いわゆる第2段階で起訴議決に至らなかった被疑者数も18人を数えます）。

140　第2章　刑事訴訟法

THEME 3

伝 聞 法 則

■　1　問題の所在　■

(1)　ある事例

　一例を出しましょう。警察官（刑訴法上は「司法警察職員」）がXに対して，傷害罪（刑法204条）の疑いで捜査を開始しました（刑訴法189条2項）。Xが公園で，夕刻，Aと口論の末，手近にあった材木でAの顔面を殴打し，重傷を負わせたとの疑いです。

　警察官は**実況見分**によって犯行現場から血に染まったシャツの切れ端等を発見し，これを**領置**しました（同197条1項・221条）。また，その公園で犬を連れて散歩していたBが犯行状況を目撃していたとの情報が入ったので，警察官は，Bにつき目撃内容を聴取し，供述調書を作成しました（いわゆる**参考人取調**べです。同223条1項・2項）。

　その後，**事件送致**を受けた検察官も，Bを取り調べたところ，Bの供述は警察官が作成した供述調書とほぼ同じ内容であり，その供述を調書に録取しました。

　検察官は傷害罪の疑いで，Xを**起訴**しました（むろん，Xに対する被疑者取調べを含めて，実際の捜査活動はこれほど簡単ではなく，より多様に展開されますが，ここでは本 *THEME* に関する限りで言及するにとどめます）。

(2)　供述調書の証拠能力

　裁判では，被告人の有罪立証については，検察官が**挙証責任**を負います。有罪判決を得るには，裁判所の**心証**（事実認定に関する裁判官の内心的判断）が，通常人ならば，誰もが疑いを差し挟まない程度に真実らしいとの「確信」に達することが必要です。本件は，傷害罪ですから裁判員制度の対象事件ではありませんが（裁判員法2条1項，裁判所法26条2項2号参照），裁判員裁判の場合も同様で，検察官には合理的疑いを超える立証が求められます。

THEME 3 伝聞法則 *141*

　本件の公判において，検察官は，犯行に用いられた材木などの証拠物とともに，犯行を目撃したというBの供述調書につきその証拠調べを請求したとします。

　裁判所は，この供述調書に**証拠能力**（犯罪事実を立証するために用いることのできる法律上の資格）を認め，証拠調べをしてよいのでしょうか。これが本*THEME*における中心論点です（なお，むろんAについても取調べを実施し，供述調書を作成しますが，法律上基本的にBの場合と同じ取扱いとなりますから，この点には言及しません）。

■　2　伝聞法則とは　■

(1)　伝聞法則

　意外に思われるかもしれませんが，結論を先取りしますと，現行法の下では，原則としてBの供述調書には証拠能力が認められません。

　刑訴法320条1項は，「第321条乃至第328条に規定する場合を除いては，公判期日における供述に代えて書面を証拠とし，又は公判期日外における他の者の供述を内容とする供述を証拠とすることはできない」と規定しています。

　少々分かりにくい規定ですが，事実認定のもとになる事実をその体験者自身が公判廷で供述せず，他の方法でその供述が公判廷に提出された場合には，これを**伝聞証拠**と名付け，証拠として用いることはできない，すなわち証拠能力を否定するというのです。一般にこれを**伝聞法則**と呼びます。伝聞法則は，**伝聞排斥の法理**とか，**伝聞証拠禁止の原則**とも言われます。

(2)　伝聞供述

　伝聞証拠には，原供述（本来の供述）が，①書面の形で示される場合と，②他人の供述により媒介され間接的に示される場合の2つがあります。どちらも，原供述の内容となっている事実の真実性を証明するためにこれらを証拠として用いることは，原則として許されません（なお，143頁の(2)「伝聞と非伝聞」の区別を参照してください）。

　①　書面で示される類型としては，**供述書**と**供述録取書**とがあります。たとえば被害届のように供述者自ら作成した書面が前者，参考人の捜査機関に対する供述調書のように，第三者が供述者の供述を録取した書面が後者です（原供述

142　第2章　刑事訴訟法

→書面→公判廷)。

　犯行を目撃した者がその模様を日記に書いたとします。目撃者が公判廷で自ら証言することなく，日記が公判廷に提出された場合，供述書としてこの日記が伝聞証拠となります。あるいは，犯行の目撃者が警察官や検察官による取調べを受けて，その目撃状況を述べた場合，その供述が記載された供述調書も同様です。

　②　もう1つは，体験者以外の者が体験者から聞いた話の内容を公判廷で供述する場合です（いわゆるまた聞き）。**伝聞供述**と呼ばれます（原供述→伝聞者→公判廷)。

　犯行を目撃した甲が直接，公判廷で証言せずに，甲からこの話を聞いた乙が公判廷で，「甲は私に目撃した犯行状況を語りました」としてその具体的内容を証言する場合，この乙の供述が伝聞証拠にあたります。

(3)　本事例の場合

　したがって，本事例におけるBが捜査機関の取調べを受けて作成された供述調書は伝聞証拠となり（正確には，Bの供述を捜査機関が録取し，これを書面化していますので，二重の伝聞性をもつことになります)，原則として証拠能力が否定されるのです（Bの供述→〔捜査機関→〕書面→公判廷)。

　なお，Bを取り調べた警察官（司法警察職員）が作成した調書は**警察官面前調書ないし員面調書**，検察官が作成した調書は**検察官面前調書ないし検面調書**と呼ばれます。

■　3　伝聞法則の根拠　■

(1)　伝聞排斥の理由

　現行法における伝聞法則の採用は，刑訴法制定時，立案者も力を入れたところであり，法案の提出に際して，政府関係者は，「伝聞証拠を極度に制限し，たとえば捜査機関の調書やこれに代わる証言等は，例外的に，きわめて限られた場合にのみ証拠とすることができるものとし，その場合を詳細に規定しました」と語っています。

　それでは，伝聞証拠の証拠能力はなぜ否定されなければならないのでしょうか。Bが捜査機関に対して語った内容が記載された供述調書の証拠能力が否定

される理由は何でしょうか。

　供述証拠は，ある出来事・事実を知覚し，記憶し，表現・叙述するというプロセスを経ます。これが法廷に到達するまでの過程には，知覚の誤り，記憶の誤り，表現・叙述の誤りが介在する危険が常に伴います。そこで，供述者が正確に事実を知覚していたといえるか，知覚する能力・条件・機会に問題はないか，記憶違いはないか，他人の経験と自己の経験とを取り違えていないか，記憶通りに語っているか，その供述は供述者が述べようとしていることを正確に表現しているか，などをチェックする必要があるのです。

　正確性・信頼性のテストは**反対尋問**によって行われます。冒頭の例では，目撃したＢが法廷に出てきて目撃状況を供述すれば，反対尋問によって，Ｂにつきその知覚→記憶→表現・叙述の過程に誤りがないかを直接吟味することができます。しかし，Ｂの供述調書が公判廷に提出されただけでは，Ｂ本人が法廷に姿を見せていませんので，Ｂの供述内容の真実性についてチェックしようがないのです。

　そのほか副次的には，Ｂの供述には**宣誓**手続が欠けていることや，Ｂの供述時の態度を第三者が観察できないことなども，証拠能力を否定する事由として挙げられます。

(2)　伝聞と非伝聞

　ある証拠が一見，「公判期日における供述に代えて書面を証拠とし，又は公判期日外における他の者の供述を内容とする供述を証拠とする」（刑訴法320条1項）に該当するように思われても，伝聞排斥の理由が当てはまらず，伝聞法則の適用を受けない場合があります。

　たとえば，「公開の集会において，甲が『乙は建築業者から多額の賄賂を受け取った』と述べていた」と，証人丙が法廷で証言したとします。丙の証言は伝聞法則の適用を受けるでしょうか。

　この問いに対する答えは1つではありません。

　仮に，①丙の証言が，乙を被告人とする収賄事件（刑法197条1項）の公判廷において行われたものであり，丙の証言を基にして，乙が多額の賄賂を受け取っていた事実を認定する場合は，本当に乙が賄賂を受け取っていたのかという点について，甲の発言内容が誤っていないかどうか，すなわち，甲の知覚→記

憶→表現・叙述の各過程に誤りがないかどうかを吟味しなければなりません。しかし，甲は公判廷に姿を現してはいませんから，甲に対する反対尋問を実施して，供述の正確性・信頼性をテストすることができません。したがって，甲の供述を含んでいる丙の証言は，伝聞法則の適用を受けることになります（刑訴法320条1項の「公判期日外における他の者の供述〔＝甲の供述〕を内容とする供述〔＝丙の供述〕を証拠とする」場合にあたることになります）。

　他方で，②丙の証言が，甲が乙の名誉を損なわせたという，甲を被告人とする名誉毀損事件（刑法230条1項）の公判廷において行われたものであり，丙の証言を基に甲の名誉毀損行為を認定する場合はどうでしょうか。この場合，丙の証言は，甲が「乙は建築業者から多額の賄賂を受け取った」と発言した事実そのものを立証するために用いられていますから，甲の知覚→記憶→表現・叙述の各過程に誤りがないかどうかを吟味する必要はありません（この場合に問題となるのは，甲の発言を聞いた丙の供述過程であり，甲の供述過程ではありません。法廷にいる丙に対しては，本当に甲がそのような発言をしたのかどうかを直接に確認することができます）。したがって，伝聞排斥の理由があてはまらないため，伝聞法則の適用を受けません（これを**非伝聞**といいます）。

　このように，丙の証言を基に何を立証するかによって，伝聞か非伝聞かの違いが生じるのです。つまり，伝聞法則の適用を受けるかどうかは，その証拠によって直接に証明する事項（立証事項）が何であるのかによって変わるのであり，原供述者の知覚→記憶→表現・叙述の各過程に誤りがないかどうかを吟味する必要があるような用いられ方をする場合に，伝聞法則が適用されるのです（立証事項が供述内容の真実性である場合が伝聞証拠である，と説明されます）。最初に挙げた事例（⇨140頁）のBの供述調書も，Bの目撃内容が誤っていないかどうか，すなわち，Bの知覚→記憶→表現・叙述の各過程に誤りがないかどうかを吟味する必要がありますから，伝聞法則の適用を受けることになります（刑訴法320条1項の「公判期日における〔Bの〕供述に代えて書面〔＝Bの供述調書〕を証拠」とする場合にあたります）。

　伝聞証拠にあたるかどうかを考える際には，その事件の争点が何なのかを意識し，問題の供述証拠の取調べを請求した当事者がそれによりどのような具体的事実を直接に証明しようとしているのか（立証事項）を想定する必要があります。証拠調べの請求にあたって**立証趣旨**（証拠と証明する事実との結びつき）が

示されますから（刑訴規則 189 条 1 項），具体的な立証事項を想定する際には，それを踏まえて考えることになります。

供述が録音・録画されている場合も，その供述内容どおりの事実を立証するために用いられるのであれば，伝聞証拠にあたります。この場合も，伝聞法則の例外（⇨4）の要件を充足すれば，証拠とすることができます。

(3) 供述当時の心理状態の供述

伝聞法則の適用があるかどうかについては，様々な論点がありますが，1 つだけ，一歩進んだ問題を紹介しておきましょう。

たとえば，不同意性交事件（刑法 177 条）で起訴された X の裁判で，被害者 A の友人 B が「A は X の話題になると，いつも『私はあの人が嫌いだ』と言っていました」と証言したとします。X が性交につき A の同意があったと主張していたとして，この B の証言により，A が X を嫌っていたという，性交につき A の同意がなかったことにつながる間接事実を直接に立証する場合，B の証言は，伝聞証拠にあたるでしょうか。

先ほどの(2)の①と同様に，ここでは，A が本当に X のことを嫌っていたかどうか（供述内容の真実性）について，A 本人に反対尋問を実施するなどして供述の正確性・信頼性をテストする必要があるようにも考えられます。しかし，(2)の①とは異なり，A が X を嫌いであるというその発言時の A 自身の心理状態に関する供述には，外界の出来事を知覚し，記憶するというプロセスが存在しません。A の供述内容どおりの事実が直接の立証事項ではある（立証事項が供述内容の真実性である場合である）ものの，供述の 4 つのプロセスのうち，最も誤りの入りやすいと言われる知覚，記憶の過程を欠いていることから，それでもなお，伝聞証拠として取り扱うべきであるかが，理論上の問題点です。少し先取りの話を含みますが，発言時点でのその人の心理状態については，その人の発言が最良の証拠であるものの，これを伝聞証拠にあたると考えると，後述するように，伝聞法則の例外規定が厳格な要件を定めているため，A が死亡しているケースなどでない限り，B の証言を証拠として採用することができません（心理状態の供述を対象とした伝聞例外規定を用意している国もあるほどです）。そこで，伝聞法則を適用することで有用な証拠が排除され過ぎてしまい，かえって誤判を生じさせかねない（誤判を可能な限り防ぐという伝聞法則の趣旨が

146　第2章　刑事訴訟法

かえって損なわれてしまう）のであれば，過誤が混入する危険の小さい心理状態
の供述については伝聞法則を適用しない，と解釈するのが通説的な考え方です。もちろん，そう考えたとしても，残りの供述過程（表現・叙述）の吟味が必要なことに変わりはありませんから，表現の真摯性（虚言の有無）と叙述の正確性（言い間違いの有無）は，なお証拠能力の要件であると考えられています。

(4)　伝聞法則と憲法 37 条 2 項・直接主義

　憲法 37 条 2 項は，「刑事被告人は，すべての証人に対して審問する機会を充分に与へられ，又，公費で自己のために強制的手続により証人を求める権利を有する」と定めています。この憲法の**証人審問権**と伝聞法則との関係については議論のあるところです。ただ，個別の論拠は省略しますが，近時の多数の見解は，刑訴法上の伝聞法則の規定は，憲法上の保障に由来するものと解しています。

　また，伝聞法則は直接主義との関連で論じられることもあります。**直接主義**は，裁判所は自らの面前で直接に調べた証拠に基づいて裁判すべきであるとの原則を指します。ドイツ法がこの立場を採用しています。刑訴法 320 条をこの直接主義で説明する考えも日本ではなお有力です。しかし，これによれば捜査書類等の書面の多用化は，直接主義に反するとして阻止されるものの，伝聞供述の規制には十分ではありませんので（すなわち伝聞供述は直接主義に反しません），いぜん 320 条は反対尋問権の保障という伝聞法則の枠組みで説明する方が妥当であるとの見解が大勢を占めているといってよいでしょう。

■　4　伝聞法則の例外　■

(1)　例外の類型①

　それでは，冒頭に挙げた B の供述調書は一切証拠として使用することができないでしょうか。「できない」ということになれば，検察官は，目撃状況の供述を有罪立証に使うには，常に B につき証人尋問の請求を行い，その際の供述（証言）によって犯行を立証しなければならないことになります。

　しかし，伝聞証拠禁止の理由が前述の通りであれば，原則の例外が認められてしかるべきです。先ほど，B の供述調書には「原則として」証拠能力が認め

られないと言ったのは，この趣旨です。通常，その例外は反対尋問に代わりうるほどの**信用性の情況的保障**があるとか，証拠として用いる**必要性**が高いという点が重要な考慮要因となります。前に刑訴法320条1項を引用しましたが，「第321条乃至第328条に規定する場合を除いては」の部分が，例外にあたります。

また，例外があるからこそ，捜査機関は供述調書を作成するわけです（そうでなければ証拠として採用されることのない調書の作成に専念する理由はないでしょう）。

まず，伝聞証拠であっても，X（被告人）が「証拠とすることに同意した」場合，Xは反対尋問権を放棄したことになりますから，Bの供述調書に証拠能力を認めても差し支えありません（刑訴法326条1項）。実務上この同意は，単に反対尋問権の放棄にとどまらず，積極的に証拠に証拠能力を与える当事者の訴訟行為であると捉えられています。証拠とすることに同意があった場合，Bの供述調書は，「**同意書面**」と呼ばれます。

現に，事実に争いのない自白事件では，検察官の請求した証拠書類がすべて同意書面として証拠採用され，これだけで検察官の立証が終わる事例は少なくありません。争われている事件でも，証拠調べにおいて同意書面がまったくないという事態はほとんどありません。「例外」とはいえ，数だけでみると同意によって証拠能力が付与されるケースが圧倒的に多いのが実情です。

なお，同意することができるのは，法文上，検察官と被告人ですが，弁護人も代理人の立場で被告人に代わって同意することはできますし，実際上，裁判所は，同意するか否かの意見を聴く際，弁護人に発言を求めるのが一般的です。

(2)　例外の類型②

それでは，XがBの供述調書につき「証拠とすること」に同意しなかった場合はどうでしょうか。この場合はBの証人尋問を行うことになりますが，刑訴法は，一定の要件があれば，例外的にその調書の証拠能力を認めることとしました。その要件は，Bの警察官面前調書の場合と検察官面前調書の場合とで異なります（これらの調書は二重の伝聞性をもちますが，刑訴法はBの署名または押印を要求し，これによって記載内容が供述の通りであることが確認され，伝聞の二重性が解かれるとしています）。

(a)　警察官面前調書の場合　この調書は刑訴法321条1項3号の書面にあ

148　第2章　刑事訴訟法

たります（本号の書面を**3号書面**といいます）。例外として認められるには，3要件が必要です。第1は，Bについて，死亡，精神・身体の故障，所在不明，国外所在といった事情があるため，公判期日（または公判準備）においてBの供述が得られないことです（**供述〔喚問〕不能**）。第2は，調書に記載された目撃状況の供述が「犯罪事実の存否の証明に欠くことができない」と認められることです（**不可欠性**）。第3に，その供述が特に信用すべき情況のもとにされたことです（**特信性**）。

　第1および第2は，書面を証拠とする「必要性」が高い場合であり，第3は「信用性の情況的保障」が認められる場合ですが，実際には，3要件（特に第1の要件）をクリアすることは難事であるといってよいでしょう。したがって，Bの警察官面前調書が伝聞例外として認められる場合はごく稀だということになります（本設例については，第3の特信性の立証も容易でないでしょう）。

(b)　検察官面前調書の場合　この調書は刑訴法321条1項2号の書面にあたります（本号の書面を**2号書面**ともいいます）。例外として認められるのは2類型です。

　第1（本号前段）は，Bが**供述（喚問）不能**のときです。調書を証拠とする必要性が高いとされた場合です（学説には，検察官は一方当事者にすぎないから，この場合も調書記載の供述につき特信性が必要であるとする見解も有力ですが，裁判実務上これは要件とされていません）。

　第2（本号後段）は，Bの公判期日（または公判準備）における供述内容が「前の供述」，すなわち調書記載の供述と相反するかまたは実質的に異なっているときです（**相反供述・不一致供述**）。ただし，両供述の間に不一致，実質的な相違が見られるだけでは足りず，調書記載の供述の方により強い信用性の情況的保障（**特信性**）が認められる場合に限られます。

　第1の要件を充たすケースはあまり生じないでしょうが，第2については，その要件を充たすとして，伝聞例外が認められる事例は，実務上ままあります。

　特に特信性は，両供述の比較において決められるものですから，第2の場合については，実務上，当事者間において激しい争いとなることもあります。その際は，検察官の取調べと法廷の情況（供述が行われた際の外部的な事情）を比較し，どちらの方がBにとって真実を語ることができる情況であると認めら

THEME 3 伝聞法則 149

れるかを判断しなければなりません。たとえば，BとX（被告人）との間にト
ラブルがあり，Xに恐怖心を抱いているBとしては，Xが在廷し，また傍聴
席にその仲間がいるため，法廷ではXについて不利益な証言をしにくい情況
が認められるとすると，法廷よりも取調べの方に，相対的に信用性の情況的保
障が認められることになるでしょう。実際には，その有無の判断は微妙です
（その判断が緩やかであるとして，ときに日本の刑事裁判は調書裁判化しているとの指
摘も見られました）。

＊　　＊　　＊　　＊　　＊

　Bの捜査機関に対する供述調書が伝聞例外として証拠として認められるの
は，以上のとおりですが，伝聞証拠一般の例外は他にも種々あります（刑訴法
321条以下）。
　たとえば，本件で被疑者であるXが取調べを受け，犯行を認めていた場合，
その取調べ調書も伝聞証拠であり一定の要件下で例外的に証拠能力が認められ
ます（同322条1項）。X自身による反対尋問は考えられないのになぜ伝聞証拠
とされるのか，どのような要件を満たせば証拠とすることができるのか。これ
らは追々学んでいただくことにして，ひとまず本THEMEでは，日常会話の中
で出てくる「その話は伝聞だろう」といった言葉が，刑訴法ではどのような意
味・内容であるか，すなわち伝聞証拠とは何か，それは公判廷でどういう働き
をしているかを概括的にでも理解してもらうことができれば十分です。
　最後に，次のような点を付け加えておきましょう。
　2004（平成16）年に裁判員裁判法が成立し，5年を経た2009（平成21）年5
月の施行後，15年を経過します（⇨181頁）。裁判員裁判は，公判中心主義とで
も呼ぶべきでしょうか，公判廷で裁判員が直接，心証を採る（事実の存否等につ
いて心の中で判断する）ことが重要ですから，訴訟関係者の工夫も相まって連日
的開廷のほか，証人尋問を軸とした分かりやすい審理の実現が浸透してきまし
た。
　先に述べたとおり，本件は，裁判員制度の対象事件ではありませんが
（⇨140頁，182頁），このような裁判員裁判の運用が裁判員裁判ではない一般の
刑事事件の裁判にも影響を及ぼし，上述した特信性の判断についてその運用が
厳格化され，それに伴って検察官が刑訴法321条1項2号後段の書面を提出す

150　第2章　刑事訴訟法

る事例が減少しているともみられています。

　証拠書類の取調べ方法は，法廷における朗読と要旨の告知とされています（刑訴法305条，刑訴規則203条の2）。裁判員制度の対象事件の場合，証拠書類は全文を朗読するという運用が推奨され，一般化しています。この運用は，裁判員裁判以外の裁判にも一定の影響を及ぼし，主要な事実関係については裁判官も証拠調べの際に直ちに心証を採ることの重要性が再認識され，検察官による要旨の告知も簡にして要を得た実質的な内容となってきているようです。

　このように，裁判員裁判の運用がそれ以外の刑事裁判の在り方にも大きな影響を及ぼしつつあることにはぜひ留意しておきたいところです。

THEME 4
警察捜査の実態と今後の課題

Invitation to 警察官

　この *THEME 4* では，警察の行う捜査について説明します。といっても警察の役割は，犯罪が起こった後の捜査だけにとどまりません。いったん犯罪が発生すると，被害者の生命・身体・財産に様々な損害（回復不能な場合も多い）が発生するため，その未然防止を含めた幅広い活動が重要となります。そこで警察法2条1項は警察の責務について「個人の生命，身体及び財産の保護に任じ，犯罪の予防，鎮圧及び捜査，被疑者の逮捕，交通の取締その他公共の安全と秩序の維持に当ること」としています。そして刑事訴訟法は捜査に関する警察の役割を定め，警察官職務執行法はその他警察の様々な活動の具体的手段を定めています。

■ 1　警察捜査の特徴 ■

(1)　警察捜査の実際

　具体例でみていきましょう。

　警察官がパトロール中，フラフラしている人を発見したとします。急病人であれば，保護します。認知症の老人であれば，事故や事件の被害に遭わないよう保護者に連絡して引き渡すことになります。覚醒剤の中毒者のようであれば，最初は職務質問の上で警察署へ任意同行し，採尿手続を経て，逮捕に至ることもあるでしょう。路上強盗に遭ってけがをした被害者であれば，救護措置をとった上で被害届を受理し捜査を開始することになります。このように，現実の警察活動においては，それが保護などの行政活動なのか，犯罪の予防活動なのか，捜査なのかを区別することは難しいことが多いのです。また，紛争の現場では，果たして犯罪があったといえるのかどうか，どちらが被害者でどちらが加害者なのかも不明確な場合があります。

　刑事訴訟法でも，捜査開始の要件を**「犯罪があると思料するとき」**とし（189条2項），比較的疑いの程度が低い段階でも捜査できることとしているのは，このような困難性を踏まえてのことでしょう。

152 第2章 刑事訴訟法

　もっとも，事態が不明確な段階で介入することが避けられない場合があるからといって，必要性が認められない場合にまで警察の権限が行使されれば，国民の権利を侵害することになります。他方で，介入すべき事態であるにもかかわらず警察の権限が行使されないときは，不作為により国民の生命・身体・財産を保護していないこととなります。警察権限の行使は積極的過ぎても消極的過ぎても人権上の問題を生じるおそれがあるのです。前者の弊害抑止のため，警察法2条2項や警察官職務執行法1条2項では，**警察権限の濫用を禁止**していますし，警察官職務執行法，刑事訴訟法は警察の権限の行使要件を詳細に規定しています。後者つまり不作為の弊害の予防については，ストーカー規制法やDV防止法が，警察官が行うべきことを法令で明確に規定しています。最高裁の判例にも，警察官の不作為を違法と認定した国家賠償責任訴訟判決があります（最判昭和57・1・19民集36巻1号19頁，最判昭和59・3・23民集38巻5号475頁）。このように，警察の活動は，**被疑者と被害者の人権保護**，**公共の安全の維持**の必要性を踏まえた，微妙な判断の上に行われるものだということに留意する必要があります。

(2)　警察捜査の意義

　刑事訴訟法は，一般に，刑罰権の具体的実現を目的とする手続を定めた法をいうと定義されています。第1条では，「この法律は，刑事事件につき，**公共の福祉の維持**と**個人の基本的人権の保障**とを全うしつつ，事案の真相を明らかにし，刑罰法令を適正且つ迅速に適用実現することを目的とする。」と規定されていますが，これをみると，**実体的真実の発見**および**適正手続の保障**が刑事手続法の主な目的といえます。

　裁判所の事実認定が真実に合致していなければならないとする立場を，実体的真実主義と呼んでいます。刑事訴訟において，真に犯罪を行った者が処罰を免れたり，真に無実の者が処罰されたりすることは，いずれも正義に反すると言えるでしょう。

　よって，警察は，犯罪捜査規範2条1項で，「捜査は，事案の真相を明らかにして事件を解決するとの強固な信念をもって迅速適確に行わなければならない。」と規定されているように，事案の真相を明らかにする重い責務を負っているのです。

THEME 4 警察捜査の実態と今後の課題 153

　他方，憲法31条は，「何人も，法律の定める手続によらなければ，その生命若しくは自由を奪はれ，又はその他の刑罰を科せられない。」と規定しています。これは適正手続の保障を憲法上の基本原理として示すものです。適正手続の保障は，裁判所における公判手続だけでなく，捜査機関の行う捜査手続においても求められています。犯罪捜査規範3条にも，「捜査を行うに当たつては，警察法……，刑事訴訟法……その他の法令及び規則を遵守し，個人の自由及び権利を不当に侵害することのないように注意しなければならない。」と規定されているのです。

　「適正な手続」というためには，法律に違反した手続であってはならないことは言うまでもありませんが，法律に直接抵触することはなくても，国民の基本的人権を不当に侵害する手続であってはなりません。

　真相解明のためには，手続的規制を設けることなく，より多くの証拠が収集された方が望ましいという考え方もあり得ます。しかしながら，そうすると，被疑者や国民の人権を侵害するおそれを生じることにもなるので，両者のバランスが問題となってきます。

　次に，犯罪が発生したという場合，捜査が開始されるわけですが，まずは，一体誰が，どのような犯罪行為を行ったかを，明らかにしなければなりません。そのために，警察は，憲法および刑事訴訟法等の関係法令に基づき，被疑者を発見し，罪証隠滅や逃亡のおそれがあるときは，逮捕・勾留により身柄を拘束し，また，犯罪行為に関する証拠を取調べや捜索・差押え等により収集・保全します。そして，その被疑者につき，収集された証拠に基づいて，検察官が公訴を提起するかどうかを決めるのです，つまり，捜査の目的は，

　　　犯罪の嫌疑の有無を解明して，公訴を提起するか否かの決定をなし，公
　　　訴が提起される場合に備えてその準備を行うことにあり，その一連の手
　　　続が捜査である

と一般に考えられているのです。

　とはいえ，警察においては，もう少し捜査の定義を広くとらえています。元警察庁長官の佐藤英彦氏は，著書『治安復活の迪──私の警察論』（立花書房，2004年）39頁において，現実には捜査活動がそれ自体，独立して犯罪の予防，鎮圧，犯人の更生，平穏な社会生活の維持などの機能を有しており，「捜査の目的を『公訴の提起及び公判維持に資すること』だけに限定するのは適当でな

154　第2章　刑事訴訟法

い」として，警察における捜査を「警察捜査」として，「個人の生命，身体及び財産の保護並びに公訴の提起・遂行の準備その他公共の安全と秩序の維持のため，証拠を発見・収集するほか，犯罪にかかる情報を収集・分析するとともに，犯人を制圧し，及び被疑者を発見・確保する活動」と定義しています。これは，冒頭で紹介した警察法2条1項の警察の責務を定める規定全体と親和的であり，現場の実態にも沿うもののように思われるのです。つまり，警察は，裁判所や検察庁とは異なり，犯罪が発生したかどうかはっきりしないところから動き出さなければならない，それだけでなく犯罪の未然抑止等を目的として活動しなければならないことから，一般的な定義よりかなり広く捜査を考えていると言えるでしょう。

　上記を象徴する例をみてみましょう。たとえば，暴力団対策は通常，刑事・組織犯罪対策部門を中心に行われています。その3本柱は，「**暴力団犯罪の取締り**」，「**暴力団対策法等の効果的運用**」および，「**暴力団排除活動の推進**」とされています。もちろん，「暴力団の取締り」については，刑法等の法令に違反した行為に対する検挙を中心に行われています。他方，「暴力団対策法等の効果的運用」については，その中心的な役割を担う暴力団対策法は罰則を有するものの，基本的性格は，一定の要件を満たす暴力団を指定暴力団等として指定し，指定暴力団等のみならず，その構成員に対し，一定の制限を科すというものであり，行政法的性格の強いものです。「暴力団排除活動」については，暴力団の事務所撤去訴訟等，民事法を含む幅広い手法を用いて行うもので，純粋な「捜査」とはかなり隔たりがあるといえます。にもかかわらず，これらの対策が，一般には犯罪捜査に従事していると思われている「刑事」である警察官を中心に行われているのが実態です。

■ 2 犯罪に対する政府全体レベルでの取組み ■

　刑法犯認知件数は，1998（平成10）年から年間10万件以上の増加となり，2002（平成14）年には約285万件となりましたが，その後は急速に減少し，2020（令和2）年には約61万件とピークの2割強になっています。しかしながら，コロナ禍が終了し，人々の活動が活発になってきたこともあってか，2022（令和4）年は60万件余，2023（令和5）年は70万件余と**2年連続で増加**しました。犯罪は短期間のうちに大きく変化するものなのです（⇨**図表4-1**）。

THEME 4 警察捜査の実態と今後の課題 155

図表 4-1 刑法犯認知件数の推移

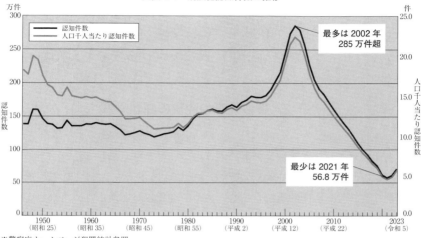

※警察庁ホームページ犯罪統計参照。
※人口は，総務省人口推計結果による10月1日現在の総人口。ただし，令和5年は令和4年10月1日現在の人口。

　前述した2002（平成14）年，刑法犯認知件数は戦後最多となり，刑法犯検挙率も過去最低の水準となるなど，わが国の治安が「危険水域」と称される状態となりました。これに対処するため，2003（平成15）年9月，犯罪対策全般を幅広く取り扱う総合的かつ省庁横断的な枠組みとしては初となる，犯罪対策閣僚会議が設置され，平成15年に「犯罪に強い社会の実現のための行動計画」，2008（平成20）年に「犯罪に強い社会の実現のための行動計画2008」，2013（平成25）年には，「『世界一安全な日本』創造戦略」，そして，2022（令和4）年「『世界一安全な日本』創造戦略2022」（令和4年12月20日犯罪対策閣僚会議・閣議決定）が策定されてきました。ちなみに，最後の「『世界一安全な日本』創造戦略2022」の7つの柱は，

○デジタル社会に対応した世界最高水準の安全なサイバー空間の確保
○国内外の情勢に応じたテロ対策，カウンターインテリジェンス機能の強化等の推進
○犯罪の繰り返しを食い止める再犯防止対策の推進
○組織的・常習的に行われる悪質な犯罪への対処
○子供・女性・高齢者等全ての人が安心して暮らすことのできる社会環境の実現
○外国人との共生社会の実現に向けた取組の推進
○「世界一安全な日本」創造のための治安基盤の強化

156　第2章　刑事訴訟法

です。もちろん,「捜査」も「世界一安全な日本」を実現する重要なツールの1つであることを否定するつもりはありません。しかしながら,この7つの柱を見ると,官民一体となって,捜査を含むあらゆる施策を実現し,良好な治安を確保し,国民の生命等を守るという強い姿勢が示されているように思われます。

■　3　警察捜査の今後の課題　■

　警察庁は,2023(令和5)年7月3日,通達「警戒の空白を生じさせないために当面取り組むべき組織運営上の重点について」を発出しました。この通達では,〈1　人的リソースの重点化等により体制を抜本的に強化して推進すべき事項〉として,全国的な治安情勢の構造的変化に対応するため,警察庁および各都道府県警察は,警察組織全体から捻出した人的リソースを重点的に投入すること等により,取組を推進するものとして,以下の7項目が示されました。

> (1) サイバー空間における対処能力の強化
> (2) 繁華街・歓楽街対策の強化を含む,匿名・流動型犯罪グループに対する戦略的な取締りの強化
> (3) 特殊詐欺に係る広域的な捜査連携の強化
> (4) 経済安全保障の確保その他の対日有害活動対策の強化
> (5) 要人に対する警護等の強化
> (6) ローン・オフェンダーその他不特定多数の者に危害を加えるおそれのある者に対する対策の強化
> (7) 自転車その他の小型モビリティ対策の強化

　本THEMEでは,とくに注目すべきものとして(1)〜(3)を取り上げたいと思います。

(1)　サイバー空間における対処能力の強化

　サイバー空間は,地域や年齢,性別を問わず,全国民が参加し,重要な社会経済活動が営まれる公共空間へと変貌を遂げ,金融,航空,鉄道,医療等といった国民生活や社会経済活動を支える基盤となる機能から,警察や防衛といった治安や安全保障に関わる国家機能に至るまで,あらゆる場面で実空間との融

THEME 4 警察捜査の実態と今後の課題　*157*

合が進んでいます。こうした中，国内において拡大が続くランサムウェアの感染被害では，サプライチェーン全体の事業活動や地域の医療提供体制に影響を及ぼす事例が確認されるとともに，わが国の暗号資産関連事業者を標的としたサイバー攻撃や，学術関係者・シンクタンク研究員等を標的としたサイバーインテリジェンスが明らかになり，また，フィッシング報告件数が増加する中でインターネットバンキングに係る不正送金被害が急増するなど，サイバー空間をめぐる脅威は極めて深刻な情勢が続いています。

　警察としては，高度な専門的知識および技術を要するサイバー事案に対処する体制を拡充した上で，サイバー犯罪，つまり，不正アクセス行為の禁止等に関する法律違反，コンピュータ・電磁的記録対象犯罪およびネットワーク利用犯罪の積極的な検挙を推進しています。その際，都道府県警察間の連携はもちろんですが，2022（令和4）年4月に発足した**警察庁関東管区警察局サイバー特別捜査隊**（令和6年4月，サイバー特別捜査部へ発展改組）とも連携し，外国捜査機関との国際共同捜査等を見据えて捜査を行っているところです。たとえば，クレジットカード情報等を窃取するフィッシングサイトの作成ツール「16SHOP」を利用し，不正に入手した同カード番号等を使用して商品等を買い付けた世界規模の窃盗事件では，サイバー特別捜査隊および大阪府警察がインドネシア国家警察等と連携して捜査を進め，2023（令和5）年7月，インドネシア在住同国人被疑者を，同国家警察が逮捕しています。本件は，日本警察の捜査が国外被疑者によるフィッシング事犯の検挙に結び付いた初めての事案であり，サイバー特別捜査隊等の活動が結実した1つの事例でもあります。

　また，サイバー事案による被害は，一度発生すれば広範囲に波及するおそれがあることから，警察だけでなく，**産官学が連携**して，サイバーセキュリティ水準の向上を図るとともに，各種被害防止対策を講じています。

⑵　**繁華街・歓楽街対策の強化を含む，匿名・流動型犯罪グループに対する戦略的な取締りの強化**

　暴走族の元構成員等を中心とする集団に属する者が，繁華街・歓楽街等において，集団的または常習的に暴行，傷害等の事件を起こしている例がみられるところ，こうした集団の中には，暴力団のような明確な組織構造は有しませんが，暴力団等の犯罪組織との密接な関係が疑われるものも存在しています。警

察では，こうした集団を暴力団に準ずる集団として「準暴力団」と位置付け，取締りの強化等に努めてきました。そのような中，近年，準暴力団として位置付けられる集団以外に，SNS や求人サイト等を利用して実行犯を募集する手口により特殊詐欺等を広域的に敢行するなどの集団もみられ，治安対策上の脅威となっています。これらの集団は，多様な資金獲得活動により得た収益を吸い上げる中核部分が**匿名化**され，違法行為の実行者は SNS でその都度募集されるなど，そのつながりが**流動的**であり，また，**匿名性**の高い通信手段等を活用しながら役割を細分化したり，特殊詐欺や強盗等の違法な資金獲得活動によって蓄えた資金を基に，更なる違法活動や風俗営業等の事業活動に進出したりするなど，その活動実態を匿名化・秘匿化する状況がみられるところです。こうした情勢を踏まえ，警察では，準暴力団を含むこうした集団を「**匿名・流動型犯罪グループ**」と位置付け，資金獲得活動等の実態解明を進めています。

また，匿名・流動型犯罪グループの中には，資金の一部を暴力団に上納するなど，暴力団と関係を持つ実態も認められるほか，暴力団構成員が匿名・流動型犯罪グループと共謀して犯罪を行っている事例があります。このような集団の中には，暴力団と匿名・流動型犯罪グループとの結節点の役割を果たす者が存在するとみられています。

たとえば，2022（令和4）年5月に発生した特殊詐欺グループ内でのトラブルを発端とした監禁事件の捜査を端緒として，同グループのリーダーの男がSNS を利用するなどして実行犯を募集した上，高齢者のキャッシュカードを別のカードにすり替えて窃取するなどの手口で特殊詐欺事件を広域的に敢行していた実態を解明し，2023（令和5）年5月までに，同男ら37人を窃盗罪等で大阪府警察，滋賀県警察および奈良県警察が逮捕した事例があります。

警察では，匿名・流動型犯罪グループの動向を踏まえ，繁華街・歓楽街対策，特殊詐欺対策，侵入強盗対策，暴走族対策，少年非行対策等の関係部門間における連携を強化し，匿名・流動型犯罪グループに係る事案を把握するなどした場合の情報共有を行い，部門の垣根を越えた実態解明の徹底に加え，あらゆる法令を駆使した取締りの強化に努めています。これに加え，匿名・流動型犯罪グループに新たに加担する者への対策，口座，電話等これらグループが悪用する犯行ツールへの対策，犯罪収益対策等についても推進しています。

(3) 特殊詐欺に係る広域的な捜査連携の強化

　2023（令和5）年の特殊詐欺の認知件数は，19,038件，被害額は452.6億円と，1日当たりの被害額は1.2億円を超えるなど，特殊詐欺をめぐる情勢は極めて深刻なものがあります。

　警察においては，受け子や出し子，それらの見張り役だけでなく，中枢被疑者の検挙に向けて捜査を推進するとともに，特殊詐欺に由来する犯罪収益を隠匿，収受した組織的犯罪処罰法違反，預貯金口座や携帯電話の不正な売買等の特殊詐欺を助長する犯罪の検挙にも努めています。また，外国捜査機関等との連携を強化し，海外拠点の摘発を推進しています。たとえば，警視庁等は，2023（令和5）年2月から5月にかけて，フィリピン共和国に拠点を置いた特殊詐欺（キャッシュカード詐欺等）事件の首謀者等とみられる4人を含む被疑者9人を，同国を強制退去後に順次逮捕しました。なお，2024（令和6）年4月より，都道府県警察間の特殊詐欺に係る捜査連携がより円滑に行われるよう，「特殊詐欺連合捜査班」（TAIT〔タイト〕：Telecom scam Allianced Investigation Team）が各都道府県警察において運用されています。

　特殊詐欺予防に向けた取組については，2019（令和元）年6月に開催された犯罪対策閣僚会議において，特殊詐欺等から高齢者を守るための総合対策として「**オレオレ詐欺等対策プラン**」が決定され，これに基づき，国民，各地方公共団体，各種団体，民間事業者等の協力を得ながら，各府省庁において施策を推進しています。警察では，増加傾向にある還付金詐欺への対策として，「ATMでの携帯電話はしない，させない」ことを社会の常識として定着させるための「ストップ！ATMでの携帯電話」運動を引き続き推進するなど，金融機関やコンビニエンスストア等と連携した各種被害防止対策，特殊詐欺に悪用される電話への対策等の犯行ツール対策および効果的な取締り等を推進しています。また，幅広い世代に対して高い発信力を有する著名な方々で構成される「**ストップ・オレオレ詐欺47〜家族の絆作戦〜**」プロジェクトチーム（略称：SOS47）では，全国各地における広報イベントを実施するとともに，各種メディアを通じて被害防止に向けたメッセージを継続的に発信しています。

■　4　警察制度の概要　■

　最後に，警察活動の基盤となる警察制度の概要について触れたいと思いま

160 第2章 刑事訴訟法

す。

(1) 警察の規模

日本には，47 の都道府県警察が設置されています。組織規模は，最も大きい警視庁の約4万7000人から2000人以下の小規模な県警まで様々ですが，その標準的な組織としては，

> ・犯罪の予防や少年非行の防止，サイバー犯罪対策などを担当する生活安全部
> ・巡回連絡やパトロールなどを担当する地域部
> ・殺人や窃盗などの犯罪捜査一般や暴力団対策などを担当する刑事部
> ・交通事故抑止のため，安全教育，取締り，信号などの設置・管理，運転免許制度などを担当する交通部
> ・警備犯罪の取締り，災害警備などを担当する警備部
> ・人事，企画，会計，監察などを担当する総・警務部

などが置かれています。

この警察組織に，約26万人の警察官に加え，会計職員や技術者など警察官以外の職員約3万人が所属し，刑事訴訟法や道路交通法など具体的な法令に基づいて権限を行使しています。

(2) 特徴1——地方分権型組織

わが国の警察制度の最大の特徴は，このような警察権限を執行するのは，原則，**都道府県に置かれた警察**だということです。都道府県警察の職員は，地方公務員として各都道府県に採用され，知事部局などと同様に都道府県の行政組織に所属する公務員として活動します。したがって，組織，予算，職員の任用などは，知事部局の査定など一定の調整を受けた上で，都道府県議会の承認を受け，情報公開や監査なども都道府県議会の制定する条例に従うことになります。

司法を担当する裁判官や起訴権限をもつ検察官が国家公務員であるのと比べて，地方議会による統制を受けるという点で，都道府県警察は，住民に近い，地方分権型の組織であるといえましょう。

ただし，前述したとおり，2022（令和4）年4月から，警察法の改正により，

警察庁関東管区警察局内にサイバー特別捜査隊（2024〔令和6〕年4月，サイバー特別捜査部へ発展改組）が設置され，外国捜査機関との共同オペレーションの実施等，国の機関が捜査権限を有することとなっており，都道府県警察制度の例外となっています。

(3) 特徴2——公安委員会制度

　2つめの特徴は，公安委員会制度による政治的な中立性の確保です。警察官は，「犯罪があると思料するときは，犯人及び証拠を捜査する」（刑訴法189条2項）義務がある第一次捜査機関ですので，ほとんどの犯罪捜査は警察が行うことになります。捜査権限をもつ警察の政治的中立が確保される仕組みは，国民の人権保障上きわめて重要です。そこで，わが国の警察制度について定める警察法では，選挙で選ばれた都道府県知事の所轄（「所轄」は特に機関の独立性が強く，当該機関と主任の大臣または都道府県知事との関係が最も薄いときに用いられ，指揮監督より更に弱いつながりを示します）の下に都道府県公安委員会が置かれ，都道府県知事は都道府県議会の同意を得て都道府県公安委員会委員を任命し，都道府県公安委員会が，住民の代表として警察運営の大綱方針を定めるなど警察を管理することとしているのです（警察法38条，39条）。なお，公安委員会は個別事件の具体的な指揮は行いませんが，警察職員の非違事案などに関する監察については具体的事項について指示することができます。

　国の機関である警察庁も，都道府県警察と同様に，内閣総理大臣の所轄の下に**国家公安委員会**が置かれ，内閣総理大臣が国会の同意を得て任命する国家公安委員会委員からなる国家公安委員会の管理を受けることとされており（警察法4条，7条），警察庁の行う全国的な警察運営（警察法5条4項。警察に関する制度の企画立案，警察行政に関する調整，広域組織犯罪等への対処態勢，国の公安にかかる災害や騒乱についての警察運営，国際協力，警察官の教育など）についても政治的中立性を保てるような仕組みとなっています。また，国家公安委員会委員長には，治安に対する内閣の行政責任の明確化を図るため，国務大臣が充てられています。

(4) 特徴3——全国的な対応

　3つめの特徴は，今述べた警察庁による調整等により，都道府県単位の警察

162 第2章 刑事訴訟法

活動では対応しにくい事案についても全国的な対応を可能にしていることです。

　まず，警察官に対する教育，コンピュータシステム・無線通信の維持管理，指掌紋自動識別システム等の犯罪鑑識，警察統計，装備資機材などは，全国的に同質・斉一な警察力の維持という観点から，警察庁によって統一的な整備・運用が行われます。たとえば，警察官が採用されると，各都道府県警察の設置する警察学校で，全国共通のカリキュラムに従い，刑事訴訟法などの法律や鑑識技能の習得，逮捕術などの訓練を行って（この訓練は，警察署での研修を含め，1年以上に及ぶ長期間行われます），全国的に同水準の知識・技能をもつ警察官を養成します。さらに，巡査部長，警部補，警部などに昇任したときには，警察庁の設置する管区警察学校や警察大学校で数か月間の幹部教育を受けます（なお，警察官定員のうち，巡査，巡査部長，警部補がそれぞれ約30%を占め，警部が約6〜7%，警視が約3%を占めます）。

　次に，全国の広範な区域に影響する組織犯罪等に対しては，全国警察が一体となって当たる必要があるので，警察庁長官がその態勢（どの警察が中心となってどこの警察と協力してどのような態勢で事案に対処するかなどの役割分担，構成）について指示することができます。もっとも，このような場合でも，具体的な捜査活動まで指示することはありません。

　さらに，一定の国家的業務については，経費を全額国が支弁し，あるいは都道府県の支弁にかかる経費に対して補助する制度もあります。また，都道府県警察の警察官は元々地方公務員ですが，警視正昇任時に国家公務員に任用され，全国的な視点で業務を遂行することとなります。若手の警部，警視を中心に警察庁に出向して勤務し，視野を広める機会もあります。一方で，警察本部長や，組織の人事，監督，研修等を担当する警務部長（警察本部によっては，会計，企画等も担当します）は警察庁から出向する（警察庁採用者だけでなく，他都道府県警察の出身者等もいます）ことが通例です。このような運用によって，警察運用の全国的な斉一性を確保し，都道府県によって警察活動基準が著しく異ならないように担保しているのです。都道府県単位に分かれているにもかかわらず，捜査能力が一定水準に維持されているのはこのような仕組みがあるからなのです。

　なお，本THEMEで述べた意見については，すべて筆者の個人的なものであ

って，警察庁の見解とは無関係であることを申し添えます。

Invitation to 警察官　以前，某大学の法科大学院で「犯罪学」の講義を担当したことがあります。

司法試験には直接関係のない科目だったと思ったのですが，10 人以上の学生が受講し，熱心に聴講してくれたことから，大変楽しく講義を行うことができました。

期末テストにおいては，講義で触れた「暴力団対策法の意義」について出題しました。配付資料にはあまり詳しく書かなかったものの，テスト前を含め，繰り返し説明したことから簡単に答えてくれるだろうと思っていたところ，やや期待外れだったことを覚えています。

講義においては，刑事司法手続の意義と重要性を十分理解しつつ，行政的な手法につき説明を行ったつもりですが，学生にとっては，警察は「捜査」をするところというイメージが強かったようです。

警察は犯罪を認知すれば，捜査を開始します。しかしながら，たとえ犯人を捕まえ，起訴して有罪を獲得したとしても，殺された被害者が生き返るわけではありません。事件による後遺症がなくなることもないのです。事後的な手続である司法制度だけでは，被害の予防および回復は十分ではありません。

犯罪が起こる前に，重大な被害が生じる前に対策を講じることにより，犯罪被害を防止し，または最小化することこそを国民は求めています。もっとも，これを実行することは決して簡単ではありません。社会全般に係る各種の専門的な知識，そして国民を守るという強い責任感が必要です。

このような知識，意欲を持った人材が警察官を目指すことで，国民の期待に応える警察活動が実現するのです。私自身は警察庁採用の国家公務員ですので，国民に最も近いところで，その協力を得，感謝や激励を受けながら働ける都道府県の警察官という職業をうらやましく感じています。

一人でも多くの皆さんに，国民の生命，身体，財産を守るという，このすばらしい仕事を目指していただければと思います。

〔津田隆好〕

164   第2章　刑事訴訟法

THEME 5

裁　　判

Invitation to 裁判官／裁判所事務官・裁判所書記官

■　1　刑事裁判を担当する裁判所　■

(1)　裁 判 所

　刑事事件の第1審の裁判は，原則として，**地方裁判所**（裁判所法24条2号）または**簡易裁判所**（同法33条1項2号）で行われます。両裁判所の管轄については，括弧内に引用した条文のとおりですが，地方裁判所がそれなりに重い刑事事件を担当し，簡易裁判所は比較的軽い刑事事件を担当するというイメージです。

　第1審の判決に対する控訴審の裁判は，第1審が地方裁判所の場合であっても，簡易裁判所の場合であっても，**高等裁判所**で行われます（同法16条1号）。控訴審の判決に対する上告審の裁判は，**最高裁判所**で行われます（同法7条1号）。

　刑事裁判の控訴審は**事後審**と位置付けられており，第1審と同じ立場で事件そのものを審理するのではなく，当事者の訴訟活動を基礎として形成された第1審判決を審理の対象とし，これに事後的な審査を加えるべきものとされています（最判平成24・2・13刑集66巻4号482頁⇨188頁）。上告審も，憲法判断や判例の統一に関して重要な役割を果たしていますが，これもまた事後審です。

　そこで，刑事裁判の骨格をつかむためには，まずは基本となる第1審の手続を理解することが重要になってきますから，以下では，主要な刑事事件の第1審を担当する地方裁判所の手続について話を進めることにします。

(2)　裁 判 官

　地方裁判所の裁判官には，判事と判事補があります（裁判所法23条）。**判事**は判事補，弁護士，検察官等を10年以上務めた者の中から任命され（同法42条），**判事補**は司法修習を終えた者の中から任命されます（同法43条）。最近では，弁護士の経験がある者の中から裁判官を任命する例も一定数ありますが（弁護

THEME 5 裁　判　165

士任官），判事の大半は判事補から任命されているのが実情です。

　判事補は，原則としては１人で裁判をすることができないなどの職権の制限
がありますが（同法27条），判事補等になって５年以上になる者のうち，最高
裁判所の指名する者については，いわゆる**特例判事補**として，判事補としての
職権の制限を受けないことになっています（判事補の職権の特例等に関する法律１
条。そして，特例判事補以外の判事補のことを**未特例判事補**と呼んでいます）。

(3)　合議事件，単独事件

　地方裁判所における刑事事件には，合議事件と単独事件の区別があります。

　単独事件は，１人の裁判官で審判する事件です（裁判所法26条１項）。

　合議事件は，合議体で審判する事件です。合議事件には，法定合議事件と裁
定合議事件があります。**法定合議事件**は，法定刑が死刑または無期もしくは短
期１年以上の拘禁刑に当たる罪の事件（ただし，強盗罪，常習累犯窃盗罪等は除き
ます。同法26条２項２号）であり，要するに，法定刑の重い事件ということに
なります。法定合議事件のうち，さらに一定の重大事件については，**裁判員裁
判対象事件**（裁判員法２条１項⇨182頁）となります。法定合議事件には該当し
ないものの，複雑な事件等については，合議体で審判する旨の決定（裁定合議決
定）をして合議体で裁判をすることができます（裁判所法26条２項１号）。これ
を**裁定合議事件**といいます。大型経済事件や汚職事件などが，裁定合議事件に
なりやすい類型といえます。

　合議体は，裁判員裁判対象事件の場合を除いては，裁判官３名で構成されま
す（同法26条３項）。合議体で経験年数の長い者が**裁判長**を務め法壇の中央に着
席し，陪席裁判官のうち，経験年数の長い者が裁判長から見て右側に着席し
（**右陪席裁判官**），経験年数の短い者が同じく左側に着席する（**左陪席裁判官**）の
が通例です。地方裁判所における標準的な合議体の構成は，裁判長が経験年数
20年前後の判事，右陪席がそれより経験年数の短い判事または特例判事補，
左陪席が未特例判事補というものです。

■　2　刑事裁判で判断される事項　■

　刑事裁判において，裁判所は，①証拠から，起訴状に記載されている犯罪事
実を被告人が行ったかどうかを認定し（**事実認定**），無罪の場合には，無罪の言

166　第2章　刑事訴訟法

渡しをし，有罪の場合には，さらに，②①で認定した事実に刑罰法令を解釈，適用して処断刑（法定刑に加重減軽等の操作をして得られる刑）の範囲を定めるなどし（**法令の解釈・適用**），③証拠から量刑上重要な事実を確定してそれを基礎に宣告刑を定めます（**刑の量定**）。この判断過程からわかるように，刑事裁判によって明らかにされるべき事実とは，**犯罪事実の存否を左右する事実および量刑上重要な事実**ということになります。

　以下では，刑事裁判の手続について説明していきますが，一連の手続は，当事者が犯罪事実の存否を左右する事実および量刑上重要な事実を主張，立証し，裁判所が当事者の主張，立証に基づいて心証（認定すべき事実に関する裁判所の内心的判断のことを意味します）を形成していくという過程にほかなりません。ですから，刑事裁判においては，当事者の主張，立証および裁判所の心証形成が犯罪事実の存否を左右する事実および量刑上重要な事実に集中し，他の事項に拡散しないということがとても重要になってきます。

■　3　刑事裁判の各段階　■

　刑事裁判は，検察官の公訴提起により始まります。その後，刑事裁判は，①**公判前整理手続などの公判準備**→②**公判審理**→③**評議**→④**判決宣告**と段階を追って進んでいきます。これらの各段階は，別個独立に存在しているわけではなく，一連のものとして有機的に関連しています。すなわち，判決が適正なものとなるためには，充実した評議が必要であり，評議が充実したものとなるためには，的確な心証が形成できるような充実した公判審理が必要であり，公判審理が充実したものとなるためには，公判準備において適切に争点および証拠を整理し，審理計画を策定する必要があるということになります。そうであれば，各段階での裁判所および当事者の活動は，すべて刑事裁判の最終目的地となる判決に向けられるべきことになります。

　以下では，各段階の手続の概要を説明していきますが，まずは公判準備について説明します。

■　4　公判準備　■

(1)　公判準備の目的，方法

　公判準備の目的は，**充実した公判審理を継続的，計画的**かつ**迅速**に行うこと

THEME 5 裁　　判　167

にあります（刑訴法316条の2第1項参照）。

　刑訴法が用意している公判準備の方法としては，①**公判前整理手続**（同法316条の2〜316条の27，316条の29〜316条の31），②**期日間整理手続**（同法316条の28。同条2項は，公判前整理手続の主要な規定を準用しています），③刑事訴訟規則上の事前準備（刑訴規則178条の2〜178条の7，178条の14〜178条の17。これらの規定の趣旨は期日間準備にも及ぼされます。公判前整理手続や期日間整理手続に付すことなく，同規則178条の16にある打合せを中心として公判準備を行う方法のことを，「**打合せ方式**」，「**打合せ型**」などと呼んでいます）があります。裁判員裁判対象事件の場合には，必ず公判前整理手続に付されますが（裁判員法49条），それ以外の争いのある事件の場合には，事案の複雑さや争いの程度等によって，前記の各方法から適切なものを選んで行います。もっとも，打合せ方式を選ぶ場合（単独事件などの場合はむしろこちらの方が多数といえます）でも，公判前整理手続に関する規定の趣旨，目的を踏まえた運用を行っています。

(2)　公判準備の内容

　公判準備で行うべきことは，①**争点の整理**，②**証拠の整理**，③**審理計画の策定**の3つです（刑訴法316条の2第1項，刑訴規則217条の2）。争点の整理と証拠の整理を同時並行的に進めて，**争点**（犯罪事実を認定したり，刑の量定を行ったりする場合に，判断の分岐点となるところ）を確定し，争点に対する判断を行うのに必要かつ適切な限度で取り調べる証拠の範囲を定め，そのような証拠調べの内容からみて合理的な期間内で集中して行われる審理計画を策定します（なお，裁判員裁判対象事件の場合には，原則として，連日開廷となります）。争点の整理および証拠の整理に当たっては，**証拠構造**（事実認定の骨組み。各証拠や各間接事実と要証事実との関係の全体像）をよく意識する必要があります。

　前記のとおりの公判準備の目的からすれば，審理計画の策定こそが最終目標で，争点の整理および証拠の整理はその手段と位置付けられますから，争点の整理および証拠の整理を精緻化することは望ましくなく，あくまで審理計画が策定できる限度で行えば足ります。

　なお，公判準備では，証拠調べを行うことはできませんので（公判前整理手続で行うことができる事項を定めた刑訴法316条の5に，証拠調べは含まれていません），裁判所が公判準備の中で心証を形成することはあり得ません。公判準備

168　第2章　刑事訴訟法

は公判審理の先取りではないことに注意する必要があります。

(3)　公判準備の手順

　公判準備は，①まず，検察官が，公判期日において証拠により証明しようとする事実（**証明予定事実**）を明らかにし，必要な証拠の取調べを請求し（刑訴法316条の13），②次に，弁護人が，証明予定事実その他の公判期日においてすることを予定している事実上および法律上の主張（**予定主張**）を明らかにし，必要な証拠の取調べを請求し（同法316条の17），検察官請求証拠に対する証拠意見を明らかにし（同法316条の16），③以下，必要に応じて，主張の追加，証拠取調べ請求の追加，証拠意見の聴取が行われ（同法316条の19，316条の21，316条の22），④これらの流れの中で，裁判所と当事者双方が争点の整理，証拠の整理および審理計画の策定について協議するという手順をとります（引用した条文は公判前整理手続に関するものですが，打合せ方式をとる場合であっても，概ね同様の手順で行っています）。

　公訴提起の段階では事件に関する情報が乏しい弁護人が，公判準備において予定主張を明示するには，検察官から幅広い証拠開示を受けることが必要となります。この点，公判前整理手続および期日間整理手続については，**請求証拠開示**（刑訴法316条の14第1項）のほか，**証拠一覧表交付**（同法2項～5項），**類型証拠開示**（同法316条の15），**主張関連証拠開示**（同法316条の20）といった証拠開示制度が設けられています。打合せ方式の場合には，公判前整理手続の規定の直接の適用はありませんが，ここでも検察官は，積極的な**任意開示**を行っているのが実情です。このような幅広い証拠開示を受けて，弁護人としても，公判準備のできるだけ早い段階から能動的に活動することが期待されています。

　公判前整理手続または期日間整理手続を経た事件については，当事者双方は，やむを得ない事由によって請求できなかったものを除き，これらの手続が終わった後には，証拠調べ請求ができなくなるという制限があります（同法316条の32第1項）。打合せ方式の場合には，この制限の適用はありませんが，従前の争点の整理および証拠の整理を無にするような新たな証拠調べ請求は，必要性がないなどの理由で却下されることが多いでしょう。

THEME 5 裁　判　*169*

■ 5 公判審理 ■

(1) 公判中心主義

　続いて，公判手続の説明に移ります。公判手続の基本原則としては，①口頭弁論主義，②直接主義，③公開主義などが挙げられてきたところです。

　①口頭弁論主義とは，口頭主義（口頭によって提供された資料に基づいて審判をすべきという原則）と弁論主義（当事者の弁論に基づいて審判をすべきという原則）が結合したものです（刑訴法 43 条 1 項）。

　②直接主義は，多義的な概念ですが，裁判所はできるだけ代用的な証拠は避け，直接的な証拠により事実認定を行うべきであるという要請も含んでおり，重要な事実については公判廷で証人尋問を行うという近時の運用を支える原則となっています。

　③公開主義とは，一般国民が自由に傍聴できる状態で審判を行わなければならないという原則で，憲法から直接要請されています（憲法 37 条 1 項，82 条 1 項）。

　裁判員制度の導入もあって，公判手続の基本原則として，近時，改めて脚光を浴びているのは，**公判中心主義**（審理の重点を形式的にも実質的にも公判に置くべきであるという原則）です。刑事裁判の中心は公判にあり，裁判所が公判の場で心証を形成すべきことは，刑事訴訟法を一読すれば容易に理解できることです。実際，当たり前すぎて，外国には公判中心主義に相当する用語はないと聞いています。たとえて言えば，プロ野球などのプロスポーツについて，「公式戦中心主義」などという用語は誰も使わないようなものでしょう。にもかかわらず，このような用語が存在してこれに脚光が当たること自体，従前の刑事裁判の在り方は刑事訴訟法が本来予想している姿とは必ずしも合致していなかったこと，裁判員制度の導入を契機に刑事裁判が刑事訴訟法の予定する原点に回帰すべきことを象徴しているように思います。

(2) 公判廷の構成

　公判廷には，**裁判官**および**裁判所書記官**が列席し，**検察官**が出席します（刑訴法 282 条 2 項）。裁判員裁判対象事件については，**裁判員**も列席します（裁判員法 54 条 1 項）。

170 第2章 刑事訴訟法

被告人は，一定の軽微な事件の場合（刑訴法284条，285条）を除き，公判廷に出頭する義務があり，また，公判廷への出頭は権利でもあって，原則として被告人が出頭しなければ開廷することはできません（同法286条。例外として，同法286条の2，304条の2，341条）。

弁護人については，必要的弁護事件（死刑または無期もしくは長期3年を超える拘禁刑に当たる事件）を審理する場合には，その出頭が開廷要件となっています（同法289条1項）。逆にいうと，必要的弁護事件以外の公判審理や判決宣告については，弁護人が出頭しなくても開廷できるということになりますが，実際には，ほとんどの事件で弁護人が選任され，判決宣告を含め，ほぼすべての公判期日に弁護人が出頭しています。

このほか，**裁判所速記官，裁判所事務官**（廷吏），勾留中の被告人に付き添う拘置所または警察署の職員が在廷していることもあります。

さらに，一定の事件の被害者等またはその法定代理人は，裁判所の許可を得て，手続に参加することができます（同法316条の33）。これを**被害者参加制度**といいます（⇨337頁）。この許可を受けた者を**被害者参加人**といいますが，被害者参加人やその委託を受けた弁護士（**被害者参加弁護士**）も公判期日に出席することができます（同法316条の34第1項）。

(3)　訴訟指揮権と法廷警察権

刑事裁判は，ある種の闘争の場でもあります。その中で，秩序を保ちつつ，公判手続を円滑に進めることは，裁判の主宰者たる裁判所の重要な責務といえます。そのため，法は，裁判所に①訴訟指揮権と②法廷警察権を与えています。

①**訴訟指揮権**とは，公判手続の進行を適切にコントロールする権限のことです。本来は裁判所に属する権限で，重要な事項については裁判所に留保されていますが（刑訴法286条の2，291条の2，297条，304条3項，304条の2，309条3項，312条1項・2項・7項，313条，314条など），その余の事項については，行使の機動性に配慮して，包括的に裁判長に委ねられています（同法294条，295条）。

②**法廷警察権**とは，法廷の秩序維持のために裁判所が行使する権限です。これも本来は裁判所に属する権限ですが，行使の機動性に配慮して，すべて裁判

長に委ねられています（裁判所法71条，刑訴法288条2項）。

裁判所は，これらの権限を背景として秩序を保ちつつも，当事者に対し，必要に応じて裁判所の意図を丁寧に伝えるなどしながら，当事者からの納得も得られるような円滑な公判手続の進行を図ることに努めるべきといえます。

(4) 公判手続の流れ

公判手続は，**Ⅰ 冒頭手続→Ⅱ 証拠調べ→Ⅲ 論告・弁論**（ここまでが**公判審理**ということになります）→**Ⅳ 判決宣告**（これについては後記6〔⇨177頁〕で説明します）の4つの段階に分かれています。このうち，事実認定の根拠となる証拠が出てくるのは，原則として第Ⅱ段階である証拠調べの段階のみ（これ以外で証拠になるのは，第Ⅰ段階に属する被告人の被告事件に対する陳述だけです）ということになります。第Ⅰ段階，第Ⅲ段階に出てくるのは当事者の主張にすぎませんので，これを根拠に事実認定をしてはいけません。刑事裁判では，事実の認定はすべて証拠によります（刑訴法317条）。民事裁判と異なり，弁論の全趣旨（民訴法247条）から事実を認定することは許されていません。

(5) 冒頭手続——公判手続の第Ⅰ段階

冒頭手続は，①**被告人に対する人定質問→**②**起訴状の朗読→**③**黙秘権等の告知→**④**被告人および弁護人の被告事件に対する陳述**の4つの段階に分かれます。

(a) 人定質問

まず，裁判長は，被告人に対し，その人違いでないことを確認します（刑訴規則196条）。通常であれば，起訴状に記載されている，氏名，生年月日，本籍（国籍），住居，職業を尋ねます。

(b) 起訴状の朗読

次に，検察官が起訴状を朗読します（刑訴法291条1項）。起訴状のうち，「公訴事実」と「罪名及び罰条」を読み上げています。ただし，公開法廷における**被害者特定事項秘匿決定**（同法290条の2）や**証人特定事項秘匿決定**（同法290条の3）がされている場合には，秘匿事項を読み上げません。その場合，検察官は，起訴状の朗読後，被告人に起訴状を示します（同法291条2項・3項。ただし，**起訴状における個人特定事項の秘匿措置**〔同法271条の2以下〕がとられている場合は扱いが異なります〔同法291条4項〕）。

172　第2章　刑事訴訟法

　なお，公開法廷における被害者特定事項秘匿決定や証人特定事項秘匿決定がされている事件においては，公判審理及び判決宣告を通じて，訴訟関係人は，秘匿事項を公判廷で明らかにしてはいけないということになります。また，起訴状における個人特定事項の秘匿措置がとられている場合にも，裁判所は，秘匿措置の対象となっている個人特定事項の取扱いに注意を払う必要があります。

　起訴状朗読後，弁護人から公訴事実の不明確な点があるなどとして，裁判長に対し，検察官に釈明のための発問を求めるということもあります（**求釈明要求**。刑訴規則 208 条 3 項）。もっとも，公判準備を経た事件については，すでにその段階で公訴事実に対する疑問点等は解消されているはずですから，公判段階に至ってからこの種の求釈明要求がされることはまずありません。

(c)　黙秘権等の告知

　続いて，裁判長は，被告人に対し，黙秘権や訴訟法上の権利について告知します（刑訴法 291 条 5 項前段）。終始沈黙しまた個々の質問に対し陳述を拒むことができること，陳述することもできるが，その陳述は被告人にとって有利にも不利にも証拠になりうることを説明するのが通例です（刑訴規則 197 条 1 項）。

(d)　被告事件に対する陳述

　黙秘権等の告知を前提に，裁判長は，被告人および弁護人に対し，被告事件について陳述する機会を与えます（刑訴法 291 条 5 項後段）。この陳述は，公訴事実に対する応答ですので，概括的かつ簡潔なもので足りますし，むしろ，そうあるべきです。被告事件に対する陳述により，争点が明らかになることが期待されます。もっとも，公判準備を経た事件については，すでに争点の整理はされているはずですから，被告事件に対する陳述は，公判準備段階での主張を改めて確認する場ということになります。

(6)　証拠調べ──公判手続の第Ⅱ段階

　証拠調べは，①**冒頭陳述**（刑訴法 296 条，刑訴規則 198 条）→②**証拠調べ請求**（刑訴法 298 条 1 項）→③**相手方からの証拠意見の聴取**（刑訴規則 190 条 2 項）→④**証拠決定**（同規則 190 条 1 項）→⑤**証拠の取調べ**（刑訴法 304 条〜307 条）→⑥**証拠書類および証拠物について証拠の提出**（同法 310 条）という流れをたどることが多いです。もっとも，公判前整理手続を経た事件については，原則として証拠

調べ請求は終わっているはずですし（前述のとおり公判段階での証拠調べ請求については同法 316 条の 32 第 1 項の制限がかかります），証拠意見の聴取，証拠決定も終わっている証拠が多いはずです。

以下，証拠調べに関し，重要な点について解説します。

(a) 冒頭陳述

検察官の冒頭陳述は，証拠調べの冒頭段階で，検察官が証拠により証明しようとする事実を明らかにするものです（刑訴法 296 条）。具体的には，犯行に至る経緯，犯行状況等について，検察官が立証しようとする事実を素描します。冒頭陳述の目的は，これから行われる検察官の立証活動のロードマップ，いわば予告編のようなものですから，コンパクトにまとめられたものが望ましく，証拠の具体的な内容にわたるような詳密なものはかえって逆効果といえます。

検察官の冒頭陳述後，弁護人も裁判所の許可を得て，冒頭陳述をすることができます（刑訴規則 198 条 1 項）。任意的なもので，かつ，時期も，検察官の冒頭陳述の直後に限られるものではありません。

もっとも，公判前整理手続を経た事件については，弁護人の冒頭陳述も必要的となり，かつ，その時期は，検察官の冒頭陳述の直後に限られます（刑訴法 316 条の 30）。そして，公判前整理手続を経た事件については，弁護人の冒頭陳述に引き続いて，**公判前整理手続の結果を顕出する手続**が行われます（同法 316 条の 31 第 1 項）。

(b) 証拠調べ請求

証拠調べ請求（刑訴法 298 条 1 項）に関しては，**証拠の厳選**が重要です。公判段階であれ，公判前整理手続の段階であれ，証拠調べ請求は，証明すべき事実の立証に必要な証拠を厳選して行わなければなりません（刑訴規則 189 条の 2）。証拠の厳選が徹底されず，余計な証拠が大量に法廷に顕出されてしまうと，結局，公判の場では十分な心証形成ができず，後ほど，これらの大量の証拠を読み込むなどの作業が必要となってきます。これでは公判中心主義は空洞化しますし，裁判員裁判であれば，裁判員に過大な負担を課すことになって，裁判員制度が機能しなくなるということにもなりかねません。証拠の厳選は，公判中心主義の前提となる極めて重要なルールです。

(c) 証拠意見

証拠意見の聴取（刑訴規則 190 条 2 項）に当たっては，証拠の種類によって，

174 第2章 刑事訴訟法

聴取すべき意見が異なってきます。

まず，**証拠書類**（その記載内容が証拠となる書面。**書証**ともいいます。たとえば，供述調書，実況見分調書，鑑定書など）については，刑訴法326条の同意をするかどうか，**証拠物**（その存在や状態が証拠となる物。**物証**ともいいます。たとえば，凶器など）や**人的証拠**（証人，鑑定人など。**人証**ともいいます）については，取調べに異議があるかどうかをそれぞれ聴取します。なお，ここでの異議があるという意見は，裁判所が証拠決定をする際の参考意見であって，後述する刑訴法309条1項の異議（⇨176頁）とは異なります。

(d) 証拠決定

証拠調べ請求に対して，裁判所は証拠決定をします（刑訴規則190条1項）。裁判所は，証拠能力があり，かつ，取り調べる必要性がある証拠について採用決定をし，証拠能力がないまたは取り調べる必要性のない証拠に対しては却下決定をします。なお，当事者から意見を聴取しても，証拠の採否の判断がつかない場合には，その判断のために，当事者に証拠の提示を命じることがあります（**提示命令**。同規則192条）。

証拠決定をするに当たっても，証拠の厳選の趣旨をよく考える必要があります。

また，証拠決定をする際には，証拠の取調べ順序も定めますが，その順序に関しては1つルールがあります。それは，被告人の自白を録取した供述調書等は，犯罪事実に関する他の証拠が取り調べられた後に取り調べなければならないというものです（刑訴法301条。なお，同条は，証拠調べ請求について定めたものですが，判例上，請求自体は一括して行ってよいとされているところです）。実務上，検察官は，犯罪事実に関する証拠のうち被告人の供述調書等を除いたものを甲号証，被告人の供述調書等，身上・前科関係の証拠を乙号証として，別立てで番号を付して証拠請求をしていますが，裁判所としては，身上関係に関する乙号証はともかく，それ以外の乙号証は，できるだけ甲号証の後に取り調べるようにしています。

(e) 証拠の取調べ

証人などの人的証拠の取調べ方法は，**尋問**です（刑訴法304条）。後ほど，項を改めて詳しく説明します。

証拠書類の取調べ方法は，原則として全文**朗読**です（同法305条）。裁判員裁

THEME 5 裁　判　175

判対象事件では，特に全文朗読が推奨されています。裁判員裁判非対象事件では，朗読に代えて，**要旨の告知**の方法も用いられていますが（刑訴規則 203 条の 2），その場合でも，公判の場で裁判所がきちんと心証形成できるような実質的な要旨の告知が必要です。

証拠物の取調べ方法は，**展示**です（同法 306 条）。もっとも，証拠物によっては，その種類，性質に応じて内容を了知するのに適切な方法を用います。たとえば，防犯ビデオの映像を記録した DVD であれば，その再生を行います。

最近では，書画カメラやモニターを備えた法廷も少なくないところ，証拠書類や証拠物の取調べに当たってこれらの設備を用いることもあります。

（f）証人尋問

証人尋問は，刑事裁判のクライマックスということができ，公判中心主義の下，いよいよその重要性が増しています。重要な事実に関しては，たとえ当該証人の供述調書について反対当事者が同意を与えている場合であっても，公判廷で証人尋問を行うことが少なくありません（前述の直接主義の要請でもあります）。

証人には，宣誓，証言義務があります（刑訴法 160 条，161 条）。宣誓の上，偽証をすると偽証罪に問われます（刑法 169 条）。もっとも，自己または一定の近親者が刑事訴追を受け，または有罪判決を受けるおそれがある場合には，その事由を示して証言を拒絶することができます（刑訴法 146 条，147 条，刑訴規則 122 条）。ちなみに，平成 28 年改正により導入された**刑事免責制度**は，証言およびこれに基づいて得られた証拠を証人自身の刑事事件において不利益な証拠としないことと引き換えに，自己が刑事訴追を受け，または有罪判決を受けるおそれがあるとの事由での証言拒絶権を行使させなくする制度です（同法 157 条の 2，157 条の 3）。

一方，証人の保護制度も拡充されてきており，**証人への付添い**（同法 157 条の 4），**証人の遮蔽措置**（同法 157 条の 5。被告人との間，傍聴人との間の両方があります），**ビデオリンク方式**（同法 157 条の 6。なお，一定の場合には，証人が同じ裁判所構内に在席していない場合でも，ビデオリンク方式による証人尋問をすることができます〔同条 2 項〕）などの制度が設けられています。

証人尋問は**交互尋問**の方式で行われます。すなわち，証人尋問を請求した側が主尋問を行い，次に相手方が反対尋問を行い，さらに請求した側が再主尋問

176 第2章 刑事訴訟法

を行います。その後，裁判所が補充尋問を行います。尋問の方法については，刑訴規則が詳細を定めていますが（刑訴規則199条の2～199条の14），特に重要な2点を指摘します。

①**誘導尋問**については，主尋問では原則として禁止されていますが（同規則199条の3第3項），反対尋問では必要があるときは行うことができます（同規則199条の4第3項・4項）。そのため，反対尋問では，適宜，誘導尋問を利用して証言の拡散を防ぎながら，証言の信用性を弾劾する（反対尋問を行う側からすれば，証人は敵性証人であることが多い）のが効果的とされています。

②**書面や物等を示す尋問**については，**成立・同一性の確認**（同規則199条の10），**記憶喚起**（同規則199条の11），**供述の明確化**（同規則199条の12）の3種類がありますが，それぞれ要件が異なります。他の証拠で証言を支え，または証言で他の証拠を支えるなど，証拠の間に有機的な連携をもたらすためにも，書面や物等を示す尋問が許される要件について習熟し，これらの尋問を駆使できるようになることは重要です。裁判官として当事者の尋問を見る機会がありますが，書面や物等を示す尋問が上手くできるかできないかで，証人尋問の成果には天と地ほどの差が生じていると言っても過言ではありません。

証人尋問は**一問一答式**によるのが原則ですが（同規則199条の13第1項），証人が専門家である場合には，**プレゼンテーション方式**といって，個別の尋問を挟まず，まずは専門家に一通りの説明をしてもらい，その後，補充的に一問一答式による尋問を行うこともあります。

(g) 被告人質問

被告人質問も証人尋問の方式に準じて行われますが，被告人に供述義務はなく，宣誓も不要であり，虚偽供述をしても偽証罪には問われません。第1審では，当事者の請求や相手方の意見聴取をすることなく，被告人質問（刑訴法311条3項）を行いますが，通常は，弁護人が被告人質問を行うことを求めることが多いです（裁判所への職権発動の促しと取り扱われます）。

(h) 異議の申立て

当事者は，証拠調べに関して異議を申し立てたり（刑訴法309条1項），裁判長の処分に対して異議を申し立てたりする（同条2項）ことができます。

証拠調べに関する決定，たとえば，証拠の採用決定や却下決定に対しては，法令の違反がある場合だけしか異議を申し立てることができません（刑訴規則

205 条 1 項ただし書)。他方，それ以外の証拠調べに関しては，法令の違反がある場合のみならず，相当でないことも理由として異議を申し立てることができます（同項本文）。とはいえ，異議を申し立てたい場面は，むしろ証拠調べに関する決定の場合の方が多いと思われますが，この場合には，法令の違反を指摘しなければならないということに注意が必要です。

裁判長の処分に対する異議は，法令の違反がある場合だけしか申し立てることができません（同条 2 項）。

異議が申し立てられた場合には，裁判所は，相手方の意見を聴いて（同規則 33 条 1 項本文），遅滞なく決定をしなければなりません（刑訴法 309 条 3 項，刑訴規則 205 条の 3）。

(7) 論告・弁論──公判手続の第Ⅲ段階

証拠調べが終わった後，当事者は証拠調べを踏まえて，意見を述べます。

まず，検察官が，事実および法律の適用について意見を述べます（刑訴法 293 条 1 項）。これを**論告**といいます。論告の最後に検察官は，具体的な刑について意見も述べますが，これを**求刑**といいます。

次に，弁護人が同様に意見を述べます（同条 2 項）。これを**弁論**といいます。裁判員裁判などでは，弁護人も，具体的な刑の意見を述べることが増えてきました。これを弁護人の**科刑意見**といいます。

最後に，被告人にも意見陳述の機会が与えられます。これを被告人の**最終陳述**といいます（刑訴規則 211 条）。

論告，弁論とも，意見と証拠の関係を明示する必要がありますが（刑訴規則 211 条の 3），争点に即した簡にして要を得た内容となることが望ましいです。

被告人の最終陳述が終わると，公判審理は終了し，公判廷での手続としては判決の宣告だけが残ることになります。この状態を，**弁論の終結**または**結審**と呼んでいます。

■ 6 評議，判決宣告 ■

(1) 評 議

裁判所が合議体の場合には，弁論の終結後，合議体の構成員による評議に移り，事実認定，法令の解釈・適用，刑の量定を行います（裁判所法 75 条～77 条，

178　第2章　刑事訴訟法

裁判員法66条〜70条。なお，裁判員裁判の場合であっても，法令の解釈に係る判断等
は裁判官が行います〔同法6条2項，66条3項・4項〕）。

　特に，裁判員裁判における評議は，裁判官と裁判員の**協働作業**であり，裁判
員と裁判官とがそれぞれの役割を十分に果たせるよう，実質的な意見交換がで
きることが必要です（⇨191頁）。そのためにも，公判審理が充実したものとな
り，裁判所が公判の場で心証を形成できていることがその大前提となります。

(2) 判 決 宣 告

　評議が成立したら（単独事件の場合は，担当裁判官の心証がまとまったら），その
結果を踏まえて判決を宣告します。

　判決の宣告は，公判廷で（刑訴法342条），裁判長が（刑訴規則35条1項），主
文を朗読した上，理由を朗読し，または理由の要旨を告知します（同条2項）。
判決をした裁判官は判決書を作成します（同規則53条，54条）。

　有罪判決については，その示すべき理由が法定されています。それは，**罪と
なるべき事実，証拠の標目，法令の適用**です（刑訴法335条1項）。これは，証拠
から事実を認定し，認定した事実に法令を適用して，結論を得るという刑事裁
判における判断の過程を端的に体現するものです。そのほか，当事者から法律
上犯罪の成立を妨げる理由または刑の加重減免の理由となる事実が主張された
ときは，これに対する判断も示さなければなりません（同条2項）。実際の有罪
判決においては，このように法定された事項のほかに，**事実認定の補足説明，
量刑の理由**といった項目を設けて，それぞれ，争いのある事件についての事実
認定の過程の説明，刑の量定の理由を明らかにすることが多いです。

　無罪判決の理由については，有罪判決の場合と異なり，記載事項は法定され
ていませんが，検察官が立証責任を果たせていないことなどを説明することに
なります。

　判決の内容は，争点に即した平易かつ簡潔なものが望ましいとされていま
す。

■　7　最後に——裁判官の職責　■

　ここまで，地方裁判所が担当する刑事事件の第1審の手続を概観してきまし
た。すでにご紹介してきたとおり，裁判官は，公判準備の取りまとめ役，公判

THEME 5 裁　判　179

審理の主宰者，評議の進行役，評議を通じて裁判員や他の裁判官と議論し最終判断を形成する一員，判決書の作成者など，刑事裁判全体を通じて多様な役割を担うことになります。刑事裁判は，人の一生を左右するもので，場合によっては死刑判決などのそれ自体重大な判断を迫られることもあります。それゆえ，刑事裁判の法廷には独特の緊張感が漂っていますが，これも裁判官の職責の重さの裏返しといえます。他方，憲法は，「すべて裁判官は，その良心に従ひ独立してその職権を行ひ，この憲法及び法律にのみ拘束される。」と定め（76条3項），裁判官の独立を保障しています。裁判官は，憲法によって与えられた権限を誠実に行使して，その使命を全うするべく精進することが求められています。

Invitation to 裁判官

本文中にも述べましたように，裁判官の職責には重いものがあります。裁判官に求められる資質としては，重い職責に耐える責任感や誠実性，法的な知識や経験，論理的思考力や分析力が求められることもさることながら，バランス感覚，人間に対する共感，人情や人生の在り方などについての洞察なども求められるところです。そのように多様な資質を求められる仕事であるからこそ，裁判官の仕事には完成形というものは見つからないように思います。ただ，そういったある意味正解が1つではない仕事であるだけに，その分，やりがいも大きいといえます。また，裁判官の独立が保障されていることもあり，何事も自分で決めることができるという自律性の高い仕事です。法と良心にのみ従って，当事者の主張や証拠の内容を理解し，よく考えて，悩み尽くして，最適な結論を探るというこの仕事については，やりとげたときに何ともいえない達成感があります。

　他方で，最終的な判断は自分でしなければならないものの，その過程では同僚や仲間に相談して，議論の相手になってもらったり，その経験を教示してもらえたりします。刑事裁判官の伝統として，裁判官同士，先輩，後輩などの垣根なく，自由に議論をするのが当然という雰囲気があります。また，裁判所には裁判所書記官，裁判所事務官などの優秀で職務熱心な職員が多数おり，裁判官はこれらの職員の献身的なサポートを受けることもできます。裁判官は独立しているけれども，決して孤立はしていないのです。

　裁判所は，その性質上，正論が正論として通る職場です。自分に正直に生きていくことができる職場環境といえます。裁判官というと堅苦しい人，型にはまった人をイメージされる方もいるのではないかと思いますが，実態は，このような職場環境を反映して，自律的で自由闊達な裁判官が多いです。是非，興味のある方は，裁

180　第2章　刑事訴訟法

判所にも目を向けていただければと思います。手始めに，この本の他の箇所でも言及されておりますが（⇨113頁，194頁，226頁），法廷傍聴にお越しになってはいかがでしょうか。実物の裁判を見ると，裁判や裁判官に対する具体的なイメージがつかみやすくなると思います。みなさまのお越しを法廷でお待ちしております。

〔大川隆男〕

Invitation to 裁判所事務官・裁判所書記官

私は，大学で刑訴法ゼミに参加したこともあり，法律の知識を活かせる仕事に就きたいと思い，裁判所事務官採用試験を受験しました。裁判所事務官として裁判所書記官の仕事を補助する中で，裁判を裏方として支えるその専門性に憧れ，勉強を重ねて内部試験に合格し書記官に任官しました。それから早いもので30年余が経ちました。出身地である高松高裁で採用になり，結婚を機に大阪地裁へ異動，さらに家族の引越を理由に東京地裁へ異動し，今日に至ります。これまでこの仕事を続けてこられたのは，仕事の魅力に加えて，裁判所が人を活かす組織だったからです。裁判所は人が財産であるとよく言われるのですが，研修制度が充実しており，法学部卒でなくとも，様々な法律研修を経て，民事，刑事，家事どの部署でも立派に法律の実務家として働くことができます。また，長く働き続ける上で必要な仕事と家庭の両立を支援する体制等も整っており，職場でもそれが当たり前という意識があり，皆で協力し合っています。

　刑事裁判というと裁判官が行っていると思う人も多いのではないでしょうか。実際には，多数の関係者が協働して刑事裁判を運営しています。裁判所書記官には，固有の権限として，法廷立会，調書作成という公証官の役割と，検察官，弁護人その他の訴訟関係人等と打ち合わせて，裁判の円滑な進行を確保するコートマネージャの役割があります。裁判所書記官は，予断排除の原則により裁判官がまだ見聞きできない情報を収集し，裁判官の審理方針に従って，当事者に事前準備を促し，その進捗状況を確認します。公判期日が決まれば，進行内容に応じて，必要な法廷等の確保，当事者の出頭確保，必要な機材の借出し設営等を行います。本番の公判期日に描いた審理方針に沿って充実した審理が遂行されることは，国民が期待する適正・迅速な裁判の実現でもあり，大いなる達成感が得られます。また，法廷では，立証責任がある検察官，被告人を防御する弁護人，そして判断する責任がある裁判官，みな大変な重責を背負って審理に臨んでいます。書記官は，法曹三者に囲まれた法廷の真ん中に着席し，真正面から同じ目線で証人や被告人の話を聞き，公証官として，審理の経過を調書に記録します。誰よりも事件を客観的な立場で冷静に見ることができているかもしれません。いかがですか。法廷で黙って座っている裁判所書記官にも興味を持ってもらえたでしょうか。

〔木村ひとみ〕

THEME 6

裁判員制度

Invitation to 法曹（裁判員裁判）

■ 1 導入に至る経緯等 ■

⑴ 導入に至る経緯

裁判員制度が導入された直接の契機は，2001（平成13）年6月の司法制度改革審議会による提言です。

この審議会は，1999（平成11）年7月，内閣に設置され，その後，約2年間にわたる審議を経て，意見書をまとめました。その中で，刑事訴訟事件を対象に，広く一般の国民が，裁判官とともに責任を分担しつつ協働し，裁判内容の決定に主体的，実質的に関与することができる新たな制度の導入を提言しました。審議の際には，諸外国において国民が司法に参加する制度も参考にされました（代表例として，アメリカやイギリス等の「陪審」制度や，フランスやドイツ等の「参審」制度があります）。しかし，特定の国の制度にとらわれず，日本にふさわしいものを導入すべきとして，「裁判員」という名称が作られました。

その後，具体的な制度設計作業が行われ，2004（平成16）年5月に**裁判員の参加する刑事裁判に関する法律**（以下「裁判員法」といいます）が成立しました。裁判員法は，約5年間の準備期間を経て，2009（平成21）年5月に施行されました。

⑵ 裁判員制度実施に関連する法改正

裁判員法の成立と同時に，刑訴法も改正されました。新設された**公判前整理手続**（⇨186頁）や**証拠開示の拡充**などの制度は，裁判員制度を実施する上で必要不可欠ともいえるもので，2005（平成17）年11月から運用が始まっています。

さらに，2007（平成19）年5月，裁判員法が一部改正され，**区分審理・部分判決制度**（⇨187頁）が導入されました。この制度の目的は，同じ被告人に対し複数の事件が起訴され，審理期間が長期に及ぶ場合などについて，裁判員の負担が著しく大きくならないようにすることです。

182　第2章　刑事訴訟法

(3)　裁判員法施行後の法改正

　裁判員法には，施行後3年を経過した段階において，実施状況を見直し，必要な措置を講じるという規定も設けられていました（附則9条）。これを受けて検討が行われ，2015（平成27）年6月，改正裁判員法が公布されました。主な改正点は，**a)** 著しく長期にわたる事案等の対象事件からの除外（同3条の2），**b)** 重大な災害を理由とする辞退事由の追加（同16条8号ホ），**c)** 非常災害時における裁判員候補者の呼出しをしない措置（同27条の2），**d)** 選任手続における被害者特定事項の取扱い（同33条の2）です。

■　2　制度の概要　■

(1)　対 象 事 件

　裁判員裁判の対象となる事件は，**a)** 死刑または無期拘禁刑にあたる罪に係る事件（殺人，現住建造物等放火，強盗致死傷など），**b)** 法定合議事件のうち（裁判所法26条2項2号），故意の犯罪行為により被害者を死亡させた罪に係る事件（傷害致死，逮捕監禁致死，保護責任者遺棄致死など）です（裁判員法2条1項）。これらは，国民の関心が高く社会的にも影響の大きい重大な犯罪であることから，対象事件とされました。

　被告人に，裁判員の参加する合議体と裁判官のみの合議体のいずれかを選択する権利は認められていません。裁判員制度は，個々の被告人のためというより，国民一般にとって，あるいは裁判制度として重要な意義を有することにより導入されたからです。

　ただし，裁判員等に危害が加えられるおそれがあり，畏怖して職務の遂行ができない等の要件にあたる場合（同3条）や，審理に要する期間が著しく長期にわたることが回避できない等の要件にあたる場合（同3条の2）には，裁判官のみの合議体で取り扱うこととされています。

　なお，裁判員裁判の対象事件が控訴された場合，控訴審に裁判員は参加せず，裁判官のみの合議体が審判します。控訴審での職務の中心は，書面により，第1審で提出された主張や証拠等を検討し，第1審の判断の当否を審査することであり，裁判員が本来の力を発揮することができる場面であるとはいい難いことなどが理由とされています。

(2) 合議体の構成

裁判員の参加する合議体の構成は，**裁判官3人，裁判員6人**が原則です（裁判員法2条2項本文）。a）評議の実効性を確保し，個々の裁判員が責任感と集中力をもって裁判に主体的・実質的に関与することを確保するという観点からすると，合計人数には一定の限界があること，b）対象事件は法定合議事件の中でも特に重大事件であり，裁判官については，対象事件以外の法定合議事件と同様，原則として3人による慎重な審理・裁判が必要と考えられること，c）裁判に国民の感覚をより反映させるようにするという観点からすると，裁判員を相応の数とすることが望ましいこと，が考慮されました。

ただし，公訴事実に争いがなく，当事者に異議がないことなどの要件を満たす場合には，裁判官1人，裁判員4人の合議体によることができます（同2条2項ただし書）。

なお，審理の途中で裁判員の数が足りなくなった場合に備えて，裁判員数を超えない数の補充裁判員を置くことができることになっています（同10条1項。なお，本 *THEME* では，「裁判員」というときは，補充裁判員を含むことがあります）。

(3) 選任される裁判員

裁判員候補者は，衆議院議員の選挙権を有する国民から選ばれます（裁判員法13条）。2016（平成28）年6月，改正公職選挙法が施行され，選挙権を有する年齢は「満20年以上」から「満18年以上」に引き下げられました（公職選挙法9条）。選挙権を有する満18歳以上の国民であれば裁判員の選任資格を有します。

裁判員候補者は，次の事由にあたる場合，裁判員になることができません。候補者が，a）裁判員として必要な職務遂行能力または人格的信用に欠ける場合（欠格事由。裁判員法14条），b）三権分立への配慮や，国民一般の感覚を裁判に反映するという裁判員制度の趣旨への配慮などを理由に，裁判員になることが禁じられている場合（就職禁止事由。同15条。たとえば，候補者が，国会議員の場合，法曹資格を有する場合などです），c）事件関係者である場合（事件に関連する不適格事由。同17条），d）裁判所が不公平な裁判をするおそれがあると認めた場合（その他の不適格事由。同18条）です。

他方，裁判員候補者は，一定の事由にあたる場合，裁判員になることを辞退

184　第2章　刑事訴訟法

できます（同16条。「裁判員の参加する刑事裁判に関する法律第16条第8号に規定するやむを得ない事由を定める政令」）。具体的には，a) 70歳以上の人，b) 地方公共団体の議会の議員（会期中に限ります），c) 常時通学を要する課程に在学する学生または生徒，d) 過去一定期間内に裁判員や検察審査員などの職務に従事したり，裁判員候補者として裁判所に出頭したことがある人（辞退が認められた人は除きます），e) 重い疾病や傷害のある人，f) 介護・養育・入通院への付添い等の必要がある人，g) 自ら処理しなければ事業に著しい損害が生じるおそれのある重要な用務がある人，h) 親族の結婚式への出席など社会生活上の重要な用務のある人，i) 重大な災害で被害を受け，生活再建のための用務がある人，j) 妊娠中または出産の日から8週間を経過していない人，k) 住所・居所が遠隔地にある人，l) その他裁判員の職務を行うことにより身体上，精神上または経済上の重大な不利益が生じる人について，辞退が認められます。

　裁判員候補者は，辞退が認められない場合，裁判員に選任されることを拒むことはできません。その意味で，裁判員となることは義務といえます。希望者のみが裁判員になる制度としなかった理由は，国民一般の感覚を裁判内容に反映させるという裁判員制度の趣旨を実現するとともに，裁判の公正を確保するため，裁判員はできるだけ幅広い層の国民から選任されることが望ましいと考えられたからです。

(4)　裁判員の選任方法

　裁判員の選任方法は，(a)選挙人名簿から無作為に抽出して翌年1年間の裁判員候補者名簿を作成する手続，(b)事件ごとに裁判員候補者名簿から候補者を選定する手続，(c)裁判所で質問手続を行い，裁判員を選任する手続に分けられます。

　裁判員は幅広い層の国民から選任されることが望ましいという前述のとおりの理由から，選挙人名簿からの無作為抽出という方法が選ばれました。

　(a)　裁判員候補者名簿の調製，候補者への通知　まず，地方裁判所は，毎年，翌年に必要な裁判員候補者の人数を算定して市町村に割り当て，市町村の選挙管理委員会に通知します（裁判員法20条）。次に，選挙管理委員会は，割り当てられた人数を選挙人名簿からくじで選定し，名簿を作成して地方裁判所に送付します（同21条・22条）。その後，地方裁判所は，これに基づいて裁判

員候補者名簿を調製し，裁判員候補者にその旨を通知します（同23条・25条）。この通知を受けると，翌年1年間，裁判員に選ばれる可能性があります。

(b) 個別事件における候補者の選定　裁判員裁判の対象事件が起訴され，第1回公判期日が定まると，事件を担当する裁判所は，その事件の審判の見込み期間等を考慮して，呼び出す候補者の数を定めた上，くじで候補者を選定し，選任手続期日に呼び出します（同26条・27条）。

(c) 裁判所での選任手続　裁判所での選任手続には，裁判官，書記官，検察官および弁護人（裁判所が必要と認めたときは被告人も）が出席します（同32条）。候補者のプライバシーを保護するため，選任手続は非公開で行います（同33条）。

候補者に対しては，裁判長が質問をします（同34条）。その結果，候補者が，(i)から(iii)までのいずれかに該当する場合には，不選任決定（その候補者を裁判員としないことの決定）をします。

(i)　まず，候補者について，裁判員の職務従事予定期間中，a）衆議院議員の選挙権を有しない（同13条），b）欠格事由にあたる（同14条），c）就職禁止事由にあたる（同15条），d）事件に関連する不適格事由にあたる（同17条），e）その他の不適格事由にあたる（同18条）のいずれかの場合です。

(ii)　次に，候補者から辞退の申立てがあり，辞退事由があると認められる場合です（同16条）。

(iii)　これ以外に，検察官と弁護人は，候補者のうちそれぞれ4人まで（裁判官1人，裁判員4人の合議体の場合は3人。補充裁判員が置かれる場合にはその人数に応じて1人から3人を加えた数），理由を示さないで，不選任とするよう請求することができます（同36条，裁判員の参加する刑事裁判に関する規則〔以下「裁判員規則」といいます〕34条）。

(iv)　裁判所は，以上の手続により不選任決定がされなかった候補者の中から，くじで裁判員を選任します（裁判員法37条。なお，以上が原則的な手順ですが，これ以外の方法によることもできます〔裁判員規則35条参照〕）。

選任された裁判員に対し必要な説明が行われ，裁判員が宣誓することにより，選任手続は終了します（裁判員法39条，裁判員規則36条・37条）。

186 第2章　刑事訴訟法

(5) 裁判手続

　裁判員裁判の対象事件は，以下の点を除けば，通常の刑事訴訟事件と同様の手続で進められます。

　(a) 公判開始前（裁判員選任前）　裁判員裁判の対象事件では，必ず公判前整理手続（刑訴法316条の2）が行われます（裁判員法49条）。a) 裁判員が，裁判に参加する際に，休暇を取得したり，他の予定を変更したりするためには，あらかじめ**審理計画を立て**，審理に要する見込み期間が明確になっている必要があること，b) 裁判員が，実質的に関与できる裁判を行うという面でも，あらかじめ**争点整理，証拠整理**を十分に行い，的確な心証形成を行うことができる審理を実現する必要があることなどが理由です。

　公判前整理手続において行うことは，裁判員裁判の対象事件とそれ以外の事件で基本的に同じですが，例外が1つあります。裁判員裁判の対象事件については，公判前整理手続において，**鑑定**の手続を行うことができます（同50条1項）。たとえば，被告人の責任能力に関する精神鑑定では，鑑定人による診察や鑑定書の作成等のために，数か月間を要することがあります。こうした鑑定の手続をすべて公判開始後に行うことにしますと，鑑定の結果が報告されるまでの間，審理が事実上中断します。もし，相当期間審理が中断しますと，裁判員が得た新鮮な心証は時間の経過とともに失われるおそれがありますし，裁判員の地位にとどまる期間が長期間に及ぶため負担も大きくなります。例外を認めた理由は，こうした事態を避けるためです。もっとも，証拠調べは公判開始後に公判廷で行われる必要がありますから，鑑定の経過・結果の報告は公判開始後に行われることになります（同50条3項参照）。

　(b) 公判審理　裁判員裁判においては，本来の職業や家庭等をもつ，法律専門家ではない裁判員に裁判に参加してもらいます。そこで，裁判官，検察官および弁護人は，裁判員の負担が過重なものとならないようにしつつ，裁判員がその職責を十分に果たすことができるよう，審理を迅速で分かりやすいものとすることに努めなければなりません（同51条）。

　冒頭陳述では，検察官は，公判前整理手続における争点および証拠の整理の結果に基づき，証明しようとする事実と証拠との関係を具体的に明示しなければならないとされています（同55条）。**被告人側の冒頭陳述**も同様です。なお，前述のとおり，裁判員制度の対象事件においては，公判前整理手続が必要的と

されています。公判前整理手続に付された事件については，被告人側は，事実上および法律上の主張があるときには冒頭陳述をしなければならないので（刑訴法316条の30），裁判員裁判では，被告人側も冒頭陳述を行うことが通例です。

　裁判員規則は，さらに，検察官および弁護人に対し，裁判員が審理の内容を踏まえて自らの意見を形成できるよう，裁判員に分かりやすい立証および弁論を行うように努めることを求め（裁判員規則42条），裁判官に対し，評議において，裁判員から審理の内容を踏まえて各自の意見が述べられ，合議体の構成員の間で，充実した意見交換が行われるように配慮することを求めています（同50条）。

　裁判員は，やむをえない事由により職務を行うことが困難であるときなど一定の場合に**辞任**を申し立てることができます（裁判員法44条）。辞任の申立てが認められるなどして裁判員が解任されても，第一回公判期日前に補充裁判員が置かれている場合には，補充裁判員を裁判員に選任して（同10条），そのまま審理を続けることができます（この場合，補充裁判員ははじめから審理に立ち会っています）。他方，補充裁判員を裁判員に選任しても裁判員の人数が足りなくなった場合には，新たに裁判員を選任し，公判手続を更新して審理を続けることになります。公判手続の更新は，新たに加わった裁判員が，争点および取り調べた証拠を理解することができ，かつその負担が過重なものとならないようなものとしなければなりません（同61条）。

(c)　区分審理および部分判決制度　たとえば，同じ被告人に対し，裁判員制度の対象事件が3つ起訴され（A事件，B事件，C事件と呼ぶことにします），すべて併合したとします。区分審理および部分判決制度（同71条以下）を活用しない場合，裁判員は，ABC事件のすべての審理に立ち会い，判決することになります。

　もっとも，相互に関連しない3つの事件をすべて併合して審理すると，審理が著しく長期化する場合もあるでしょう。区分審理および部分判決制度を活用し，事件ごとに審理する旨の決定をすると（区分審理決定といいます），（ⅰ）まず，A事件について，A事件を担当する裁判員が裁判官とともに有罪か無罪かの判断をし（部分判決といいます。部分判決の宣告により，A事件を担当する裁判員の任務は終了します），（ⅱ）次に，B事件について，B事件を担当する裁判員が裁判官とともに同様に部分判決をし，（ⅲ）最後に，別の裁判員が裁判官とともにC事件に

188　第2章　刑事訴訟法

ついて有罪か無罪かの判断をし，部分判決を踏まえた上で，有罪とされた事件
全体について量刑を判断し，ABC事件全体について判決することになります。

　このように，区分審理および部分判決制度は，裁判員の負担を軽減しなが
ら，適正な結論が得られるようにする制度といえます。

　(d)　判決　　事件に対する終局裁判（有罪，無罪等の判決のほか，少年法55条
の決定を含みます）を宣告する場合には，裁判員は公判期日に出頭しなければな
りませんが，裁判員が出頭しない場合でも，判決を宣告することはできます
（裁判員法63条）。

　刑事事件の判決は，速やかに手続を進める必要があるため，判決の原稿に基
づいて言い渡し，判決書原本は宣告後に作成することが多いようですが，裁判
員の任務は，判決宣告により終了しますから（同48条），その後に作成される
判決書には裁判官のみが署名・押印し，裁判員は署名・押印しません。

　(e)　控訴審　　先に述べたとおり，裁判員制度の対象事件が控訴された場合
でも，控訴審は，裁判官のみの合議体が担当するものとされています。しか
し，国民の健全な常識を刑事裁判に導入することが裁判員制度の趣旨であると
すれば，国民が加わって得られた結論を，裁判官だけで構成される控訴審が破
棄することは正当化できるでしょうか。

　この点に関する裁判員法の制定過程時における議論を，次のようにまとめる
ことも許されるでしょう。そもそも，控訴審の役割は，第1審のように独自に
心証を形成するのではなく，第1審判決を前提に，誤りがないかどうかを事後
的に審査するにとどまるものです。控訴審が事後審性を徹底することを前提に
すれば，裁判官のみで構成される控訴審が，裁判員の加わった合議体の判断を
審査し，覆すことも合理的と考えられます。

　なお，裁判員制度の施行後，第1審判決を破棄した控訴審判決について，最
高裁が，むしろ控訴審こそ刑訴法の理解を誤っているとした例があります。最
高裁は，この判決で，「刑訴法は控訴審の性格を原則として**事後審**としており，
控訴審は，第1審と同じ立場で事件そのものを審理するのではなく，当事者の
訴訟活動を基礎として形成された第1審判決を対象とし，これに事後的な審査
を加えるべきものである。……控訴審が第1審判決に事実誤認があるというた
めには，第1審判決の事実認定が論理則，経験則等に照らして不合理であるこ
とを具体的に示すことが必要であるというべきである」と判断しています（最

判平成 24・2・13 刑集 66 巻 4 号 482 頁)。

⑹ **裁判員の職務，権限等**

（i）　裁判員の職務は，法廷の審理に立ち会うこと（裁判員法 52 条），評議に出席し，意見を述べること（同 66 条 2 項），判決の宣告に立ち会うこと（同 63 条 1 項本文）です。

なお，裁判員（選任手続に出頭した裁判員候補者も同様）に対しては，旅費，日当および宿泊料が支給されます（同 11 条・29 条 2 項，裁判員規則 6 条以下）。

（ii）　裁判員の権限は，次のとおりです。

裁判員は，有罪・無罪等の事実認定，法令の適用および刑の量定の判断に関与します（裁判員法 6 条 1 項・66 条 1 項）。これらの判断に必要な事項については，証人尋問や被告人質問などの際，裁判長に告げて，直接証人や被告人に対し質問することなどもできます（同 56 条から 59 条まで）。これらの事項に関する**評決**は，裁判官および裁判員の双方の意見を含む合議体の員数の**過半数**の意見によります（同 67 条 1 項）。裁判官または裁判員のみによる多数では判断することができないことになります。

これに対し，法令の解釈に関する判断や訴訟手続に関する判断は，裁判官の合議によります（同 6 条 2 項）。後者の例としては被告人の身柄に関する裁判，証拠の採否の判断等が挙げられます。

（iii）　裁判員は，法令に従い公平誠実に職務を行う（同 9 条 1 項），裁判の公正さに対する信頼を損なうおそれのある行為や品位を害するような行為をしない（同 9 条 3 項・4 項）などの義務を負います。

また，裁判員は，評議の秘密その他職務上知りえた秘密を漏らしてはならない義務を負います（同 9 条 2 項・70 条 1 項）。

もし，裁判員が任期中にこれらの秘密を漏らしたときには，任期中の場合は6 月以下の拘禁刑または 50 万円以下の罰金に処するものとされています（同108 条 1 項）。これに対し，裁判員の職務終了後においては，a）評議の秘密以外の職務上の秘密を漏らしたとき，b）評議の秘密のうち裁判官，裁判員の意見またはその多少の数を漏らしたとき，c）財産上の利益その他の利益を得る目的で b）以外の評議の秘密を漏らしたときは同様に処罰されますが，利益を得る目的なしに b）以外の評議の秘密を漏らす行為は，50 万円以下の罰金刑に

190　第2章　刑事訴訟法

とどまることとされました（同108条2項・3項）。

　守秘義務は，裁判員や事件関係者のプライバシーを保護し，裁判の公正と信頼を確保するとともに，評議で後々の報復などを怖れず自由に意見をいうことができるようにする目的があります。

　(iv)　裁判員を保護するための規定もあります。

　労働者が裁判員の職務を行うために休暇を取得したこと等を理由に，解雇その他不利益な取扱いをしてはならないこととされています（同100条）。

　裁判員の氏名，住所等の情報を公にすることは禁じられます。裁判員としての任務が終わっている人についても，本人の同意がない限り，同様です（同101条）。さらに，何人も，被告事件に関し選任された裁判員に接触したり，裁判員の任期終了後，職務上知りえた秘密を知る目的でこれらの者に接触したりしてはならないことになっています（同102条）。

　罰則規定もあります。

　裁判員に対し，職務に関し請託をしたり，事件の審判に影響を及ぼす目的で裁判員としての判断に意見を述べるなどした者は，2年以下の拘禁刑または20万円以下の罰金に処せられます（同106条）。裁判員やその親族等に対し，威迫の行為をした者も同様です（同107条）。また，検察官，弁護人，被告人やこれらであった人が，正当な理由なく裁判員候補者の氏名等を漏らしたときは，1年以下の拘禁刑または50万円以下の罰金に処せられます（同109条）。

■　3　現状と課題　■

(1)　制度趣旨と成果

　裁判員法は，趣旨について，「国民の中から選任された裁判員が裁判官と共に刑事訴訟手続に関与することが**司法に対する国民の理解の増進とその信頼の向上に資する**ことにかんがみ」（1条）としています。

　価値観が急速に多様化・流動化・複雑化する現代においては，審理も判決も，多角的な観点から検討を加えた質の高いものであり，また，法律専門家ではなくても分かりやすいものであることが求められます。裁判員裁判は，こうした要請にこたえるための制度と理解することもできるでしょう。

　裁判員制度の導入によって，**核心司法**，すなわち，刑事裁判の目的である犯罪事実の有無や量刑を決する上で必要な範囲で審理・判断を行うという考え方

が法曹三者で概ね共有されるに至りました。また，法廷での審理は，目撃者など重要人物はなるべく法廷で直接話を聞くなどの工夫が重ねられ，「目で見て耳で聞いて分かる」審理に変わりました。さらに，法律専門家でなくても適切に意見を述べられるよう，量刑の本質や難解な法律概念について本質に立ち戻った説明をする試みが続けられました。そして，判決をみると，量刑判断は裁判員制度導入前と比べて刑が軽い方向と重い方向のいずれにも幅が広がっており，国民の多様な視点や感覚が反映されているといえるように思われます。

(2) 実 施 状 況

裁判員制度の施行から14年を経過した2024（令和6）年3月末現在で，12万4000人を超える国民が裁判員または補充裁判員として裁判に関与し，1万6000人を超える被告人が判決を受けました。その実施状況については，制度設計を担当した法務省は，2020（令和2）年12月に「『裁判員制度の施行状況等に関する検討会』取りまとめ報告書」を公表し，制度の運用に携わる裁判所からは，最高裁判所事務総局が2019（令和元）年5月に「裁判員制度10年の総括報告書」を公表しています。制度の運用状況に関しては，両者とも，いずれも比較的順調という評価で一致しています（それぞれ，法務省，最高裁判所のホームページに掲載されています）。

その原因は，何より国民の高い意識と誠実さにより支えられていることにありますが，法曹三者をはじめとする刑事司法に携わる人々（警察官，検察事務官，裁判所書記官・事務官，矯正職員等も含みます）の尽力もあったのだと思います。

(3) 課 題

裁判員制度により刑事裁判は劇的に変わりましたが，現状に課題がないというわけでもありません。たとえば，公判前整理手続が長期化していること，核心司法の考え方は共有されているものの，整理すべき争点や争点判断に必要な証拠の範囲を十分に意識して公判前整理手続を実践するためにはなお工夫の余地があることが指摘されております。また，裁判官と裁判員との間で真の意味での協働を実現し，判決において裁判員の視点や感覚が反映されていることを見える形で示すための検討の深化も望まれます。国民から引き続き理解と支持

を得ていくためには，法曹三者が問題の所在に対し正しい認識をもち，これまでの成果を共有しつつより高い目標を掲げ，熱意をもって改善に取り組んでいく必要があるといえます。

加えて，2016（平成28）年6月に公布された「刑事訴訟法等の一部を改正する法律」により，取調べの録音・録画制度などが新たに導入されました。これらの制度が，裁判員裁判の運用にどのような影響を及ぼすか，注視する必要があるでしょう。

裁判員裁判を円滑に実施していくためには，まだ課題が残されていますし，検討すべき新たな問題が生じるかもしれません。それらを解決するためには，何よりも，法律のプロである法曹三者がそれぞれに課せられた役割を的確に果たしていくことが必要です。法曹三者に課された責任にはまことに大きなものがあるといえるでしょう。

Invitation to 法曹（裁判員裁判）

法曹の道を（少しでも）考えているみなさんへ——裁判員裁判の法廷を傍聴したことはありますか。もし傍聴したことがない方は，ぜひ，一度，法廷まで足をお運びください（刑事裁判の傍聴の勧めについて，⇨115頁，179頁，226頁）。裁判員裁判の開廷情報は，各地方裁判所のホームページに掲載されています。裁判員裁判は，法律専門家でない方にも分かりやすく手続が進みますから，勉強があまり進んでいなくとも，心配する必要はありません。勉強がある程度進んでいる方は，習得した制度や規定がどのように活用されているのかを確認しながら傍聴することで，理解がさらに深まるでしょう。

裁判員裁判の傍聴で得られるものは，それにとどまりません。何より，法曹三者が，立場の違いはあっても，何が妥当な結論か，被告人のためには何が必要かなどについて，情熱を傾けて真剣に仕事をしている姿を目の当たりにすることができます。その姿を見ることは，みなさんが進路を定め，決して平坦とはいえない道を歩み始める上で，大きな励みになることと思います。

法廷を傍聴しても，見ることができない手続があります。評議はその1つです。もっとも，評議の中身は，判決の理由に凝縮されています。裁判官と裁判員がどのような議論をしたのかは，判決の理由を聞けば，自ずと分かるといえます。評議は決してブラックボックスではありません。

しかし，判決を聞いただけでは，評議における達成感は必ずしも分からないかもしれません。評議における達成感は，裁判官の仕事の魅力の1つですので，ここで少しだけ紹介します。評議では，全員が，1つの事件に向き合い，妥当な結論を

導くことだけを目標に，異なった見方から意見を交換し，互いに気付かなかったことを補強しあいながら，議論を深めます。単に多数決で決めることとは大きく異なります。

　圧倒的多数の裁判員の方々も，評議における達成感を共有しているのではないかと思います。裁判員の方々には事件後にアンケートを実施しておりますが，圧倒的多数（約96％）の方が，裁判員として裁判に参加した感想について，肯定的な回答をしています。評議のみの感想ではありませんが，評議における達成感が共有されていないと，この数字にはならないと思います。

〔吉田智宏〕

194　第2章　刑事訴訟法

THEME 7

刑 事 弁 護

Invitation to 弁護士（刑事弁護人）

■　1　はじめに──なぜ刑事弁護は必要か　■

　ある日，突然，警察官があなたの自宅を訪れ，「ちょっと署まで同行しても
らえないでしょうか」と言われたら，あなたはどうしますか？　あるいは，そ
の警察官から，「令状が出ています。今から，あなたの部屋を捜索しますので，
立ち会ってください」と言われたら？　さらに，逮捕状を示され，「今からあ
なたを逮捕します」と言われたら？　もし，読み上げられた逮捕状の犯罪事実
が，全く身に覚えがないものであったら，どうすればよいのでしょうか？

　以上の問題について，あなたは，警察官に対し「まず，弁護人と相談させて
ください」と伝えようと考えたでしょうか？　あるいは，「捜索や取調べに弁
護人に立ち会ってもらいたいです」という考えが浮かんだでしょうか？　弁護
人のことを思い浮かべたとしても，「弁護人に依頼するためにはどうすればい
いのか？」「いつ，どうやって相談できるのか？」というさらなる問題に答え
ることはできるでしょうか？　あるいは，別の疑問が生じるかもしれません。
「弁護人は，一体何をしてくれるのか？」。

　逆に皆さんが弁護人だったとしましょう。「弁護人は被疑者や被告人のため
に，何をするのか？　何ができるのか？」。この問いにどう答えるでしょうか。

　あなたに限らず，日本には，これらの疑問に的確に答えられる人は，ほとん
どいません。考えてみれば，非常に深刻なことです。憲法34条は，「何人も，
理由を直ちに告げられ，且つ，直ちに弁護人に依頼する権利を与へられなけれ
ば，抑留又は拘禁されない」と定めています（**弁護人依頼権**）。その憲法上の権
利を行使するための手続が知識として共有されていないのです。行使だけの問
題ではありません。その権利の中味そのものが十分に理解されていません。

　たしかに，2004（平成16）年に始まった被疑者国選弁護の制度が拡充され，
現在では勾留全件で請求による被疑者国選弁護制度があります（2018年6月施
行⇨114頁）。公判段階の国選弁護制度しかなかった時代に比べて，かなり充実

したといえます。しかし，犯罪の疑いを掛けられた人が，もっとも弁護人による法的な援助を必要とするのは，捜査機関から，犯罪の疑いを掛けられていることを告げられた場面です。そうである以上，弁護人依頼権は，逮捕段階でこそ強く保障されるべきです。日本の弁護人依頼権の保障は，なお十分とは言えないのです。

公判段階の刑事弁護はどうでしょうか。公判段階では多くの事件で弁護人の選任が必須であり（**必要的弁護事件**。刑訴法 289 条），私選弁護人がいない場合は，国選弁護人が選任されます（憲法 37 条 3 項，刑訴法 289 条 2 項）。弁護人依頼権の保障は充実しているといえますが，日本では長らく有罪率が 99.9 パーセントを超えていました。刑事裁判は，あたかも検察官の起訴を追認する場のようになっていたのです。その理由として，後に述べるような調書の重視のほか（**調書裁判**），2004（平成 16）年の刑訴法改正まで，検察官手持ち証拠の開示制度がなかったことが大きかったと思われます。99.9 パーセント有罪では被告人にとって絶望的ですし，弁護人も公判弁護にやりがいを見出しにくかったといわざるを得ません。実際，日本では公判弁護も活性化せず，低調な時代が続いたことは否定できません。そのような公判弁護を大きく変えたのは，2004 年に導入，2009（平成 21）年に施行された裁判員裁判制度です（⇨181 頁）。裁判員裁判に向けて，検察官手持ち証拠の開示手続が整備されたほか（刑訴法 316 条の 15，316 条の 20 など），同制度によって調書裁判からの脱却が図られました。日本弁護士連合会（日弁連）は，アメリカの法廷弁護士たちを講師に招き，アメリカの陪審制度で培われた法廷技術を基礎とした研修を行いました。裁判員裁判の対象事件は一部の重大事件に限られますが，その法廷技術は，裁判員裁判の非対象事件でも応用可能です。弁護士人口の増加もあり，若手弁護士が刑事弁護に熱心に取り組むようになり，法廷技術を駆使した弁護をするようになりました。公判弁護は活性化し，様変わりしたといえるでしょう。

しかし，なお公判弁護にも課題はあります。全面証拠開示は認められておらず，証拠開示の範囲は不十分です。何より日本の裁判員裁判とアメリカの陪審裁判は，似て非なるものです。日本独自の法廷技術を開発していく必要がありますが，道半ばです。また，否認をしていると保釈が認められにくいという日本の現状は，「**人質司法**」と呼ばれて，国際的に強い批判に曝されていますが，状況は改善していません（2021〔令和 3〕年，生物兵器に転用可能な噴霧乾燥器を輸

196　第2章　刑事訴訟法

出したとして，製造会社の役員ら3名が外国為替及び外国貿易法違反で起訴されていた事件で，起訴後約1年4ヶ月後の公判開始直前に検察官は，突然公訴を取り消しましたが，否認していた役員らは3名とも起訴後も保釈を認められず，うち1名は勾留中に発見された病気により逮捕後約11ヶ月後に保釈が認められないまま執行停止により入院した病院で亡くなりました。他の2名が保釈を認められたのも逮捕後約11ヶ月後でした〔大川原化工機事件。元被告人2名と亡くなった元被告人の遺族は，警視庁および検察官の捜査，公訴提起などが違法だったとして国賠訴訟を提起し，東京地判令和5・12・27 LEX/DB 25596682 は，国と都の責任を認めました。双方控訴〕)。

　本 *THEME* では，これら刑事弁護の歴史を概観するとともに，刑事弁護実践にも触れながら，今後の課題について検討しましょう。

■　2　刑事弁護の発展経緯　■

(1)　従来の捜査手法と捜査弁護

　捜査弁護を理解するためには，捜査手法の実際を知る必要があります。日本の従来の捜査手法は，取調べに強く依存してきました。特に重視されたのは，被疑者の取調べです。被疑者が逮捕・勾留されると，一罪当たり，逮捕から勾留まで最大72時間（刑訴法205条1項，2項)，勾留から起訴まで原則10日間（同208条1項)，検察官の請求によりさらに最大10日間（同条2項）の延長が可能です。起訴までの身体拘束の間，捜査機関は，ほぼ自由に被疑者を取調室に連れ出して，取調べをすることが可能です。そのため，捜査機関は，勾留一罪につき，最大23日間にわたり，被疑者の取調べが可能となります。特に，警察が被疑者を逮捕した場合は，被疑者を警察内の留置場で勾留することを裁判官が容認してきました（いわゆる**代用監獄**)。

　このような捜査実務は，国際的にはきわめて異例です。海外でも，様々な法制度がありますが，多くの国では警察官に逮捕された被疑者は原則として24時間から48時間以内に裁判官の下に引致され，身体拘束の審査が行われます。裁判官の審査により，釈放されたり，保釈が認められたりする制度が多く，仮に身体拘束を継続する場合でも，捜査機関から独立した拘置施設に移されるのが通常です。日本でも，勾留などの身体拘束は，あくまで被疑者による罪証隠滅や逃亡を防止するためのものであって，取調べ目的ではないことが明らかです（勾留の要件を定めた刑訴法60条1項・207条1項に，取調べの必要は含まれていま

せん）。そうである以上，仮に被疑者の身体拘束を継続するとしても，捜査機関から独立した拘置所などの施設で行うべきです。少なくとも，捜査機関の取調べの都合に合わせて，捜査機関が管理する留置場で勾留するべきではありません。ところが，日本では，前述のとおり，あたかも捜査機関が被疑者取調べをする便宜を図るかのように，警察が管理する代用監獄での身体拘束が容認され，これを利用した長時間の取調べが，虚偽自白の温床となってきたと強く批判されてきたのです。

(2)　長らく捜査弁護は不活発であった

　従来の捜査には，大きな問題があったといわざるを得ませんが，被疑者がこのような捜査に対抗するためには，弁護人の援助が不可欠だったはずです。そして，戦後新たに制定された，前出の憲法34条の定めからすれば，捜査弁護は，逮捕と同時に活発に行われそうにも思えます。しかし，実際は，1990年代に至るまで，一部を除いて，日本の捜査弁護は活発とはいえない状況でした。刑事弁護のほとんどは，起訴後の公判段階の被告人の弁護であって，捜査段階の被疑者には弁護人が選任されること自体が少なかったのです。その原因はいくつも挙げられますが，憲法37条3項が「刑事被告人は，いかなる場合にも，資格を有する弁護人を依頼することができる。被告人が自らこれを依頼することができないときは，国でこれを附する」と定めたに留まったことが大きかったと思われます。つまり，憲法上は，国選弁護人の保障が起訴後の「刑事被告人」に対するものに留まり，捜査段階の弁護人依頼権には及ばなかったのです。現実問題としても，日本の捜査は，長時間の取調べに強く依存していますが，日本の法曹人口は非常に少なく，捜査段階の弁護を引き受ける弁護士の数も足りませんでした（日本の弁護士人口は，1990年当時で1万3800人であり，日本の総人口比で約1万人に1人にすぎませんでした。後述する司法制度改革により，2023年3月末時点で，4万4916人となり，33年で約3.3倍になりました。それでも，先進諸国と比較すると，総人口比の弁護士の割合はきわめて低い水準に留まっている，弁護士人口が大都市に偏っているといった問題が指摘されています）。

　このため，多くの被疑者が，弁護人を依頼することもないまま，長時間の取調べを受け続けることになりました。1980年代には，4件の死刑確定事件が，再審により無罪となりましたが（免田事件・熊本地八代支判昭和58・7・15，財田

198　第2章　刑事訴訟法

川事件・高松地判昭和59・3・12，松山事件・仙台地判昭和59・7・11，島田事件・静岡地判平成元・1・31），これらの事件に共通するのは，捜査段階で被疑者が弁護人の援助を受けることがないまま，拷問により虚偽自白をし，その自白が有罪の有力な根拠とされたことです（戦後5件目の死刑確定事件に対する再審開始事件となった袴田事件〔静岡地決平成26・3・27，東京高決令和5・3・13（⇨206頁）〕でも，拷問による自白強要が問題とされています。令和6年9月26日に静岡地裁で再審判決が言い渡される予定）。

(3)　接見指定（接見妨害）の問題

　もちろん，1990年より前にも，捜査弁護がなかったわけではありません。冤罪を防ごうと，個々の事件で熱心に弁護活動に取り組む弁護士がいました。これに対し，捜査機関は，刑訴法39条3項が弁護人と被疑者の接見の「日時，場所及び時間を指定することができる」と規定していることを利用し，被疑者と弁護人の接見を事実上制限しようとしました。弁護側は，このような接見指定は，被疑者と弁護人との**接見交通権**を違法に侵害するものだとして，多くの国賠訴訟を提起して，激しく争いました。国賠訴訟では，刑訴法39条3項が，憲法の保障する弁護人依頼権を侵害し，違憲だと主張されました。

　最高裁は，平成11年3月24日大法廷判決（民集53巻3号514頁。いわゆる安藤国賠）において，大要次のように判示しました。

　①憲法34条前段は，被疑者に対し，弁護人を選任した上で相談し助言を受けるなど弁護人から援助を受ける機会を持つことを実質的に保障しているものと解すべきである。この趣旨にのっとり弁護人等から援助を受ける権利を確保する目的で設けられた刑訴法39条1項は，憲法の保障に由来するということができる。②もっとも，憲法は国家の権能として刑罰権の発動ないしそのための捜査権の行使を当然の前提とするものであるから，憲法に由来するからといって，接見交通権が刑罰権ないし捜査権に絶対的に優先するような性質のものということはできない。③捜査権の行使上，身体を拘束して被疑者を取り調べる必要が生ずることを憲法は否定していないので，接見交通権と捜査権との間に合理的な調整を図らなければならず，憲法34条は，弁護人からの援助を受ける機会を保障するとの趣旨が実質的に損なわれない限りにおいて，法律に調整の規定を設けることを否定するものではない。④捜査機関は，弁護人等から

被疑者との接見等の申出があったときは，原則としていつでも接見の機会を与えなければならず，刑訴法39条3項本文にいう「捜査のため必要があるとき」とは，接見等を認めると取調べの中断等により捜査に顕著な支障が生ずる場合に限られる。⑤この要件が具備され，指定をする場合には，捜査機関は，弁護人等と協議してできる限り速やかな接見等のための日時等を指定し，被疑者が弁護人等と防御の準備をすることができるような措置を採らなければならない。⑥「捜査に顕著な支障」が生ずる場合とは，接見等の申出を受けたときに，現に被疑者を取調べ中である場合や実況見分，検証等に立ち会わせている場合，間近いときに取調べ等をする確実な予定があり，接見等を認めたのでは，取調べ等が予定どおり開始できなくなるおそれがある場合などがこれに当たる。

　この大法廷判決は，接見指定の違憲論争に合憲の形で一応の決着をつける一方，接見指定があくまで例外的な場合に限定されることを明示して，接見交通権に対し配慮した形となっています。他方で，捜査機関への取調べ権限等についても，強い配慮をにじませ，「取調べ中」であることや「確実な予定」での接見指定を許容しています。弁護人依頼権の実質的保障の重要性からすれば，捜査側の都合に配慮しすぎというべきでしょう。

　もっとも，翌年に出された最判平成12・6・13（民集54巻5号1635頁）は，弁護人となろうとする者と被疑者との「逮捕直後の初回の接見」について，被疑者にとって弁護人の選任を目的とし，かつ取調べを受けるに当たっての助言を得るための最初の機会であり，憲法上の保障の出発点をなすものであるから，防御の準備のために特に重要であるとした上で，「たとい比較的短時間であっても，時間を指定した上で即時又は近接した時点での接見を認めるようにすべきであり，」このような場合に取調べを理由としてこの時点での接見を拒否するような指定をし，接見の機会を遅らせることは防御の準備をする権利を不当に制限するものであるとしました。逮捕後の初回接見を認めないことは，原則として違法と判断したのです。

　このように日本では，接見交通権と接見指定をめぐって，捜査機関と弁護人との間には強い緊張関係があり，最高裁が双方に配慮した判断を示した形となっています。一連の最高裁判決の表現だけを見れば，捜査側の支障，特に取調べの都合によって，頻繁に接見指定がなされるかのように思えるかもしれませ

200 第2章 刑事訴訟法

ん。しかし，少なくとも現在の実務運用は異なります。特に，刑事司法制度改革論議における取調べの可視化をめぐる論争の中では，取調べの適正化が重要な課題とされたこともあり，接見交通権の重要性が捜査機関側からも指摘されることになりました。また，被疑者と弁護人との接見を制約したまま長時間の取調べを行うことは，刑事手続における国際的な人権保障の潮流と相容れず，強い批判を免れません。その結果，現在の実務では，被疑者と弁護人の接見について，接見指定がなされることはほとんどありません。現に取調べ中でも，取調べを中断して，弁護人との接見を優先させるのが通常の扱いとなっています。取調べをことさらに重視する日本の捜査実務を前提とするとき，弁護人依頼権の中核は，取調べへのアドバイスとなります。弁護人依頼権の実質的保障を目指す以上，取調べに先立つ形で弁護人との接見交通権を保障すべきことは，ある意味では論理必然だったといえるかもしれません。しかし，現在では，弁護人との接見交通がほぼ制約されることがないとの実務運用を勝ち得たのは，接見交通権確立のために，粘り強く国賠訴訟を提起し続けた弁護士たちの努力があったからこそであることを，忘れてはならないのです。

(4) 捜査弁護変革の動き＝当番弁護士制度の発足

　接見交通権確立に向けての弁護士による熱心な取組みがありましたが，1990年代に至るまで，捜査弁護が低調であり，多くの冤罪を生む原因になっていたことは否定できません。その原因の多くが，長時間の取調べで取られた虚偽自白でした。

　そのような風潮に大きな変化をもたらしたのが，1990年にスタートした**当番弁護士**制度でした。当番弁護士は，イギリスの弁護士会で行われていたもので，その日に当番として割り当てられていた弁護士（ソリシタ）が，逮捕された被疑者のために，警察署に派遣され，接見によるアドバイスや取調べへの立会いを行うというものです。日本の弁護士の間で，イギリスの当番弁護士制度を見習うべきだという声が上がり，いわゆる「みどり荘事件」（1981年大分市内で発生した強姦致死・殺人事件。DNA鑑定の信用性や捜査段階の被告人の自白の任意性・信用性が争点となり，控訴審は一審の無期懲役判決を破棄し逆転無罪判決。確定。福岡高判平成7・6・30判タ900号275頁）の経験から捜査弁護の重要性を強く意識することになった大分弁護士会が，全国の各弁護士会に先駆けて，当番弁護

士制度を発足させました。その動きは，日弁連が積極的に推進したこともあり，またたく間に全国の弁護士会に拡がり，わずか2年後の1992年には，全国の50弁護士会すべてが，当番弁護士制度を整備したのです。

　当番弁護士制度は，全国都道府県の弁護士会が各地の実情に応じて運営していますので，地域によって，その運用にいくつかの差異はありますが，弁護士会が警察の留置管理担当官を通じての被疑者からの接見要請に対応し，その日の当番として待機している弁護士を当該警察署等に派遣して被疑者にアドバイスをするという点は共通です。当番弁護士による初回接見の費用は弁護士会が負担し，被疑者は無料でアドバイスを受けることができます。その後，被疑者が引き続き弁護を依頼するときは，発足当初は，被疑者国選弁護の制度がなく，私選で弁護人として選任するしかありませんでしたが，法律扶助制度や**被疑者国選弁護制度**が整備されるようになり，多くの被疑者が捜査弁護を受けられるようになりました。当番弁護士制度の整備は，それまで公判弁護中心だった日本の刑事弁護の歴史を大きく変化させる画期的な出来事でした。

　もっとも，当番弁護士制度が全国的に整備されたといっても，それだけで日本の刑事司法が抱える多くの問題が解決できるわけではありません。最大の問題の1つは，逮捕・勾留により，一罪につき1日何時間もの取調べが，密室で最大23日間も続くことです。その身体拘束期間中，代用監獄により，被疑者は警察に寝食を管理され，取調官の都合に合わせて，いつでも取調室に連れ出されます。その長い取調べに弁護人は立ち会えません。当番弁護士からアドバイスを受けるだけでは不十分です。当番弁護士制度が発足してもなお，連日長時間の取調べによって，虚偽自白をしてしまう冤罪事件が相次ぎました（たとえば，1990年発生の足利事件〔幼女わいせつ目的拐取と殺人で無期懲役判決。再審で無罪判決が確定。宇都宮地判平成22・3・26判時2084号157頁〕，1995年発生の東住吉事件〔保険金目的の放火殺人で無期懲役判決。再審で無罪判決が確定。大阪地判平成28・8・10判タ1437号226頁〕など）。

⑸　**従来の刑事公判の問題点と公判弁護**——取調べ可視化論の始まりなど

　被告人が取調べで自白を強要されて虚偽自白をしたと訴える事件の多くで，公判において，自白の任意性（刑訴法322条1項）や信用性が激しく争われました。しかし，取調べが密室で行われ，録音や録画もなされていない以上，自白

が強要されたか否かは，取調官と被告人の水掛け論となってしまいます。裁判は長期化してしまうばかりか，どちらの供述が正しいかの決め手はありません。刑訴法322条1項は，「被告人に不利益な事実の承認を内容とする書面は，……任意にされたものでない疑があると認めるときは，これを証拠とすることができない」と定めていますから，水掛け論となるだけであれば，任意性は容易に認められないかのようにも見えます。しかし，密室で作られる自白調書は，取調官があたかも被疑者に成り代わったように，独白形式で作文します（一人称独白型調書）。内容は，詳細かつ理路整然と犯罪構成要件に当たる事実が説明されていて，それだけを読めば非常にもっともらしく読めるのです。他方，被告人にとっては，長い取調べの中で，いつ，どのような強要によって自白に陥ったのか，なぜ，そのような詳細でもっともらしい調書が作成されたかを説明するのは困難です。このため，自白を強要されたという被告人の訴えは，きっぱりと自白の強要を否定する取調官の証言より信用されにくいという事態が生じました。裁判官には，真の犯人でなければ，あえて不利な自白をするはずがないという意識も根強かったと思われます。結果として，水掛け論であるにもかかわらず，自白の任意性，信用性は認められやすく，詳細な自白調書が，多くの冤罪事件で有罪の有力な根拠とされてしまったのです。

　その背景には，「**精密司法**」と呼ばれる日本の裁判の特徴もありました。日本の裁判官は，犯罪事実の構成要件事実はもちろん，犯行の動機や背景事情なども詳細に解明し認定しようとしてきました。捜査機関も，裁判官の意向に応ずる形で，詳細な調書を作ろうとしました。捜査機関としては，詳細な自白調書が有罪証拠として重視されるのですから，より熱心に詳細な自白調書を獲得しようとしたのです。その結果，自白強要が後を絶たないという悪循環に陥ってしまい，弁護人からは，「精密」とは名ばかりで，その実体は，取調官の作文調書による「**調書裁判**」にすぎないとの批判も強くなされました。

　そして，そのような密室取調べで作成された調書による裁判の問題点を解決する手段として，弁護士を中心に，取調べ全過程の録画録音（**取調べの可視化**）を進めようという議論が展開されるようになりました。

　冤罪を生むもう1つの背景として，**証拠開示**の問題も触れておくべきでしょう。戦後，アメリカの占領下の1948（昭和23）年に制定された現在の刑事訴訟法は，英米式の当事者主義を導入しました（⇨108頁）。検察官と弁護人・被告

人が対等の当事者として攻撃防御を尽くし，公平な第三者としての裁判所が判断をするという構造です。この当事者主義が，証拠開示に関する刑訴法の不備もあって，誤った解釈を生んでしまいました。検察官は一方当事者にすぎない以上，その手持ち証拠を相手方である弁護人に開示する必要はないという解釈です。実際，2004（平成16）年の改正まで，刑訴法は，検察官が有罪を立証するために請求する証拠の閲覧による開示（刑訴法299条）を規定する以外，検察官手持ち証拠の開示についての定めを置いていませんでした。その結果，検察官は有罪立証に必要な証拠のみを開示すれば足りるかのような姿勢で公判に臨むようになり，一方弁護側は，裁判所に対し，証拠開示命令を出すよう求めて激しく争いました。

　最高裁は，刑訴法が制定されてから21年を経過した1969（昭和44）年，この問題に一定の結論を示しました。それは，「証拠調の段階に入つた後，弁護人から，具体的必要性を示して，一定の証拠を弁護人に閲覧させるよう検察官に命ぜられたい旨の申出がなされた場合，事案の性質，審理の状況，閲覧を求める証拠の種類および内容，閲覧の時期，程度および方法，その他諸般の事情を勘案し，その閲覧が被告人の防禦のため特に重要であり，かつこれにより罪証隠滅，証人威迫等の弊害を招来するおそれがなく，相当と認めるときは，その訴訟指揮権に基づき，検察官に対し，その所持する証拠を弁護人に閲覧させるよう命ずることができるものと解すべきである」として裁判長の訴訟指揮権（刑訴法294条）に基づく証拠開示命令を認めるものでした（最決昭和44・4・25刑集23巻4号248頁）。

　証拠開示の法律上の規定がないにもかかわらず証拠開示命令を認めることは，裁判所からすれば事実上立法の役割を果たしたものとの批判も招きかねず，英断だったのかもしれません。訴訟指揮権を法令上の根拠としたことも苦肉の策とも見えます。ただ，最高裁決定で示された「具体的必要性を示す」「防禦のため特に重要」「弊害を招来するおそれがない」などの要件は，弁護側からすればあまりに限定的といわざるを得ません。弁護人としては，未開示の検察官手持ち証拠にどのようなものが含まれるのかはわかりませんから，これらの要件を明らかにした上で，証拠開示を求めること自体が至難です。

　本来，当事者主義は，武器対等の立場で攻撃防御を尽くすことに意味があるのです。いうまでもなく，多人数の組織として行動し，強制権限を持つ捜査機

204　第2章　刑事訴訟法

関と，1名もしくはせいぜい数名で何の権力も持たない弁護人との間には，証
拠収集能力において圧倒的な差があります。証拠開示制度は，その圧倒的な差
による証拠の偏在を是正し，実質的な武器対等を実現するために不可欠です。
日本の刑事訴訟は，その不可欠な制度が法定されていないという不備があった
のです。その改善まで，制定から半世紀以上，前出の最高裁決定からでも，さ
らに35年の期間を要することになりました。

(6)　司法制度改革論議における刑事司法改革

　弁護士の間で，取調べの可視化をめぐる議論が盛んになり始めた1999（平成
11）年に，内閣の下に「司法制度改革審議会」が設けられ，同意見書に基づい
て裁判員制度をはじめ多様な制度改革が実現したことは，本書においてすでに
紹介されているとおりです（⇨4頁，114頁）。

　すなわち，被疑者国選弁護制度により，捜査弁護はより活発になりました。
公判前整理手続により検察官手持ち証拠の開示制度（類型証拠開示＝刑訴法316
条の15，主張関連証拠＝同316条の20）が設けられ，証拠開示の範囲は格段に拡
がりました。また，裁判員裁判により，それまでは「調書裁判」とも揶揄され
ていた公判は，直接主義，口頭主義が徹底されることになりました。これらの
改革により，刑事弁護の姿も大きく様変わりしました。

　他方で，改革が不十分であった面も否めません。特に，弁護士会が強く求め
ていた取調べの可視化は，この時点では，取調べ状況を書面で記録するという
提言に留まりました。

(7)　取調べの可視化をめぐる論議の再燃と検察改革

　審議会意見書の提言を踏まえて，様々な法律の改正や制定が進められたので
すが，その議論の中で取調べの可視化について，議論が再燃しました。主に裁
判官から，裁判員裁判を実施する以上，自白の任意性や信用性をめぐって，法
廷で延々と水掛け論をしていることはできないという懸念が示されたのです。
また，弁護士会は，**被疑者ノート**（2003〔平成15〕年に大阪弁護士会が制作し，
2004年には日弁連が，全国の弁護士に無料で配布するようになりました。被疑者ノート
は，事実上の可視化機能のほか，被疑者が取調べの状況を客観的に振り返る手助けとな
り，心理的に虚偽自白を防ぐ効果があるといわれています）を被疑者に差し入れ，被

疑者に取調べの状況を記録してもらうことで，自白強要に対抗しようとしました。

　密室取調べによる冤罪事件も続きました（最近では，取調官が被疑者女性の異性感情を利用して得た虚偽自白が問題となった，2003 年発生の湖東記念病院事件についての再審無罪判決。確定。大津地判令和 2・3・31 判時 2445 号 3 頁）。密室取調べに対する批判が高まる中で，検察庁，警察庁は，裁判員裁判対象事件など一部の事件について，調書の読み聞かせ部分など取調べの一部を録画録音する試行を行うようになりましたが，不徹底といわざるを得ませんでした。

　2010（平成 22）年には衝撃的な事件が発生しました。大阪地検特捜部が，2009 年に厚労省の元局長を虚偽公文書作成罪の共犯として逮捕し，起訴しましたが（厚労省元局長事件。検察官は，警察の捜査を待たずに独自に犯罪を捜査する権限を持っています〔刑訴法 191 条。検察官独自捜査事件〕），捜査段階の取調べで元局長の関与を認める供述調書を作成された厚労省の職員らが，公判においてその供述を翻し，無罪判決となりました（大阪地判平成 22・9・10 判タ 1397 号 309 頁）。無罪判決の直後，特捜部の主任検察官が，関係者の供述に合わないフロッピーディスク内のファイルプロパティを改ざんしていたことが判明しました。改ざんした検察官は，その後証拠隠滅罪で逮捕・起訴され，有罪が確定しましたが，供述調書と辻褄を合わせる形で，客観証拠を改ざんしようとした事件は，取調べによる供述に依存した検察捜査の在り方に強い批判を生むことになりました。この事件の発生を契機として，裁判員裁判対象事件と検察官独自捜査事件につき**取調べの録音録画**を義務づける刑訴法改正が実現するに至ったことは，本書に示されているとおりです。

(8)　残された課題

　密室での取調べが冤罪を生んできたことへの批判が高まったことや，一部の事件とはいえ，取調べの可視化が捜査機関に義務付けられたことによって，捜査弁護も大きく変わりました。捜査機関は，密室の取調べで自白強要がなされているという批判に応えるため，積極的に弁護人と被疑者の接見を認めるようになり，接見指定もほとんどなされなくなりました。法律によって可視化が義務付けられたのは，一部の事件ですが，検察官は，ほぼ全件において取調べの録音録画をするようになりました。警察が可視化するのは，原則として裁判員

206　第2章　刑事訴訟法

裁判対象事件だけですが，精神に障がいをもつ被疑者の取調べについては，運用上取調べの録音録画がなされるようになっています。実際，取調べにおいて露骨な自白強要も少なくなってきたといえるでしょう。虚偽自白を防ぐ方法として，黙秘権の行使は非常に有効です。可視化のない長時間の密室取調べの中では，黙秘権を行使することは困難でしたが，自白の強要がなされにくくなって，被疑者が黙秘権を行使することが多くなりました。ただし，数が減ったとはいえ，事件によっては露骨な自白強要がなされる例もみられます（大阪地検特捜部により業務上横領罪で起訴されたプレサンスコーポレーション事件。共犯者に対する自白強要が認定され，一審で無罪が確定。大阪地判令和3・10・28）。勾留段階からの被疑者国選制度や取調べの可視化からさらに進んで，**逮捕段階での被疑者国選弁護や取調べへの弁護人立会い**が次の課題として指摘されています（弁護人の立会いを認めることがグローバルスタンダードになりつつあります。イギリス〔イングランド・ウェールズ〕では，1980年代から，取調べの可視化とともに，弁護人の立会いが認められてきており，EUでは，2013年に発令されたEU指令48号で，加盟国に嫌疑を受けた被疑者の取調べでの弁護人立会い権の保障を義務付けました）。日弁連では，2018（平成30）年に「弁護人を取調べに立ち会わせる権利の明定を求める意見書」を公表したほか，2019年の徳島人権擁護大会において，「弁護人の援助を受ける権利の確立を求める宣言——取調べへの立会いが刑事司法を変える」を採択しました。

　2023（令和5）年，刑訴法改正により，逃走防止の観点から，逃走罪の拡充（刑法97条，98条），不出頭罪および制限住居離脱罪の新設（刑訴法95条の2および95条の3，98条の3，278条の2，484条の2），報告命令制度（95条の4），保釈被告人の監督者制度（98条の4〜98条の11），位置測定端末（GPS）による位置情報取得制度（98条の12〜98条の24。ただし公布後5年内〔2028年5月〕の施行），控訴保釈被告人に対する控訴審への出頭命令（390条の2），保釈又は勾留執行停止中の被告人の制限住居離脱罪（95条の3）などが規定されましたが，人質司法を解消する観点からの法改正はなされていません。

　また，冤罪の救済手続である再審手続の問題点も指摘されています。2023（令和5）年，東京高裁は1966年に発生したいわゆる袴田事件において，2014年の静岡地裁の再審開始決定（静岡地決平成26・3・27判時2235号113頁）を支持して，検察官の即時抗告を棄却しました（東京高決令和5・3・13判時2566号

THEME 7 刑事弁護　207

239 頁）。現行再審法については様々な不備が指摘されていますが，袴田事件の場合，死刑事件であること，再審開始が確定するまで，事件発生から約 57 年，再審開始決定からでも約 9 年もの時間を要したことなど，再審法改正の必要性を求める声が強まっています（日弁連は，再審法改正に向けて多くの意見書，決議等を発表しており，2022 年には再審法改正実現本部を設置し，再審法改正への運動に取り組んでいます）。

■　3　弁護実践はどのようなものか　■

では，刑事弁護とは具体的にどのようなことをするのでしょうか。事件によって多岐にわたりますが，その主なものを見てみましょう。

(1) 捜 査 弁 護

(a) 接見とアドバイス等　身体拘束を受けた被疑者に対しては，弁護人または弁護人となろうとする者として接見し（刑訴法 39 条 1 項），取調べへのアドバイスをすると同時に，親族や勤務先など関係者との必要な連絡を行います。アドバイスとしては，**黙秘権**の行使を勧めることが多くなっています。黙秘権は，憲法 38 条 1 項が「何人も，自己に不利益な供述を強要されない」と定めていることから直接導かれる権利（**自己負罪拒否特権**）です。被疑者取調べについては刑訴法 198 条 2 項が，公判での被告人供述については同 311 条 1 項が，それぞれ黙秘権を具体化しています。しかし，黙秘権の行使は簡単ではありません。黙秘権を行使しようとしても，多くの場合取調官は，延々と取調べを続け，供述するように説得します。取調官からの長時間の説得に抵抗するのは非常に困難です。被疑者としても自分の言い分を述べたいと思うのが自然な心情です。むしろ黙秘などすると，不利になってしまうと思えるものです。その結果，多くの被疑者が黙秘権を行使せずに，取調べで供述してきたのです。

しかし，たとえば無実を訴える被疑者が，その言い分どおりの供述をしたとしても，必ずしも有利にはならないのです。ほとんどの否認事件で，取調官は，被疑者の言い分をそのまま受け入れてくれません。その結果，多くの被疑者が，いくら一生懸命説明しても自分の言い分を聞き入れてもらえないことに絶望し，虚偽自白に至ってしまったのです。被疑者がそのような心理に陥らないためにも，黙秘権行使はきわめて重要な武器であり，弁護人にとって，有効

なアドバイスです。もちろん，常に黙秘をした方がよいというわけではありません。事件の内容，証拠の状況，不起訴処分や将来の保釈や公判の見通しなどを踏まえて，供述の選択をすることもあります。しかし，その選択の判断は非常に高度な専門的判断といえます。弁護人が適切に判断し，アドバイスすることが求められているのです。

また，被疑者が違法な自白強要などをされている場合は，弁護人は，捜査機関に抗議をしたり，取調官の上司や監督機関に苦情申出をしたり，裁判官に代用監獄から拘置所への移送を申し立てたりなどの活動をします。

なお，2024（令和6）年現在，実務上捜査機関が弁護人の取調べへの立会いを認めることはほとんどありませんが，弁護士会によっては，取調べへの立会いを申し入れたり，在宅取調べの場合には被疑者の取調べに同行して待機する（**準立会**いと呼ばれています）などの取組みを推奨しています（2019年に大阪弁護士会が，在宅事件における弁護人立会いの申入れや準立会いについてのマニュアルを作成し，会員にその推奨を行ったほか，2021年には，札幌弁護士会が，会員の立会いの取組みの弁護活動について，弁護士費用等の援助をする制度を立ち上げました）。刑訴法198条1項但書は，「被疑者は，逮捕又は勾留されている場合を除いては，出頭を拒み，又は出頭後，何時でも退去することができる」と定めていますので，在宅事件の場合適宜弁護人のアドバイスを受けることができるほか，取調べの継続を望まない場合には，取調べを打ち切ってもらいやすくなります。弁護人が取調室近くに待機していれば，取調官にそのような要請もしやすくなります。取調べへの弁護人立会い（準立会い）は，被疑者心理にとって，非常に重要です。

(b) 身体拘束からの解放を目指す活動　被疑者が逮捕・勾留された事件の中には，冤罪事件や罪証隠滅や逃亡の可能性が認められないような事例も含まれます。そのような場合，弁護人は，検察官の勾留請求を審査する裁判官に請求却下を申し入れたり，準抗告（刑訴法429条）の申立てや勾留取消請求（同87条・207条1項）をするなどして，身体拘束からの早期解放を目指します。

(c) 証拠収集　弁護人は，関係者から事情を聞いたり，捜査機関が気づいていない弁護側に有利な証拠を収集するなどの活動をします。裁判官に証拠保全の請求（刑訴法179条）をすることもあります。弁護人が収集した証拠が決め手になって，釈放されたり，嫌疑不十分などとして不起訴になることもあり

ます。

(d) 被害者対応など　被害者がある事件の場合には，被害弁償をして示談をしたり，厳罰を求めない嘆願書をもらうなどの活動をすることもあります。活動の結果，起訴されずに起訴猶予処分（刑訴法248条）となったり，略式裁判で罰金刑に留まったりすること（同461条以下）もあります。

(2) 公 判 弁 護

　起訴されると，被疑者は「被告人」と呼ばれることになります（従前は，被告人となって初めて訴訟当事者としての地位が与えられるとの見解も有力でしたが，捜査段階の被疑者も当事者として捜査機関に対抗する立場と解すべきとの考え方も有力です。被疑者国選弁護制度の拡充，黙秘権行使の浸透，取調べへの弁護人立会いなどは後者の見解に親和的といえます）。弁護人は，刑事裁判において，被告人とともに，検察官の主張・立証に対抗して，防御活動をすることになります。

(a) 保釈手続　依頼者が身体拘束を受けている場合には，弁護人は保釈（刑訴法89条以下）を請求するなどして，身体拘束からの解放を目指すことが重要です。ただし，日本の場合は，被告人が否認していると，罪証隠滅を疑うに足りる相当な理由があるとされて（同89条4号），弁護側が主張を明示し，あるいは重要証人の尋問が終わらないと，保釈が認められないこと多いのが実情です。このような運用は，保釈を認められたいがゆえに否認をあきらめることにもつながりかねません。

(b) 公判前整理手続　計画的・継続的に公判期日を実施する必要のある裁判員裁判では，公判前整理手続が必要的です（裁判員法49条⇨186頁）。裁判員裁判非対象事件でも，争いがあって，争点と証拠を予め整理しておくべき事件などでは，当事者の請求もしくは職権で公判前整理手続に付されることがあります（刑訴法316条の2第1項⇨167頁）。

　公判前整理手続に付された事件では，弁護人は，検察官が送付した証明予定事実記載書面（同316条の13第1項）と請求証拠（同条2項）を検討するほか，類型証拠（同316条の15）の証拠開示を請求し，開示された証拠を検討して弁護方針を立てます。この弁護方針のことを，アメリカの法廷技術で使われる用語から「**ケースセオリー**」と呼んでいます。ケースセオリーは，弁護側の事件の見立てについて，その見立てを判断者に受け入れてもらうための理論です。

210　第2章　刑事訴訟法

無罪を主張する事件であれば，なぜ被告人は無罪といえるのか，執行猶予と主張する事件であれば，どうして執行猶予とすべきなのか，減刑すべきであれば，なぜ減刑すべきなのかという理由です。弁護人は，ケースセオリーをわかりやすく構成し，判断者（裁判官・裁判員）に提示する必要があります。そして，そのケースセオリーを基礎として，様々な弁護活動をするのです。

　公判前整理手続の中では，弁護人は，検察官請求証拠のうち，開示を受けた類型証拠を踏まえて伝聞証拠については同意するかしないかの意見（同326条1項）を述べ，証拠物については取調べに異議があるかどうかなどの意見（刑訴規則178条の6参照）を述べます（刑訴法316条の16第1項）。伝聞例外や自白の任意性など証拠能力に争いがある場合には，証拠能力についての意見を述べることになります。また，ケースセオリーに従って，弁護側が公判で予定している事実上，法律上の主張を明示します（同316条の17第1項。弁護人の予定主張）。事実上の主張としては，事件性や犯人性を争う，アリバイが成立するなどの主張があります。法律上の主張としては，正当防衛や緊急避難，責任能力を争う旨の主張などがあります（正当防衛状況や精神疾患の存在などの事実上の主張も含まれることになります）。そして，それらの予定主張に関連する証拠が検察官の手持ち証拠に含まれていると考えるときは，その証拠の開示を請求します（同316条の20。主張関連証拠の開示請求）。

　これら開示された証拠のほか，弁護側ケースセオリーを支える証拠の収集と，必要に応じて証拠請求（同316条の17第2項）をすることも弁護人の重要な役割です。情状が問題となる事件では，被害弁償や更生環境の調整などを行い，証拠化します。公判前整理手続に付された事件の場合，公判前整理手続で請求しておかなかった証拠は，「やむを得ない事由」がない限り，公判で証拠請求することができなくなりますので（同316条の32第1項。証拠制限，失権効），注意が必要です。公判前整理手続終結後に示談が成立し，示談書や嘆願書が作成された場合には，「やむを得ない事由」があることにはなりますが，原則として公判前整理手続の間にすませておき，その内容の立証する証拠の請求をしておくことが望ましいといえます。

　公判前整理手続に付されなかった事件では，制度として証拠開示手続はなく，検察官の証明予定事実記載書面の送付や弁護人の予定主張明示，証拠制限などもありませんが，請求証拠の内容を検討し，ケースセオリーを立て，証拠

THEME 7 刑事弁護 *211*

意見や弁護側立証するという基本的な流れは同じです。証拠開示についても，弁護人が特定の証拠について検察官に証拠の任意開示を求めれば，実務上，検察官が柔軟に対応することが多くなっています。

(c) 公判廷での弁護活動　公判手続は，本書に示されているとおり，冒頭手続→証拠調べ→論告・弁論という形で進行します（⇨171 頁）。

まず，弁護人は，冒頭手続において，被告人の意見陳述に続いて，ケースセオリーに従って，弁護人としての意見を述べます（刑訴法 291 条 4 項）。証拠調べ手続は検察官の冒頭陳述で始まりますが（同 296 条），公判前整理手続を経た事件であれば，弁護人も冒頭陳述によって，弁護側の事実上，法律上の主張を明らかにします（同 316 条の 30）。

証拠調べは，証拠書類及び証拠物の取調べと，証人尋問・被告人質問に分かれます。検察官請求証人の尋問が行われ，その証言の信用性を争う場合，検察官による主尋問に引き続き，弁護人が反対尋問（刑訴規則 199 条の 4）を行います。検察官の主尋問において，不相当な誘導等がなされる場合には，必要に応じて異議を述べます（刑訴法 309 条 1 項）。反対尋問は，証人に予断や偏見があることや証言に客観証拠との矛盾，自己矛盾などがあることを浮かび上がらせることによって，その証言の信用性を減殺します。様々な技術があり，非常に難しいものです。その技術の修得には，多くのトレーニングが必要です。その反面，弁護人の防御活動の中では花形といえる場面です。

弁護側証人がある場合や被告人質問を行う場合は，弁護人は主尋問（主質問）を行います。質問によって，必要な証言を引き出し，弁護側に有利な具体的事実を立証していくのです。主尋問にも，様々な技術があり，その修得にも反対尋問と同様，多くのトレーニングが必要です。

なお，公判立証の過程で，証拠能力の存否が争われることも多く，その場合は，弁護人として意見を述べます。たとえば，検察官証人が公判で検察官調書と相反する供述をした場合に問題となる刑訴法 321 条 1 項 2 号後段の相反性や特信状況，被告人が不本意な供述調書を作成された場合に問題となる同 322 条 1 項の任意性などです。

採用された証拠の取調べ手続が終わると，まず検察官が事実や法律の適用，具体的な刑について意見を述べますので（論告求刑。同 293 条 1 項），次いで弁護人が同様に意見を述べます（弁論。同条 2 項）。無罪主張など，事実に争いが

212　第2章　刑事訴訟法

ある場合には，証拠の証明力をめぐって，双方が激しい議論を闘わせるのが通常です。

　冒頭陳述，証人尋問，最終弁論は，いずれも口頭で判断者を説得するもので，プレゼンテーション能力が問われます。特に，裁判員裁判では，法律に素人の裁判員にもわかりやすいように，弁護人も，様々な工夫を凝らすようになっています。

　なお，2007（平成19）年に設けられた刑事手続への被害者参加制度（同316条の33以下）により，被害者にも意見陳述権が認められたほか，2023年刑訴法改正により，犯罪被害者等の個人特定事項の秘匿措置が規定されました（刑訴法201条の2，207条の2，271条の2，271条の3および271条の6）。弁護活動も被害者の心情やプライバシーに対する慎重な配慮が必要となっています。

■　4　これからの刑事弁護　■

　刑事手続は時代とともに大きく変化しており，これからも変化していくでしょう。この点は，刑事弁護も同様です。これまで述べてきたことを総括し，今後を展望するとすれば，捜査段階では，逮捕段階の被疑者国選弁護制度の採用，取調べ可視化対象事件の拡大，取調べへの弁護人立会い制度の確立が，公判段階では，否認していると身体拘束が長引くという人質司法の打破，すなわち保釈制度の運用の見直しおよび全面的な証拠開示の確立が重要です。と同時に，いずれの段階についても弁護士における弁護技術の一層の向上と精錬化が求められていることは言うまでもありません。

Invitation to 弁護士（刑事弁護人）

皆さんは，刑事弁護人に対しどのようなイメージを持っていますか。時々報じられる冤罪事件で活躍する弁護人は，大変格好よくみえることでしょう。しかし，別の側面が気になるかもしれません。犯罪者を擁護しているのではないか，という点です。たしかに刑事弁護人にとって，多くの依頼者は，現に犯罪に手を染めた人たちです。しかし，刑事弁護人は，決して犯罪そのものを擁護しているわけではありません。あくまで，罪を犯してしまった人，その人を弁護しているのです。どんな犯罪であっても，何か1つの原因で発生することはありません。その人の育ってきた環境，性格，考え方，人間関係，犯行の動機，犯行時の状況，偶然など，様々な要因がその背景にあるはずです。どんな犯罪でも，それが人間の行為である以

上，「全く弁護の余地がない」などということはあり得ません。

　実は，冤罪事件も，捜査官たちの行為や，ときには裁判官の誤った判断によって，冤罪被害者を生むものであって，犯罪と共通した構造があります。ただし，結果として冤罪を作り出すことに関与することになった捜査官や裁判官も，決して冤罪を作り出そうとしたわけではないでしょう。むしろ，犯罪を立件し，適正に処罰しようという職務熱心のあまり，判断を誤った場合が多いと思われます。判断の誤りの背景には，それ以外にも，収集された証拠，捜査官や裁判官の性格，考え方，思い込み，人間関係など様々な要因があるものです。冤罪事件の弁護は，それらの複雑な絡み合いを解きほぐしていく作業です。

　刑事弁護には，否認事件，情状事件などいろいろなパターンがありますが，どの事件でも，そこには多くの人間がいて，ドラマが展開しています。刑事弁護人には，何の権力もありません。法的な知識と，経験等によって培ってきたノウハウのみを頼りに，そのドラマに踏み込んで行くのです。そして，国家に犯罪者として名指しされた人たちの擁護者として，弁護活動をするのです。場合によっては，周囲は敵ばかりで，唯一の擁護者になるかもしれません。

　その職責を果たすためには，法的知識だけでなく，人間に対する深い洞察が不可欠です。その意味で，刑事弁護ほど人間というものを考えさせられる仕事も珍しいのではないでしょうか。本文でも触れたとおり，刑事弁護の世界は常に変化しています。筆者は刑事弁護にかかわるようになって30年以上になりますが，今なお刑事弁護の中で新たな発見があり，日々の研さんが必要であることを痛感させられます。そして，そのような仕事に巡り会えたことに喜びを感じています。

　もし皆さんが，刑事手続の中や，その周囲で繰り広げられる人間ドラマに関心があるのであれば，刑事弁護にかかわることは決して，その関心を裏切らないでしょう。ぜひ，挑戦してみてください。

〔秋田真志〕

214　第2章　刑事訴訟法

THEME 8

刑事裁判と法テラス

Invitation to スタッフ弁護士

■ 1　法テラス ■

　法テラス（正式名称：**日本司法支援センター**）は，2006（平成18）年4月10日，**総合法律支援**（法による紛争解決制度の利用を容易にし，弁護士や隣接法律専門職者〔司法書士等〕のサービスをより身近に受けられるようにするための総合的な支援）に関する事業を迅速かつ適切に行うことを目的として設立された法務省所管の法人です（総合法律支援法14条）。総合法律支援の実施及び体制の整備は，「民事，刑事を問わず，あまねく全国において，法による紛争の解決に必要な情報やサービスの提供が受けられる社会を実現すること」を目指して行われ（同法2条），法テラスは総合法律支援の中核です（同法1条）。法テラス創設以来，2024（令和6）年4月で19年目に入ります。法テラスという名称には，2つの意味が込められています。法的問題の相談者等に解決の道を示し，明るい光を「照らす」という意味と，法テラスを利用する方々にくつろいでいただける「テラス」のような場でありたいという意味です。

　法テラスの本来業務は，①情報提供業務，②民事法律扶助業務，③**国選弁護等関連業務**，④司法過疎対策業務，⑤**犯罪被害者支援業務**の5つです（同法30条1項）。情報提供業務とは，法制度に関する情報と相談機関・団体に関する情報を無料で提供する業務ですが，面談・電話（法テラス・サポートダイヤル）・メールで行っています。民事法律扶助業務とは，経済的に余裕のない方に無料で法律相談を行った上，弁護士・司法書士の費用等の立替を行う業務です。法テラス開設以来，2023（令和5）年3月31日現在，「法テラス・サポートダイヤル」の利用件数は，560万件，民事法律扶助の無料法律相談の利用件数は，413万件，弁護士・司法書士費用などの立替え（代理援助，書類作成援助）を行った件数は，165万件を超えています。その他，法テラスでは，東日本大震災，熊本地震，豪雨災害等の**被災者支援**の業務も行ってきました。また，2020（令和2）年7月には政府の外国人在留支援センター（FRESC／フレスク）内に**法**

THEME 8 刑事裁判と法テラス　　*215*

テラス国際室を設置し，10言語の多言語情報サービスを提供して外国人支援の充実を図っています。最近の動きとしては，霊感商法等の被害に対応するため，特定施策推進室が設けられ，新たな社会問題に対応する態勢が組まれています。

　法テラスでは，本部（東京）やコールセンター（仙台）のほか，2023（令和5）年3月31日現在，全国103か所に事務所を設置しています。事務所の種類には，①地方事務所（50か所），②支部（全国11か所），③出張所（5か所），④地域事務所（司法過疎地域事務所34か所，扶助・国選地域事務所3か所）があります。全国の地方裁判所に対応した場所にある地方事務所では，法テラスのすべての業務を扱っています。

■　2　国選弁護等関連業務　■

(1)　国選弁護制度

(a)　国選弁護制度の拡充

　国選弁護制度とは，被疑者や被告人が貧困等の理由で弁護人を選任できない場合に，本人の請求又は職権により，裁判所が弁護人を選任する制度を意味し，裁判所が選任した弁護人を**国選弁護人**といいます。以前は，国選弁護人は，起訴後の被告人しかつけられませんでしたが，2006（平成18）年10月からは，重大事件（死刑・無期，短期1年以上の懲役・禁錮に当たる事件）で勾留されている被疑者に国選弁護人を選任できることになり，2009（平成21）年5月からは，重大事件（死刑・無期，長期3年を超える懲役・禁錮に当たる事件）の範囲を広げ，さらには，2018（平成30）年6月からは，被疑者が勾留された全事件に拡大されました（刑訴法37条の2，37条の4）。したがって，現在では，勾留されている被疑者と起訴された被告人には，国選弁護人がつけられるシステムになっています。法テラスの国選弁護事件受理件数は，2006（平成18）年度は，4万1153件（被疑者国選3436件，被告人国選3万7717件）だったものが，2022（令和4）年度は，11万7821件（被疑者国選7万3775件，被告人国選4万4046件）と約3倍に増加しています。

(b)　国選弁護制度における法テラスの役割

　法テラスが設立される以前は，裁判所において，被告人の国選弁護人を選定し，国選弁護人に支払うべき報酬・費用の支払を行っていました。しかし，現

216　第2章　刑事訴訟法

在では，被疑者段階にせよ，被告人段階にせよ，最終的に国選弁護人を選任し
たり，解任したりするのは裁判所ですが，法テラスが国選弁護人の選任過程に
深く関与しています。法テラスの国選弁護人選任過程への関与は，①弁護士と
の国選弁護人契約の締結，②個別事件における国選弁護人候補者の指名及びそ
の裁判所への通知，③国選弁護人に支払うべき報酬・費用の算定及びその支払
の3点です。

　法テラスの**国選弁護関連業務**を少し詳しく説明しますと，法テラスでは，各
弁護士との間で，あらかじめ**国選弁護人契約**を結んでおきます。2023（令和5）
年4月1日現在，全国で国選弁護人契約を結んでいる弁護士は，3万1958人
で，全国の弁護士数の約71.1%になります。法テラスの地方事務所が，裁判
所から被疑者又は被告人の国選弁護人候補の指名通知要請を受けたときは，速
やかに，後記の名簿の中から，国選弁護人の候補者を指名し，裁判所に通知し
ています。裁判所は，法テラスの指名通知に基づき，国選弁護人を選任してい
ます。法テラスの地方事務所では，対応する弁護士会の協力を得て，**被疑者国
選弁護用名簿，被告人国選弁護用名簿，裁判員裁判用名簿**等を整備し，この名簿
に基づき，裁判所に指名通知を行っています。法テラス地方事務所では，早期
の弁護人接見の重要性等に鑑み，被疑者国選弁護については遅くとも24時間
以内に，被告人国選弁護については遅くとも48時間以内に，裁判所に対して
指名通知を行うことになっています。特に，被疑者国選弁護に関する指名通知
は，平日はむろんのこと，土日，祝日，年末年始も休みなく実施しています。
2010（平成22）年以降，24時間以内に指名通知をした被疑者国選弁護事件の割
合は，常に99.0%以上の高い割合を維持し，最近のコロナ禍の下にあっても，
99.9%と極めて高い割合を示しています。また，法テラスでは，2024（令和6）
年2月に施行された勾留状等における被害者の個人特定事項秘匿の制度が，迅
速な指名通知業務に影響が出ないような運用を模索しています。

　国選弁護人に支払う報酬・費用については，法テラスが，法務大臣の認可を
受けた「国選弁護人の事務に関する契約約款」で定められた「報酬及び費用の
算定基準」に基づき算定しています。算定基準は，①弁護人の労力に見合った
報酬を基本とする（労力基準），②一定の成果に対しては成功報酬の加算を行う
（成果基準），③費用と報酬とは別立てにするという3点を軸として，類型的・
画一的に算定する方針に基づき策定されています。法務省の所管する法テラス

が個々の弁護活動を個別に評価して報酬を決めるという仕組みとすると，弁護活動の独立性が侵害されかねないとの懸念が強く示されたことから，法テラスの裁量を極力排除したものになっています。国選弁護人の報酬・費用の算定業務については，透明性を担保するため，国選弁護人の弁護士から，不服申立ての制度もあり，不服が認められることもあります。

(c) 裁判員裁判と国選弁護人

2009（平成21）年5月から裁判員裁判が始まり，2023（令和5）年12月末で判決人員が1万5896人に及ぶ裁判員裁判が行われ，今では，すっかり裁判員制度が定着したといえます。第1審の裁判員裁判で判決を受けた被告人についてみると，85%を超える被告人に国選弁護人がついています。このように，裁判員制度における国選弁護人の役割は非常に重要であり，国選弁護人の質及び量の充実が必要とされており，法テラスもその一助となるシステム作りを目指しています。

(2) 国選付添制度

2007（平成19）年11月から，少年審判事件の**国選付添人**の選定等に関する業務も法テラスが行うことになりましたが，以後国選付添人の選任対象事件が次第に拡大されています。この業務が開始されたときは，国選付添人の選任対象となる事件類型は，故意の犯罪行為により被害者を死亡させた罪や，死刑・無期，短期2年以上の懲役・禁固に当たる罪に係る事件であり，裁判所が検察官関与を決定したときに，職権で国選付添人を付さなければなりませんでした（平成26年改正前少年法22条の2第1項，22条の3第1項）。また，一定の少年に対し観護措置（少年鑑別所に送致する決定）がなされたときは，裁判所が裁量で国選付添人を付することもできました（同法22条の3第2項）。しかし，2014（平成26）年6月からは，少年法の改正により，国選付添人の選任対象となる事件類型は，死刑・無期，長期3年を超える懲役・禁錮（令和4年改正施行以後は拘禁刑）にあたる罪に拡大されています。

国選付添人の選任対象事件の拡大は，被害者等による少年審判の傍聴許可とも関連しています。すなわち，2008（平成20）年12月からは，故意の犯罪により被害者を死傷させた罪や業務上過失致死傷罪（その後，自動車運転過失致死傷罪等が追加）の被害者等から，少年審判の傍聴の申出があった場合は，家庭

218　第2章　刑事訴訟法

裁判所は，その傍聴を許すことができますが（同法22条の4第1項），傍聴を許すときは，あらかじめ弁護士である付添人の意見を聴かなければなりません（同法22条の5第1項）。少年に弁護士である付添人がいないときは，家庭裁判所は，弁護士である付添人を付さなければならないのです（同条第2項）。

　このように，少年法の改正の度に，国選付添人の選任や報酬・費用の支払という法テラスの業務も増加しています。法テラスは，国選弁護人の場合と同様，あらかじめ弁護士との間で国選付添人契約を締結した上，家庭裁判所に対し，国選付添人候補者を指名し，家庭裁判所に通知します。事件が終局した後，法テラスでは，国選付添人に約款や基準に基づく報酬・費用の支払をしています。国選付添人契約弁護士の人数は，各弁護士会の協力で毎年増加し，2023（令和5）年4月1日時点で，全弁護士の約36.4％に当たる1万6353人となっています。2022（令和4）年の数値ですが，少年保護事件のうち，付添人が付された少年の総人員は3724人でしたが，国選付添人の選任率は69.8％であり，国選付添人の役割の大きさを物語っています。

■　3　犯罪被害者支援業務　■

(1)　犯罪被害者等支援

　犯罪の被害者やそのご家族・ご遺族の支援も，法テラスの業務です。支援の内容は，①刑事手続の仕組み，損害の回復，苦痛の軽減を図るための法制度の紹介，②犯罪被害者のために種々の取組をしている関係機関・団体の案内，③弁護士会からの推薦を受けた犯罪被害者支援の経験・理解を有する**精通弁護士**の紹介などです（総合法律支援法30条1項8号）。各地方事務所には，**精通弁護士**の名簿が作成されています。

　法テラスでは，情報提供業務を行っているコールセンター内に**犯罪被害者支援ダイヤル**（0120-079714〈なくことないよ〉）を設け，犯罪被害者等の支援に成熟した担当者を配置し，犯罪被害者等の心情にも十分に配慮しながら，丁寧に対応できる態勢で臨んでいます。また，法テラスの地方事務所でも，被害者の支援に関する法制度や関係機関の情報提等供を実施しています。犯罪被害者支援ダイヤルと地方事務所に対する問合せ件数は，業務開始以降2023（令和5）年3月末までに，41万3155件に達しています。

　また，現在国会では，犯罪被害者支援弁護士制度を設けるべく，総合法律支

援法の改正が審議されており，法案が可決されれば，その制度の関連業務を法テラスが担うことになります。

(2) 刑事裁判への被害者参加

2008（平成20）年12月，刑事裁判への「被害者参加制度」が始まりました（刑訴法316条の33）。**被害者参加制度**とは，殺人等の重大犯罪の被害者やその遺族などが，刑事事件の公判期日に出席し，被告人に対する質問を行うなど，刑事裁判に直接参加することができる制度です（刑訴法316条の34〜316条の38）。被害者参加人のための弁護士を**被害者参加弁護士**といいますが，被害者参加弁護士は，被害者参加人の委託を受けて刑事裁判への出席や被告人に対しての質問などができます（同法316条の34，316条の36，316条の37）。資力が十分でない被害者参加人は，国費で被害者参加弁護士を選定することを請求でき，この弁護士を国選被害者参加弁護士と呼びます（犯罪被害者等の権利利益の保護を図るための刑事手続に付随する措置に関する法律〔以下「犯罪被害者等保護法」という〕11条1項）。

法テラスは，この国選被害者参加弁護士の選任等に関与しています。すなわち，資力が十分でない被害者参加人は，法テラスを経由して国選被害者参加弁護士を選定することを請求できます（犯罪被害者等保護法11条1項，2項）。法テラスは，この請求があったときは，裁判所に対し，請求のあったことを通知するとともに，被害者参加人から提出を受けた資力に関する書面を送付します（同条3項）。その上で，法テラスは，国選被害者参加弁護士の候補者を指名し，裁判所に通知します（同法12条1項）。候補者を指名するに当たっては，請求者の意見を聴かなければなりません（同条3項）。そのため，法テラスでは，①国選被害者参加弁護士になろうとする弁護士との契約締結，②被害者参加人の意見聴取，③裁判所に対する国選被害者参加弁護士の候補者の指名と通知，④国選被害者参加弁護士に対する報酬・費用の算定と支払等の業務を行っています。2023（令和5）年4月1日現在，被害者参加弁護士の契約弁護士の人数は，5756名であり，被害者参加制度が始まってから国選被害者参加弁護士の選定請求があったのは，6748件であり，性犯罪が約半数を占めています。被害者参加を許可された人数の約4割が，国選被害者参加弁護士を利用しています。なお，国選被害者参加弁護士の割合は，犯罪の種類によって大きく異なり，性

220 第2章 刑事訴訟法

犯罪では8割近くになっていますが，自動車関連の犯罪では，それほど高くありません。

2013（平成25）年12月には，被害者参加制度を利用して刑事裁判に出席された方に，旅費等を支給する制度が開始されました（犯罪被害者等保護法5条以下）。法テラスは，裁判所を通じて提出された旅費請求書に基づいて旅費等を算定し，被害者参加人に支払っています（総合法律支援法30条1項10号，犯罪被害者等保護法8条1項）。被害者参加旅費等支給の件数は，2023（令和5）年3月末までで，2万6066件に上っています。

(3)　DV・ストーカー・児童虐待の被害者支援

法テラスでは，2018（平成30）年1月からは，総合法律支援法の改正（同法30条1項5号）により，現在社会問題となっている**DV・ストーカー・児童虐待**（併せて「特定侵害行為」といいます）の被害者に対し，弁護士が民事・刑事を問わず法律相談を行う業務を開始しました。法律相談は，特定侵害行為の被害防止に関するもので，相談を受ける弁護士は，特定侵害行為に関する知識や経験を持っている弁護士の中から選定されます。法律相談は，一定の基準を超える資産を有する対象者以外は無料です。電話による法律相談が利用できます。

この制度施行以来，2023（令和5）年3月末までに，5029件の法律相談が実施されました。相談内容を分析すると，DVと児童虐待が密接に関連していることが明らかになっています。また，児童虐待に対する児童相談の件数が伸び悩んでいるため，法テラスでは，子供たちに対する広報活動にも力を入れ，児童向けポスターやポケットカードの配付を行い，少しでも児童虐待の減少に繋がるようにと努力を続けています。

■　4　スタッフ弁護士の活躍　■

法テラスでは，その業務を展開していく上で，事件ごとに事件処理をする契約弁護士等の確保のほかに，給与制・任期制の常勤弁護士を相当数採用しています（2023〔令和5〕年3月末現在204名）。この**常勤弁護士をスタッフ弁護士**と呼んでいます。スタッフ弁護士は，法テラスの地方事務所・支部に設けられた法律事務所，あるいは司法過疎地域事務所に勤務し，市民に対する民事・刑事の法的サービスを提供しています。スタッフ弁護士は，民事法律扶助，刑事事件

THEME 8 刑事裁判と法テラス　*221*

の国選弁護人，少年事件の国選付添人及び被害者参加弁護士として活躍するとともに，司法過疎対策業務も行っています。

　最近では，さらに活躍の場を広げ，各地方の総合法律支援の核として，主体的に各地方の関連機関とネットワークを形成し，**司法ソーシャルワーク**の担い手となっている者もいます。司法ソーシャルワークとは，弁護士等の法律専門家と，各地方公共団体，社会福祉協議会，社会福祉士，介護士等と連携し，自ら司法サービスを求めにくい高齢者・障害者に手を差し伸べ，法的問題はむろんのこと，社会福祉部門，医療部門などの総合的な支援を行うものです。

　刑事裁判の分野でいえば，スタッフ弁護士の中には，刑事専門弁護士を目指す者や刑事事件に特に関心を示す者が増えております。スタッフ弁護士が，各地において，著名な裁判員裁判の国選弁護人・国選付添人や犯罪被害者参加弁護士として，活躍しているのを新聞報道等で見聞きすることが多くなってきました。中には，スタッフ弁護士の業務の7，8割が国選弁護事件である地方事務所もあり，被疑者・被告人の身柄の解放，裁判員裁判，無罪事件等に奔走しています。法テラス本部では，「**裁判員裁判弁護技術研究室**」や「**常勤弁護士業務支援室**」を設け，刑事弁護のベテランを講師として，スタッフ弁護士に対し，刑事事件や裁判員裁判の弁護能力の向上のための研修を実施しています。その研修では，全国各地におけるスタッフ弁護士が自らの弁護活動や抱える問題点を披瀝した上，講師や研修生間で議論を重ねることにより，相互に刺激を受けるとともに，刑事弁護人としての能力・技術の向上を目指しています。

Invitation to スタッフ弁護士

　皆さんは「弁護士」というと，どんな仕事をしていると想像しますか。困っている人，弱い立場にある人を助ける。そんなイメージを持っている方もいらっしゃるのではないでしょうか。全国各地で，スタッフ弁護士が，困っている人，弱い立場にある人のために頑張っています。その姿は，皆さんが思い描く「弁護士」像と重なるかもしれません。

　私が所属する事務所は，国選弁護を主な業務とする事務所です。4人のスタッフ弁護士が所属し，日々，国選弁護に奔走しています。年間相当数の国選弁護事件を担当し，その中には裁判員裁判対象事件のような重大な事件も含まれます。無罪判決を得た事件もあります。地域の刑事弁護においてプレゼンスを示しています。

　忘れられない事件があります。

222　第2章　刑事訴訟法

　弁護士になって3年目の事件でした。ある傷害致死事件の裁判員裁判を担当しました。リンチによって，少年を死亡させてしまった事件でした。暴行は苛烈で，引き起こした結果はあまりにも大きいものでした。私としては，精一杯弁護をしましたが，被告人は求刑通りの判決を受けました。判決後，私は，無力感でいっぱいでした。彼に「求刑通りの判決で申し訳ない」と謝りました。彼から届いた手紙には，「よく国選弁護人はダメだと聞くけど，僕は先生が弁護人で良かったと思う。僕の事件のことは忘れて，明日からまた依頼者のために頑張ってほしい」と書かれていました。国選弁護は，ときに私選弁護よりも質が落ちると言われることがありますが，国民の人権をあまねく保障するための重要な制度です。この事件をきっかけに，国選弁護の担い手としてもっと質の高い弁護技術を身に付けようと決心しました。

　スタッフ弁護士には，一流の刑事弁護人を講師とする研修制度があり，相談体制も整備されています。裁判官や検察官と並ぶ刑事裁判の担い手として，彼らに負けない専門性を身に付けることができます。

　また，スタッフ弁護士は給料制ですので，収入を気にする必要がないことも大きなメリットです。裁判員裁判は，準備に時間を要し，連日開廷されるため，一般の弁護士であれば受任を躊躇する場面もあるかもしれませんが，スタッフ弁護士であれば，収入を気にせず，思い切り事件に打ち込むことができます。

　収入を気にせず，自分の思うところに従って思いっきり働きたい。専門性を磨きたい。スタッフ弁護士はそれを叶えることができる仕事です。スタッフ弁護士になってみませんか。

〔橋本典子〕

第 3 章

刑 事 学

224　第3章　刑事学

あらまし

■ 1　刑事学とは ■

「**刑事学**」とは，隣接諸科学の知見を駆使しながら犯罪現象を分析し，犯罪の原因を探究し，犯罪対策を提示する学問で，刑法学，刑事訴訟法学とならぶ刑事法学の一分野です。皆さんがふれる著書や講義などには，「**刑事政策**」または「**犯罪学**」という言葉が使われているかもしれません。今日では，これらの言葉はほぼ同じ意味で使われています。

刑事学は法律学の中でも皆さんにとって最も身近に感じられ，しかも躍動感のある飽きない魅力をもつ分野です。刑事学は，刑事司法機関，地域，企業，民間人が犯罪防止を目的として行う諸活動を広く念頭に置いています。ここで注意する必要があるのは，刑事学が対象とするのが，刑法でいう「犯罪」（＝構成要件に該当する違法かつ有責な行為）に限定されないということです。刑事学では，刑法上は責任能力を欠く精神障害者の行為，少年非行，さらに従来は刑罰によって規制することは考えられていなかった悪徳商法などもその対象となります。刑事学の対象は，皆さんの身の回りにある反社会的な逸脱行為のすべてであり，それらの逸脱行為は私たちに対して日常的に様々な問題を投げかけてきます。

その反面で，これらの反社会的な逸脱行為への対策面を検討するときには，刑法典の条文だけでは解決がつかず，精神保健福祉法，心神喪失者等医療観察法，少年法および一連の消費者保護法制など多様な法律の理解が必要とされます。その意味で刑事学は法律学としての奥深さをもっているといえるでしょう。

また，刑事学に躍動感があるのは，刑事政策が現代社会のダイナミックな変化に対応を迫られながら発展しつつあるからです。現代社会は，情報化社会といわれますが，たとえばサイバー犯罪は今日的な犯罪の典型で，その対策の整備は緊急の課題です。一方，国際化に伴って来日外国人による犯罪や日本人による海外での犯罪がクローズアップされ，犯罪対策の国際化が求められています。さらに高齢化社会に対応して，福祉的支援の強化など，従来の対策の見直しが迫られています。

■ 2 刑事学の限界 ■

　前述のように，刑事学は犯罪対策を提示する学問ですが，その前提として隣接諸科学の知見を駆使しながら犯罪現象を分析し，犯罪の原因を探究します。しかしながら，こうした分析や探究から犯罪の実態や原因が明らかになれば，必然的に適切な犯罪対策として刑事政策を導くことができるわけではありません。刑事学において犯罪対策を論じるにあたっては，様々な限界が存在します。

　第1に，**犯罪原因論の本質に起因する限界**が存在します。皆さんは，犯罪はなぜ起こると考えていますか。この点については，後で詳しく述べますが（⇨THEME 2），今日の刑事学においては，生物学的要因，心理学的要因および社会学的要因が相互に作用し合いながら犯罪を発生させていると考えられています。したがって単独の犯罪原因があり，これに有効な犯罪対策を講じれば犯罪を防止できるわけではなく，複雑に絡み合う多様な犯罪要因に対して，様々な犯罪対策をいろいろな角度から講じる必要があります。このため，現実にはこれまでのところ犯罪防止を法則的に導くことが可能なほど効果的な犯罪対策は見出されていません。

　第2に，**人権上の限界**が存在します。たとえ犯罪原因の研究の結果，犯罪防止に有効な措置が明らかになったとしても，それが不合理な人権侵害を伴う場合には講じることは許されません。犯罪対策の多くは国家権力によって講じられます。このため犯罪対策には人権侵害の危険性が常につきまとうことになります。わが国では，基本的人権の尊重が憲法によって明示されており，これを無視した犯罪対策は，その効果にかかわらず許されないのです。たとえば，仮に犯罪原因として遺伝的要素が判明したとしても，外科的手術を伴う去勢・断種のような優生学的方法を強制措置として用いることは許されません。

　第3に，**刑事学の領域に関する限界**が存在します。広い意味では，犯罪対策は直接犯罪対策として講じられるものに限られません。古くはF・リストが，「最良の社会政策は最良の刑事政策である」と述べ，今日でもアメリカのJ・Q・ウィルソンとR・ハーンスタインが「犯罪予防にとって最も必要とされるのは教育である」と指摘しているように，経済，福祉，教育・文化など様々な政策が間接的には犯罪対策として効果をもつことになります。しかし，これらのすべてを犯罪対策として刑事学において論じることはかえって刑事学の領域をあいまいにしてしまうおそれがあります。したがって，基本的に刑事学の中で論じられる犯罪対策は犯罪の

226   第3章 刑事学

防止を直接目的とした政策に限定されることになります。

第4に、**財政上の限界**が存在します。犯罪防止のために効果が期待できるあらゆる策を講じることは財政的に不可能です。国家財政にせよ、個々人の資産にせよ犯罪対策として費やすことが可能な水準は限られています。どの程度の予算を犯罪対策にあてるかは、政策上の判断であり、それによって実施可能な対策も自ずと限られることになります。

■ 3 刑事学を学習する上でのアドバイス ■

刑事学といっても、他の法律学と異なる特別な学習方法があるわけではありませんが、特に強調しておきたいのは、できるだけ**実態に即した議論**をするように心がけてほしいということです。犯罪は日常的に起こっていますし、犯罪報道のない日はありません。刑事学を学習するための生きた素材がいつも皆さんの周りにあるといってもよいでしょう。そうした素材に対しては、刑事学関係の書物や六法を座右に置きながら、絶え間ない関心と強い問題意識をもってアプローチしてほしいと思います。これが実態に即した議論への第一歩です。

また、犯罪に関する実際のデータを用いることも、実態に即した議論には欠かせません。その意味で重要な情報を提供してくれるのが犯罪に関するデータを数量化した犯罪統計です。わが国では犯罪統計を分析し、犯罪の実状と犯罪対策の現況を報告した『犯罪白書』と『警察白書』が公刊されています。このうち前者は1960（昭和35）年より毎年、法務省の法務総合研究所の編集で公刊されています。そこでは最近の犯罪動向と犯罪者処遇の実状が概観されると同時に、特定の犯罪や犯罪類型などに注目した特集が組まれ、重要性の高い問題について深く掘り下げた調査結果が報告されています。これに対して、後者は警察活動の現況の公表を主目的として、1973（昭和48）年より毎年、警察庁の編集で公刊されているものです。そこでは治安情勢と警察活動について解説が加えられるとともに、警察が重点的に取り組む犯罪問題が特集されています。「犯罪白書」は法務省のホームページ、「警察白書」は警察庁のホームページでもそれぞれ閲覧可能です。

さらに、皆さんが刑事学の現実にふれる方法としてすすめておきたいものが2つあります。1つは**法廷見学**です（⇨115頁、179頁、192頁）。皆さんの中には実際に傍聴してみると映画やテレビで観るような白熱した論争シーンが少ないのでガッカリしてしまう人もいるかもしれません。しかし、めげずに何度も近くの裁判所

に足を運んでほしいのです。法廷見学のコツは、あらかじめ受付で当日の事件名などを確認してみることです。皆さんの興味がわく法廷を選んで見学してみてください。今日では、各裁判所のホームページで傍聴のやり方や事件の開廷期日の情報なども閲覧することができますので活用するとよいでしょう。

　もう1つの方法は**刑務所参観**です。ただし、参観にあたっては、物見遊山ではないということを常に念頭に置いて、真摯な態度で臨んでもらいたいと思います。外部の者が刑務所に来ることは、受刑者にとっては愉快なことではありませんし、職員に多大な迷惑をかけることを忘れないでほしいのです。

■　4　Go through the gate to Criminology !　■

　刑事学の内容は大別して次の2つに分けることができます。1つは、犯罪現象を正確に把握し、犯罪の原因を探究する分野で、他は犯罪の対策を検討する分野です。このうち前者は、①犯罪現象を質的・量的に分析し、その実態を明らかにする**犯罪現象論**、②犯罪の原因を隣接諸科学の知見を応用しながら探究する**犯罪原因論**、③犯罪現象と犯罪原因を体系的に捉えるための理論を構築する**犯罪学理論**によって構成されています。これに対して後者は、④犯罪の対策にあたる刑事司法機関の役割や問題点を検討する**刑事司法過程論**、⑤犯罪者を処罰する目的や方法を論じる**刑罰論**、⑥刑罰を科された犯罪者の処遇方法を議論する**犯罪者処遇論**によって構成されています。

　皆さんには、本章で刑事学の6つの領域のすべてについて、少しずつふれてもらおうと思います。まず、*THEME 1* では、わが国の犯罪情勢について説明します（上記①）。そこでは、特に「わが国の犯罪は凶悪化しているのか」という問題を検討していくことにします。

　THEME 2 では、犯罪原因論と犯罪学理論を概観します（上記②・③）。犯罪原因の科学的研究は、19世紀後半に誕生し、今日までにめざましい発展を遂げました。そこで、そうした発展の経過を追うとともに、最新の研究動向も紹介したいと思います。

　THEME 3 では、「なぜ犯罪者は処罰されるのか」、「どのような処罰が適当か」といった問題について一緒に考えていきたいと思います（上記④・⑤）。その際には、わが国で現在用いられている6種類の刑罰がどのように運用されているかもみておく必要があるでしょう。また欧米で採用され、わが国でも注目されている新しい

228 第3章 刑事学

刑罰制度や近時の新しい社会問題への刑事立法の対応についてもとりあげることにします。

THEME 4 では，実際に犯罪者がどのように処遇されているのかをみていくことにします（上記⑥）。そこでは，犯罪者処遇の専門家が自らの経験を踏まえてお話しします。ところで皆さんは，犯罪者の処遇が刑務所だけでなく広く社会の中でも行われていることをご存知ですか。そうした社会の中での処遇（**社会内処遇**）の重要性は，刑務所などの施設の中での処遇（**施設内処遇**）のそれに勝るとも劣りません。そこで，犯罪者の処遇を施設内処遇と社会内処遇の両方からみていくことにしましょう。

THEME 5 では，成人とは異なる取扱いを受ける**少年犯罪者**への司法上の対応についてふれます。近頃関心の高まっている問題ですから，皆さんも，一度自分の意見をまとめてみてください。

THEME 6 では，犯罪・非行が起これば，多くのケースで被害者が存在することを前提に，いかに**被害者支援**を実現するかを述べます。これまでみてきた上記 5 つのテーマは，いずれも主として加害者に焦点を当てて考察されてきたものですが，ここでは，犯罪等の被害者に焦点を当てて被害者支援について検討します。

THEME 1
わが国の犯罪状況

　テレビや新聞，インターネットで犯罪に関する報道を目にしない日はありません。また，そこでは「犯罪の凶悪化」がしばしば指摘されています。皆さんの中にも，わが国の犯罪は凶悪化していると思っている人が少なくないのではないでしょうか。しかし，そうした報道ではなく，実際に自分の身の回りで凶悪な犯罪が発生したという経験をもっている人は少ないでしょう。本当にわが国の犯罪は凶悪化しているのでしょうか。

　犯罪の原因を探究し，対策を練るためには，まず犯罪の実態を正確に知る必要があります。そこで，以下ではわが国の犯罪情勢を概観し，犯罪の実態を明らかにしたいと思います。

■　1　わが国の犯罪情勢　■

　ここでは，本当に犯罪は凶悪化しているのかという点を明らかにするため，具体的な数値を参考にわが国の犯罪情勢を概観してみたいと思います。

(1)　戦後の犯罪動向の推移

　戦後の刑法犯の動向は次の4期に分けることができます。①終戦直後の1948年から1950年を頂点とした第1期。②1970年を頂点として，1950年代半ばから1970年頃までの第2期。③1975年から1999年までの第3期。④2000年から現在までの第4期。

　(a)　第1期　まず終戦直後に刑法犯の認知件数が急増し，1948（昭和23）年には160万3265件に達しました。これは食糧の不足，インフレの進行，失業，警察組織の弱体化など戦後の社会的な混乱によってもたらされた現象と考えられます。したがって，1950年以降，社会の安定化に伴い犯罪はいったん減少していきました。

　(b)　第2期　一度は終息したかに見えた犯罪の増加傾向が1950年代半ばから再び始まりました。そして1970（昭和45）年には刑法犯の認知件数は約

193万件に達し，当時の最高を記録しました。この時期の犯罪状況としては，粗暴犯（暴行・傷害・脅迫・恐喝など）が多発したことと交通関係業過（現在でいう過失運転致死傷〔自動車の運転により人を死傷させる行為等の処罰に関する法律5条〕）が急増したことがあげられます。その背景として，粗暴犯の増加については，労働事件や公安事件の多発，経済成長に伴う利権をめぐっての暴力団の抗争などがあげられています。また，交通関係業過については自動車の普及が最大の原因でしょう。

(c) 第3期 1970年をピークとして，その後の刑法犯の認知件数は再び減少に転じました。しかし1975（昭和50）年以降はほぼ一貫して増加し，1980（昭和55）年からは，毎年，1946（昭和21）年以降の最高値を記録してきました。このことから，マスコミでは，しばしば「戦後最悪」とか，「戦後最高」という見出しが毎年おどっていましたが，第2期と比べると，「凶悪化」の指針となる凶悪犯（殺人・強盗）や粗暴犯などの認知件数は大幅に減少しています。認知件数の増加の理由は，放置自転車の乗り逃げなど財産犯が増加したことによるといえます。

(d) 第4期 1998（平成10）年以降，刑法犯の認知件数は急増し「安全神話崩壊」と評されて話題になりましたが，2002（平成14）年にピークを迎えた後は2021（令和3）年に至るまで大幅に減少していきました。その理由はどこにあるのでしょうか。第4期については，「最近の犯罪動向」（⇨232頁）として，後で詳しく検討することにします。

(2) 少年犯罪・非行

犯罪情勢全体の推移と同様に，戦後の少年の犯罪・非行の推移も4期に分けられます。一般に少年犯罪・非行は4度の波に分けて捉えられています。

(a) 第1の波 第1の波は1951（昭和26）年をピークとした少年犯罪・非行で，戦後の社会的・経済的混乱を背景としていました。第1の波の特徴としては，生活苦からの犯罪・非行が多く，少年の刑法犯に窃盗の占める割合が高いことが目につきます。

(b) 第2の波 第2の波は1964（昭和39）年をピークとした少年犯罪・非行で，高度経済成長期を背景としていました。第2の波の特徴としては，モータリゼーションの進展によって交通犯罪が増加したことと，都市化，低年齢化

などが指摘されています。

(c) 第3の波　第3の波は1983（昭和58）年をピークとした少年犯罪・非行で，「豊かな時代」を背景としていました。第3の波の特徴としては，低年齢化，一般化および集団化がみられるとともに，気ままに楽しみたいという動機で行われる「遊び型」犯罪の急激な増加が指摘されました。

(d) 第4の波　第4の波は，1998（平成10）年をピークとした1996（平成8）年から始まった少年犯罪・非行です。これまでの3つのピーク期の特徴としてみられた急激な犯罪の増加は見出せませんが，遊ぶ金欲しさの犯罪の増加が指摘されるなど，新たな特徴が認められます。これら第4の波の特徴については，後の「少年犯罪・非行」（⇨234頁）で詳しく検討することにします。

(3)　女 性 犯 罪

　女性犯罪は犯罪全体の推移とは少し違う経過をたどってきました。また最近，女性犯罪に変化がみられるため，注目を集めています。そこで，今度は女性犯罪に焦点をあてて，その推移や最近の特徴をみてみましょう。

　女性の交通関係業過を除く刑法犯検挙人員は，1960年代半ば以降，長く増加傾向を示していましたが，1983年の戦後最高をピークとして，おおむね減少傾向にあります。他方，総数に占める女性の割合は1963（昭和38）年まで一桁台で推移していましたが，現在では約22%にまで増加しています。また罪種を中心に女性犯罪の特徴を詳しくみてみると，近年，次のような傾向がみられます。

　女性検挙人員の首位は窃盗犯で全体の約7割を占めています。数量的には暴行・傷害，詐欺，横領が窃盗に続いています。窃盗を手口別にみると，大部分は万引きの占める割合が高く，なかでも女性高齢者では，その傾向が顕著になります。

　他の犯罪に比べて女性の占める割合が大きい罪種としては，窃盗と殺人をあげることができます。殺人の中でも，嬰児殺についてはほとんどが女性によって行われています。また従来女性の占める割合が少ない罪種として，強盗のほか暴行，傷害，恐喝などの粗暴犯があげられてきましたが，最近では，いずれも7〜14%前後で推移しています。

232　第3章　刑事学

■　2　犯罪は「凶悪化」しているのか　■

(1)　最近の犯罪動向

　第3期の1975（昭和50）年以降，刑法犯の認知件数はほぼ一貫して増加し，第4期の1998（平成10）年以降，刑法犯の認知件数は急増しました。また，2002（平成14）年には，統計史上最高の369万3928件にのぼりました（ただし，交通関係業過を除いた数値では，285万4061件）。こうした状況を受けて，マスコミでは，しばしば「戦後最悪」とか，「戦後最高」という見出しがおどりましたし，犯罪情勢は凶悪化の一途をたどり，欧米化しつつあるとも伝えられてきました。しかし，これは事実に即していたのでしょうか。まず量的にみると，犯罪統計の上で，刑法犯の認知件数が増加してきたことは事実です。しかし，このような犯罪の増加が，犯罪の凶悪化に直結したわけではありません。むしろ，わが国の治安情勢は安定していたということができます。この点を具体的に説明するために，以下では「凶悪化」の指針となる凶悪犯（殺人・強盗）や粗暴犯（暴行・傷害・脅迫・恐喝）などについて，1960（昭和35）年と第4期のピークにあたる2002年を比較してみたいと思います。

　第1に，殺人についてみてみると，1960年の殺人の認知件数は2648件でした。これに対して2002年の認知件数は1396件です。第2に，当時の刑法に存在していた強姦の認知件数を比較してみると，1960年が6342件であったのに対して，2002年は2357件です。第3に，傷害の認知件数を比較すると，1960年が6万8304件であったのに対して，2002年は3万6324件です。第4に，暴行の認知件数を比較してみると，1960年が4万4250件であったのに対して，2002年は1万9442件です。第5に，強盗の認知件数を比較すると，1960年が5198件であったのに対して，2002年は6984件です。こうしてみてみると，凶悪な犯罪のうち，強盗については，2002年の方が多いものの，殺人と傷害はおよそ45年前に比べて2分の1に，強姦と暴行は3分の1程度であることがわかります。

　それでは，なぜ1998年以降，刑法犯の認知件数が急増し，「凶悪化」というテーゼが報じられたのでしょうか。この点は，警察の活動方針との密接な関連性を指摘することができます。すなわち，1999（平成11）年10月に発生した桶川ストーカー殺人事件を契機として，告訴・告発を含む相談体制の強化を指

示した通達が出されるなど，警察に持ち込まれる相談や通報に対する警察の積極的な対応姿勢が求められるようになりました。こうした警察活動の成果に伴って，暴行・傷害などの粗暴犯の認知件数が急増したと考えられます。他方で，認知件数の急増に呼応して，家庭内のトラブルなど，取扱いが困難な事案の処理が増加したことが，検挙率低下の一因になったと考えられます。たしかに犯罪統計上，暴行・傷害などの粗暴犯の認知件数が増加する一方，検挙率が低下していることから，「凶悪化」というテーゼを導き出し，「安全神話の崩壊」と評することも可能なようにも思えます。しかしながら，これまで見てきたことからすれば，犯罪統計の増減を表面的にみて断定することも，逆に「安全神話の崩壊」というテーゼを早急に導くことにも慎重でなくてはならないことがわかるでしょう。

その後，2002 年のピークを過ぎると，刑法犯の認知件数自体が，一貫して減少していきました。主たる要因としては，刑法犯の過半数を占めていた窃盗の認知件数が 2003（平成 15）年から一貫して減少してきたことがあげられます。こうした動向を受けて，「戦後最悪」とか，「戦後最高」といった表現はあまり見られなくなり，代わりに「予断を許さない状況」「相当高い水準にある」などの表現が使われたりもしましたが，結果的には，2015（平成 27）年から 2021（令和 3）年まで戦後最少を毎年更新するまでに大幅に減少しました。また，個別の刑法犯の類型をみてみると，2022（令和 4）年の統計では，強盗は 2004（平成 16）年以降おおむね減少し（1148 件），殺人も 2004 年から 2016（平成 28）年まで減少傾向を示したのち，おおむね横ばいで推移しています（853 件）。

こうした犯罪動向の中で注目を集めるのが詐欺罪と高齢者犯罪です。詐欺罪は，2002 年以降，大幅に増加し，2005（平成 17）年には 1960（昭和 35）年以降で最多となりました。その要因の 1 つとして，いわゆる「振り込め詐欺」などの特殊詐欺の急増があげられています。しかし，その後は各種の振り込め詐欺対策が功を奏し，2009（平成 21）年には前年比で特殊詐欺の認知件数が 64.2%減，被害総額が 65.3% 減と大幅に減少し，検挙率も大きく上昇しました。特殊詐欺の認知件数は，2011（平成 23）年以降に再び増加傾向を示したものの，2018（平成 30）年から再び減少に転じました。ただ，2021（令和 3）年からは増加しており，2022（令和 4）年は，1 万 7570 件（前年比 21.2% 増）となり，検挙

率も 37.8% と低下しています（前年比 7.7% 減）。また，被害総額も 2015（平成 27）年以降減少していましたが，2022 年には増加しています（約 371 億円〔前年比約 89 億円増〕）。こうした増加の背景には，「トクリュウ」と呼ばれる匿名・流動型犯罪グループの存在が指摘されており，SNS を利用して集められた若者が互いに素性を知らないまま特殊詐欺の犯行に加担する事案も見られています。

　高齢者犯罪は，65 歳以上の者による犯罪をいいます。高齢者の刑法犯における検挙人員は年々増加傾向を示し，2008（平成 20）年にピーク（4 万 8805 人）を迎えた後，高止まりしていましたが，2016（平成 28）年から減少傾向にあり，2022（令和 4）年は 3 万 9144 人（前年比 5.1% 減）となっています。このうち，70 歳以上の者は，2011（平成 23）年以降，高齢者検挙人員の 65% 以上を占めるようになり，2022 年には 77.4% にのぼっています。かつてのように高齢者人口の増加率以上の勢いで検挙人員が増加することはなくなりましたが，高齢者率は，他の年齢層の多くが減少傾向にあることから，ほぼ一貫して上昇し，2016 年以降は 20% を上回り，2022 年は 23.1%（前年比 0.5 pt 減）となっています。高齢者による犯罪の特色は，窃盗の割合が高いことです。2022 年の検挙人員をみると，高齢者犯罪のうち，窃盗の割合は 68.6% であり，とりわけ女性では，88.3% にのぼっています。高齢者犯罪は，刑事司法の各段階において特別な対応を迫っていますが，同時に社会福祉を含む多面的なアプローチが必要です。

(2)　少年犯罪・非行

　少年犯罪・非行についても，凶悪化が指摘され，第 3 の波以降の少年たちは，「暴力の世代」と呼ばれたことがあります。しかし，第 3 の波の中で増加している少年犯罪の典型は窃盗と遺失物等横領です。また窃盗もその手口は万引き，自転車盗，オートバイ盗が大部分を占めていますし，遺失物等横領も，その大部分は放置自転車の乗り逃げ事犯です。このようにわが国で増えているのは，主として非暴力的な犯罪であり，一般に「暴力の世代」と評されているイメージとの間にはギャップがあります。

　また，1996（平成 8）年以降に見られた第 4 の波についても依然として「少年犯罪の凶悪化」のテーゼが報じられることがありました。主たる根拠とし

THEME 1 わが国の犯罪状況　235

て，少年刑法犯の検挙人員の減少は少年人口の減少に関連するとし，少年人口比で分析すると，1995 年からは増加傾向にあり，内訳としても強盗罪などの検挙人員が増加している点をあげていました。

しかし，人口比の観点からみても，当時の犯罪情勢には，それまでの 3 つのピーク期の特徴としてみられた急激な犯罪の増加は見出せませんでした。また，2004（平成 16）年以降は，人口比でみても，年々減少していくことになり，2012（平成 24）年から 2021（令和 3）年に至るまで戦後最少を記録し続けるほどになりました。ただ，この第 4 の波では，新しい少年犯罪の特徴が指摘されていました。いくつか第 4 の波の特徴をみてみましょう。

当時の少年犯罪の特徴として挙げられたのは，①衝動的な「いきなり」型犯罪の増加，②「遊ぶ金欲しさの」犯罪の増加，③弱者を標的にした集団による犯罪の増加，④模倣犯の増加などです。また，動機等が理解できず，犯行方法も異様・残虐なケースが存在することがクローズアップされることもしばしばでした。しかし，たとえば再犯が少ないというデータを捉えて「いきなり」型犯罪と分析するのは早計でしょうし，「遊ぶ金欲しさの」犯罪などと犯罪心理面に関する事項の実像をつかむことは容易ではありません。それゆえ，第 4 の波として指摘されるこれらの特徴については，その当否も含め，慎重な分析が必要になります。

また，凶悪化の根拠とされる強盗罪ですが，統計上，1989（平成元）年から 2003（平成 15）年にピークを迎えるまで増加傾向を示しました。少年による強盗の多くは路上強盗です。当時は，「おやじ狩り」やオートバイによるひったくり事犯が話題となりました。こうした状況から，少年犯罪・非行の「凶悪化」が指摘されましたが，強盗罪は，恐喝や窃盗などとの境界線が微妙な点を否定できず，数値変動の可能性が高い犯罪類型ともいえますから，統計のみから直ちにそうした傾向を読み取ることは難しいように思われます（強盗罪は，若干増加した年があるものの，全体的には 2004〔平成 16〕年以降，減少傾向にあります）。

(3)　女 性 犯 罪

最近では女性犯罪の粗暴化傾向が指摘されていますが，実際には，近年における女性の刑法犯の総数のうち粗暴犯は 2 割にも届きません。2022（令和 4）

236　第3章　刑事学

年の刑法犯の検挙人員のうち，女性は3万7021人（21.9％）であり，今日でも基本的には女性犯罪は男性による犯罪に比べて圧倒的に少ないのです。こうした「希少性」は，何よりも女性犯罪の特質を示すものとして一般に理解されてきました。

　それでは，女性犯罪はなぜ少ないのか。この点については，身体的・心理的条件等の生物学的要因に求めるものと社会学的要因に求めるものがあります。前者は，主に体力面での男性との違いに着眼したものであり，後者は，女性の家庭内における伝統的な役割，社会的地位・任務，行動範囲の狭さなどを背景にした見解です。かつては生物学的要因によるのか，社会学的要因によるのかの論争がみられましたが，今日では両者を総合的に把握する見方が定着しています。それだけに，女性の社会参画の進展が女性犯罪にどのような変化をもたらすのかについて注目していく必要があります。

(4)　犯罪情勢の国際比較

　今度は，わが国の犯罪情勢を諸外国と比較してみましょう。まず2018（平成30）年の犯罪統計を用いて，殺人の認知件数と発生率（人口10万人あたりの認知件数）を比較すると，わが国では334件（発生率0.3）であるのに対して，アメリカ合衆国では1万6374件（発生率4.9），ドイツでは788件（発生率1.0），イギリスでは723件（発生率1.1），フランスでは696件（発生率1.1）でした。殺人については，認知件数・発生率ともに各国ともおおむね一定数で推移しています。

　これに対して窃盗に関しては，わが国では侵入盗が6万2745件（発生率49.7），侵入盗以外の窃盗が51万9396件（発生率411.4），アメリカ合衆国では侵入盗が123万100件（発生率370.4），侵入盗以外の窃盗が521万7100件（発生率1570.8），ドイツでは侵入盗が32万6409件（発生率393.8），侵入盗以外の窃盗が108万2478件（発生率1305.8），イギリスでは侵入盗が44万3035件（発生率666.9），侵入盗以外の窃盗が170万3875件（発生率2564.8），フランスでは侵入盗が35万5283件（発生率552.7），侵入盗以外の窃盗が85万9978件（発生率1337.9）でした。侵入盗については，認知件数・発生率のいずれも各国とも前年より減少しており，侵入盗以外の窃盗については，イギリスを除く4か国において前年より認知件数が減少するとともに，発生率も低下しています。

THEME 1 わが国の犯罪状況 237

(5) モラル・パニック

　これらの数値を踏まえると，わが国の犯罪情勢から「凶悪化」を読みとることはできません。したがって，一般的にはわが国の治安は安定した状態にあるといえるでしょう。犯罪の凶悪化は，一部の特異な事例がマスメディアによって強調され，普遍化して論じられた側面があるのです。このようにマスメディアによって一部の特異な事件が強調されることによって，社会的なリアクションが過剰に高まり，根拠のない不安が高まることを「モラル・パニック」（精神的恐慌）といいます。

　こうしたモラル・パニックの状況下で犯罪対策を検討すると，冷静な判断が難しくなります。これでは適切な犯罪対策を講じることはできません。こうした問題を回避するために，犯罪現象を正確に捉えることが求められるのです。マスメディアの流す情報を鵜呑みにするのではなく，批判的に分析し，主体的に理解する力（メディア・リテラシー）が大切になるのです。

■ 3　わが国の治安安定の要因　■

(1) わが国の治安安定の要因

　これまで欧米の犯罪学では，自由の拡大は犯罪の増加につながると考えられてきました。実際，欧米諸国では1960年代以降犯罪が急増し，この対策に頭を悩ませています。しかし，これまでの検討からも明らかなようにわが国の犯罪情勢は，全体的には憂慮すべき状況にはないといえます。ただし，注意を要するのは，このことは楽観視してよいということを意味しません。この点については，後の「犯罪に対する不安感」（⇨242頁）で検討します。

　では，わが国の治安状況が比較的安定している原因はどこにあるのでしょうか。ここでは，次の7点をあげておきたいと思います。

　第1に，インフォーマルな社会統制がなお強いといえます。わが国では，家族関係が緊密なため，「犯罪を犯すと家族に迷惑がかかる」という自制心が働く傾向にあります。また地域社会の結びつきも強いため，その中で相互に監視が行われているという見方もできます。2020（令和2）年からのいわゆる「コロナ禍」の中で，「自粛警察」と呼ばれたように，マスクの着用や外出の自粛といった当時の社会的要請から逸脱している行動に対して人々が過剰に反応したことも，こうした強力な社会統制の1つの現れと言えます。さらに，わが国

238　第3章　刑事学

では学校や職場で拘束されている時間が長く，こうした組織に対する帰属意識も強いために，犯罪を行う時間が物理的になく，組織に迷惑をかけることを危惧して犯罪を控えることも多いのです。

　第2に，**社会的に大きなトラブルが少ない点**があげられます。わが国に住む人々は言語，伝統，風習，宗教が似通っています。このため民族紛争などの大きな社会的軋轢が生じないばかりか，日常生活において問題が生じたときに非合法な解決策を用いなくても，コミュニケーションの中で解決できることが多いのです。

　第3に，銃器を中心に**武器統制**が図られています。わが国では16世紀の豊臣秀吉による「刀狩」以来，一般市民が武器を所持・携帯する習慣がありません。このため，殺傷能力の高い武器による犯罪が比較的生じにくいといわれています。

　第4に，**教育水準・識字率が高い**点があげられます。わが国では就学率がきわめて高く，その結果，世界的に他に類をみないほど高い識字率を誇っていることが知られています。こうした教育の成果として，問題を合理的に解決しようとする思考が発達しているといえます。

　第5に，**交番・駐在所制度**が地域ごとの治安維持に効果を上げています。わが国の警察が実施している交番や駐在所の制度は世界的にも非常にユニークな制度として知られています。交番が都市部を中心に設置され，警察官が交代で勤務しながら地域の治安維持にあたる施設を指すのに対して，駐在所は警察官が勤務先と同じ施設に居住しながら，地域の治安維持にあたる施設をいいます。これら2つの施設の最大の特色は，地域に密着した防犯活動が可能な点です。

　第6に，**保護司制度**が犯罪者の社会復帰に寄与し，再犯防止に役立っています（⇨294頁）。保護司とは保護観察官とともに保護観察の実施にあたっている民間ボランティアを指し，現在4万7000人程度が法務大臣の委嘱を受けて，その業務に従事しています。保護観察処遇は保護観察官と保護司の協力体制の下で実施されていますが，実際犯罪者に接してケアを行うのは保護司の役割です。このため保護司が社会復帰を目指す犯罪者を援助し，再犯を防止していることと治安の安定の関連性は決して少なくありません。

　第7に，（特に第4期以降には）防犯意識が高まるとともに，**環境（建物や地域**

THEME 1 わが国の犯罪状況 239

など）に着目した犯罪予防策が浸透した点があげられます。具体的には，防犯（監視）カメラの増加，窓ガラスの強度の向上，鍵の改良，街灯・照明の工夫，さらには公園などの公共空間の整備など，様々な犯罪予防手法が急速に取り入れられ，防犯環境が構築されてきました。こうした環境に着目した犯罪予防の浸透にかなりの影響を与えた考え方としては，後述する「環境犯罪学」（⇨255頁）をあげることができます。

(2) ゆらぐ安全神話

ただし，わが国の治安が今後も安定し続けるのかという点には疑問があります。なぜなら，最近，前にあげた治安安定の要因のうちいくつかの点について変化がみられる一方で，新しい犯罪現象が目につくようになってきたからです。

(a) 治安の安定要因の変化　まず治安の安定要因については，第1に，インフォーマルな社会統制が緩みつつあります。たとえば核家族化，単身赴任・独り暮らしの増加は，家族関係を弱めることになるでしょう。また大都市では，近隣住民の結びつきが弱く，社会の匿名性（誰が隣に住んでいるのか知らないし，知りたいとも思わないといった状態）が進んでいるといわれています。さらに最近では，雇用形態が変化し，終身雇用制が崩れつつあり，会社への帰属意識も薄まりつつあります。

第2に，国際化が進むにつれ，外国人の来日が増え，社会的なトラブルの起こる可能性が高くなっています。特に約7万9000人（2024〔令和6〕年1月）にのぼる不法残留者は，定職に就くことが困難なことが多く，犯罪に手を染める可能性が低くありません。実際に，わが国の刑法犯検挙人員総数中に外国人が占める割合は，1980（昭和55）年には2.5％でしたが，2022（令和4）年は，5.1％にまで増加しています。

第3に，インターネット社会の急速な発展を背景として，不正アクセス行為によるインターネットバンキングでの不正送金など，悪質なサイバー犯罪が出現し，新たな対応が求められています（⇨100頁，156頁）。さらに，インターネットを用いて共犯者を集めたり被害者に接触したりするなど，詐欺や強盗，性犯罪等の多くの犯罪のインフラとしてもインターネットが機能するようにもなっており，安全なサイバー空間の実現が急務となっています。

240　第3章　刑事学

このほかにも，街頭犯罪が減少している一方で，身近な人たちの間で起こる犯罪が増加しています。たとえば，家庭内での児童虐待や高齢者虐待，さらにはストーカー行為が後を絶ちません。また，依然として予断を許さない状況にある特殊詐欺は，高齢者世帯の増加や家族の見守り機能の低下などにも要因があると指摘されています。こうした社会構造の変化が，犯罪状況にもある程度影響を与えることは十分に考えられるわけです。

(b) テロの恐怖　こうした社会情勢の変化に加えて，新しい犯罪現象がわが国の「安全神話」を揺るがしています。1995（平成7）年3月に発生した「地下鉄サリン事件」は，結果的にわが国の犯罪対策のウィークポイントを衝くこととなりました。その後，ニューヨークでは，2001年に「9.11」のテロが発生し，国際的にも恐怖が広がりました。こうした事態を踏まえ，組織的な犯罪に関する対策の不備，危機管理の不足および初期対応の遅れが指摘されました。わが国は，安全であることに慣れすぎていたため，「不測の事態」に備えることを怠っていたように思われます。そこで，こうしたテロの恐怖を経験して，防犯意識の高まりがみられ，監視カメラの増設，空港での手荷物チェックなどを含め，防犯に対する施策が至るところで進められています。

今後，第2，第3の地下鉄サリン事件が起こる可能性が全くないとはいえませんし，私たちが予想だにしていない犯罪も起こるかもしれません。そうした状況の中で，このまま危機管理が機能しなければ，安全神話の崩壊は一気に進むでしょう。

■　4　被害者からみた犯罪の実態　■

(1)　「暗数」問題と新しい犯罪実態調査

(a) 暗数　これまで認知件数など公式の犯罪統計の数値を用いて，わが国の犯罪情勢を検討してきました。しかし，こうした議論には限界があります。というのも，犯罪統計には現れない犯罪が実際には存在するからです。言い換えれば，犯罪統計に記録された数値は，社会で実際に発生した犯罪の一部でしかないのです。現実に発生している犯罪の中には被害者が自らの被害に全く気がついていない犯罪（気づかれざる犯罪）や賭博など直接被害をこうむった者がいない犯罪（被害者なき犯罪）などがあります。また，たとえば，万引きを発見しても注意するだけで警察には届けないといったように，被害者が被害に気づ

いたとしても警察に届けないこともあるでしょう。これらの犯罪は警察にも認知されないことが多く，そのため犯罪統計に含まれていない場合があります。こうした警察に認知されない犯罪の数は，「**暗数** (dark figures)」と呼ばれ，犯罪統計の意義を低下させる重要な要因と考えられてきました。

このように犯罪統計からだけでは犯罪の実態を完全に知ることはできないことに注意しなければなりません。ただし，それによって犯罪統計が全く無意味になるわけではありません。なぜなら暗数は重大な犯罪には比較的少なく，また毎年ほぼ同じ比率で存在すると考えられるからです。したがって，今日では，犯罪統計によって，完全ではないにしても，ある程度の犯罪動向は把握することは可能と考えられています。

また最近では，暗数の問題を解消するために，従来とは違う角度から犯罪の実態に迫る新しい犯罪実態調査が提案され，実施に移されつつあります。

(b) **新しい犯罪実態調査と被害者学**　新しい犯罪実態調査の1つに「**犯罪被害調査** (crime victimization survey)」があります。犯罪被害調査は，アトランダムに抽出された多数の一般人に対して犯罪の被害経験の有無，その犯罪の種類，被害の内容，警察への通報の有無などを聞き取り調査するもので，アメリカ合衆国では1970年代から，イギリスでは1980年代から犯罪被害調査が実施されています。当初，調査の主目的は暗数の実態を把握することにありましたが，次第に被害実態の解明に重点が移っていきました。換言すれば犯罪被害調査は量的調査から質的調査へと発展したわけです。

このように英米では犯罪被害調査が活発に行われていますが，その要因としては暗数問題が意識されるようになったということのほかに，「**被害者学**」が盛んになったことがあげられます（⇨*THEME 6*）。従来の犯罪学はもっぱら犯罪者に焦点をあて犯罪現象や犯罪原因を考察してきました。しかし，こうした考察方法は一面的なものであり，それだけでは犯罪の実態を解明することはできません。そこで，犯罪の被害者に注目せよと主張しているのが被害者学です。被害者学は戦後生まれの新しい学問分野ですが，最近では被害者側からみた犯罪原因の探究，被害者の救済など様々な問題に取り組んでおり，その1つとして被害実態を把握するために犯罪被害調査を積極的に支援・実施しているのです。

242　第3章　刑事学

(2)　犯罪に対する不安感

　現実の犯罪の被害は限られた数の者だけが経験しています。それにもかかわらず，実際にはもっと多くの者が犯罪の被害をこうむることに対して不安感を抱いています。このように実際の被害の経験にかかわりなく，多くの人々が犯罪について覚える畏怖心を「**犯罪に対する不安感**（fear of crime）」と呼び，高い関心が払われています。2021（令和3）年に内閣府が行った「治安に関する世論調査」によれば，「最近の治安に対する認識」について，54.5% の人が「悪くなったと思う」と回答しています。

　たとえばアメリカ合衆国では，犯罪に対する不安感が犯罪の増加と同様に過去30年の間に急激に高まりました。しかし，この犯罪に対する不安感は実際の犯罪統計や被害者実態調査の結果以上に広がっているといわれています。すなわち，特定の地域において，実際に犯罪の被害に遭遇している人は少ないのですが，不安感をもっている人は少なくないのです。

　日本に関しても，「治安に関する世論調査」が行われ，「最近の治安に対する認識」について，54.5% の人が「悪くなったと思う」と回答していた2021年は，前述したように刑法犯の認知件数が戦後最少を記録している年なのです。

　このように実際に被害をこうむる可能性と多くの人々の不安感の間に大きなギャップが生じている原因はどこにあるのでしょうか。この点については，マスメディアの犯罪報道の影響が考えられます。今日では，犯罪の被害を直接こうむらなくても，その実態をマスメディアを通じて間接的に知ることができます。このためむしろ犯罪の増加や凶悪化をセンセーショナルに報道するマスメディアの姿勢が，現実の被害とかけ離れた不安感を多くの人々に植えつけているともいえます。また，こうした犯罪の増加や凶悪化を強調した報道は，モラル・パニックを生みだしてきたという側面も指摘できます。

　ただし，犯罪に対する不安感が，メディアなどによって煽動された節があるからといって，何ら問題を生じないというわけではありません。現実に犯罪に対する不安感を抱えた人々は旅行や外出を控えたり，独りでの外出を控えるでしょう。また不安感がつのれば，警察をはじめとした刑事司法機関に対する信頼感が薄れることにもなりかねません。したがって，こうした状況を防ぐために以下の3つの対応を講じる必要があります。

　①正確な犯罪被害の実態を把握するために，犯罪被害調査を一層活発化させ

る。

②犯罪情勢を正確に伝え，特異な犯罪事件などに対する過剰な報道を差し控える。

③犯罪（被害化）予防策を講じ，実際に犯罪の被害をこうむる可能性を低下させる。

244　第 3 章　刑 事 学

■ **THEME 2**

なぜ人は犯罪を犯すのか

　人類の歴史上，犯罪の存在しない時代はありません。このため，「なぜ人は犯罪を犯すのか」という問いに対する答えを求めて，わたしたちの先祖は様々な仮説を立ててきました。その 1 つに「**魔神論**」と呼ばれるものがあります。これは，原始社会でのアニミズムに起源をもち，犯罪は悪魔のしわざであると考えるものです。そのため古代には犯罪者の頭蓋骨に穴を開け，悪魔の霊を取り除く悪魔ばらいの儀式が行われました。また，ムチで犯罪者を打つ刑をはじめ身体刑も悪魔を追いはらうための 1 つの手段とされていました。さらに，中世半ばから近代にかけての**魔女裁判**（悪魔と結びついたという理由で多くの女性〔ときには，男性〕が処刑された裁判）は，こうした魔神論の極限を示すものといえます。犯罪の原因を科学的に分析しようとする体系的なアプローチは 19 世紀半ばの実証主義犯罪学の誕生を待たなければなりませんでした。

■　1　犯罪学の誕生　■

⑴　ロンブローゾの生来性犯罪者説

　実証主義犯罪学の祖といわれるのは，**C・ロンブローゾ**（以下，ロンブローゾ）です。ロンブローゾは，監獄や精神病院で医師としての豊富な経験をもつ法医学者で，1876 年に『犯罪人』という著書を出版し，実証主義犯罪学の基礎を築きました。この著書の中で，彼は当時流行していた「人体測定学」の手法を用いて個別に犯罪者を調査し，具体的な事実に基づいて「生まれながらに犯罪を犯す運命にある者」の存在を証明しようと試みました（**生来性犯罪者説**）。

　この生来性犯罪者説は，次の 3 つの仮説からなっています。①犯罪者は，生まれつき犯罪を犯すように運命づけられており，人類学上の一変種（犯罪人類）である。②犯罪者は，身体的および精神的特徴をもっており，これらによって一般人と区別することができる。③犯罪者は，野蛮人に先祖返り（隔世遺伝）あるいは退化した者である。こうした仮説をもとにロンブローゾが描いた生来性犯罪者のイメージは，「有史以前の類人猿の脳をもつ半人半獣の怪物」とい

うものでした。

(2) 犯罪人類学の発展

今日からみれば，生来性犯罪者説は，奇抜な発想のようにも思われますが，実際は19世紀後半の諸科学の発展を視野に入れて展開されていました。たとえば，自然科学の面からみれば，犯罪者が進化以前の類人猿に先祖返りまたは退化した者であるという考えは，C・ダーウィンの『種の起源』（1859年）の進化論に基づいています。また，生来性犯罪者説は，当時台頭していた**犯罪統計学派**（統計学的手法を用いて犯罪現象を解明しようとする学派）や**骨相学**（人間の頭の形の特徴から性格を明らかにしようとした学問）の研究成果を取り入れたものとみることができます。

生来性犯罪者説は，犯罪増加に悩みつつあったヨーロッパ諸国に大きな期待をもって迎えられ，犯罪学における「コペルニクス的転回」と評されました。その後，ロンブローゾの生来性犯罪者説は，欧米で**犯罪人類学**として発展し，人体測定を用いた犯罪者の身体的特徴の調査が積極的に推し進められました。こうして犯罪人類学は，国際的にも広まり，ついには時代の主役へと躍り出たのです。

(3) 環境学派からの反論──「遺伝か環境か」論争へ

19世紀末に，ロンブローゾの遺伝重視の犯罪学を批判して登場したのが，フランスの**A・ラカッサーニュ**を総帥とする**リヨン環境学派**です。リヨン大学の法医学の教授であったラカッサーニュは，ローマでの第1回国際犯罪人類学会議の際に，敢然とロンブローゾの生来性犯罪者説を批判し，犯罪の環境要因を重視する立場から，「社会は犯罪の培養器であり，犯罪者はバクテリアである」と主張しました。ここに，犯罪学における「遺伝か環境か」という論争の火ぶたが切られたのです。両派の論争は多くの犯罪学者を引きつけ，膨大な調査研究を生みました。ただし，ラカッサーニュ自身は，「犯罪者はバクテリアである」という彼の表現からも明らかなように，ロンブローゾの説を完全に否定したわけではありません。彼の場合，素質的要因が環境的要因を凌駕しているときは，その者は精神障害者であって犯罪者ではないと考えていたのです。

ラカッサーニュは，環境的要因のうち，特に経済状態を重視しました。たと

246　第3章　刑事学

えば彼は 1828 年～1876 年の間において，麦価の騰貴時期と財産犯の増加時期が一致していることを実証し，貧困が犯罪の原因となることを主張しました。また犯罪者の精神的・身体的異常も，「貧困という病気による」と考えました。ラカッサーニュの考え方は多くの支持を得て，ロンブローゾのイタリア学派を大きく揺さぶりました。彼らはイタリア学派に対して，フランスのリヨン学派と称されています。

⑷　生来性犯罪者説の意義

　生来性犯罪者説は，その後，多くの犯罪学者や医学者などの検証によって何ら根拠のないことが明らかにされました。イギリスの **C・ゴーリング**は，近代の数理統計学の手法を駆使して犯罪者と一般人の身体的な特徴を調査した結果，「両者に有意差はみられず，ロンブローゾ説は否定されるべきものである」と批判しました。また犯罪人類学者の中には一般人と犯罪者の相違点を発見するために，フランス中の刑務所で犯罪者の身長，胸囲，胸郭の幅，両手を広げた長さ，手足の特徴，頭髪，体毛，瞳の周囲の色にいたるまでくまなく測定し，何十万という数値を集めたことを誇示する研究者まであらわれましたが，実際にはこの研究者は犯罪者に特有の身体的特徴を１つも見つけることはできませんでした。

　このようにロンブローゾの考え方は，偏見に基づいた科学的研究の恐ろしさを教えていますが，同時に犯罪者を科学的に分析し，犯罪の原因を探ろうとした点に大きな功績が認められます。その後ロンブローゾの発想は，**犯罪生物学**と**犯罪心理学**へと受け継がれ，犯罪学の発展に寄与しました。また，環境学派の発想はロンブローゾとの論争の中で社会学的手法を確立しようとする動きにつながり，**犯罪社会学**として発展していきました。そこで次節では犯罪生物学，犯罪心理学および犯罪社会学のアプローチにふれることにします。

■　2　犯罪原因論の３つのアプローチ　■

　19 世紀末以降，犯罪学，特に犯罪原因論は飛躍的に進歩しました。犯罪の原因を探る研究は，**犯罪生物学**，**犯罪心理学**および**犯罪社会学**の３つのアプローチによって行われてきました。ここでは，３つのアプローチを個別にみていくことにしましょう。

(1) 犯罪生物学的アプローチ

犯罪生物学的アプローチは，犯罪の原因を犯罪者に特有の素質に求めるもので，前述したロンブローゾの生来性犯罪者説がその原型です。生来性犯罪者説は否定されたわけですが，犯罪の原因となる特有の素質を解明するための研究は，それ以後も引き続き行われてきました。特に，犯罪者の先天的な素質に着目した犯罪と遺伝の研究は，様々な角度からアプローチが試みられました。

犯罪の要因が遺伝的な要素にあることを証明するために，これまで行われてきた主な研究としては，次の4つがよく知られています。

(a) 家系の研究 家系の研究は犯罪者が多く出ている家系を調べ，家系図によって遺伝と犯罪の関係を明らかにしようとする研究です。そこでは犯罪性が遺伝するのであれば，犯罪者が多い家系があるはずと考えられていました。

(b) 双生児の研究 双生児の研究は遺伝学の成果を踏まえて一卵性と二卵性の双生児を比較して，犯罪と遺伝の関係を明らかにしようとする研究です。そこでは犯罪性が遺伝するのであれば，双生児の両方が犯罪者である可能性は，全く同じ遺伝子をもつ一卵性双生児の方が，異なる遺伝子をもつ二卵性双生児よりも高いと考えられていました。

(c) 養子の研究 養子の研究は比較的幼いうちに養子に出された犯罪者を対象に，その者の犯罪性が実父母に影響を受けたものか，それとも養父母に影響を受けたものかを比較検討する研究です。そこでは犯罪性が遺伝するのであれば，実父母が犯罪者の可能性が高いと考えられていました。

(d) 染色体の研究 染色体の研究は犯罪の遺伝子を解明しようとする研究です。そこでは，XYY染色体など異常な性染色体をもつ者に犯罪者が多いと考えられていました。

しかし，これらの研究は環境的な要因が入り込む余地があり，調査データの正確性にも疑問が残ることから，1970年代には下火になってしまいました。ただし，犯罪の原因を生物学的要因に求める研究は，1980年代半ばから再び活発化し，「犯罪生物学の復活」として注目を集めています。そこでは，これまでの遺伝学ではなく，**神経生理学や生化学の知見**が活用されています。たとえば脳波・脳障害と犯罪の関連性，ホルモンと犯罪の関連性，栄養と犯罪の関連性などが精力的に研究されています。

248　第3章　刑事学

(2)　犯罪心理学的アプローチ

　心理学的要因は，犯罪の原因を犯罪者の心理的な部分に求めます。このように犯罪の原因を心理学的要因に求めるアプローチは，18世紀に誕生し，20世紀に飛躍的に発展しました。20世紀前半に展開された犯罪心理学的アプローチの主な領域としては次の3つがあります。

　(a)　精神薄弱の研究　精神薄弱の研究は，犯罪者の知能指数を計測し，精神薄弱と犯罪の関連性を見出そうとするものです。そこでは犯罪者に精神薄弱が多ければ，犯罪の原因は精神薄弱にある可能性が高いと考えました。

　(b)　精神病質の研究　精神病質とは，異常性格や異常人格などを指します。精神病質の研究は，精神病質者の一種の攻撃性が高いことから，犯罪の原因を精神病質と仮定し，犯罪者を診断しました。

　(c)　深層心理の研究　深層心理の研究は，無意識の深層心理を分析することによって，犯罪に至るメカニズムを解明しようとするものです。そこでは，特に幼少体験が成人後の犯罪に影響を与えると考えられていました。

　こういった研究は，犯罪の内面的な要因の探究に大きな功績を上げてきました。しかし現在では，「精神薄弱」や「精神病質」という言葉は，あいまいであり，偏見につながるため，こうした歴史的な記述を除いては使われていません。また深層心理の研究は，今日でも大きな影響をもっていますが，原因を突き止めても直接対策を講じにくい面をもっています。近年の犯罪心理学では，**知能，性格および精神障がい**の3つの領域を中心に研究が進められています。

(3)　犯罪社会学的アプローチ

　社会学的要因は，犯罪の原因を環境的な要素に求めます。犯罪の原因を社会学的にアプローチする研究は，数多く存在しますが，ここではマクロ的に社会全体に与える環境的要因（社会環境）に焦点を当てる立場と犯罪者個人をとりまくミクロ的な環境的要因（社会集団）に注目する立場に分けることができます。

　このうち，**社会環境と犯罪の研究**では，主に次の3つの研究がよく知られています。

　(a)　都市化と犯罪の研究　都市化と犯罪の研究は，都市化に伴う犯罪の質的・量的変化を研究します。かつては，都市と農村を比較して都市の犯罪発生

率が高いことから，都市環境が犯罪の原因となっていると主張されていました。しかし，今日では高速交通網やマスメディアの発達によって様々な面で都市と農村の差異は小さくなっています。このため都市化が進行し，社会構造が変化する中での犯罪現象の変化が注目されています。

(b) **経済状況と犯罪の研究**　経済状況と犯罪の研究は，経済状態や経済変動が犯罪に与える影響を研究します。かつては貧困が犯罪の要因と考えられていました。これに対して，最近では富裕層も犯罪を行っていることが明らかになってきたことから，たとえ裕福であっても，もっと裕福な者と自らを比べて生じる欠乏感（相対的欠乏感）が，犯罪への衝動を掻き立てるのではないかが研究されています。

(c) **マスメディアと犯罪の研究**　マスメディアと犯罪の研究は，マスメディアによってもたらされる情報が犯罪に与える影響を研究します。これまでのところ，マスメディアのもたらす情報が犯罪を煽っているという説（促進説）と，ストレスを解消させ，犯罪を減少させているという説（自己浄化説）の両方が主張されています。また個別の犯罪との関係では，ポルノグラフィーと性犯罪の関連性，暴力的な映像と暴力犯罪の関連性が研究されています。

これに対して，**社会集団と犯罪の研究**には次の3つがあります。

(d) **家庭と犯罪の研究**　家庭と犯罪の研究は，家族構成や家族関係などが犯罪に与える影響を研究します。かつては「欠損家庭」（死亡や離婚などのために父母が揃っていない家庭）と犯罪の関連性が指摘されていましたが，最近では，子供の保護・教育という家庭の役割を果たせているかどうかが犯罪に強い影響を及ぼしているのではないかが研究されています。

(e) **学校と犯罪の研究**　学校と犯罪の研究は，学校での生活が犯罪に与える影響を研究します。これまでは，特に学歴や学校不適応との関連性が注目され，学歴の低い者や学校に適応できない者が犯罪を犯しやすいと考えられていました。しかし，こうした主張は，ホワイトカラー犯罪にはあてはまりません。このため学校と犯罪の関連性だけに注目することは少なくなっています。

(f) **職業と犯罪の研究**　職業と犯罪の研究では職業や職場環境が犯罪に与える影響を研究します。かつては，特定の職業が犯罪と関連性が深いとか，失業者・転職者に犯罪者が多いと主張されていました。しかし今日では職種が多様化しつつあり，失業や転職の可能性も増加しており，こうした主張を受け入

250 第3章 刑事学

れることはできません。最近では，これらに代わって職場環境がもつ犯罪を促進させる要素に関する研究が進められています。

(4) 犯罪原因論の混迷

犯罪原因の探究は，隣接科学の助けを借りながら執拗に続けられてきました。たしかに，こうした多様な研究が，数多くの貴重な知見や理論を生み，犯罪の原因究明にかなり寄与したことは間違いないでしょう。しかし，実際に個々の犯罪者が犯罪にいたるメカニズムを完全に解明できたかというと，そうではありません。いまだに，不可解なことが多いのです。1960年代には，従来の犯罪原因論をそのまま展開することに疑問がもたれるようになり，「犯罪原因論の混迷」といわれるようになりました。

こうした状況を克服するための道は2つの方向で模索されました。1つの方向は，従来の3つのアプローチから本格的な調査研究を積み上げ，科学的な原因論に近づこうとするやり方です。わが国では，一部に「犯罪原因論の時代は終わった」と誤解し，これを軽視する傾向がありますが，欧米の犯罪学への無理解を示すものといえるでしょう。他の方向は，従来の犯罪学の視点を転換させようとするやり方です。次には，こうした視点の転換を目指す犯罪学理論（ラベリング理論とコントロール理論）を検討し，また1980年代以降に大きな展開を示した犯罪学の動き（フェミニスト犯罪学と環境犯罪学）もみてみたいと思います。

■ 3 犯罪原因論をめぐる議論の推移 ■

犯罪原因論の限界を突き破ろうとする動きは，様々な立場から試みられました。なかでも，1960年代後半以後，犯罪学では原因論の3つのアプローチに加え，ラベリング理論やコントロール理論といった従来の犯罪学とは異なる視点からのアプローチが主張され，めざましい発展を遂げてきました。さらに，その後も英米においては，これまでの犯罪学のあり方そのものに疑問を投げかける動きとしてフェミニスト犯罪学や環境犯罪学が台頭していきました。

(1) ラベリング理論

(a) ラベリング理論の基本概念　ラベリング理論は，「犯罪とは本来的に

存在するものではなく，誰かがある行為を非難し，『犯罪』というラベルを貼るから犯罪になる」と考え，〈犯罪者としてラベルを貼られる側〉と〈犯罪者というラベルを貼る側〉の相互作用を重視する理論をいいます。

ラベリング理論は，こうした問題意識に立ち，従来の犯罪原因論のような犯罪者個人に対する原因究明をやめ，刑事司法機関や社会が犯罪者をラベル付けするプロセスに焦点をあて，ラベルを貼る側のあり方を問題にしたのです。また，ラベル付けは，犯罪者の側からみると，社会統制の強化によって，犯罪者が逸脱者であるという意識を強め，それにふさわしい生活スタイルを送るのではないかが問題とされました。この理論が脚光を浴びる契機となったのが，1963年の**H・ベッカー**の『アウトサイダーズ』の公刊でした。

ラベリング理論の基本概念としては，次の４つが重要となります。①**社会的相互作用論**（犯罪は素質的要因や環境的要因に基づくものではなく，犯罪者としてラベルを貼られる者〔犯罪者〕とラベルを貼る者〔刑事司法機関や社会など〕との相互作用の中から生み出される）。②**第二次的逸脱**（最初の反抗〔第一次的逸脱〕に対して「犯罪者」というラベルを貼ることによって，個人が社会的ハンディキャップを負う一方，自らの評価も否定的となり，再犯〔第二次的逸脱〕に追い込まれる）。③**悪のドラマ化**（犯罪者が主役となり，刑事司法機関や社会が演出家や観客となり，悪のドラマが上演される）。④**予言の自己成就**（個人に対する否定的な予言，たとえば，教師がある生徒について非行少年になることを示唆することが周囲の拒絶反応を呼び起こす一方，本人も逸脱者であるという意識を強め，予言通り逸脱の結果を生み出してしまう）。

(b) ラベリング理論に対する批判と評価　他方，ラベリング理論に対する批判も多く出されました。第１に，ラベリング理論は，理論的な体系化が困難である。第２に，犯罪の素質的要因を全く無視しており，空想的な議論に終始している。第３に，最初の犯行（第一次的逸脱）がなぜ起きたのかが依然として説明できない。第４に，ラベリング理論が立論にあたって想定したのは，軽微な犯罪や「被害者なき犯罪」であり，重大な犯罪には当てはまらないことが多い。第５に，ラベリング効果は，マイナス面ばかりでなく，ラベル付けが本人に反省の機会を与えたり，一般予防に役立つこともありうる。

これまでにラベリング理論の問題提起に応じて，おびただしい数のリサーチが実施されてきました。その結果は，ラベリング理論を肯定するリサーチと否定するリサーチが相なかばしているのが実情です。特に社会統制の強化が逸脱

252　第3章　刑事学

を生み出すという命題についてはこれまでのところ実証されていません。このため1980年代になると，「ラベリング理論は死んだ」との評価まで聞かれるようになりました。しかし，ラベリング理論が，犯罪者＝悪，非犯罪者＝善という図式に変更を迫り，犯罪学の理論に刑事司法機関の動きを視野に入れ，1970年代の犯罪学をリードしたことは，不滅の功績として評価されるべきでしょう。

(2)　コントロール理論

(a)　コントロール理論の基本概念　従来の犯罪原因論と異なる視点から，アプローチを提唱した理論としては，ラベリング理論のほかに，コントロール理論があります。コントロール理論は，犯罪原因論の問題は，「なぜ犯罪を行ったか」ではなく，「なぜ犯罪が統制できなかったか」にあると考え，犯罪にいたらせないコントロールのメカニズムを重視すべきであると主張しました。言い換えると，この理論は，人間は誰もが犯罪を犯す可能性があるという前提（性悪説）に立ち，なぜ人々がルールに従っているのかという理由を見出そうとしたのです。そこで，コントロール理論は，犯罪を抑制する要素として，社会的な絆（ボンド）をあげ，この絆が弱まったときに犯罪が発生すると説きました。そして，伝統的な犯罪原因論が，もっぱら犯罪者個人の犯罪要因を探り，犯罪統制が失敗に終わった要因を視野の外においてきたことに反省を迫ったのです。コントロール理論は，すでに1950年代に主張されていましたが，特に1970年代後半にラベリング理論が後退するにつれ，急速に支持者を増し，1980年代には欧米において支配的な犯罪学理論となりました。

(b)　ボンド理論　コントロール理論の代表的な主張者は，アメリカの犯罪学者T・ハーシです。ハーシは，非行を抑止しているのは，次の4つの社会的な絆であると説明しました。①**愛着の絆**（愛着とは，両親や先生に対する愛情・尊敬の念を指し，たとえば，彼らに迷惑をかけたくないという気持ちが非行を抑制する）。②**努力の絆**（努力とは，犯罪に伴う利害得失を比較衡量した上で，これまでの生活で獲得したものを失うことをおそれ，合法的に目標にむかって努力することを指し，たとえば，進学や就職にむかって努力するときに，非行が抑制される）。③**多忙の絆**（合法的な活動にかかわり，非行におちいる時間のないことを指し，たとえば，受験勉強やクラブ活動に一所懸命に従事するときに非行が抑制される）。④**規範意識の絆**（社会ルール

THEME 2　なぜ人は犯罪を犯すのか　*253*

に従わなければいけないという意識であり，たとえば，当該非行行動に対する罪の意識
が強い場合には，非行が抑制される）。このハーシのコントロール理論は，絆によ
る犯罪のコントロールを強調するため，特にボンド理論と呼ばれています。

（c）コントロール理論に対する批判と評価　実証的研究が進むにつれて，
最近ではコントロール理論も適用の限界を指摘され始めています。批判の要点
は，コントロール理論は，一部の犯罪領域を説明する特殊な理論ではないかと
いうのです。その点について，次の3点が指摘されています。第1に，コント
ロール理論は，軽微な犯罪は説明できても，重大な犯罪を説明できない。第2
に，男性犯罪よりも女性犯罪を説明しやすい。第3に，主な適用対象は少年で
あって，成人の犯罪は説明できない。また，ハーシのボンド理論については，
絆が弱まれば逸脱を生むという見方は一面的で，犯罪の発生が絆を弱めること
も考えられるから，絆と犯罪の相互作用が重要なのではないかとの批判がされ
ています。

　これまでに，コントロール理論の仮説を検証するために実施された調査研究
は多数にのぼりますが，どちらかといえば，肯定的結論に達したものが多いよ
うです。また，この理論の主張は，一般人にも受け入れられやすいのも事実で
しょう。コントロール理論が，ラベリング理論と同様，犯罪者個人の病理に固
執した伝統的な考え方に反省を迫り，犯罪研究に新しい地平を開いたことは疑
いありません。また，コントロール理論は，人々のもつ犯罪へのエネルギーを
いかに制御するかに力点をおいており，対策論を視野に入れて犯罪原因論を再
構築するものと評することができます。

（3）フェミニスト犯罪学

（a）フェミニスト犯罪学とは　フェミニズムに関する統一の定義はありま
せんが，一般的には，男女平等や女性解放を志向する思想を意味するものと理
解されています。フェミニスト犯罪学は，こうしたフェミニズムの問題提起を
うけ，1970年代に登場し，80年代に注目を集めるようになりました。フェミ
ニスト犯罪学にも様々な立場がありますが，従来の女性犯罪研究や犯罪学理論
に対する厳しい批判が共通の問題意識です。

（b）女性犯罪研究に対する批判　フェミニスト犯罪学は，従来の女性犯罪
研究に対して，女性に対する偏見に基づくものであり，女性に対する差別につ

254 第3章 刑事学

ながると批判しています。女性犯罪研究は，女性犯罪者に固有の特徴はあるの
か，なぜ女性の犯罪は男性に比べて少ないのかといった女性の犯罪と犯罪者の
問題を対象とする研究です。こうした研究は量的には少ないものの，女性犯罪
者は，進化論的にいえば先祖返りをした存在であり，生来性犯罪者が多いと述
べていたロンブローゾ以来の長い歴史を犯罪学史上ではもっていました。

　フェミニスト犯罪学は，これらの研究の基礎には，「女性犯罪者は，普通の
人（あるいは女性）とはかけ離れた異人種である」という発想があり，環境的
な要因の性差を無視し，女性犯罪の原因を生物学的・心理学的要因に求めるこ
とを当然の前提とした偏見があると主張します。また，これまでの女性犯罪研
究では，売春や性非行を女性犯罪の典型とみなしていますが，この点でも女性
に対する偏見がみられるとフェミニスト犯罪学は指摘しています。

(c) **犯罪学理論に対する批判**　これまでの犯罪学の中で女性はどのように
取り扱われてきたのでしょうか。この問題についても，フェミニスト犯罪学
は，従来の犯罪学理論が男性を対象として女性の存在を無視してきたと批判し
ています。たとえば，これまでの犯罪者の調査では，主に男性犯罪者が対象と
され，女性を全く調査していない研究すら存在しました。また，伝統的犯罪学
に対し古くさく時代錯誤的と批判している犯罪学者が書いた著書の中にも「女
性」という言葉が一度も出てこないものが多いのは自己矛盾を示すものだとし
ています。さらに，従来の犯罪学理論が，男子の非行少年をヒーロー化し，非
行を男らしさの表現として捉え，その一方で，女子非行については，ステレオ
タイプ的に女性らしさを前提としていたのではないかと疑問視しています。こ
のような従来の犯罪学の状況に対して，フェミニスト犯罪学は，全人口の半分
の女性を考慮していない犯罪学理論は，ナンセンスであると主張しています。
そして，フェミニスト犯罪学は，ほとんどの犯罪学理論が，女性を視野に入れ
た場合，崩壊してしまうと主張しているのです。

(d) **フェミニスト犯罪学の課題**　これまで犯罪学が女性の存在を全く無視
してきたというフェミニスト犯罪学の主張は事実に反するでしょう。また，全
犯罪者中に占める女性の割合が低い現状からは，男性を中心とした調査研究が
実施されてきたことにも一定の理解を示すべきではないでしょうか。さらに，
従来の犯罪学が見落としていたものは女性だけではなく，今後は高齢者や少数
民族なども視野に入れて論じなければ説得力に欠けるとの批判にも耳を傾ける

べきでしょう。しかし，従来の犯罪学の視点に変更を求め，偏見に反省を迫るフェミニスト犯罪学の指摘は傾聴に値するものがあると言えます。

(4) 環境犯罪学

(a) 環境犯罪学とは　前述したように，従来の犯罪原因論は，犯罪要因を生物学的・心理学的アプローチおよび社会学的アプローチから分析してきました。しかし，英米では，1980 年代前後から，これらのアプローチでは犯罪要因の探究が困難であるばかりか，要因がわかったとしても容易には対策を講じることはできないとの悲観論が高まり，犯罪の原因探究に代わって**犯罪予防**への期待が高まっていきました。そのような状況を反映して，急速に発展していったのが環境犯罪学です。環境犯罪といえば，わが国では一般に公害犯罪や環境破壊などが思い浮かべられますが，ここでいう環境犯罪学とは，環境（ここでは主に建物や地域など）がもつ犯罪誘発要因を分析し，犯罪機会の減少を目的として，**防犯環境の設計管理**を提起する犯罪学を指します。

(b) 環境犯罪学の基礎理論　環境犯罪学は，具体的にはどのような理論を基礎としているのでしょうか。ここでは，代表的な理論について，その内容を簡単に紹介します。

第 1 に，C・ジェフェリーが提唱した「**防犯環境設計論**」があります。犯罪と環境設計の問題に最初に取り組んだ犯罪学者であるジェフェリーは，犯罪実行後に犯罪者を処遇するという従来の刑事司法のあり方を厳しく批判し，犯罪実行前に防犯に適した環境を整え犯罪を予防する必要性を説きました。防犯環境設計論は次の 4 つの戦略に基づきます。①監視の強化（街路照明の改善，監視装置の利用）。②部外者の行動規制（入り口の数の削減，鍵やフェンスの設置）。③住民による防犯活動の援助（活動のための場所提供，街頭活動の支援）。④防犯意識の啓発（防犯キャンペーン，警察との連携の強化）。

第 2 に，R・クラークらの「**状況的犯罪予防論**」です。状況的犯罪予防論は，1970 年代半ばからイギリス内務省調査部を中心とした調査研究を基礎にした理論で，具体的な施策として次々と実施されました。状況的犯罪予防論は，「犯罪の機会を与える状況」をなくすことが犯罪予防の要点であるとの立場から，犯罪予防の方法は「犯罪者を改善更生すること」ではなく，「環境を管理，設計および操作すること」であると主張しています。

256　第3章　刑事学

　第3に，M・フェルソンの「日常活動理論」です。この理論では，まず犯罪が実行される機会は我々の日常生活の中にいつでも数多く存在するという現実を直視します。そして，フェルソンらは，犯罪者の標的となる人や物が無防備に放置されている状況が生まれると，犯罪は常に発生すると指摘し，市民がライフスタイルを改めることを提案しました。

　(c)　環境犯罪学の課題　環境犯罪学は1990年代以降めざましい発展を遂げ，21世紀は「**犯罪予防の時代**」といわれていますが，他方では厳しい批判にもさらされてきました。批判は多岐にわたりますが，およそ次の2点に要約できます。第1に，環境犯罪学の提案は表面的な環境改善にすぎず，犯罪の真の原因である社会的不正義（貧困，失業，差別）をおおい隠している。第2に，防犯のための環境設計を進めていくと，いずれ社会が「要塞化」してしまい，市民は「**監視社会**」の中で心理的なプレッシャーの強い不自由な生活を強いられる。

　こうした批判は従来の環境犯罪学の問題状況を鋭くついています。しかし，これらが環境犯罪学の存在を否定するのであれば誤りです。たしかに，環境犯罪学は犯罪予防上のすべての問題を解決する万能薬ではありませんし，犯罪の防止のための環境の設定については，今後リサーチに基づいた具体的な提言を行う必要があります。たとえば，テロ対策としての空港の手荷物検査の強化や公共施設内におけるゴミ箱の撤去などのほか，犯罪多発地域における防犯（監視）カメラの増設などです。したがって，環境犯罪学が批判点を克服してどのように発展するのかが注目されます。

■　4　犯罪学の新たな動き──デシスタンス研究　■

　犯罪学では，従来の犯罪原因論から視点を転換し，新たなアプローチを採り入れながら，議論が深化されていきました。そして現在，犯罪学の領域では，様々な研究者が，デシスタンス研究に取り組んでいます。

⑴　デシスタンス研究とは

　これまでの犯罪学では，主として「なぜ犯罪を行ったのか」という犯罪が開始される要因に着目して研究が行われてきました。しかし，デシスタンス研究は，**犯罪からの「離脱」**（デシスタンス）を研究することに特徴があります。つ

まり，「なぜ犯罪を止めたのか」という犯罪が終息した要因に着目して研究が行われます。とりわけ，いつ，どのような者に，どのようなメカニズムで犯罪からの「離脱」が起こるのかが明らかにされてきました。

(2) デシスタンス研究の知見

　デシスタンス研究では，量的な研究や質的な研究，外的要因に着目するものや内的要因に着目するものなど多様な研究が進められています。主要なものとしては，第1に，**犯罪の継続・離脱パターン**に焦点を当てる研究があります。こうした研究では，特定の同年齢の集団を追跡調査していき，犯罪への関与にいくつかのパターンがあることを見出しています。さらに，それらのパターンに分かれる要因（家庭環境や交友関係など）が存在していることも示しています。第2に，**ライフイベントの影響**に焦点を当てた研究もあります。こうした研究では，就職や婚姻といった人生を変える大きな出来事が犯罪を減少させる効果を持つということが認められています。第3に，犯罪からの離脱の過程における**アイデンティティの変化**に焦点を当てる研究もあります。こうした研究では，実際に犯罪への関与を止めた者へのインタビュー調査なども行いながら，犯罪が終息した要因を明らかにしています。たとえば，**S・マルナ**は，イギリスのリバプールで，犯罪への関与を続けている者達と犯罪から立ち直った者達の両者へのインタビュー調査を行い，犯罪から立ち直った者達に特有の自己に関する「語り」（ナラティブ）があることを明らかにしました。そうした「語り」の特徴として，場合によっては周りの人の力を借りながらも，過去の経験の中に見出せる自分の肯定的な側面を中心にアイデンティティを再構築していて，「本当の自分」を形作る中核的な信念を確立していること，過去の本当の自分を否定することなく過去の犯罪等の過ちに意味を見出していること，何らかの目的意識を持って次世代に償いとして何かを行いたいという思いを持っていることなどが挙げられています。

(3) デシスタンス研究の課題

　デシスタンス研究では，「離脱」の定義が研究者によってまちまちであるという問題点が指摘されています。たとえば，「離脱」といっても，犯罪の頻度が減少している状態も含める研究者もいれば，犯罪への関与が全く見られなく

258 第3章 刑事学

なった状態を指す研究者もいます。また，後者の場合でも，どのくらいの期間が経てば「離脱」と言えるのかという問題もあります。

さらに，量的な研究にしても，質的な研究にしても，研究を行う上で対象者の動向を長期間追跡していくことが求められます。ただ，現実には，対象者が引っ越したりして連絡が付かなくなるなど研究の継続には困難が伴うことも指摘されています。

しかし，デシスタンス研究では，犯罪者の処遇にとって有益な知見が示されており，今後も研究の進展が期待されます。たとえば，アイデンティティの変化に焦点を当てる研究からは，犯罪者が他の人達とは異質な存在であるという前提を持つことが否定されています。犯罪から立ち直る上では，信頼できる他者の存在が必要であり，そうした他者との信頼関係の中でアイデンティティの変容が生じ，犯罪に関与することのない生活を送ることができるようになるものとされています。こうした「立ち直り」は，人生の中の様々な生きづらさ・苦境からの立ち直りのプロセスと共通しているものと指摘されています。したがって，犯罪者の処遇においても，信頼できる他者の存在やアイデンティティの変容につながる環境を整えることが大事であると言えるでしょう。こうした点から，わが国の保護司制度が再評価されてもいます。

THEME 3

「罰する」ことの意味

　犯罪を犯した者は罰せられます。皆さんは，これを当然のことと受けとめているかもしれません。しかし，なぜ犯罪者を罰するのが当然なのでしょう。また犯罪者を罰するとしても，どのような刑罰を科すことが妥当なのでしょうか。こうした問題を考えるのが「刑罰論」です。ここでは，わが国で現在用いられている刑罰制度を踏まえながら，こうした刑罰論の基本的な問題について考えていくことにしましょう。

■　1　刑罰を科す意義と目的　■

(1)　なぜ罰するのか

(a)　「動物処刑」が意味するもの　中世の西ヨーロッパの一部では，動物が犯罪を犯したことを理由に裁判にかけられ，処刑されていました。この事実を聞いて，皆さんはにわかには信じられないかもしれません。歴史家の研究によれば，事実は次のようなものであったそうです。

　人間を殺したり，畑を荒らしたりした豚や牛（犬・猫はもちろん，モグラ，ネズミ，さらに昆虫など）は，訴訟手続に基づいて裁判にかけられました。逮捕された豚や牛は取調べを受けた後，起訴され，公判に臨みます。そこでは証拠調べ，論告・求刑，弁護人の弁論が行われ，判決が下されました。無罪になることもありましたが，ほとんどのケースでは有罪宣告を受け，絞首刑や火刑などで公開処刑されました。また有罪判決に対しては控訴ができましたし，恩赦を受けることもあったといわれています。

　では，なぜこうして動物を裁判にかけ，処刑したのでしょう。この問題については，迷信説や擬人化説のほか，人間の動物に対する不条理な支配とみる考え方などが提示されてきました。そのいずれが正しいのかは判然としませんが，刑事政策的な観点からは次のようにいうことができます。動物処刑の本質は社会にとって有害な結果を引き起こしたものに対しては——人間であれ，動物であれ——徹底的に責任を追及し，罪をつぐなわせるという「**応報**」にあり

260　第3章　刑事学

ました。また，処刑の目的は，動物にまで刑罰を加えることによって，一般社会に対し威嚇・警告し，人々が犯罪を犯さないようにする「**一般予防**」にありました。

(b)　なぜ人を罰するのか　それでは，なぜ人を罰するのでしょう。これは「刑罰論」の基礎となる問題で，長い間論争が繰り広げられてきました（⇨19頁）。しかし，実際にはそれほどたくさんの見解が提案されてきたわけではありません。大きく分ければ，刑罰の本質を「応報」と捉える見解（応報刑論）と「教育」と捉える見解（教育刑論）に分かれます。**応報刑論**は，刑罰を過去の犯罪に対して犯罪者を非難することと考えます。これに対して**教育刑論**は，将来の犯罪を予防するために犯罪者を教育することと考えます。両者の見解は，一見すると水と油のように相容れない関係に思われます。しかし今日では，両者を結びつけて理解する見解が主流となり，かつてのような激しい論争はみられなくなりました。

ごく大雑把にいうと，刑罰の本質は，人間の場合にも動物のそれと同様に応報にあると考えるのが今日の主流です。もちろん刑罰の本質を応報に求めるとしても，「目には目を，歯には歯を」という同害報復を内容とする絶対的応報は今日では採用できません（さもないと，誤って車で人をはねて死亡させてしまった運転手は，すべて死刑になってしまいます）。また犯罪と刑罰は均衡がとれたものでなければなりませんが，犯罪者に無用の苦痛や害悪を加えることは認められません。他方，人間は処罰による改善可能性をもっていることから，刑罰によって犯罪者を改善し，社会復帰させることを目的とすることができます。ここに教育刑の思想が活かされています。さらに犯罪者を社会から隔離すれば，その間再犯を予防することもできます。こうした改善・社会復帰や隔離など個別の犯罪者の再犯の予防は，広く社会一般が将来犯罪を犯さないように予防することを意味する「一般予防」に対して，「**特別予防**」と呼ばれます。

つまり刑罰は，犯罪に対する非難を根拠として科される制裁を指し，本質は応報であり，苦痛・害悪を内容としています。しかし刑罰は単なる応報につきるものではありません。刑罰は，犯罪が行われたがゆえに，そして犯罪が行われないために科されるのです。言い換えれば，刑罰は応報刑の範囲内で一般予防と特別予防を目的とします（**相対的応報刑**⇨20頁）。

なお，応報を基礎づけるのは，行為に対する直接的な非難ですから，刑罰の

質と量は犯罪の重さと均衡のとれたものでなければなりません。これを「**均衡**
の原則」と呼びます。

⑵ どんな刑罰が適当か

　犯罪には様々な種類があり，それぞれ重さも異なります。また犯罪者もそれ
ぞれ犯罪を犯した事情は異なり，責任の重い者もいれば，同情すべき点が少な
くない者もいます。したがって，刑罰の目的を達成するためには，犯罪の重さ
や犯罪者の責任に合った，様々な刑罰が用意されている方が効果的でしょう。
刑罰の種類は，大別して次の５つに分けることができます。①生命刑。②身体
刑。③自由刑。④財産刑。⑤名誉刑。このうち①**生命刑**とは，生命を奪う刑罰
（死刑）を指します。②**身体刑**は，身体的な苦痛を与える刑罰を指し，具体的に
はムチや杖でたたく刑罰（鞭刑・杖刑）や入墨をする刑罰（黥刑）などが，これ
に含まれます。③**自由刑**は，身体の自由を奪う刑罰を指し，拘禁刑や居住地の
制限などがあげられます。④**財産刑**は，財産を奪う刑罰を指し，罰金や没収の
ほか，損害賠償命令なども考えられます。⑤**名誉刑**は，名誉を奪う刑罰を指
し，被選挙権などの公権の停止，剥奪などがあげられます。

　わが国では，現在次の６種類の刑罰が設けられています。①**死刑**。②**拘禁刑**。
③**拘留**。④**罰金**。⑤**科料**。⑥**没収**。このうち①死刑は生命刑，②拘禁刑・③拘
留は自由刑，④罰金・⑤科料・⑥没収は財産刑にあたります。したがって現在
わが国には身体刑と名誉刑はありません。なお，拘禁刑は，2022（令和4）年
の刑法改正により，これまであった懲役と禁錮の刑種が廃止され，新たに創設
されたものです（2025〔令和7〕年6月から施行）。

　問題は，こうした刑罰が刑罰の目的を達成できているのかという点です。そ
こで後で，これら6つの刑罰について個別に検討を加えていくことにしたいと
思います。

⑶ ダイバージョン

　ところで，犯罪者は罰せられるという原則にも例外があります。つまり犯罪
者を通常の刑事司法過程の流れ（警察→検察→裁判→処罰）からはずして，他の
手段によって処理する場合があるわけです。こうした処理は**ダイバージョン**
（ディバージョン）と呼ばれます。ダイバージョンの考え方は，1960年代のアメ

262   第3章 刑事学

リカ合衆国で犯罪増加に対して従来の刑事司法制度が十分に対処していないとの反省の下に提起されたものでした。今日では，ダイバージョンの意義として次の2点があげられています。①刑事司法機関の負担の減少と資源の有効利用。②権利制限，犯罪者というラベル貼り，家族への影響など犯罪者の不利益を軽減することによる社会復帰の促進。

それでは現在，わが国ではダイバージョンはどのように行われているのでしょうか。以下では，その方法について裁判前，裁判時，裁判後の3段階に分けてみていくことにします。

第1に，**裁判前のダイバージョン**は，警察段階と検察段階に分かれます。まず警察段階のダイバージョンとしては**微罪処分**（刑訴法246条ただし書）があり，軽微な犯罪については一定の条件の下で警察官が事件を検察に送致しないことが認められています（犯罪捜査規範198条）。毎年，この処分を受けた者の数は，5万人前後となっています（2022〔令和4〕年は4万7587人）。また比較的軽微な道路交通法違反に対する交通反則通告制度（道路交通法125条以下）があり，近年この制度によって処理されている事件は年間500万件前後にのぼり，これは道路交通法違反事件全体の約95％にあたります。さらに少年事件については，罰金以下の刑にあたる犯罪の場合に警察から家庭裁判所に送致され，刑事手続から外されるとともに（少年法41条），きわめて軽微な事件については，実務上成人の微罪処分に準じた簡易送致が行われています（犯罪捜査規範214条）。

検察段階のダイバージョンとしては，**起訴猶予**（刑訴法248条）があり，犯罪事件の処理にあたって多用されています。刑法犯に対する起訴猶予率は50％前後で推移しています。また少年事件については，一定の場合を除いて，検察官は家庭裁判所に送致しなければなりません（少年法42条）。

第2に，**裁判時のダイバージョン**としては，**刑の執行猶予**があり，**全部執行猶予**（刑法25条）と**一部執行猶予**（同27条の2）の2つの類型があります。前者は，近年では，第一審で有期の懲役・禁錮を言い渡された者のうちの約64％がこの制度の適用を受けていました。後者は，2013（平成25）年6月に公布された「刑法等の一部を改正する法律」と「薬物使用等の罪を犯した者に対する刑の一部の執行猶予に関する法律」によって新たに導入され，2016（平成28）年6月から施行されています（詳しくは⇨302頁）。

また，**略式手続**も正式の公判手続から外れるのでダイバージョンの一種とみ

ることができます。さらに少年事件については，家庭裁判所において，審判不開始，不処分，保護処分による処理がなされ，さらに試験観察や補導委託も実施されています。

なお，ダイバージョンとしての文脈ではないですが，近年では，英語圏諸国で展開されている「**問題解決型裁判所**」も，裁判段階で処罰を回避して，他の手段によって処理する方法として導入が議論されています。この問題解決型裁判所は，個々の犯罪行為について刑罰を科すのではなく，「**治療的司法**」の観念に基づき，個々の犯罪行為者の抱える，犯罪の背景因となった問題に焦点を当てて治療・除去し，犯罪行為者の再社会化を図るという仕組みです。薬物事犯者のための「**ドラッグ・コート**」が，その代表的な例としてあげられます。

第3に，**裁判後のダイバージョン**は，矯正段階のものとして**仮釈放**をあげることができます（⇨295頁）。近年，仮釈放率はほぼ60%台で推移しています（2022年は62.1%）。一方，少年院出院者の仮退院率は100%近くにまでなっており，2022年は，99.7%となっています。

こうした現状をみると，ダイバージョンはわが国の刑事司法に古くから浸透し，定着していることがわかります。したがって，わが国はダイバージョンの「先進国」といえるでしょう。しかし，そこには問題点も包含されています。ダイバージョンのもつ主な問題点としては，次の4点をあげることができます。①刑事司法機関の裁量権が拡大し，恣意的に不公平な運用が行われる可能性がある。②憲法31条が定める適正手続の原則に反するおそれがある。③過剰な適用は刑事司法制度を弛緩させ，刑の一般予防効果を弱める。④適正な運用のためには犯罪者に関する詳細な資料・情報を必要とするが，調査が行き過ぎるとプライバシー権を侵害することになりかねない。

ダイバージョンは，ここで指摘したような問題点があるにせよ，必罰主義の弊害を取り除き，犯罪者の社会復帰を促進するために大きな意義をもっており，今後も着実な発展が望まれます。

■ 2 死 刑 ■

⑴ 死刑制度の概要

死刑は犯罪者の生命を断つ刑罰で，現行法上，重大な犯罪についてのみ適用されています。現行刑法典は次の12の罪について死刑を規定しています。①

内乱罪（首謀者のみ。77条1項1号）。②外患誘致罪（81条）。③外患援助罪（82条）。④現住建造物等放火罪（108条）。⑤激発物破裂罪（117条1項前段）。⑥現住建造物等浸害罪（119条）。⑦汽車転覆等致死罪（126条3項）。⑧往来危険汽車転覆等罪（127条）。⑨水道毒物混入致死罪（146条後段）。⑩殺人罪（199条）。⑪強盗致死罪（240条）。⑫強盗・不同意性交等致死罪（241条3項）。

また特別法では，爆発物使用罪（爆発物取締罰則1条），決闘致死罪（決闘罪ニ関スル件3条），航空機強取等致死罪（航空機の強取等の処罰に関する法律2条），航空機墜落等致死罪（航空の危険を生じさせる行為等の処罰に関する法律2条3項），人質殺害罪（人質による強要行為等の処罰に関する法律4条1項），組織的殺人罪（組織的な犯罪の処罰及び犯罪収益の規制等に関する法律3条1項7号），海賊行為等致死罪（海賊行為の処罰及び海賊行為への対処に関する法律4条1項）について死刑が規定されています。

かつて死刑が刑罰の中心であった時代には，その執行は様々な方法で行われていました。その中には残虐な方法も少なくありませんでした。たとえば火炙，磔，牛裂などです。しかし，今日の死刑実施国ではこうした残虐な方法は影を潜め，絞首，銃殺，ガス殺，薬物投与，電気ショックなどの方法を用いることが多くなっています。

わが国では，死刑は刑事施設内の刑場で絞首によって執行されています（刑法11条1項，刑事収容施設法178条）。死刑の執行を定めた法規としては，1873（明治6）年の太政官布告（絞罪器械図式）があり，地上絞架式の絞首台が図示されていますが，実際には地下絞架式（掘割式）が用いられています。

最近のわが国における死刑の執行状況をみてみると，1980年代には毎年1〜2件が執行されていました（ただし1985〔昭和60〕年は3件）。その後1990（平成2）年から3年間死刑は1件も執行されませんでしたが，1993（平成5）年に7件が執行され，翌1994年以降，2011（平成23）年・2020（令和2）年・2023（令和5）年を除き，毎年1〜15件執行されています。

(2)　死刑執行の手続

死刑は**法務大臣の命令**によって執行されます。この命令は原則として判決確定後6か月以内になされるように義務づけられています（刑訴法475条）。しかし実際には，死刑囚が再審の請求や恩赦の出願を行っているために，その審理

THEME 3 「罰する」ことの意味 *265*

のために6か月を超過する場合がほとんどです。また，死刑の言渡しを受けた者が，心神喪失の状態か，あるいは懐胎しているときは，法務大臣の命令によって執行を停止し，心身喪失の回復後または出産後6か月以内に法務大臣の死刑執行命令が発せられることになります（同479条）。

　法務大臣の命令があったときは，5日以内に死刑の執行をしなければなりません（同476条）。また執行には検察官，検察事務官および刑事施設の長またはその代理人が立ち会い（同477条1項），立ち会った検察事務官の作成した執行始末書に署名押印します（同478条）。わが国では死刑は非公開で，刑場には検察官または刑事施設の長が許可した者でなければ入ることができません（同477条2項）。

(3)　死刑存廃論

　死刑は人の生命を奪うという最も厳しい刑罰です。そのため死刑廃止の主張が古くから唱えられてきました。他方，これに対しては死刑の必要性を肯定する死刑存置の見解も根強く主張されています。なお，判例は，一貫して死刑制度の合憲性を認めてきており，いわゆる永山事件判決（最判昭和58・7・8刑集37巻6号609頁）では，死刑の選択基準に関し，①犯行の罪質，②犯行の動機，③犯行の態様（ことに殺害の手段方法の執拗性・残虐性），④結果の重大性（ことに殺害された被害者の数），⑤遺族の被害感情，⑥社会的影響，⑦犯人の年齢，⑧前科，⑨犯行後の情状等を併せ考慮し，罪責が重大であって，罪刑の均衡の見地および一般予防の見地からも極刑がやむをえないと認められる場合には，死刑の選択も許されると判示しています。

(a)　死刑廃止論　死刑廃止論の主張は主に次の5点にまとめることができます。①国家が個人の生命を奪うことは，人道主義に反する（反人道主義）。②死刑には生命の剝奪に見合うだけの一般予防効果が認められない（威嚇力の欠如）。③死刑は憲法36条が禁止する「残虐な刑罰」にあたる（違憲性）。④誤判の可能性を考慮すれば，取り返しのつかない死刑は適正手続に反する（誤判の可能性）。⑤1989年には国連において死刑廃止条約が採択され，死刑廃止国は増加しており，国際的に死刑は廃止の方向にある（国際的動向）。

(b)　死刑存置論　これに対して死刑存置論の主張の要点は次のようになります。①法は人の生命の剝奪に合法な場合があることを認めている（たとえば

正当防衛）。②抑止力の測定は困難であるが，誰もが死を恐れる以上，死刑には相応の抑止力があると考えられる。③火炙りやギロチンとは違い，現行の死刑方法は「残虐な刑罰」には含まれない。④誤判の可能性は刑事司法全体の問題であって，その防止は死刑の存廃にかかわらず努力すべきである。⑤確かに死刑廃止国の数は存置国の数を上回っているが，民主主義国において死刑の存廃はそれぞれの国の民意を反映して決すべきであるところ，わが国では存置論に対して国民からの強い支持がある。

(c) 死刑制度の課題　このように死刑存廃論は厳しく対立しており，一見解決の糸口はないようにもみえます。しかし，実際には存置論者の大部分は「環境が整っていないので，すぐには廃止できない」という限定的な存置論をとっています。では，死刑を廃止するための環境づくりとして具体的にはどのような課題が残されているのでしょうか。ここでは特に重要な3点を指摘しておきたいと思います。

第1に，**世論の説得**が必要です。これまでの世論調査によれば，わが国では圧倒的多数の国民が死刑の存置を支持しており，廃止を支持する者は少数にとどまっています。これは国民の死刑問題に対する素直な気持ちを表した数字といえるでしょう。したがって死刑を廃止するためには，まずこうした世論を説得し，廃止に向けての国民的なコンセンサスを得ることが求められるでしょう。

第2に，**死刑の代替刑を検討**する必要があります。現行法上では，死刑の次に重い刑は無期の拘禁刑（かつては懲役・禁錮）です。この点，近時の統計によると，無期の懲役・禁錮を科された者が仮釈放を許される場合はとても少ない上に，たとえ仮釈放が許される場合でも30年を超える刑の執行後に仮釈放されています。こうした実態については議論があるところですが，いずれにしても，無期の懲役・禁錮と死刑では刑罰としての重さにやはり大きな隔たりがあるといえるでしょう。したがって死刑を廃止するのであれば，現在死刑を言い渡されているような重い罪を犯した者に見合う新しい刑罰（終身刑や重無期刑など）を検討する必要があるとの指摘には理由があるように思われます。

第3に，**被害者やその遺族の感情への配慮**が必要です。犯罪者によって重傷を負わされた被害者や家族の生命を断たれた遺族の気持ちはきわめて深刻です。しかも，彼らに対して国から支給される犯罪被害者等給付金の支給は決し

THEME 3 「罰する」ことの意味　　267

て十分な金額ではありません。そうした中で死刑が廃止されれば，被害者たちの犯罪者に対する憎しみは一層増すことになるでしょう。刑罰の目的は，被害者感情を満足させることにはありませんが，死刑を廃止するのであれば，犯罪被害者等給付金の増額や精神的な苦悩の緩和に向けたバックアップ体制などへの配慮も必要となるでしょう。

■　3　自由刑と財産刑　■

⑴　自　由　刑

⒜　拘禁刑　これまでわが国では懲役，禁錮，拘留の3種類の自由刑が用いられていました。しかし，2022（令和4）年の刑法改正により，自由刑は拘禁刑と拘留の2種類とされました。拘禁刑と拘留の言渡しを受けた者は，刑事施設に拘置される点，また改善更生を図るため，必要な作業を行わせまたは必要な指導を行いうる点では同じです。しかし，後述のように拘禁刑と拘留には刑期の長短の違いがあります。これまで懲役受刑者には，強制作業（「所定の作業」）が科されるのに対して，禁錮受刑者には，強制作業が科されない点で異なっていました。しかし，拘禁刑受刑者では，これらの区別を無くし，改善更生を図るための各受刑者の必要性に応じて，作業を行わせたり，指導を行ったりすることができるものとされています。この点は，拘留受刑者も同じです。作業に就いた受刑者には，賃金は支払われていませんが，作業報奨金が与えられています。2023（令和5）年度予算における作業報奨金の平均は月額4578円となっています。

　拘禁刑は有期と無期に分かれます。有期の場合は，その期間が1か月以上20年以下ですが，加重されれば30年まで引き上げることができ，減軽すれば1か月未満に引き下げることができます。これに対して無期の場合は，拘置の期間を定めずに言い渡されます。ただし，10年経過後は仮釈放が認められる可能性があります。

⒝　拘留　拘留とは拘禁刑に比べて軽い自由刑で，1日以上30日未満の刑期により刑事施設に拘置して執行されますが，拘留に処せられた者にも改善更生を図るため必要な作業を行わせまたは必要な指導を行うことができるものとされています（刑法16条，刑事収容施設法3条1号）。拘留は，刑法典の中では公然わいせつ罪（刑法174条），暴行罪（同208条），侮辱罪（同231条）

268　第3章　刑事学

に対して規定されているにすぎません。しかし，軽犯罪法では広く用いられています。

(c)　**自由刑の執行手続**　拘禁刑などの自由刑の執行手続も検察官によって行われます。検察官は，自由刑の言渡しを受けた者が拘禁されていないときには，この者を呼び出し，呼出しに応じないときは収容状を発して強制的に手続を進めることができます（刑訴法484条）。

　ただし，一定の要件にあてはまる場合，自由刑の執行は停止されることがあります。執行停止の要件は，必要的なものと任意的なものに分かれます。このうち必要的な執行停止は，受刑者が心神喪失状態にあるときに認められます。これに対して，**任意的な執行停止**は次の8つのいずれかに該当する場合に認められます（同482条）。①刑の執行によって著しく健康を害するとき，または生命を保つことのできないおそれがあるとき。②70歳以上のとき。③受胎後150日以上であるとき。④出産後60日を経過していないとき。⑤刑の執行によって回復することのできない不利益を生じるおそれがあるとき。⑥祖父母または父母が70歳以上あるいは重病などで，これを保護する親族が他にいないとき。⑦子または孫が幼年で，これを保護する親族が他にいないとき。⑧その他重大な事由があるとき。これらのうちいずれかに該当する場合，検察官の指揮によって執行が停止されることがあります。

　複数の自由刑の執行順序の問題については，重い方から先に執行するのが原則です。たとえば，拘禁刑と拘留をあわせて執行する場合，まず拘禁刑から執行します。ただし検察官は，重い刑の執行を停止して執行順序を変更することができます（同474条）。

(d)　**自由刑の問題点**　最近では，自由刑に対して多くの問題点が指摘されています。

　中でも重要な指摘は，社会復帰のために効果的な教育がなされていないというものです。特に短期間の自由刑は十分な教育を行う時間がないばかりか，他の長期受刑者や常習犯罪者と交流することによって，悪風に感染する危険性があると指摘されます。効果的な教育ができない理由は，財政的な限界にもあります。自由刑は，国家予算によって執行されていますから，効果が出るまで資金をつぎ込むことはできないのです。このため，最近では，そもそも社会復帰を目的としながら，社会から隔離すること自体に矛盾があるともいわれていま

す。

　また，自由刑に引き続いて生じる問題として，出所後のケアがあります。出所者の住居や就労などが確保されなければ，負のスパイラルは解消されないからです。高齢者や知的障害者等が対象となる場合には，その問題性はより顕著なものとなります。効果的な矯正プログラムの開発や受入れ各種機関との連携強化など，出所後の社会生活に繋げるためのシステムの構築が急がれます。

　こうした本質的な問題点が明らかにされるにつれ，自由刑に対して過剰な期待をかけることに否定的な見解が多くなっています。もちろん今日でも，自由刑は刑罰制度全体の中で大きな役割を果たしているわけですが，社会から隔離された施設の中で犯罪者を処遇することの限界が露呈するとともに，社会の中で犯罪者に自律的な生活を営ませながら，その改善・更生を助ける制度へと刑罰の重点も移行しつつあります。

(2) 財 産 刑

(a) 罰金・科料　罰金と科料は，犯罪者の財産の一部を剥奪する刑罰です。罰金が剥奪額1万円以上の財産刑であるのに対して，科料は1000円以上1万円未満である点で異なります。ただし，罰金を減軽するときには1万円未満とすることができます。罰金と科料は，わが国では過失犯などを中心に最も数多く用いられている刑罰です。近年では，裁判で有罪が確定した者の約80％に対して罰金や科料が言い渡されています。

(b) 労役場留置　罰金や科料を完納できなかった者は，労役場に留置されます（刑法18条1項・2項）。労役場は刑務所などの刑事施設に付設されています（刑事収容施設法287条）。その執行にあたっては，作業を行わせることに関する点が定められているほかは，性質に反しない限り受刑者の規定が準用されています（同288条）。留置の期間は，罰金の場合で1日以上2年以下，科料の場合で1日以上30日以下が原則となっています（刑法18条1項・2項）。ただし併科の場合には，罰金の刑の併科または罰金と科料の刑の併科の場合で3年，科料の刑の併科の場合で60日を超えることはできません（同条3項）。

(c) 没収・追徴　没収とは，物の所有権を剥奪して国家に帰属させる処分をいいます。没収の対象としては次の4種類があげられます。①犯罪の一部を構成するもの（組成物件）。たとえばわいせつ物頒布罪（刑法175条）のわいせ

270　第3章　刑事学

つ文書などです。②犯罪に用いたものや用いようとしたもの（供用物件）。たとえば殺人の凶器などです。③犯罪によって生じたもの，または犯罪によって得たもの（産出物件・取得物件・報酬物件）。たとえば通貨偽造の偽造通貨や盗んだ宝石などです。④前記③の対価として得たもの（対価物件）。

　没収すべきものが，すでに消費されていたり，紛失されていたりして没収できない場合，その代わりに一定の金額を国庫に納付するように命じることができます。これが追徴です（同19条の2）。

　(d)　**財産刑の執行手続**　　罰金，科料，没収および追徴の裁判は，検察官の命令によって執行されます。この命令は，執行力のある債務名義と同じ効力をもっています（刑訴法490条1項）。また，その執行にあたっては，民事執行法などの強制執行に関する法令の規定に従うこととされています（同条2項）。

　(e)　**罰金の問題点**　　罰金の利点は財産を剥奪することによって心理的なショックを与え将来の犯罪を予防する一方で，自由刑の弊害を回避することができる点にあります。しかし今日では自由刑と同様に，罰金刑に対してもいくつかの本質的な問題点が指摘されています。

　第1に，現在の罰金額では，犯罪者に過去の犯罪を後悔させ，将来の犯罪を思いとどまらせるだけの効果は期待できません。第2に，罰金の場合，親族など第三者が代わりに支払うこともできるため，その効果はほとんど期待できません。第3に，貧富の差によって効果に大きな差異が生じます。特に現行法上，罰金を完納できなかった者は労役場に留置されるわけですから，裕福な者はお金で済んで，貧しい者は自由を拘束されるということになってしまいます。

　こうした問題点を克服するために，わが国では罰金額の引上げや分納・延納なども実施されています。しかし，これまでのところ問題点が解消されたとはいえず，罰金刑制度の抜本的な見直しが求められています。

(3)　**法改正の動向**

　自由刑と財産刑については，近時の犯罪状況に照らして，改正が相次ぎました。

　(a)　**自由刑の法定刑引上げ**　　自由刑のうち，有期刑の法定刑については，1974（昭和49）年に公表された「改正刑法草案」において，引上げが本格的に

検討されましたが，立法化には至らず，その後，本格的に議論されることはありませんでした。理由としては，犯罪状況が比較的安定していたことや改正刑法草案への厳罰化批判が一般に支持され，重罰化への懸念が浸透していたことなどが考えられます。しかし，1990年代末から21世紀にかけて，こうした状況に転換期が訪れ，量刑に対する関心が高まりをみせるようになりました。特に，交通犯罪と性犯罪の領域ではその傾向が顕著であり，被害状況と刑事処分のアンバランスが指摘されるようになりました。こうした状況下において，2004（平成16）年には，法定刑の引上げ等の議論が開始され，同年12月に法案が可決・成立し，翌年1月1日から施行されました。具体的には，①有期自由刑の上限が引き上げられ，単独の罪の場合，従来の15年から20年とされました。また併合罪の場合には，20年から30年に，死刑・無期懲役（無期禁錮）から減軽した場合の有期刑の上限が15年から30年と改められました（刑法14条）。②重大な犯罪については，個別に法定刑が引き上げられ，有期刑については，たとえば殺人罪は5年以上20年以下（同199条）に，強姦罪は3年以上20年以下（同177条）とされました（強姦罪はその後の改正で強制性交等罪〔現在では不同意性交等罪〕となり，下限が5年に引き上げられています〔⇨69頁〕）。他方で，③強盗致傷罪については，下限が引き下げられて6年となりました（同240条）。

(b) 罰金刑の改革 財産刑のうち，罰金刑については，1991（平成3）年に罰金額が引き上げられたほか，2006（平成18）年4月には，事案に応じた適切な刑事処分を可能とする観点から罰金刑の見直しを中心とした「刑法及び刑事訴訟法の一部を改正する法律案」が可決・成立しました。具体的には，①窃盗罪（刑法235条），公務執行妨害罪および職務強要罪（同95条）に，それぞれ選択刑として50万円以下の罰金刑が新設されました。②業務上（重）過失致死傷罪（同211条）の罰金刑の上限が100万円に引き上げられました。③略式命令において科すことができる罰金刑の最高額が100万円に引き上げられました（刑訴法461条）。

(c) 自由刑の単一化 2017（平成29）年3月から法制審議会少年法・刑事法（少年年齢・犯罪者処遇関係）部会では，「懲役」と「禁錮」の区別を廃止し，刑務作業に加えて，教育なども受けやすくする自由刑の単一化が検討されてきました。2020（令和2）年10月には，これらを一本化する新自由刑（仮称）の

272 第3章 刑事学

創設を求める答申が法務大臣に提出され，「拘禁刑」を創設する形で2022（令和4）年6月には刑法改正が実現しました。

近時の状況は，「刑事立法の活性化」と評されます。それゆえ，今後の立法状況を注視することに加え，刑事学の観点からは，改正後の運用等にも注意を払っていく必要があります。

■ 4 犯罪対策の新しい展開 ■

犯罪者1人ひとりに適切な刑を科すには，刑罰の種類をもっと増やした方が効果的です。しかも前述のように，死刑，拘禁刑，罰金など今日用いられている刑罰は，それぞれ本質的な問題点を抱えています。このため最近では，そうした問題点を緩和するためにも新しい刑罰制度を導入する必要性が唱えられているのです。ここでは，新しい刑罰制度のうち欧米のいくつかの国ですでに導入されており，わが国でも関心が高い社会奉仕命令と電子監視を取り上げることにしましょう。

(1) 社会奉仕命令

社会奉仕命令とは，拘禁刑に代えて一定期間，無報酬の社会奉仕活動を命じる制度の総称です。この制度の母国はイギリスです。イギリスの社会奉仕命令は，16歳以上の犯罪者に対して，裁判所が1年の期限内に40～300時間の範囲で無報酬の奉仕活動を命じるものです。従来は本人の同意が要件となっていましたが，現在では不要で，地方の保護観察機関が提出する判決前調書に基づいて裁判所が決定します。具体的な作業内容としては，教会の掃除，道路工事，老人ホームの塗装，遺跡の発掘補助，少年に対する野球やサッカーの指導など様々なものがあります。

イギリスで社会奉仕命令が初めて実施されたのは1972年のことでした。導入当時は，実施を危ぶむ声も聞かれましたが，その後急速に発展し，今では欧米を中心に多くの国で導入されています。

社会奉仕命令の長所としては次の4点をあげることができます。①社会の中での奉仕作業を通じて犯罪者の社会復帰を図ることができる。②奉仕作業によって社会の応報感情を弱め，犯罪者自身の贖罪意識や責任感を高めることができる。③犯罪者と社会の結びつきを強め，犯罪者の再社会化を促すことができ

THEME 3 「罰する」ことの意味　273

る。④施設内処遇や従来の社会内処遇よりも経済的である。

　こうしたメリットに対し，社会奉仕命令には問題点も指摘されています。主な問題点は次の3点です。①法的性格がなお曖昧ではないのか。②社会奉仕命令を受けた者に対する十分な処遇効果があがっているのか。③ネットワイドニング（法の網の目の拡大）の効果をもつだけではないのか。

　なお，わが国では，2013（平成25）年6月に更生保護法が改正され，保護観察の特別遵守事項の類型として「社会貢献活動」（更生保護法51条2項6号）が導入されています（詳しくは⇨301頁）。社会貢献活動は，上で述べた社会奉仕命令と活動内容が類似していますが，法的位置づけなど異なる点が多く，日本の社会や法制度に合わせた形で採り入れられたものと評することができるでしょう。

(2)　電子監視

　従来，「電子監視」といえば，捜査段階での電子機器による監視システムを指しましたが，ここでいう電子監視は，犯罪者処遇の方法の1つを意味します。犯罪者を処遇する方法としての電子監視が脚光を浴びたのは，1983年にアメリカ合衆国ニューメキシコ州で保護観察対象者の足首に「電子アンクレット」を付けて監視する試みが開始されたことからでした。そこでは，電子監視によって，自由刑の回避が図られました。その後，この試みは，過剰拘禁で悩んでいるアメリカ合衆国の多くの州で採用され，カナダやイギリスにも拡大しました。

　電子監視にもいろいろな方法がありますが，典型的なものは次の通りです。①監視対象者の腕や足首にとりつけた送信機が，一定の時間間隔をおいて無線信号を自動的に発信する。②この信号を対象者宅の電話機に接続した受信機が受け，それを中央の監視コンピュータに転送し，その受信の有無によって所在を確認する。③対象者の活動は，原則として受信機から一定の狭い範囲内に限って許される。

　これが伝統的なシステムですが，近時では，衛星利用測位システム（GPS）を利用した電子監視が導入されています。この移動型電子監視には，対象者が住居を離れたときから帰宅までの位置情報が機器に記録され，対象者が自宅に戻った際に機器に読み取らせる方法と，対象者の位置情報を監視者がリアルタ

274　第3章　刑事学

イムに入手できる方法があります。

　多くの場合，電子監視の運用機関は保護観察所です。地域によっては，監視対象者が監視期間に応じて手数料を支払っています。

　電子監視がもつ長所としては，次の4点が指摘されています。①刑務所の過密状態を緩和する。②施設内処遇よりも費用が節約できる。③施設収容に伴う弊害を回避できる。④保護観察の監視機能を強めることができる。しかしながら，他方では電子監視の問題点も指摘されています。たとえば，電子監視が刑罰として再犯の防止に有効なのか明らかではありません。また，電子機器が故障した場合はどうするのか，行き過ぎたプライバシーの侵害にはつながらないかといった声も聞かれます。さらに，手数料が支払えない者や電話機をもたない者は電子監視の対象とならないわけですから，貧富の差によって拘禁されるかどうかが決まるとの批判もあります。従来，わが国では，社会奉仕命令に比べると，電子監視の導入に関する議論は活発とはいえませんでしたが，近時は，関心が高まってきています。たとえば，2020（令和2）年6月に示された政府方針案では，性犯罪・性暴力に対する強化策として仮釈放中の者にGPS端末の装着を義務化することが検討項目とされ，2023（令和5）年5月には，刑事訴訟法改正により，保釈した被告人に逃亡防止策としてGPSを装着できるようにする制度も導入されました。今後は，さらにこうした科学的な先端技術と犯罪者処遇の関わりが，刑事政策上の重要問題となっていくことは間違いないでしょう。

■　5　新しい犯罪現象と刑事立法　■

　2000（平成12）年以降，わが国では，新しい犯罪現象への立法的な対応が相次いでいます。すなわち，児童虐待，ストーキング，ドメスティック・バイオレンス（DV）を規制する法律が制定されました。もちろん，これら3つの犯罪類型は，最近になって発生するようになったわけではありません。親が子どもに暴力を振るう，好きになった人に執拗につきまとう，配偶者に暴力を振るうといった行為は，昔からありました。また，リベンジポルノを規制する法律が制定されました。従来こうした行為は家庭内の問題あるいは個人間の問題であるとして法的な介入を受けずにいたのです（**民事不介入の原則**）。しかし，①こうした行為の中で，生命が奪われるような重大な事件が発生したこと，②欧

米で，こうした行為に対する法的規制が整備されたこと，③こうした行為に対して，現行刑法などによる規制では不十分との社会的な認識が高まったことなどの事情を背景として，法的規制の強化を求める社会的要請が高まり，新しい法律の制定に至ったのです。

(1) 児童虐待防止法

「児童虐待の防止等に関する法律」（児童虐待防止法）は，「児童虐待の防止等に関する施策を促進」すること（1条）を目的として，2000（平成12）年5月に成立しました。同法は，児童虐待を，①児童の身体に外傷が生じ，または生じるおそれのある暴行を加えること，②児童にわいせつな行為をすることまたは児童をしてわいせつな行為をさせること，③児童の心身の正常な発達を妨げるような著しい減食または長時間の放置その他の保護者としての監護を著しく怠ること，④児童に著しい心理的外傷を与える言動を行うことの4類型に整理し（2条），これらの虐待行為を禁止しています（3条）。

また，児童虐待の防止に関する国および地方公共団体の責務を明確化するとともに，児童虐待の早期発見のため，比較的児童虐待を発見する可能性が高い立場にある教員，児童福祉施設の職員，医師，保健師，弁護士，そのほか児童福祉に職務上関連のある者に対して，児童虐待の早期発見に努めるよう求めています（5条）。他方で，児童虐待を受けた児童の保護のため，児童相談所による被虐待児童の一時保護（8条），一時保護への警察の援助（10条）なども規定しています。さらに，しつけなどを虐待の口実として認めないため，親権者の行う行為であることを理由に，暴行罪，傷害罪そのほかの犯罪についてその責めを免れることはないことも明言されています。

なお，児童虐待防止法は，児童虐待の定義の見直しなど，児童虐待の防止等に関する施策を促進することを目的として，2004（平成16）年4月に改正されました。また，2007（平成19）年5月には，児童虐待防止対策の強化を図る観点から，児童の安全確認等のための立入調査等の強化，保護者に対する面会・通信等の制限の強化等を図るための改正が行われ，2019（令和元）年6月にも，親の体罰を禁止し，児童相談所による介入の強化を図った改正が行われています。

276　第3章　刑事学

(2)　ストーカー規制法

「ストーカー行為等の規制等に関する法律」（ストーカー規制法）は，「個人の身体，自由及び名誉に対する危害の発生を防止し，あわせて国民の生活の安全と平穏に資すること」（1条）を目的として，2000（平成12）年5月に成立しました。ストーキングの特徴として，行為が次第にエスカレートし，生命，身体，自由，名誉などの重要な個人法益を侵害する危険性をはらんでいる点があげられます。ストーカー規制法は，こうしたストーキングの特徴を踏まえ，個人法益に対する侵害の危険を未然に防いで，国民の不安感を払拭し，安全で平穏な生活を保障することを目指しているのです。

ストーカー規制法が規制する行為は，「つきまとい等」と「ストーカー行為」とされてきました。このうち「つきまとい等」とは，「特定の者に対する恋愛感情その他の好意の感情又はそれが満たされなかったことに対する怨恨の感情を充足する目的で，当該特定の者又はその配偶者」などに対して，①つきまとい，待ち伏せし，進路に立ちふさがり，住居，勤務先，学校その他その通常所在する場所（住居等）の付近において見張りをし，または住居等に押し掛け，または住居等の付近をみだりにうろつくこと，②その行動を監視していると思わせるような事項を告げ，またはその知りうる状態に置くこと，③面会，交際その他の義務のないことを行うことを要求すること，④著しく粗野または乱暴な言動をすることなどをいいます（2条1項）。この点については，2013（平成25）年7月の法改正で，⑤相手に拒まれても繰り返し電子メールを送信する行為が追加され（同項5号），2016（平成28）年12月の法改正では，⑥SNS等でメッセージを連続送信する行為なども追加されました（同条2項）。さらに，自動車等にGPS機器をひそかに取り付け，位置情報を取得するケースがみられるなど，侵害行為が多様化している実情を踏まえ，2021（令和3）年5月に3度目の改正が行われ，新たに，対象者が実際にいる場所における見張り行為（同条1項1号），拒まれたにもかかわらず連続して電話，文書の送付，ファクシミリや電子メールの送信等をする行為（同項5号），GPS機器などによる位置情報記録・送信装置の位置情報を取得する行為やこれらの装置を取り付ける行為などが規制対象に加えられました（同条3項）。

他方，「ストーカー行為」とは，「同一の者に対し，つきまとい等（第1項第1号から第4号まで及び第5号（電子メールの送信等に係る部分に限る。）に掲げ

る行為については，身体の安全，住居等の平穏若しくは名誉が害され，又は行動の自由が著しく害される不安を覚えさせるような方法により行われる場合に限る。）又は位置情報無承諾取得等を反復してすること」をいいます（同条4項）。

　ストーカー規制法は，現在，「つきまとい等又は位置情報無承諾取得等」を禁じ，この禁止の違反に，警察本部長等や公安委員会による警告や禁止命令などを用意しています（3条〜5条）。この点についても2013年の改正では，禁止命令や警告について，被害者の居住地に限らず，加害者の居住地や違法行為のあった場所の警察署長および公安委員会も出せるようになりました。禁止命令等の方法は，2021年の改正によって原則として書類を送達して行うこととなりました（5条11項）。他方，「ストーカー行為」を行った者は，1年以下の拘禁刑または100万円以下の罰金に処せられます（18条）。また，前述した禁止命令などに違反して「ストーカー行為」をした者（19条1項）や禁止命令などに違反して行った「つきまとい等又は位置情報無承諾取得等」が，禁止命令前から通して評価すると「ストーカー行為」をしたといえる者（同条2項）は，2年以下の拘禁刑または200万円以下の罰金に処せられます。

(3)　DV 防止法

　「配偶者からの暴力の防止及び被害者の保護等に関する法律」（DV防止法）は，DVが犯罪行為であり，その被害者のほとんどは女性であること，DVの防止とその被害者の保護が国際的な課題であることなどの問題意識を明確化し，このような状況を改善し，人権の擁護と男女平等の実現を図るために，配偶者からの暴力を防止し，被害者を保護するための施策を講じることを目的として（前文），2001（平成13）年4月に成立しました。DV防止法におけるDV，すなわち「配偶者からの暴力」とは，配偶者からの身体に対する不法な攻撃であって生命もしくは身体に危害を及ぼすもの，またはこれに準ずる心身に有害な影響を及ぼす言動をいいます（1条）。これは，配偶者からの暴力が，①外部からの発見が困難である，②継続して行われる，③エスカレートして重大な被害を生じさせることがあるといった，一般の暴力とは異なる特性があるため，保護の必要性が高いことによります。

　DV防止法は，DV防止とDV被害者の保護のため，都道府県単位で配偶者暴力相談支援センターを設けるように規定しています（3条1項）。また，DV

278　第3章　刑事学

防止とその被害者の保護のため，DV防止法は，広く国民に対しても，DV被害者を発見した場合，配偶者暴力相談支援センターや警察官に通報することを求める努力義務規定を設けました（6条1項）。特に医療関係者や警察官には，DVの発生を防止し，被害者の保護を図るための努力規定が特別に定められました（同条4項，8条）。

　DV防止法制定のねらいは，**保護命令の導入**であったといわれています。保護命令とは，DVによって被害者が生命や身体に重大な危険を受けることを防止するため，裁判所が，被害者の申立てにより，配偶者に被害者への接近を禁じ，住居からの退去を命じる制度です（10条）。配偶者が保護命令に違反した場合，2年以下の拘禁刑または200万円以下の罰金に処せられます（29条）。

　なお，DV防止法は，およそ3年間の運用を踏まえ，2004（平成16）年6月に「配偶者からの暴力」に**精神的暴力**（心身に有害な影響を及ぼす言動）を含めるといった定義の拡大や保護命令制度の拡充などの改正がなされました。また，2007（平成19）年には，生命等に対する脅迫を受けた被害者に係る保護命令，被害者への電話禁止命令や親族等への接見禁止命令などの保護命令制度が拡充されるとともに（10条1項・2項・4項），市町村による基本計画の策定（2条の3第3項）や配偶者暴力相談支援センター業務実施の努力義務（3条2項）などが追加されました。さらに，2013（平成25）年6月の改正では，夫婦間に加え，同居の交際相手から暴行を受けた場合についても保護の対象とされました。そして，2019（令和元）年6月の改正では，児童虐待と密接な関連があるとされるDVの被害者に適切な保護が行われるように連携協力機関として，児童相談所が明記されました（9条）。また，2023（令和5）年5月の改正では，申立てができる被害者の拡大・保護命令の種類の拡大・命令の有効期間の伸長といった保護命令制度の更なる拡充と，1年以下の懲役または100万円以下の罰金から上記の上限へと引き上げる形での保護命令違反に対する厳罰化が図られています。

⑷　リベンジポルノ防止法

　「私事性的画像記録の提供等による被害の防止に関する法律」（リベンジポルノ防止法）は，報復などの目的で元交際相手や元配偶者の性的な画像をインターネット上に公開する，いわゆるリベンジポルノによる被害が深刻な社会問題

となっていることを背景に,「個人の名誉及び私生活の平穏の侵害による被害の発生又はその拡大を防止すること」(1条) を目的として,2014 (平成26) 年11月に成立しました。

同法が規制の対象としているのは,「私事性的画像記録」と「私事性的画像記録物」です。前者は,性交や性交類似行為に係る人の姿態などが撮影された画像の電子データ等 (撮影対象者が,あらかじめ第三者が閲覧することを認識した上で,任意に撮影を承諾しまたは撮影した画像を除く) であり (2条1項),後者は,写真やそれらを記録した USB メモリ等の記憶媒体 (有体物) をいいます (同条2項)。

罰則としては,①公表罪と②公表目的提供罪が設けられています。①公表罪は,第三者が撮影対象者を特定できる方法で,電気通信回線を通じて私事性的画像記録 (物) を不特定または多数の者に提供し,あるいは私事性的画像記録物を公然と陳列した場合に成立し,3年以下の拘禁刑または50万円以下の罰金に処せられます (3条1項・2項)。②公表目的提供罪は,①の行為をさせる目的で,電気通信回線を通じて私事性的画像記録 (物) を提供した場合に成立し,1年以下の拘禁刑または30万円以下の罰金に処せられます (同条3項)。

加えて,リベンジポルノ防止法では,情報の拡散を防止するため,プロバイダ等に対して画像記録の削除を促す観点から,「特定電気通信役務提供者の損害賠償責任の制限及び発信者情報の開示に関する法律」(プロバイダ責任制限法) の特例が設けられています。すなわち,プロバイダ責任制限法は,情報の削除等の申出があった場合,当該措置に同意するか否かを情報発信者に照会し,7日以内に反論がなされなければ,プロバイダ等は情報の削除等の措置を講じても賠償責任を負わないとしていますが (同法3条2項2号),リベンジポルノ防止法では,画像記録を削除する緊急性に鑑み,その期間を7日から2日に短縮するなどの規定がおかれています (4条3号)。

さらに,リベンジポルノ防止法は,被害者の保護・負担軽減のために国と地方公共団体が講じる各種措置のほか (5条),被害の発生を未然に防止するための教育・啓発活動の充実を図る旨を定めています (6条)。

なお,2023 (令和5) 年6月に,刑法・刑事訴訟法の性犯罪規定が改正されました (⇨66頁) が,それとともに「性的な姿態を撮影する行為等の処罰及び押収物に記録された性的な姿態の影像に係る電磁的記録の消去等に関する法

280　第3章　刑事学

律」（性的姿態撮影等処罰法〔⇨74頁〕）が制定されました。この性的姿態撮影等処罰法では，リベンジポルノ防止法違反の罪の犯罪行為を組成した私事性的画像記録が記録されている物等の複写物も刑罰としての没収の対象とし（8条1項），またリベンジポルノ防止法に規定する私事性的画像記録に係る電磁的記録についても検察官が保管する押収物に記録されている場合に行政手続として消去・廃棄等の措置をとることが可能となりました（9条以下）。

⑸　新しい立法の評価

　これら新しい立法の効果について評価するためには，今後の動向も見守る必要があるでしょう。しかし，これまでのわが国では，上記のように新しい問題（犯罪現象）に対し，刑罰規定を含む立法を迅速に制定することで対応する例は稀であったように思われます。それは，今まではそれほど新しい犯罪現象が頻繁に発生しなかったという事情もあるかもしれません。しかし，21世紀を迎え，情報化，国際化，多様化する社会の変容は，ますますめまぐるしさを増しています。それにともなって，新しい犯罪現象も，次々に顕在化するかもしれません。そのようなとき，被害が重大で，その防止のために刑罰法規が必要と認められる場合には，積極的に新しい立法を制定していくという姿勢が，最近の5つの立法からは見て取れます。しかし，そうした時代だからこそ，刑罰の「**謙抑性**」を重視し，「罰すること」の意味にさかのぼって慎重に検討を加えることも忘れてはなりません（⇨24頁，87頁）。

THEME 4

犯罪者はどのように処遇されているか

Invitation to 刑務官／保護観察官

■ 1 矯正と更生保護 ■

　裁判確定後の犯罪者の処遇を担うわが国の行政分野は，「**矯正**」と「**更生保護**」から成り立っています。矯正と更生保護は，いずれも裁判による処分に基づき，個々の犯罪者や非行少年の再犯・再非行の防止と改善更生を目的として，その処遇を担当する国の行政作用であり，広義の刑事司法の一分野に位置づけられる点で共通しています。一方，矯正が，犯罪者・非行少年の身柄を矯正施設（刑事施設，少年院，少年鑑別所）内に収容して処遇を行う業務（**施設内処遇**）を所掌するのに対し，更生保護は，自由な社会の中で通常の生活を営ませながら処遇を行う業務（**社会内処遇**）を主として所掌する点に，大きな相違があります。矯正と更生保護の行政事務は，法務省の内部部局である**矯正局**と**保護局**が，それぞれ分掌しています。

■ 2 矯　正（施設内処遇）──自由刑の執行を中心に ■

(1) 刑事収容施設法

　法務省矯正局所管の収容施設には，刑務所，少年刑務所，拘置所，少年院および少年鑑別所の5種類があり，これらを**矯正施設**と呼びます。このうち，主に，刑罰を科す手続（刑事手続）に関係する施設，つまり，刑務所，少年刑務所および拘置所を総称して**刑事施設**といいます。この刑事施設のあり方やそこに収容されている人たちの処遇，権利義務関係，刑事施設の職員の権限等は「刑事収容施設及び被収容者等の処遇に関する法律」（以下，刑事収容施設法という）に定められています（⇒4頁）。なお，刑事収容施設には，刑事施設のほかに，警察の留置施設および海上保安留置施設があります。

(2) 刑務所と拘置所の違い

　一般に，刑務所は懲役刑や禁錮刑などの自由刑が裁判で確定し，受刑者とな

った人を収容し処遇するところであり，拘置所は刑事裁判を待つ，あるいは刑事裁判中の人，つまり，未決拘禁者を収容し処遇するところとされています。もっとも，拘置所にも受刑者はおり，裁判が確定した直後の受刑者や，未決拘禁者の衣食住を手伝うことを刑務作業とする受刑者がいます。2024（令和6）年4月現在，刑務所は59庁（社会復帰促進センターおよび成人矯正医療センターという名称を使用しているものを含む），少年刑務所（青年矯正センターという名称を使用しているものを含む）は7庁，拘置所は8庁あります。刑務所または少年刑務所は各都道府県（奈良県および滋賀県を除く）に1つ以上ありますが，拘置所は一部の特に大きな都市（東京〔2庁〕，名古屋，京都，大阪，神戸，広島および福岡）にしかありませんので，拘置所のない都市で地方裁判所やその支部が置かれているような所では，その都市にある刑務所の一角に拘置区を設けたり，最寄りの刑事施設の下部組織として拘置支所を置いたりしています。したがって，刑事施設の本所は74庁ですが，その下に置かれる拘置支所や刑務支所は全国に100庁（2024年4月現在）あります。

(3) 自由刑の執行

(a) 受刑者の日常　刑事施設における受刑者の生活については，刑事収容施設法のほか，法務省令や法務大臣訓令などによって，基本的な事項が定められています。

　受刑者は刑事施設の中で刑期を過ごさなければなりません。たとえば，懲役刑を執行される人，つまり懲役受刑者は，定められた作業（**刑務作業**）を行うことが刑罰の内容として義務づけられており，刑務作業をすることが生活の中心となっていますが，受刑者ごとに作成される処遇要領に基づき，刑務作業のほか，教科指導や改善指導も行われます。懲役受刑者の一日は，通常，一般の社会人と同様，平日は，朝早く起き，日中は指定された作業場で仕事をし，一日の仕事を終えると，自分の居室に戻って，人員点検を受け，夕食を済ませた後，余暇時間，就寝となります。刑期の間，毎日刑務作業を行うわけではなく，土曜日，日曜日，祝祭日，年末年始等は，作業を行いません。ただし，刑事施設に収容されている人の食事を作る作業など，一部の例外はあります。起床時間，就寝時間だけでなく，食事の時間，作業する時間，余暇時間等のタイムテーブル（起居動作の時間帯）は施設ごとに作成されています。受刑者はこの

タイムテーブルによって，規則正しい生活を送っています。

　一方，禁錮受刑者は，起床，食事，就寝等の基本的なタイムテーブルは懲役受刑者とほぼ同じですが，作業義務がないことから，昼間は居室で本を読んだり，手紙を書いたりして，一定の制約の中ではありますが，比較的自由に過ごすこととなります。もっとも，希望により作業を行うことはできますので，禁錮受刑者の多くは就業しています。また，教科指導や改善指導は，懲役受刑者と同様に必要に応じて受けることになります。

　また，2025（令和7）年6月1日以降，刑法の一部改正により懲役刑および禁錮刑は廃止され，拘禁刑に統一されます。ただし，同日以前に懲役刑や禁錮刑で服役している人はそのままの刑が執行されますし，同日よりも前に犯した犯罪については，従前どおり懲役刑や禁錮刑などが選択されます。拘禁刑では，刑事施設に拘置し，拘禁刑に処せられた者には，改善更生を図るため，必要な作業を行わせ，または必要な指導を行うことができることとなります。

　(b) 衣食住と医療　　受刑者は私服ではなく，統一規格の**官衣**を着ることになります。食事は，刑事施設ごとに工夫を凝らし，栄養バランスのとれたものを支給します。居室には，共同室と単独室とがあり，その人の適性や居室の空き具合等によって，指定されます。

　また，医療については，施設の医師が診察にあたるほか，外部の医師を招聘したり，外部の病院へ通院させたり，ときに入院させる場合もあります。もっとも，全国の刑務所の中には，医療体制の整った医療刑務所もあり，収容施設を一般の刑務所から医療刑務所へ変更する場合もあります。

　(c) 使用できる物品　　刑事施設の中では，自分の物だからといって，何でも自由に所持・使用できるわけではありません。基本的には，衣食住は官給で賄えることから，私物の使用は，眼鏡，書籍，文房具，下着，靴下，タオル等一定の範囲に限定されていますが，後に説明する制限の緩和や優遇措置という制度（⇨287頁）によって，受刑者ごとに，使用の許される私物に若干の差異が設けられています。

　(d) 面会と手紙　　一般的には，高い塀で囲われ，社会から隔離されている受刑者ですが，面会や手紙のやりとりなどによって，外部との交流は図られています。**面会**については，権利的に認められる相手方は，①受刑者の親族，②婚姻関係の調整，訴訟の遂行，事業の維持その他の受刑者の身分上，法律上ま

284 第3章 刑事学

たは業務上の重大な利害に係る用務の処理のため面会することが必要な者，③受刑者の更生保護に関係のある者，受刑者の釈放後にこれを雇用しようとする者その他の面会により受刑者の改善更生に資すると認められる者ですが，その他にも，一定の場合に，刑事施設の長の裁量で面会が許可されます。ただし，面会が開始されても，刑事施設の規律および秩序を害する結果を生ずるおそれのある発言や受刑者の矯正処遇の適切な実施に支障を生ずるおそれのある発言などがあれば，面会が一時停止または終了になります。**手紙の発受**は，面会と異なり，相手方に制限はありませんが，刑事施設の長は，犯罪性のある者その他受刑者が信書を発受することにより，刑事施設の規律および秩序を害し，または受刑者の矯正処遇の適切な実施に支障を生ずるおそれがある者（受刑者の親族を除く）については，受刑者がその者との間で信書を発受することを禁止することができます。また，手紙の内容は，一定の場合に刑事施設の職員によって検査されますが，その結果，①暗号の使用その他の理由によって，刑事施設の職員が理解できない内容のものであるとき，②発受によって，刑罰法令に触れることとなり，または刑罰法令に触れる結果を生ずるおそれがあるとき，③発受によって，刑事施設の規律および秩序を害する結果を生ずるおそれがあるとき，④威迫にわたる記述または明らかな虚偽の記述があるため，受信者を著しく不安にさせ，または受信者に損害を被らせるおそれがあるとき，⑤受信者を著しく侮辱する記述があるとき，⑥発受によって，受刑者の矯正処遇の適切な実施に支障を生ずるおそれがあるときには，その発受を差し止め，またはその該当箇所を削除し，もしくは抹消することができます。このように，受刑者は，単に，身体の自由を制限されるだけでなく，他者とのコミュニケーションにおいても制限を受けることになりますが，いずれも，刑事収容施設法に根拠をもつ制限です（受刑者の面会については，同111条〜114条，手紙の発受については，同126条〜133条を参照）。

(e) **矯正処遇の実施**　受刑者は，刑期が終わるまで，刑事施設の中でただ時を過ごせばよいというものではありません。いずれ社会へ帰って行くことを前提に，刑事収容施設法30条では，「受刑者の処遇は，その者の年齢，資質及び環境に応じ，その自覚に訴え，改善更生の意欲の喚起及び社会生活に適応する能力の育成を図ることを旨として行うものとする」と定めています。その具体的内容として，同法84条では，矯正処遇として，①刑務作業，②改善指導，

③**教科指導**を定めています。また，矯正処遇は，受刑者の資質，環境等を調査して作成した処遇要領（矯正処遇の目標ならびにその基本的な内容および方法を受刑者ごとに定める矯正処遇の実施の要領）に基づいて行われています。それでは，矯正処遇の3類型を順番に説明していきましょう。

　ア　刑務作業　　懲役受刑者は，刑罰の内容として所定の作業を行うことになっています。一方，禁錮受刑者にはこの作業義務はありませんが，刑事施設の長の指定する作業を行いたい旨の申出をした場合には，作業を行うことを許す場合があります。また，新設の拘禁刑受刑者には，改善更生を図るため，必要な作業を行わせることができます。刑務作業は，規則正しい生活と仕事をする習慣を身に付けさせることで，受刑者の円滑な社会復帰を図るという面もあります。

　次に，どのような作業に就くかですが，刑事施設では，木工，金属加工，溶接，縫製や簡単な組立作業などの生産作業のほか，他の受刑者たちの食事を作ったり，衣類の洗濯をしたり，食事を配るなどの自営作業や社会貢献作業があります。刑事施設の長は，受刑者本人の希望を参酌しつつ，適性，作業量，就業場所の空き具合等を見て，ふさわしい作業を指定することになります。

　この刑務作業の中には，職業訓練も含まれており，その種目は，情報処理技術科，建設機械科，フォークリフト運転科，自動車整備科，建設く体工事科，溶接科，介護福祉科，理容科など多くのものがありますが，職業訓練はその刑事施設ごとに特徴があり，どこでも同じ職業訓練を行っているというものではありません。

　刑務作業をした受刑者には，賃金は支払われませんが，作業の督励と釈放後の更生資金として役立たせることを考慮して，作業報奨金（同98条）が支給されます。

　イ　改善指導　　刑事収容施設法では，「刑事施設の長は，受刑者に対し，犯罪の責任を自覚させ，健康な心身を培わせ，並びに社会生活に適応するのに必要な知識及び生活態度を習得させるため必要な指導を行うものとする」（同103条1項）と定めていますが，この指導が改善指導です。改善指導の種類は，一般改善指導として，被害者感情理解指導，行動適正化指導，自己啓発指導，社会復帰支援指導，対人関係円滑化指導等があるほか，特別改善指導として，薬物依存離脱指導，暴力団離脱指導，性犯罪再犯防止指導，被害者の視点を取

り入れた教育，交通安全指導および就労準備指導があります。特別改善指導は，グループワークの手法により，指導を必要とする受刑者の小集団を編成して，体系的な指導プログラムに基づいて指導することを基本としています。

　　ウ　教科指導　　刑事収容施設法では，刑事施設の長は，社会生活の基礎となる学力を欠くことにより改善更生および円滑な社会復帰に支障があると認められる受刑者に対しては，教科指導を行うものとし，さらに，学力の向上を図ることが円滑な社会復帰に特に資すると認められる受刑者に対し，その学力の状況に応じた教科指導を行うことができると定めています（同104条）。前者は補習教科指導と呼ばれ，学校教育法による小学校または中学校の教科の内容に準ずる内容について行われています。後者は特別教科指導と呼ばれ，通信制の高等学校に入学させる場合もあります。

　　エ　就労支援　　出所後に職を得ることができたかどうかは，再犯率に大きく影響します。言い換えると，出所後速やかに職を得ることができれば，市民として社会に定着できる可能性が相当高まります。そこで，刑事施設では，在所中に就職の内定が得られるよう，施設内での企業説明会を企画したり，採用面接の便宜を取り計らったりしています。先に述べた特別改善指導としての就労準備指導だけでなく，公共職業安定所（いわゆるハローワーク）の職員等が刑事施設内で受刑者に対する職業指導や就職情報の提供などを行っています。

　（f）　受刑者の意欲を喚起する制度　　ア　制限区分　　刑事収容施設法では，受刑者の自発性および自律性を涵養するため，刑事施設の規律および秩序を維持するための受刑者の生活および行動に対する制限は，改善更生の意欲の喚起および社会生活に適応する能力の育成という受刑者処遇の目的を達成する見込みが高まるに従い，順次緩和されるものとされ（同88条），受刑者は，第1種から第4種まで（第1種が最上位）の**制限区分**のいずれかに指定されます。区分の指定にあたっては，犯罪の責任の自覚および悔悟の情，改善更生の意欲の程度，勤労意欲の程度，職業上有用な知識および技能の習得状況，社会生活に適応するために必要な知識および生活態度の習得状況，受刑中の生活態度の状況，心身の健康状態，社会生活の基礎となる学力の有無等が総合的に評価されます。各区分の処遇差ですが，①居室の指定（準開放的居室），②矯正処遇等を行う場所，③信書の検査，④面会の立会い等，⑤外出および外泊，⑥外部通勤，⑦電話などについて，上位の制限区分に指定された者ほど，緩和された運

用がなされることとなります。

たとえば，⑤の外出および外泊という制度は，「法務省令で定める事由」に該当する場合において，その円滑な社会復帰を図るため，刑事施設の外において，その者が，釈放後の住居または就業先の確保その他の一身上の重要な用務を行い，更生保護に関係のある者を訪問し，その他その釈放後の社会生活に有用な体験をする必要があると認めるときは，刑事施設の職員の同行なしに，外出し，または7日以内の期間を定めて外泊することを許すことができるというものですが，第1種の制限区分に指定されていることは，上記の「法務省令で定める事由」の1つとして規定されています。⑥の外部通勤という制度は，「法務省令で定める事由」に該当する場合において，その円滑な社会復帰を図るため必要があるときは，刑事施設の職員の同行なしに，受刑者を刑事施設の外の事業所に通勤させて作業を行わせることができるというものですが，第1種または第2種の制限区分に指定されていることは，上記の「法務省令で定める事由」の1つとして規定されています。⑦の電話は，「法務省令で定める事由」に該当する場合において，その受刑者の改善更生または円滑な社会復帰に資すると認めるときその他相当と認めるときは，許すことができるというものですが，第1種または第2種の制限区分に指定されていることは，上記の「法務省令で定める事由」の1つとして規定されています（刑事収容施設法106条の2・96条・146条，刑事施設及び被収容者の処遇に関する規則65条・57条・83条）。

イ　優遇措置　　刑事収容施設法では，受刑者の改善更生の意欲を喚起するため，①物品を貸与し，または支給すること，②自弁の物品の使用または摂取を許すこと，③面会をすることができる時間または回数を定めること，④その他法務省令で定める処遇について，一定の期間ごとの受刑態度の評価に応じた優遇措置を講ずるものとされています（同89条）。

優遇措置は，類型化して行うため，受刑者は原則として第1類から第5類まで（第1類が最上位）の**優遇区分**のいずれかに指定されます。基本的には，優遇に係る評価期間を，①4月から9月までと，②10月から翌年3月までの期間とし，その期間における受刑態度の評価に応じて，刑事施設の長が優遇区分を指定し，指定してから約6か月，その優遇区分に応じた処遇を行うこととなります。区分の指定にあたっては，日常生活等の態度，賞罰の状況，作業への取組状況，各種指導への取組状況，資格の取得状況等が総合的に評価されること

288　第3章　刑事学

となりますが，基本的には，それぞれの項目の加算等を行いポイント制を採用することにより，事務の簡素化，客観化等が図られています。優遇区分ごとの処遇内容は，基本的には法務省令で定められています。たとえば，第1類の受刑者については，①室内装飾品その他の刑事施設における日常生活に用いる物品を貸与し，または1月に1回以上，嗜好品を支給すること，②寝衣（パジャマ），室内装飾品，サンダル，座布団および余暇時間帯における娯楽的活動に用いる物品について，自弁のものの使用を許すこと，③食料品および飲料について1月に1回以上，嗜好品について1月に2回以上，自弁のものの摂取を許すこと，④面会をすることができる時間を，第1類の優遇区分に指定されている受刑者以外の受刑者が面会をすることができる時間のおおむね2倍に定めること，⑤面会をすることができる回数を1月につき7回以上に定めること，⑥受刑者が発信を申請することができる信書の通数を1月につき10通以上に定めること，⑦刑事施設の長が第1類の優遇区分に指定されている受刑者に行う処遇として定めるものとされています。また，中間に位置し多くの受刑者が指定されている第3類については，①室内装飾品，サンダルおよび座布団について，自弁のものの使用を許すこと，②嗜好品について，1月に1回以上，自弁のものの摂取を許すこと，③面会をすることができる回数を1月につき3回以上に定めること，④受刑者が発信を申請することができる信書の通数を1月につき5通以上に定めること，⑤刑事施設の長が第3類の優遇区分に指定されている受刑者に行う処遇として定めるものとされています（刑事施設及び被収容者の処遇に関する規則54条）。

(g)　刑事施設の規律秩序を維持するための制度等　刑事施設の規律および秩序は適正に維持されていなければ，受刑者たちの収容を確保し，その処遇のための適切な環境や安全で平穏な共同生活を維持することはできません。そこで，刑事収容施設法では，刑事施設の規律および秩序を維持するため，次のような制度等を設けています。

　　ア　遵守事項と懲罰　　刑事施設の長は，被収容者が遵守すべき事項を定め，これを周知させる一方，これに違反した場合などには，所定の手続を経た上で，懲罰という不利益を科すことができます。受刑者に対する懲罰には，戒告，書籍等の閲覧の停止，作業報奨金計算額の削減，閉居罰などの6種類があります。閉居罰は，居室内において謹慎させるというものですが，この間，私

物の使用や書籍等の閲覧のほか，面会や信書の発受などが原則としてできなくなります（刑事収容施設法150条〜152条）。

イ　刑務官の権限等　　刑務官は，法務大臣が刑事施設の職員のうちから指定する階級を有する職員で，一定の研修や訓練を受けています。この階級は，矯正監，矯正長，矯正副長，看守長，副看守長，看守部長および看守の7階級です。刑務官には，一定の権限が与えられており，たとえば，刑事施設の規律および秩序を維持するため必要がある場合には，被収容者について，その身体，着衣，所持品および居室を検査し，ならびにその所持品を取り上げて一時保管することができます。このほか，一定の場合において，制止等の措置，捕縄・手錠等の使用，保護室への収容，武器の携帯および使用などが許されています（同75条・77条〜80条）。

ウ　受刑者の隔離　　刑事施設の長は，受刑者が①他の被収容者と接触することにより刑事施設の規律および秩序を害するおそれがあるとき，②他の被収容者から危害を加えられるおそれがあり，これを避けるために他に方法がないときには，その者を他の被収容者から隔離することができます。この場合においては，その者の処遇は，運動，入浴または面会の場合などを除き，昼夜，居室で行います。この隔離の期間は原則として3か月ですが，特に継続の必要がある場合には，1か月ごとに更新することができます（同76条）。

(h)　外部から刑事施設の運営を支える制度　　**ア　教誨師**　刑事施設の中においても信教の自由は保障され，被収容者が1人で行う礼拝その他の宗教上の行為は，これを禁止し，または制限してはならないとされています。ただし，刑事施設の規律および秩序の維持その他管理運営上支障を生ずるおそれがある場合は禁止や制限を受けます。刑事施設の中でも，被収容者の希望により宗教上の儀式・行事が行われることはありますが，職員ではなく，民間篤志家の宗教家により執り行われます（同67条・68条）。この篤志家は教誨師と呼ばれていますが，被収容者の希望により，個別の教誨も行われます。

イ　篤志面接委員　　受刑者各人のもつ精神的な悩みや将来の生活設計をめぐる問題について助言や指導を行うことは重要なことですが，その対応は職員では難しく，むしろ，民間の学識経験者等の専門的な知識や経験に基づいた助言や指導等が効果的である場合が少なくありません。そこで，刑事施設では，篤志面接委員という民間篤志家による面接等が行われています（同90条）。

290　第3章　刑事学

助言や指導の内容には，悩み事，家庭，職業，生活設計などに関するものから，趣味，教養，技能に関するものまで，様々なものがあります。

　　ウ　刑事施設視察委員会　　刑事施設視察委員会は，刑事収容施設法によって各刑事施設に設置されていますが，施設規模等により，4名から10名までの委員が任命されます。委員は，人格識見が高く，かつ，刑事施設の運営の改善向上に熱意を有する者のうちから，法務大臣が任命します。刑事施設の長は，刑事施設の運営状況について，委員会に対し，必要な情報を提供します。また，委員会は，刑事施設の運営状況を把握するため，委員による視察をすることができるほか，必要に応じ，被収容者と面接することができます。そして，委員会は，置かれた刑事施設の運営に関し，刑事施設の長に対して意見を述べることになります（同7条〜9条）。このように，刑事施設視察委員会は，外部から刑事施設の運営を支える制度の1つといえますが，委員会の意見およびこれを受けて刑事施設の長が講じた措置の内容の概要は公表するものとされており（同10条），閉鎖的と批判されがちな刑事施設の運営について，透明性を確保する制度でもあります。

（ⅰ）　**不服申立制度**　　被収容者が刑事施設の処置に対し不服のあるときにそれに対処するためには，一般的な制度として，民事訴訟，行政訴訟，告訴，告発，人権侵犯申告等がありますが，刑事収容施設法では，大きく分けると，次の3つの不服申立制度を設けています。

　　ア　審査の申請　　刑事施設の長の一定の措置に不服がある者は，その刑事施設の上級官庁である矯正管区の長に対し，審査の申請をすることができ，その結果に不服のある者は，さらに，法務大臣に対し，再審査の申請をすることができます。ここでいう一定の措置には，私物の使用等を許さない処分，書籍等の閲覧の禁止や制限，信書の発受の禁止や制限，懲罰などがあります（同157条・162条）。

　　イ　事実の申告　　被収容者は，刑事施設の職員による自己の身体に対する違法な有形力の行使等があったときには，矯正管区の長に対し，その事実を申告することができ，その結果に不服があるときは，さらに，法務大臣に対し，その事実を申告することができます（同163条・165条）。

　　ウ　苦情の申出　　被収容者は，自己に対する刑事施設の長の措置その他自己が受けた処遇について，法務大臣に対しては書面で，監査官（刑事施設の

実地監査を行うよう法務大臣から指名された職員。同5条）および刑事施設の長に対しては書面または口頭で，苦情の申出をすることができます（同166条～168条）。

(4) 少年鑑別所と少年院

　少年鑑別所と少年院は，一般的には，刑事手続を担う施設ではなく，少年の保護処分に関係する施設といえますが，それぞれについて簡単に説明します。まず，**少年鑑別所**は，主として，家庭裁判所から観護措置の決定によって送致された少年を最高8週間収容し，専門的な調査や診断を行う施設ですが，全国で本所が44庁，分所が8庁（2024〔令和6〕年4月現在）あります。少年鑑別所では，少年たちの非行原因や，立ち直りの方策を医学，心理学，社会学，教育学などの専門的知識や技術によって明らかにし，その結果を鑑別結果通知書として家庭裁判所に送付しますが，これは審判などに活用されています。なお，少年鑑別所は少年の刑事手続の一端も担っており，勾留に代わる観護の措置（少年法43条1項）で被疑者を収容することがありますし，わずかではありますが，少年被疑者を勾留（同48条）することもあります。また，少年鑑別所の運営，鑑別対象者の鑑別，観護処遇，収容される少年たちの権利義務関係，職員の権限，不服申立制度等については，2015（平成27）年6月に施行された少年鑑別所法に詳しく規定されています。

　次に，**少年院**は，主として，家庭裁判所から保護処分として送致された少年に対し，その犯罪的傾向を矯正し，健全な心身を培わせ，社会生活に適応するのに必要な知識および能力を習得させることを目的として矯正教育を行う施設ですが，全国で本院が37庁，分院が6庁（2024〔令和6〕年4月現在）あります。少年院は，基本的には，刑罰を執行する施設ではなく，**保護処分**を実施する施設ですが，少年法の規定（56条3項）により，16歳未満の受刑者（懲役刑・禁錮刑や改正後の拘禁刑）を収容し，矯正教育を行うことができます。この場合は，保護処分の少年に準じた処遇を行い，刑事施設（少年刑務所）への円滑な移行が図られます。また，少年院の運営，矯正教育の基本的制度，社会復帰支援，収容される少年たちの権利義務関係，職員の権限，不服申立制度等については，2015（平成27）年6月に施行された少年院法に詳しく規定されています。

292 第3章 刑事学

■ 3 更生保護（社会内処遇）■

(1) 更生保護とは

(a) 更生保護の目的・存在意義 「更生保護」とは，犯罪者や非行少年に，社会の中で必要な指導や支援を行うことなど，次の(b)で述べる作用を総称する言葉であり，刑事司法の1つの領域を占めるものです。そして，その目的・存在意義は，究極的には，「**社会を保護し，個人及び公共の福祉を増進すること**」（更生保護法1条）にあります。

　刑事手続によって，社会を保護し，個人および公共の福祉を増進するには，犯罪をした者を確実に検挙し，適正に処罰して罪を償わせる等の方法もありますが，それだけでは足りません。罪を償った者は，いずれは社会に戻ってきます。しかし，指導や支援を受けずに，直接，刺激や誘惑に溢れる実社会で，生活を再スタートするのは困難です。そこで，彼／彼女らが健全な生活を円滑に再開できるように，いわば社会への軟着陸を図るため，指導や支援を行うことで，犯罪や非行を繰り返すことなく，善良な社会の一員として自立させ，改善更生させることが重要です。このような指導や支援の担い手が更生保護です。つまり，更生保護は，刑事手続の総仕上げとして，社会を保護し個人および公共の福祉を増進する役割を担っているのです。

(b) 更生保護の領域 (a)のような更生保護の考え方は，明治時代に宗教者等の民間篤志家が創始した，刑務所等からの釈放者を保護する慈善事業に起源があります。

　現在の更生保護制度は，明治期に始まった釈放者保護事業などの司法保護制度を見直し，第二次世界大戦後，新たに制定された**犯罪者予防更生法**，**執行猶予者保護観察法**等の法律により基礎づけられました。そして，その後幾度かの機構改革や法改正を経て，①仮釈放等，②保護観察，③更生緊急保護，④恩赦，⑤犯罪予防活動に関する事務などをカバーするものに発展しました。これら①から⑤までのいずれもが，更生保護の重要な領域をなしますが，紙幅の関係もあり，以下では，これらのうち①から③までの内容を中心に述べます。

(c) 更生保護を基礎づける法令等 更生保護は，刑事司法の一分野であるので，刑法や，薬物使用等の罪を犯した者に対する刑の一部の執行猶予に関する法律（以下「薬物法」という），刑事訴訟法，少年法など刑事司法の分野にお

THEME 4 犯罪者はどのように処遇されているか　*293*

ける基本的な法律が深く関わってきますが，更生保護を基礎づける法律として
は，仮釈放等や保護観察，生活環境の調整，更生緊急保護等について主に定め
ている「**更生保護法**」（犯罪者予防更生法および執行猶予者保護観察法を整理・統合
し，2008〔平成20〕年6月に全面施行された法律），更生保護に係る民間協力者に
関して主に定めている「**更生保護事業法**」と「**保護司法**」，恩赦について定めて
いる「**恩赦法**」といった法律が挙げられます。また，「心神喪失等の状態で重
大な他害行為を行った者の医療及び観察等に関する法律」も，その対象となる
人の対応の一部を，次の(2)の(a)で述べる「保護観察所」が担うことを定めてい
るなど，更生保護と関連の深い法律です。

　さらに，他の行政上の制度と同様，法律の下に政令や省令，大臣訓令などが
整備されています。たとえば，仮釈放等や保護観察，更生緊急保護について
は，更生保護法の下位法令等として，「更生保護法施行令」，「犯罪をした者及
び非行のある少年に対する社会内における処遇に関する規則」（以下「処遇規
則」という）などが整備されています。

(2) 更生保護の組織

(a) 更生保護官署　　更生保護に関する事務を行う行政機関としては，法務
省の内部部局として，更生保護制度の企画立案等を行う「**保護局**」が置かれ
（法務省組織令2条・7条），また，いわゆる出先機関である更生保護官署として，
高等裁判所の管轄区域ごと（全国8か所）に，仮釈放等の許可や仮釈放の取消
しなどを行う「**地方更生保護委員会**」（以下「地方委員会」という）が（更生保護法
16条〜28条，法務省設置法15条・17条，法務省組織令63条），地方裁判所の管轄
区域ごと（全国50か所）に，保護観察や更生緊急保護などを行う「**保護観察所**」
（更生保護法29条・30条，法務省設置法15条・24条，法務省組織令68条）が，それ
ぞれ置かれています。さらに，法務省には，恩赦に関する審査などを行う「**中
央更生保護審査会**」が置かれています（更生保護法4条〜15条，法務省設置法5
条・7条）。

(b) 保護観察官　　保護観察官とは，地方委員会の事務局や保護観察所に配
置された（更生保護法31条1項）国家公務員であり，「医学，心理学，教育学，
社会学その他の更生保護に関する専門的知識に基づき，保護観察，調査，生活
環境の調整その他犯罪をした者及び非行のある少年の更生保護並びに犯罪の予

294　第 3 章　刑 事 学

防に関する事務に従事する」者です（同条 2 項）。

(c)　保護司　　保護観察や犯罪予防活動は，様々なボランティアの方々から多大な協力を得て実施しており，わが国の更生保護制度を特色づけています。そのような方々の中でも，実際の保護観察処遇などに深く関与しているのが「保護司」です（⇨238 頁）。

　保護司は，法務大臣から委嘱を受けたボランティアであり（保護司法 3 条），「保護観察官で十分でないところを補い，地方委員会又は保護観察所の長の指揮監督を受けて，保護司法……の定めるところに従い，それぞれ地方委員会又は保護観察所の所掌事務に従事する」者であって（更生保護法 32 条），全国では，定員 5 万 2500 人（保護司法 2 条 2 項）のところ，2024（令和 6）年 1 月 1 日現在で約 4 万 7000 人の方々が活躍されています。

　保護司が実際に保護観察においてどのような事務に従事しているのかは(4)の(d)（⇨298 頁）で述べますが，保護観察以外にも，生活環境の調整（(3)の(d)〔⇨296 頁〕），犯罪予防活動（(1)の(b)〔⇨292 頁〕）などにおいて重要な役割を果たしています。

コラム　再犯の防止等の推進に関する法律

　2016（平成 28）年 12 月，議員立法として「再犯の防止等の推進に関する法律」が成立し，施行されました。本法は，再犯の防止等に関する施策に関し，①基本理念を定め，②再犯の防止等に関する国および地方公共団体の責務を明らかにするとともに，③再犯の防止等に関する施策の基本となる事項を定めることにより，再犯の防止等に関する施策を総合的かつ計画的に推進し，もって国民が犯罪による被害を受けることを防止し，安全で安心して暮らせる社会の実現に寄与することを目的とするものです（1 条）。特筆すべきは，国に，施策を総合的に策定・実施する責務があるとし（同法 4 条 1 項），「再犯防止推進計画」を閣議決定すること（同法 7 条）を求める一方，地方公共団体にも，国との適切な役割分担を踏まえて地域の状況に応じた施策を策定し実施する責務があるとし（同法 4 条 2 項），「地方再犯防止推進計画」を定める努力義務があるとしたこと（同法 8 条）です。再犯防止に関する施策は，国と地方の連携のもとで日々推進されています。たとえば国は，2017（平成 29）年 12 月に第 1 次の再犯防止推進計画を閣議決定し，2023（令和 5）年 3 月には第 2 次計画を閣議決定しました。また，すべての都道府県において地方再犯防止推進計画が策定され，市区町村においても策定の動きが広がっています。

(3) 仮 釈 放 等

(a) 仮釈放等の意義　刑事施設や少年院（⇨281頁，291頁）に収容されるべき期間は，法律に基づき裁判・審判で決められ，たとえば，3年の拘禁刑を言い渡された者は，基本的には3年間刑事施設に収容されます。しかし，その収容されるべき期間が経過する前に，刑事施設等から仮に釈放する処分が設けられています。これを「**仮釈放等**（または広義の仮釈放）」といいます（⇨263頁）。

仮釈放等には，次の(b)で述べる種類がありますが，仮釈放（狭義の仮釈放）については，その意義として，①施設におけるよい行状に対する褒賞として仮釈放を許すことで，施設内の秩序維持に役立たせるという機能，②被収容者の向上に応じて仮釈放を許し，それぞれの者に必要な収容期間となるよう調整する機能（「刑の個別化」といわれます），③仮に釈放して保護観察を受けさせ，施設内の生活と施設外の生活との落差を軽減させることで再犯を防ぐという意味で社会を保護する機能，および④円滑な社会復帰に適した時期に釈放し，保護観察を受けさせて改善更生を促進させる機能がある，などとされています。

(b) 仮釈放等の種類　仮釈放等には，たとえば①拘禁刑の執行を受けている者に行われる「**仮釈放**」（刑法28条，更生保護法39条等），②拘留の刑の執行を受けている者または労役場に留置されている者に行われる「**仮出場**」（刑法30条，更生保護法39条等），③保護処分の執行のために少年院に収容されている者に行われる「**少年院からの仮退院**」（少年院法135条，更生保護法41条）などがあります。

(c) 仮釈放等の具体的手続　仮釈放等を許すか否かは，地方委員会（(2)の(a)〔⇨293頁〕）が審理をして判断します（更生保護法23条1項1号・24条・39条1項等）。この審理は，矯正施設の長からの申出（同34条）があると開始されますし，また，申出がなくても，地方委員会の判断で開始することができます（同35条1項）。ただし，仮釈放等は矯正施設に収容されている者の権利ではなく（たとえば，刑法28条は「行政官庁の処分によって仮に釈放することができる」と，仮釈放は行政官庁の裁量によることを明確にしています），収容されている者が自らの仮釈放等について申請等をすることは認められていません。

審理においては，関係資料の精査や，審理の対象となる者との矯正施設での面接などの調査（更生保護法25条1項・37条1項等）をして，地方委員会に所属する委員3名が審理を行い（同23条），許可基準に照らし，仮釈放等を許すか

296   第3章　刑事学

否かを判断します（同39条1項等）。また，許す場合は，仮釈放等の時期や特別遵守事項（(4)の(c)〔⇨297頁〕）なども判断します（同39条2項，52条2項・3項等）。

　仮釈放等の許可基準は，(b)で述べた仮釈放等の種類ごとにそれぞれ定められており，たとえば，仮釈放については，「悔悟の情及び改善更生の意欲があり，再び犯罪をするおそれがなく，かつ，保護観察に付することが改善更生のために相当であると認めるときにするものとする。ただし，社会の感情がこれを是認すると認められないときは，この限りでない」（処遇規則28条）とされています。

　また，仮釈放等を許すか否かに関する審理の対象となる者が行った犯罪の被害者やその遺族等は，原則として，その審理において意見や心情を述べることができ（更生保護法38条・42条），その内容は判断上の重要な情報の1つになります（被害者関係について⇨300頁）。

　(d)　**生活環境の調整**　　生活環境の調整とは，矯正施設に収容されている者について，施設に収容されているときから，釈放後の住居，就業先その他の生活環境について調整すること（更生保護法82条）をいいます。これは，釈放された後の生活環境が，釈放後の改善更生および再犯に大きな影響を与えるため，あらかじめその者の改善更生にとってふさわしい生活環境が用意できるよう行うものです。実際の調整は保護観察所が担当し，その経過を地方委員会と矯正施設の長に通知しますが，調整の経過・内容は，仮釈放等の判断における重要な情報の1つです。なお，地方委員会は，釈放後の生活基盤に問題のある者等について，生活環境の調整に積極的に関与します（同条2項）。

(4)　保 護 観 察

　(a)　**保護観察の意義**　　裁判・審判において，犯罪をした者や非行のある少年に一定の処分を行うべきと判断された場合，常に矯正施設に収容すればよいでしょうか。それだけでは，それらの者の再犯は防げません。施設に収容されると，たとえば家族や仕事を失うなどして社会とのつながりを保ちづらくなり，かえって再犯リスクを増大させる場合もありえます。そこで，犯罪・非行の内容や反省の程度，非行性などに応じて，施設に収容しない形の処分をしたり，施設に収容されている者を施設に収容しない形の処分に変更したりするこ

THEME 4 犯罪者はどのように処遇されているか 297

とで，社会生活を維持させながら，必要な指導や援助を行って，その改善更生を促すことが考えられます。

「保護観察」とは，犯罪や非行を行った者を，施設に収容せず，社会の中で生活させながら適切な処遇を行うことにより，その者の改善更生・再犯防止を図ることをいい，次の(b)で述べる種類があります。

(b) 保護観察対象者の種類　保護観察対象者（以下「対象者」という）には，たとえば，①少年法24条1項1号または64条1項1号もしくは2号の保護処分に付されている者（**保護観察処分少年**），②少年院からの仮退院を許されて保護観察に付されている者（**少年院仮退院者**），③仮釈放を許されて保護観察に付されている者（**仮釈放者**），④刑法25条の2第1項もしくは27条の3第1項または薬物法4条1項の規定により保護観察に付されている者（**保護観察付執行猶予者**）があります（なお，仮出場を許された者は，保護観察には付されません）。なお，2022（令和4）年4月からは，少年法等の一部改正（⇨324頁）を受けて，処分時18歳・19歳の者の①および②について特別の取扱い（⇨303頁）が開始されました。

(c) 遵守事項と生活行動指針　対象者は，保護観察の期間中に一定の約束事を守らなければなりません。この約束事を「遵守事項」といい，この遵守事項には①対象者すべてに共通する「一般遵守事項」（更生保護法50条）と，②個々の対象者ごとに，その改善更生に特に必要と認められる範囲内で具体的に定められる「特別遵守事項」（同51条）とがあります。

一般遵守事項には，たとえば，「保護観察官又は保護司の呼出し又は訪問を受けたときは，これに応じ，面接を受けること」や「転居又は7日以上の旅行をするときは，あらかじめ，保護観察所の長の許可を受けること」など保護観察を進める上で最低限遵守すべきものが定められています。なお，2023（令和5）年12月からは，「被害者等の被害を回復し，又は軽減するためにとった行動の状況その他の行動の状況を示す事実」の申告等の類型が追加されました。

一方，**特別遵守事項**は，対象者ごとに定められるものなので一様ではありませんが，たとえば，酒を飲むと粗暴になって暴力を振るってきた者に対して，「アルコールを摂取しないこと」といった特別遵守事項を設定することなどがあります。なお，法改正により，2015（平成27）年6月からは社会貢献活動への従事の類型が，2023（令和5）年12月からは「特定の犯罪的傾向を改善する

298 第3章 刑事学

ための専門的援助であって法務大臣が定める基準に適合するものを受けること」という類型が，それぞれ加わりました（(e)〔⇨301頁〕で述べます）。

これらの遵守事項を守らないと，矯正施設に収容される等の不利益（(d)で後述する不良措置）が課されることがあります。

また，これらの遵守事項とは別に，対象者は，その改善更生に資する生活または行動の指針（**生活行動指針**）を定められることもあり（同56条），たとえば，子どもが産まれたばかりの者に対し「親としての自覚を持って生活すること」などの日常の生活の目標を設定することがあります。対象者は，この生活行動指針を定められたときは，これに即して生活し，行動するよう努めることになります。

（d）**保護観察の具体的手続**　ある者が保護観察を受けることとなった場合，保護観察所の長は，保護観察官をして，その者と保護観察所において面接を行わせ，保護観察の趣旨や決まりなどを説示させるとともに，その者の犯罪・非行の内容や，反省の程度，性格，心身の状況，家庭環境，交友関係，住居，就業または通学に係る生活環境等を把握させます。

そして，面接で把握したそれらの状況やその者に関する各種の資料を参考にして，保護観察の実施計画を策定し，また，必要があるときには，その者の保護観察を担当する保護司を指名して（実務では，指名するのが一般的です），処遇が開始されます（⇨**図表4-1**）。

保護観察は，「指導監督」と「補導援護」を行うことによって実施します（更生保護法49条1項）。**指導監督**とは，保護観察官や保護司が対象者と定期的に接触し，その行状を把握しながら，遵守事項を守るよう，そして，生活行動指針に即して生活し行動するよう必要な指示などを行うこと，対象者の資質などに応じて，(e)（⇨301頁）で述べるような専門的な処遇を行うことをいいます（同57条1項）。次に，**補導援護**とは，対象者が自立した生活を営むことができるようにするため，その自助の責任を踏まえながら，住居を得ることを助けるなどの援助を行うことをいいます（同58条。なお，(7)の(c)〔⇨305頁〕を参照）。また，対象者が，適切な医療や，食事，住居など健全な社会生活を営むために必要な手段を得ることができないため，その改善更生が妨げられるおそれがある場合には，保護観察所の長は，その者が公共の衛生福祉に関する機関などからその目的の範囲内で必要な応急の救護を得られるよう援護することとされて

THEME 4 犯罪者はどのように処遇されているか　*299*

おり，さらに，それでは不十分なときは，保護観察所の長自らがその救護を行うものとされるなど（同62条。「応急の救護」。なお，(7)の(c)〔⇨305頁〕を参照），対象者の緊急事態に対応する仕組みも用意されています。

　これらの指導監督や補導援護の一般的な流れを述べると，対象者は，普通に社会生活を送りながら，月に何回か保護司の自宅などを訪れ，そこで日常生活等について報告し，保護司から求められれば報告の裏付けとなるような資料を

図表 4-1　保護観察の流れ

家庭裁判所	少年院	刑事施設等	刑事裁判所
↓	↓	↓	↓
保護観察 処分少年	少年院仮退院者	仮釈放者	保護観察付 執行猶予者

事　件　事　務　の　開　始

↓　　　　　↓　　　　　↓　　　　　↓

保護観察所長→主任官（保護観察官）・担当保護司指名
主任官初回面接（調査，遵守事項確認・誓約，導入等），保護観察の実施計画の策定
保護観察の実施

指導監督	保護観察対象者の状況に応じた接触の維持，行状の見守り，遵守事項を守るための指示等＋特定の犯罪的傾向を改善するための専門的処遇等
補導援護	教養訓練，医療，職業補導・就職援助，帰住援護，生活指導，社会適応訓練等（更生保護施設委託，公共の衛生福祉機関等へのあっせん）

主任官（保護観察官）	**（協働態勢）**	**担当保護司**
（必要に応じ）呼出し，面接	←	保護観察対象者の来訪
往訪，定期駐在	→	担当保護司の往訪
担当保護司からの経過報告の検討	←	主任官への報告
担当保護司に対する依頼	→	依頼に基づく対応

旅行・転居の許可 良好措置・不良措置の検討

出頭命令・引致・留置

↓　　　　　　　　　　　↓　　　　　　　　　　↓

（不良措置）　　　　　　　　　　　（良好措置）

期　間　満　了			
保護観察 処分少年	少年院仮退院者	仮釈放者	保護観察付 執行猶予者
保護観察決定の日から保護観察処分少年が20歳に達するまで。ただし，20歳に達するまでに2年に満たない場合は2年。例外的に23歳まで。	少年院仮退院の日から仮退院の期間が満了するまで。通常は，20歳に達するまでだが，26歳を超えない範囲での例外あり。	仮釈放の日から残刑期間が満了するまで。無期刑仮釈放者については，恩赦（刑の執行の免除）によらない限り終身（ただし，少年時無期刑言渡しの者は，仮釈放後10年を経過するまでの期間）。少年法51条2項による定期刑，同52条1項・2項による不定期刑にも例外あり。	〔全部猶予〕 判決確定の日から刑の執行猶予期間が満了するまで。 〔一部猶予〕 刑の執行猶予の期間の開始の日から，満了するまで。

※一部猶予については，302頁も参照のこと。
※処分時18歳・19歳の者の取扱いについては，303頁も参照のこと。

300　第3章　刑事学

提出し，生活等について指導やアドバイスを受けます。そして，保護司は，対象者とのやりとりや生活の様子を，随時または定期的に保護観察官に報告します。その中で問題があれば，保護観察官はその対象者を呼び出すなどして事情を聴き，必要な指導や援助を行います。たとえば，対象者の状況の変化に応じて保護観察の実施計画を見直したり，接触する頻度を変えたり，生活行動指針を見直したり新たに定めたりし，さらには特別遵守事項を見直したり新たに定めたり（同52条），また，保護者に対する措置を行う（同59条）など，きめ細かな処遇を行うことによって，対象者の改善更生を手助けするのです。

　そして，状況がかなり良くなれば良好措置（保護観察の期間が終了する前に保護観察を終わらせたり，指導監督の程度を軽減したりすることです。保護観察の種類ごとに，とりうる良好措置の内容はそれぞれ異なります⇨**図表4-1**参照），かなり悪くなれば不良措置（矯正施設に収容させるなどの措置です。同じく，保護観察の種類ごとに，とり得る不良措置の内容はそれぞれ異なります）を行います。また，状況に変化がなくても，保護観察の期間（保護観察の種類ごとに，保護観察の期間はそれぞれ異なります）が満了すれば，保護観察は終了します。

> ### コラム　被害者等の思いに応える更生保護
>
> 　更生保護官署は，被害者やその御遺族，御家族（以下「被害者等」という）への支援等をしていませんでしたが，現在では，被害者等の思いに応える更生保護の実現に努めています。
> 　すなわち，2005（平成17）年4月の犯罪被害者等基本法（平成16年法律第161号）の施行を契機に，更生保護官署においても被害者等の支援に正面から取り組むべきとの理解や，対象者に被害者等の心情等を理解させることは対象者の改善更生に資するとの認識が広がり，2007（平成19）年12月から被害者等施策が導入されました。具体的には，①意見等聴取制度（仮釈放等を許すか否かに関する審理の対象となる者が行った犯罪・非行の被害者等が，その審理において意見等を述べることができる制度），②心情等聴取・伝達制度（対象者が行った犯罪・非行の被害者等が，被害に関する心情等を保護観察官が聴取し，その内容を保護観察官が対象者に伝達する制度），③相談・支援制度（被害者等関係専従の保護観察官等が，被害者等からの相談に応じる等をする制度），④通知制度（更生保護官署の持つ加害者の一定の情報を被害者等に通知する制度）です。
> 　加えて，2023（令和5）年12月からは，更生保護法の運用基準（更生保護法3条）に被害者等の心情・状況の考慮が追加され，保護観察の指導監督の内容に，対

象者が「被害者等の被害の回復又は軽減に誠実に努めるよう，必要な指示その他の措置をとること」（更生保護法57条1項5号）を加え，当該措置をとるときには，①や②で示された意見等や心情等を踏まえることとされる（同条6項）など，その充実強化が図られました。

(e)　様々な処遇施策等　保護観察は，(d)（⇨298頁）で述べたような一連の流れに沿って行いますが，次のような対応も併せて行います。

・対象者ごとの犯罪を行いやすい性向等を踏まえた保護観察を実施するため，CFP（Case Formulation in Probation/Parole）というツールを用いたアセスメントを実施。

・対象者の資質などに応じ特定の犯罪的傾向を改善するため，体系的・専門的な，性犯罪再犯防止，薬物再乱用防止，暴力防止および飲酒運転防止の4プログラムを特別遵守事項（⇨297頁）により受講を義務付けて実施（更生保護法57条1項3号）。

・地域社会の利益の増進に寄与する社会的活動（たとえば，公共の場所の清掃活動や福祉施設での介護補助など）に従事することで，社会に役立つ活動を行ったとの達成感を得たり，地域住民等から感謝されたりすることなどを通じ，自己評価を高めたり，社会のルールを守る必要性を認識させるため，当該活動を特別遵守事項により義務付けて実施（社会貢献活動。2015〔平成27〕年6月開始）。

・被害者のある重大な犯罪をした者に対して，罪の重さを認識させ，悔悟の情を深めさせ，被害者等に対し誠実な対応を促すための指導（しょく罪指導）を実施。

・対象者の資質や状況に応じて，一定の類型ごとに留意点を整理し，その留意点に沿って処遇を実施（類型別処遇制度）。

・重大または対応困難な事案につき，保護観察官が直接対応。

・事前協議が整った場合に，たとえば，精神保健福祉センター実施の違法薬物からの離脱に向けたプログラムの受講を特別遵守事項により義務付けるなど，地域の高度な専門性を持つ機関等と連携した処遇を実施（2023〔令和5〕年12月から開始）。

図表 4-2　仮釈放・一部猶予・全部猶予の比較

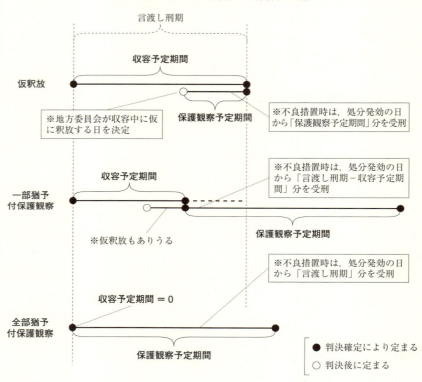

(5) 刑の一部の執行猶予

(a) 刑の一部の執行猶予の意義　刑の一部の執行猶予制度（刑法27条の2以下および薬法に基づく制度。以下「一部猶予」という）とは，たとえば「拘禁刑2年，うち6月の執行を2年間猶予し，保護観察に付する」という判決の言渡しを可能にする仕組みです（この場合，1年6か月を施設内で拘禁刑として執行し，その後の2年間は保護観察付全部執行猶予者と同様の扱いを受けます）。これにより，当初は施設内処遇を受けさせつつ，引き続く出所後，仮釈放と比較してより長い期間，執行猶予の状態に置くことができ，社会内でも改善更生と再犯防止を図ることができるのです（⇨図表 4-2 参照）。

(b) 対象　対象となるのは，3年以下の拘禁刑の判決が言い渡される場合

THEME 4 犯罪者はどのように処遇されているか 303

で，①初めて刑事施設に収容される初入者や準初入者，②累犯者であっても薬物使用等の犯罪をした者について，いずれも再犯防止のため刑の一部の執行を猶予することが必要かつ相当と認められる者です。

(c) **一部猶予と更生保護** 保護観察との関係では，(b)の①の者には裁判所の判断で保護観察が付される場合・付されない場合があり，(b)の②の者には必ず付されることとされています。保護観察が付された者には，(4)（⇨296頁）で述べた保護観察が行われます。

また，仮釈放との関係では，一部猶予が言い渡され実刑部分が執行されている者についても，(3)（⇨295頁）で述べた仮釈放が許される可能性があります。

(6) 処分時18歳・19歳の者の取扱い

少年法等の一部を改正する法律（令和3年法律第47号）により，18歳・19歳の者は，引き続き少年法の適用対象とされつつ各種の特例が新設されました（⇨324頁）。

これらの特例のうち更生保護に特に関係するものは，処分時18歳・19歳の人に対する保護処分として①6月の保護観察，②2年の保護観察および③少年院送致が設けられた（少年法64条1項各号）ことです。これらが導入されたのは，次の理由によります。これまで，保護処分は，親権者の監護権（民法820条）に服する立場にある少年に対し，国家が，その健全育成のため，要保護性が認められる限り，犯した罪に対する責任に照らして許容される限度を超える処分をすることも含めて，後見的に介入するものと解されてきました。ただ，2022（令和4）年4月1日から18歳・19歳の人が民法上の成年として監護権の対象から外れることを踏まえ，民法や責任主義との整合性を図り，また，そのような人への国家の過度の介入を避けるため，家庭裁判所による処分を，犯情の軽重を考慮して相当な限度を超えない範囲内において行うこととなりました（なお，保護観察は，不利益性の程度が施設内処遇に比べてより低いことから，その期間は個別に設けるのではなく，以前から，18歳・19歳で保護観察処分となった人の期間が2年間だったことや，6月間を標準とする短期保護観察が運用されてきたことを参考に，一律に期間が定められたものです）。

①6月の保護観察は，遵守事項違反があっても少年院に収容できないものであり，法定刑が罰金以下の刑の罪を犯した人には本処分しか付すことができま

304 第3章 刑事学

せん。②2年の保護観察は，遵守事項違反があった場合に少年院に一時的に収容でき，少年院から釈放された後は保護観察が再開されるものです。本処分は，その決定時に，家庭裁判所が，保護観察期間中に一時的に少年院へ収容できる延べ期間を1年以下の範囲内で定めます。③少年院送致処分は，少年院送致後に仮退院が許された場合にその期間中保護観察となる点では以前と同じですが，その決定時に，家庭裁判所が，少年院への収容期間を3年以下の範囲内で定めます。

　加えて，上記改正に伴い，更生保護法において，主に手続面の改正が行われました（たとえば，③の処分を受けた者が仮退院後に遵守事項違反に及んだ場合，家庭裁判所ではなく，地方委員会が，不良措置をするか否かの判断をする）。

　ただ，保護観察自体の基本的な枠組み（⇨296頁）については，これまでと同じです。また，17歳以下で処分に付された人には新設された特例の適用はなく，そのような人が保護処分中に18歳に達しても特例は適用されません。

⑺　更生緊急保護

（a）　**更生緊急保護の意義**　犯罪者・非行少年のうち対象者ではない者が，釈放後の生活に困った場合，どうしたらいいでしょうか。対象者であれば，⑷の(d)（⇨298頁）で述べた補導援護や応急の救護を受けることができますが，そうでない者については，何の手助けも得られないまま，生活に行き詰まって再度犯罪をしてしまうかもしれません。そこで，そのような者に必要最小限の援助を行うため，「**更生緊急保護**」という仕組みが用意されています。

　更生緊急保護とは，対象者ではないものの刑事上の手続・保護処分による身体の拘束を解かれた者であって，親族からの援助や各種公共機関からの保護を受けられなかったり，それらだけでは更生できないと認められるような者に対して，その者の申出に基づき，身体の拘束を解かれた後6か月を限度として帰住先のあっせんや金品の給貸与などの保護を行う仕組みです（更生保護法85条1項）。なお，特別に延長が認められる場合もあります（同条4項）が，その延長期間は，2023（令和5）年12月以降，金品の給貸与・宿泊場所の供与関係について従来どおり6か月までとされつつ，その他については1年6か月までと延長されました。

　（b）　**更生緊急保護の手続**　更生緊急保護は「その対象となる者が，進んで

法律を守る善良な社会の一員となり，速やかに改善更生する意欲を有する者であると認められる場合に限り，行う」（処遇規則115条）こととされており，希望する者の申出を受けたら自動的に行う，という単純なものではありません。

実際には，更生緊急保護の要否について調査を行い（同119条），その調査の結果を踏まえ，とるべき措置を決めることになります（同120条）。更生緊急保護は，その対象となる者の改善更生のために必要な限度で行うものとされており（更生保護法85条2項），その者の個別事情を客観的，総合的に判断して，改善更生のために必要かつ相当な限度において行い，その対象となる者の自立の妨げとなるような過剰な保護に陥らないよう配慮しているのです。

（c）**更生保護事業と更生保護施設**　(a)や(b)で述べたことに関連して，更生緊急保護などの実際の担い手についても述べておきます。

(4)の(d)（⇨298頁）で述べた補導援護や応急の救護は，更生保護事業を営む者などに委託して行うことができることとされ（更生保護法61条2項・62条3項），また，更生緊急保護も，（保護観察所の長自ら行うほか）更生保護事業を営む者などに委託して行うものとされています（同85条3項）。

この「**更生保護事業**」とは，犯罪をした者等を，①更生保護施設に宿泊させて，教養訓練・医療・就職の援助，職業補導，生活指導または特定の犯罪的傾向を改善するための援助などの必要な保護を行う「宿泊型保護事業」，②更生保護施設等に通所させまたは訪問する等により，宿泊場所への帰住，教養訓練・医療・就職の援助，職業補導，生活指導または特定の犯罪的傾向を改善するための援助，生活環境の改善・調整，金品の給貸与，生活相談等の保護を行う「通所・訪問型保護事業」および③「地域連携・助成事業」を総称するものです（更生保護事業法2条）。多くの場合，この更生保護事業を行う主体は，法務大臣が設立を認可する民間の「更生保護法人」という法人です（同10条）。実際の応急の救護や更生緊急保護などは，基本的に国の委託を受けた更生保護法人が担っています。

また，「**更生保護施設**」とは，被保護者を宿泊させることを目的とする建物およびそのための設備を有するもの（同2条7項）をいい，宿泊型保護事業を行う更生保護法人等によって設置されているものは，各都道府県に最低1か所ずつ，全国で計102施設あります（2024〔令和6〕年1月現在）。更生保護施設では，保護観察所の長からの委託を受けて，または自発的に，更生保護事業を行

っていますが，仮釈放を許す旨の決定を受けて刑事施設から釈放された者の約4分の1が更生保護施設に帰住している上，更生保護施設は，単に宿所を提供するだけでなく，就職の援助や社会生活に適応するために必要な指導等も行うなど，刑事政策上果たす役割は，非常に重要です。

コラム　犯罪をした者への息の長い支援について

　犯罪をする要因は複数ありますが，生活基盤を欠くことはその1つとされます。ただ，犯罪をし，一定期間身柄を拘束されると，仕事や居所を失いがちであり，その後釈放されたとしても，生活基盤を確保しづらいことがあります。特に，高齢で身寄りがなかったり，様々な障害を持ったりしている場合，釈放後の生活基盤の確保はさらに困難となります。

　そこで，更生保護では，近年，身柄拘束の結果生活基盤を失った者の再犯を防ぐため，様々な対応をしてきました。たとえば，①更生保護施設では受入れが困難である者などを受け入れるため，「自立更生促進センター」を2か所，農業を通じた改善更生の促進と就農支援をする「就業支援センター」を2か所，それぞれ国として設置し運営しています。また，②就労面では，ハローワークと連携した支援に加え，国の省庁や地方公共団体における対象者の臨時的任用などの取組み，犯罪前歴を承知で雇用する事業者に対する奨励金支給等も実施しています。さらに，③更生保護施設以外の民間施設（一定の条件を満たす障害者福祉施設やホームレス支援施設，ダルク等）に受入れを求められるようにしたり，④行き場のない高齢者・障害者について，各都道府県に設置された「地域生活定着支援センター」に協力を求めて行う特別な生活環境の調整（特別調整）を実施しています。

　しかしながら，犯罪をした者の生活基盤の確保は，更生保護だけではなしえません。たとえば，仮に，社会に「生活基盤に欠く高齢者を長期的に支える施設や制度」自体がなければ，犯罪をして生活基盤を失った高齢者を支えることは，そもそもできません。

　この問題は，生活基盤が不安定な人を社会全体がどう息長く支えるかという課題と密接に関連しています。そのため，犯罪をした人の生活基盤の確保は，刑事司法以外の諸制度との連携を図りながら（そして相手任せにしないよう自らの知見や専門性を高めながら）対応する必要があるといえ，それゆえに，更生保護，ひいては刑事司法全体にとって，重要な，しかし解決の容易でない課題です。

　この点，2023（令和5）年12月から，新たに，勾留中の被疑者に対する生活環境の調整（更生保護法83条の2）を導入したり，検察官が処分保留で釈放した者を新たに更生緊急保護の対象としたりするなど，検察庁と連携した支援を更に実効的に行うこととしました。また，更生緊急保護の期間を延長（⇒304頁）し，矯正施

設収容中の更生緊急保護の申出を可能とし（同86条1項），情報の提供，助言その他の必要な援助の実施を可能としました（相手方の同意を前提に，刑の執行を終了した者に対して行うものが同88条の2，地域住民または関係機関等からの相談に応じて行うものが同88条の3）。更生保護官署は，これらの制度を活用し，生活基盤に欠く犯罪をした者について，地方公共団体と連携（⇨294頁）しつつ対応を重ねていくこととなります。

(8) 更生保護の今後

　私たちは，今後も引き続き，更生保護制度の充実・発展のための努力を惜しみません。

　なぜなら，犯罪のない明るい社会を築くためには，更生保護制度が不可欠であることを，実務を通じて肌で感じているからです。

　犯罪や非行をした人は，遅かれ早かれいずれは社会の中で自らの力で生活を送っていかなくてはなりませんが，その人たちの努力だけでは，なかなかかんばしい結果は得られません。更生保護制度によって，うまく改善更生するよう働きかけていかなければ，最終的には再犯は減らせない——それが，私たち，仮釈放等に関する業務や保護観察処遇に実際に携わっている者の実感です。

　この THEME を読んでいただいた方の中から，少しでも更生保護の世界に興味と関心をもっていただく方が増え，さらに，私たちと一緒に犯罪のない明るい社会の実現に向けて歩もうとする方が現れるならば，幸いです。

■ 4 結 び ■

　ここまでお示ししたように，犯罪者・非行少年の処遇は，施設内処遇と社会内処遇とに分かれて行われています。しかし，これらは別々に行われているわけではなく，処遇の対象となる者の再犯を防ぐ，という共通の目的のもと，施設内処遇と社会内処遇とが相互に理解し合い，連携しながら対応しています。

　たとえば，刑務所において，ある受刑者に行われた特別改善指導（⇨285頁）の結果が，生活環境の調整の枠組みの中で，地方委員会と保護観察所に通知され，その受刑者が仮に釈放された場合（⇨295頁）には，その通知内容を活かして保護観察（⇨296頁）をしており，特に，性犯罪者や薬物事犯者については，刑務所内で行われた特別改善指導に関して提供された情報を活かして，図

308　第3章　刑事学

表4-2（⇨302頁）にある処遇プログラムを実施するなど，必要な情報を共有して，施設内処遇と社会内処遇の一貫性を図っています。また，矯正施設に収容されている者の状況に応じて，矯正施設と，地方委員会や保護観察所の担当者との間はもちろん，福祉・医療・就労その他の関係者も参加して今後の対応について検討を行い，釈放後直ちに必要な対応が行われるなど，矯正施設収容中から釈放後を通じて，犯罪者・非行少年に必要な支援が着実に得られるよう協力しています。さらには，2022（令和4）年の刑法等の一部を改正する法律等に伴う更生緊急保護や被害者等施策関係の改正，拘禁刑の創設などを受け，その協力関係を一層緊密にしています。

　私たちは，今後とも，相互に連携し，また，地方公共団体などとも連携（⇨294頁のコラム）しながら，犯罪者・非行少年を適切に処遇することで，更なる被害の発生を防ぎ，安全で安心して暮らせる社会の実現に寄与したいと考えています。

Invitation to 刑務官

刑務所や拘置所等を総称して刑事施設といいますが，その居室には特徴があります。まず，時計がありません。そして，窓には鉄格子があるか，強化ガラスの割れない窓になっています。何より特徴的なのは，居室の扉の内側にドアノブや取っ手がないことです。いかにも，自由刑の執行場所らしいと思われるかも知れませんが，終日居室に居るわけではなく，平日の昼間は，工場で働いたり，職業訓練を受けたり，再犯を防止するための様々な指導や教育などを受けています。刑罰の執行なので，応報を意識しつつ，現在では，再犯の防止に力が注がれています。特に若い受刑者を多く収容する刑事施設では，通信制の高等学校に入学し単位を取得して卒業できる所もありますし，多くの刑事施設では，高等学校卒業程度認定試験のための教科指導を行い，しかも刑事施設の中で受験ができます。また，薬物依存離脱指導や性犯罪再犯防止指導など，認知行動療法を用いた改善指導も行われています。最近では，再犯防止には，居場所と仕事を確保することが有効であることに着目され，自立して生活できない受刑者を出所後すぐに福祉施設や医療機関等につなぐ仕事や在所中に就職先を見つけるための就労支援に力が注がれるようになっています。刑務官の仕事は多彩で，身柄の確保や施設内の規律秩序を維持するための保安的な業務，刑務作業の企画や実施，再犯を防止するための指導や教育の実施，出所後に住む場所や就職先の確保の支援，施設を運営するための予算の執行やそれに関連する事務などがあり，それぞれ適材適所で配置されます。また，幹部への登用試験が体系的に整備

THEME 4 犯罪者はどのように処遇されているか 309

されており，これに合格し所定の研修を修了すると，採用試験や学歴に関係なく，実力次第で刑事施設の長などの上級幹部への道が開かれるなど，人事制度が公平で開かれたものとなっています。担当行刑という言葉があって，日本の刑務所では，工場担当の職員が父親のような役割を果たしつつ，受刑者を感化させて改善更生に導くと言われており，工場担当となって受刑者に直接働き掛ける仕事も面白いと思います。また，刑事施設の幹部職員となって理想の刑事政策や施設運営を目指してもいいと思います。刑務官の多くは，刑務官採用試験（高卒程度試験に区分されているが，多くの大学生・既卒者が受験しています）の合格者の中から採用されますが，国家公務員採用試験（大卒程度・一般職）合格者からも採用があります。また，国家公務員採用試験（総合職）に合格し法務省（矯正局）に採用されると，人事異動で刑事施設勤務となり，刑務官になることもあります。男性の受刑者が多いので男性の職場と思われがちですが，女性刑務官の活躍の場も用意されており，女性の幹部職員も増えてきています。刑務官の仕事はあまり知られていませんが，志をもって取り組めば，とてもやりがいがあり，単に犯罪者を社会から隔離して治安を維持するという形だけでなく，犯罪者の再犯を防止し将来の犯罪を少なくするという形でも社会に貢献できる仕事だと思います。

〔松村憲一〕

Invitation to 保護観察官

保護観察官の職務は，一言でいうと，多忙であり，激務ですが，毎日毎日がたいへん充実しています。それは，1つには，常に"生身"の人間を相手として，"どうしたらうまくいくのだろうか"と考え，それを試すことを繰り返すからではないかと思います。

保護観察の処遇においては，ただ単に対象者を見張り，"悪いことはしてはいけない"などとお説教をするだけではうまくいきません。たとえば，皆さんも，定期テストが近づき"そろそろ勉強しないといけないな"と思ったそのときに，親から"勉強しろ"と言われたら，勉強する気持ちがなくなったりしませんでしたか？対象者も同じです。

保護観察官は，対象者にこびへつらってはいけませんが，見張り，叱るだけでも良い結果は得られません。保護観察の処遇では，"もう二度と犯罪や非行をしない"という気持ちや"ちゃんと自立した生活を送ろう"という気持ちをうまく引き出し，それを維持させることが大切です。そのため，保護観察官は，日々，1人ひとりの対象者の性格や置かれている状況などを把握し，その人にふさわしい対応が何であるかを考えた上で接して，うまくいかなかった所は対応を改めることを繰り返す毎日を送っているのです。

対象者には色々な人がおり，まずもって，保護司に接触させることすら困難なた

310　第3章　刑事学

め指導がなかなかできない者や，残念ながら，再び犯罪や非行を行ってしまう者が出ることもあります。そんなときは，そもそもその者が行った犯罪や非行による被害，そして，再び行われた犯罪や非行によって生じた被害のことが頭に浮かんで，非常に辛い気持ちになります。対象者への接し方をどう改善したらいいのか分からず，悩むことも少なくありません。しかし，一方で，保護司や上司，先輩，関係者の助力も得ながら色々と手を尽くす中で，対象者が徐々に更生していく姿を目の当たりにできたときは，非常に充実感を覚えることができます。

　また，保護観察官として勤務していると，対象者だけでなく，様々な人とのコミュニケーションを図ることができることも，大変よい刺激になります。保護観察処遇は，様々な社会経験・人生経験を積んだ保護司の方々をはじめ，福祉や医療等の関係者に支えられて行われています。そのような方々とともに保護観察処遇を進めていくと，処遇面のことのみならず，人生の先輩としての興味深い話を聴く機会にたびたび恵まれます。それにより，自分自身の未熟さや不勉強さを痛感させられ，社会人として，さらに人間としてのあり方など様々なことを見つめ直すきっかけにもなります。

　このような保護観察官の職務は，何ものにも代え難く非常に貴重なものだと確信しています。

　保護観察官は，主に，法務省専門職員（人間科学）採用試験や国家公務員一般職試験，総合職試験に合格し，更生保護官署に採用された後，一定期間の実務を経験した者が任命されます。関心のある方は，法務省ホームページを御確認ください。

〔田中一哉・田中健太郎〕

311

THEME 5

大人とは違う少年犯罪者への取扱い

Invitation to 家庭裁判所調査官

　刑法は，14歳以上の者に刑事責任能力を認めています。しかし，たとえ，14歳以上でも，成人に達していない場合，その犯罪者は，成長発達の途上にあり，刑罰による責任の追及よりも，少年の健全育成のために必要なケアを優先させるべきでしょう。わが国では，こうした考えに基づいて，20歳に満たない少年に対する司法手続を定めた少年法が1948（昭和23）年に制定されました。同法は，わが国の非行少年の保護・処遇において重要な役割を果たしてきましたが，2000年代に入り，次の5度の改正がなされました。①2000（平成12）年11月改正（以下「2000年改正少年法」），②2007（平成19）年5月改正（以下「2007年改正少年法」），③2008（平成20）年6月改正（以下「2008年改正少年法」），④2014（平成26）年4月改正（以下「2014年改正少年法」），⑤2021（令和3）年5月改正（以下「2021年改正少年法」）。少年法の骨格とともに，それぞれの改正少年法についてもポイントを見てみましょう。

■　1　少年法の骨格　■

⑴　保　護　手　続

　「罪を犯した少年」（少年法3条）の事件は，すべて家庭裁判所に送致されます（**全件送致主義**）。家庭裁判所は，受理された事件につき調査しなければなりません（**調査前置主義**）。家庭裁判所は家庭裁判所調査官に命じて調査を行います（同8条）。調査は，少年，保護者または関係人の行状，経歴，素質，環境等について，医学，心理学，教育学，社会学その他の専門的智識，特に少年鑑別所の鑑別結果を活用して行われます（同9条）。調査の段階で家庭裁判所の行う終局決定には，①**審判不開始の決定**（同19条1項），②**知事または児童相談所長送致決定**（同18条1項），③**検察官送致決定**（同19条2項・20条）の3種類があります。なお，家庭裁判所は，審判を行うために必要のあるときは，観護措置決定により，少年鑑別所に送致します（同17条1項2号）。少年鑑別所は，送致を受けた少年を収容し，鑑別を行います（⇨291頁）。

312　第3章　刑事学

　家庭裁判所は，調査の結果，審判を開始するのが相当であると認めるときは審判開始決定を行います（同21条）。少年審判手続は，成人の刑事裁判手続と異なり，裁判官によって直接審理が行われる職権主義を採用しています。原則として審判は公開されません（同22条2項）。家庭裁判所が，審判の結果行う終局決定には前述の②・③のほか，④**不処分決定**（同23条2項），⑤**保護処分決定**（同24条）があります。

(2)　保護処分と刑事処分

　少年法は犯罪少年の事件について家庭裁判所に先議権を与え，**保護処分優先主義**を採用しています。保護処分には，保護観察，児童自立支援施設・児童養護施設送致，少年院送致があります。このうち，犯罪少年に対する処遇として重要なのは，保護観察と少年院送致です。

　保護観察は，少年を施設に収容せず，**保護観察官**や**保護司**が，社会内で指導監督や補導援護を行うことによって，その改善を図ろうとするもので，その期間は，特定少年を除き，原則として対象者が20歳に達するまで，20歳に達するまで2年に満たないときは2年間と定められています（更生保護法66条。⇨299頁**図表4-1**）。

　少年院は，犯罪的傾向の進度，心身の著しい障害の有無等に応じて，第1種，第2種，第3種，第4種，第5種に分類されます。第1種から第3種が保護処分の執行を受ける者を，第4種は少年院において刑の執行を受ける者を収容します。前者のうち，第1種は，心身に著しい障害がないおおむね12歳以上23歳未満の者（第2種に定める者を除く）を対象としています。第2種は，心身に著しい障害がない犯罪的傾向が進んだおおむね16歳以上23歳未満の者が対象です。第3種は，心身に著しい障害があるおおむね12歳以上26歳未満の者が対象になります。2021（令和3）年5月の少年法改正に対応する形で新設されることとなった第5種は，特定少年の保護観察処分（2年）について重大な遵守事項違反があった場合に，家庭裁判所が収容する旨を決定した者が対象です（⇨326頁）。これらの少年院は，男女を分離する施設がある第3種を除き，男女の別に従って設けられています。収容される少年院の種類は，家庭裁判所が指定しますが，収容後，少年院長は当該矯正管区長の認可を得てこれを変更することができます。

THEME 5 大人とは違う少年犯罪者への取扱い 313

他方，犯罪少年に対する**刑事処分**についてみてみると，**家庭裁判所が刑事処分相当として検察官に送致（逆送）した少年のみ**が，刑事裁判を経て，有罪のときに刑罰を科されます。ただ，少年に対する刑罰は，成人とは異なります。まず死刑は犯行時 18 歳以上の少年にのみ言い渡されます。次に，自由刑については，原則として**相対的不定期刑主義**が採用されています。つまり，特定少年を除き，少年に対して有期拘禁刑をもって処断すべきときは，その刑の範囲内において，長期と短期を定めて言い渡します（少年法 52 条 1 項）。特定少年を除き，少年に対しては，少年刑務所において刑が執行されることになりますが，少年が満 20 歳に達した後も満 26 歳に達するまで少年刑務所での収容を継続することができます（同 56 条 2 項）。

■ 2 2000 年改正少年法 ■

2000（平成 12）年 11 月 28 日，改正少年法が成立しました。少年法の改正については，長く論議の俎上に載りながら，激しい対立の前に手つかずの状態が続いていましたが，制定から半世紀を経て，ようやく一定の修正が加えられることになったのです。

(1) 2000 年改正の背景

少年法が改正されるに至った要因は，次の 3 つを指摘することができます。第 1 に，**少年審判構造の限界を意識させる事件の発生**です。たとえば，「山形明倫中（マット死）事件」などのように，少年が犯罪（非行）事実を否定し，争うケースが生じましたが，従来少年法が予定していた少年審判では，事実を争うことを前提としていませんでした。そこで，自らの無実を主張する少年に対する手続上の保障を十分に行うため，少年審判における事実認定手続の整備の必要性が主張されたのです。第 2 に，**被害者の権利運動の高まり**があります。わが国では，「地下鉄サリン事件」などを契機に，1990 年代を迎える頃から，それまでの刑事司法は被害者への配慮があまりにも欠けていたのではないかという認識が高まりました。このことは少年事件も例外ではなく，少年審判が非公開のため，審理に関する情報を得ることができない遺族が，真相究明のため民事訴訟を提起するケースが相次ぎました。こうした事態により，これまで論じられることの少なかった「密室審判」の負の側面が明らかにされ，少年審判に

314　第3章　刑事学

おいて被害者への配慮を講じる必要性が叫ばれるようになりました。第3に，**刑事処分の見直しを求める社会的な要請の高まり**です。1997（平成9）年の「神戸市須磨区児童殺傷事件」などをきっかけに，重大な事件を起こした少年に対する少年司法の限界が指摘されるようになりました。とりわけ16歳に満たない少年による重大な犯罪が相次いだことから，「抑止力」を目的とした重罰化論や刑事処分対象年齢の引下げ論が台頭してきました。

(2)　2000年改正少年法の概要

　上記要因を受けて，少年法は改正されるに至ったわけですが，要点を整理すると，およそ以下の3点に整理することができます。

(a)　**少年審判の事実認定の適正化**　2000年改正少年法では，非行事実が激しく争われ，事実認定がきわめて困難な事件の事実認定を適正かつ迅速に行うために，少年審判制度の改善が図られました。

　第1に，**裁定合議制**です。従来の少年審判では，事件の内容にかかわらず，裁判官は単独で審判を行うこととされていましたが，2000年の改正によって，事実認定が複雑な事件について，3人の合議制を採用することが可能になり，多角的な視点によって判断の客観性を高めることが目指されました（裁判所法31条の4第2項・3項）。

　第2に，**検察官関与**です。従来の少年審判は，職権主義構造をとり，検察官の関与を認めてきませんでした。しかし，少年が非行事実を否定した場合，裁判官と少年が対峙する状況が生まれてしまい，裁判官が少年に対して公正中立な判断を下し，「国親」的な立場から少年の改善更生に必要な保護処分を与えるという役割に専念することは難しくなります。そこで，一定の重大事件につき，事実認定の手続に検察官の関与が必要なときに，家庭裁判所が，検察官関与決定をすることができることとされました（少年法22条の2第1項）。

　第3に，**抗告受理申立て**です。従来の少年法では，家庭裁判所の決定に対して，少年側だけが抗告できることとなっていました。しかし，事件の複雑化が進む中で，事実認定の正確を期すためには，上告審による見直しの機会を広く認める方がよいとの判断から，検察官による抗告受理の申立制度が導入されました（同32条の4）。

　第4に，**観護措置期間の延長**です。従来の少年法では，観護措置期間は，2

THEME 5 大人とは違う少年犯罪者への取扱い 315

週間（最大で4週間）とされていましたが，証拠調べを尽くし，的確な事実認定を行うために，8週間までの延長を可能としました（同17条4項）。

第5に，**救済手続の整備**です。少年審判には，保護処分決定確定後に非行事実が存在しなかったと認めるだけの明らかな資料が新たに発見されたときに，家庭裁判所が保護処分を取り消す保護処分取消手続という制度があります（同27条の2）。この制度は，あくまでも保護処分の継続中に限って認められており，事実認定の適正化の観点から，事後的な救済手続も整備する必要が指摘されてきました。そこで，2000年の改正では，保護処分終了後においても，保護処分の取消しを認めることとされました（同27条の2第2項）。

(b)　被害者への配慮の充実　少年審判は，原則非公開のため事件の内容が明らかにされないなど，被害者への配慮を欠いた面がみられました。そこで，少年法の改正にあたって，次のような被害者への配慮が盛り込まれました。

第1に，**被害者等の意見聴取**です。従来の少年審判では，被害者が意見を述べる機会は設けられていませんでした。しかし，少年の保護処分の決定にあたって，被害者の意見を聴取することが有用なケースは少なくありません。また，被害者にとっても，自らの心情を吐露することが被害回復にとって軽視できないことは，刑事裁判と同様です。そこで，改正法では，被害者等から事件に関する意見陳述の申出があるとき，家庭裁判所が聴取する制度を設けました（同9条の2）。

第2に，**被害者通知制度**です。これまで，少年審判では非公開を原則とすることから，その結果が被害者にも知らされることなく結審していました。しかし，自らがかかわった事件について，審判の内容や結果を知りたいと考えるのは，当然の要請といえるでしょう。そこで，改正法では，少年の健全育成を妨げない範囲で，被害者等に対して，少年審判の結果等を通知する制度が導入されました（同31条の2第1項）。

第3に，**記録の閲覧・謄写**です。自らがかかわった事件について，知りたいという被害者らの要求に応えるために，改正少年法は，被害者等に対し，審判中および審判確定後，一定の範囲で非行事実に係る記録の閲覧や謄写を認めることとしました（同5条の2第1項）。

(c)　刑事処分の見直し　従前の少年法では，犯罪少年に対して，少年審判による保護処分を広く適用する姿勢が採られていました。しかし，少年による

316　第3章　刑事学

凶悪な重大事件が相次いで報道される中で，凶悪な犯罪を犯した少年には刑事処分を科す可能性を広げ，多様な選択肢を設けるべきとの主張が台頭してきました。こうした主張を受け，2000年の改正では，以下のように少年事件の処分のあり方に見直しが加えられました。

　第1に，**年齢区分の見直し**です。刑法上の刑事責任年齢は14歳と定められていますが（刑法41条），前述の通り，これまでは少年法によって刑事処分可能年齢が16歳以上に制限されていました。しかし，年少少年らの凶悪事件が社会の注目を集めると，一定の凶悪な犯罪を犯した少年に対しては，規範意識を育て，社会生活における責任を自覚させるためにも刑事処分を科すべきとの見解が有力に唱えられるようになりました。そこで，2000年の改正では，刑事処分可能年齢が14歳まで引き下げられるとともに（少年法20条1項），懲役または禁錮の言渡しを受けた少年を16歳に達するまで少年院に収容することができるものとされました（同56条3項）。

　第2に，**検察官送致の原則化**です。従来の少年法では，保護処分を優先する観点から犯罪少年の事件について全件家裁送致主義が採用されており，刑事処分が相当として検察官に逆送するか否かの判断も家庭裁判所の裁量に委ねられていました。しかし，こうした従来の姿勢では，重大な犯罪について少年の自覚を促し，自省を求めるのに不十分であるとの声が高まってきました。そこで，犯行時16歳以上の少年が，殺人，傷害致死，強盗致死など故意の犯罪行為によって被害者を死亡させた場合には，原則として検察官に送致する制度が設けられました（同20条2項）。2001（平成13）年4月1日から2022（令和4）年末日までに原則逆送の対象となった少年（850名）のうち533名（62.7％）が，刑事処分相当として検察官送致決定を受けています。

　第3に，**仮釈放期間の特則の適用除外**です。少年法51条1項によると，犯行時18歳未満の少年は，死刑をもって処断すべき犯罪を犯した場合，無期刑を科されます。また，同58条1項は，無期刑に処せられた少年は，最低7年で仮釈放を認めることを規定しています。したがって，仮に7年で仮釈放が認められれば，死刑をもって処断すべき少年が，実質的には，7年の有期刑に処せられたのと等しくなってしまいます。しかし，このような刑の二重の軽減は，罪刑の均衡を喪失させ，国民感情や被害者感情にも悪影響をもたらし，問題があるとの観点から，死刑を無期刑に軽減した場合には，仮釈放期間の特則は適

用しないこととされました（同58条2項）。

第4に，**無期刑選択**です。従来の少年法51条2項は，犯行時18歳未満の者について，無期刑をもって処断すべきときは10年以上15年以下の範囲内で有期刑を科すことと定めていました。しかし，事例によっては，有期刑に刑を軽減するよりも，本来的に相当である無期刑を維持する方が適当な事案もありうるでしょう。そこで，2000年の改正では，こうしたケースで，無期刑か有期刑かを裁判所が選択できることとされました。

(d) そのほかの改正点　そのほかの改正点としては，第1に，少年の非行には，保護者の側に問題があるというケースも少なくないことから，保護者に責任を自覚させ，少年の改善更生を図るため，家庭裁判所や家庭裁判所調査官が保護者に対して，訓戒，指導その他の適当な措置をとることができると定められました（少年法25条の2）。

第2に，審判の方式について，従来の少年法22条1項が定める「審判は，懇切を旨として，なごやかに，これを行わなければならない」という文言が，ともすると，少年を甘やかすものと受け止められかねないことから，「非行のある少年に対し自己の非行について内省を促すものとしなければならない」旨が明文化され，毅然とした態度で臨む必要性が示されました。

■ 3　その後の改正少年法（2007年・2008年・2014年・2021年）■

2000年改正少年法は，主たる対象が犯罪少年であったため，「触法少年」（少年法3条1項2号）については，積み残された課題となっていました。そこで，2007（平成19）年5月にこうした少年を主たる対象とした改正が，続く2008（平成20）年6月には，従来認められてこなかった被害者や遺族の傍聴を認める改正少年法が可決・成立しました。また，2014（平成26）年4月の改正では，国選付添人制度および検察官関与制度の対象事件の拡大や少年の刑事事件の処分の一部見直しが行われました。さらに，2021（令和3）年の改正では，18歳・19歳の者は「特定少年」と位置づけられ，17歳以下の少年とは異なる取扱いとされることになりました。

(1) 2007年改正の背景

2000年改正少年法では，少年審判における事実認定の適正化が図られ，被

318　第 3 章　刑 事 学

害者への配慮の充実が盛り込まれるとともに，刑事処分相当として検察官に逆
送できる年齢が 16 歳以上から 14 歳以上に引き下げられました（少年法 20 条 1
項）。この改正少年法の主たる対象は犯罪少年であったため，刑罰法令に触れ
る行為をした 14 歳未満の少年への対応は問題性が指摘されながらも直接の検
討対象とされずに積み残されてきました。こうした中，2002（平成 14）年に長
崎男児誘拐殺害事件が，2003（平成 15）年に佐世保小 6 女児同級生殺害事件が
発生し，14 歳未満の少年による触法事件の調査・処分のあり方に対する議論
が高まりをみせました。

(2)　2007 年改正少年法の概要

　2007 年改正少年法のポイントは，大別すると，触法少年に対する調査権限
の明確化，少年院送致可能年齢の引下げ，保護観察処分少年による遵守事項違
反に対する措置の見直し，国選付添人制度の創設の 4 点に集約されます。

(a)　触法少年に対する調査権限の明確化　　触法少年の事件の調査に関して
は，主として，次の 2 点の改正がありました。

　第 1 に，警察官等による**調査権限の明確化**です（少年法 6 条の 2）。従来から少
年事件では，警察の責務の範囲を定めた警察法 2 条を法的根拠に，強制にわた
らない限り個々の行政活動に特別な法的根拠は不要であるという「侵害留保の
原則」によって，調査が実施されてきました。しかし，警察法は組織法であっ
て作用法ではなく，明確な法的根拠を有するものではなかったために，円滑な
調査に支障をきたし，事案の解明が十分にできないケースもみられました。そ
こで，明確な根拠規定を置くことで，実際上，相手方の協力が得やすくなり，
事実解明に資するとともに，調査に関する規定を少年の健全育成を謳った少年
法の中に置くことで，調査の目的が明確になりました。

　第 2 に，**強制調査**が可能となりました（少年法 6 条の 5）。従来，警察官等の
調査として可能であったのは，あくまでも任意処分としての調査でした。しか
し，たとえば，強盗致傷の事案で凶器が少年の自宅に隠匿されている可能性が
あるのに，家族が提出を拒んだために入手できなかったなど，非行事実の認定
が困難となるケースがありました。そこで，2007 年の改正では，押収，捜索，
検証，鑑定の嘱託といった強制処分が，裁判官の令状によって実施可能となり
ました。この点については，強制処分の少年および家族等への影響の強さを考

THEME 5 大人とは違う少年犯罪者への取扱い 319

慮し，事件の種類などを絞り込むべきとの指摘もあるところであり，強制調査が適切に行われるよう裁判官による的確なコントロールが求められます。

　このように 2007 年の改正は，任意の調査のほか，強制調査の規定を設けることで，触法少年事件の事案の真相を解明し，ひいては触法少年の保護や少年保護手続への信頼を高めようとしたものと一定の評価ができるように思われます。

(b) 少年院送致可能年齢の引下げ　　従来，14 歳未満の少年は，保護処分相当と判断され，施設収容が必要と認められる場合でも，児童自立支援施設に収容できるのみでした。14 歳に満たない少年は，14 歳以上の犯罪少年や，ぐ犯少年と同一に取り扱うことは適切でなく，収容保護が必要な場合には，児童福祉法上の児童自立支援施設に入れるのが妥当であるとされ，これを受けて，少年院法では，14 歳以上の者を初等少年院へ収容するよう規定されていました。しかし，凶悪事件や悪質な非行を繰り返すなど深刻な問題を抱える者もおり，早期の矯正教育の実施が必要なケースも想定されます。こうした少年を前提とすると，開放処遇と福祉的措置を軸とした児童自立支援施設では，十分に対応できない例外的ケースも存在することは否定できません。そこで，年齢による一律の基準を設けることについては，硬直化しすぎるとの疑問が出されてきました。そこで，2007 年の改正では，**14 歳未満の少年を少年院に収容することが可能**になりました。ただし，この措置はあくまでも例外的場合に限られるのであって，児童福祉的な視点から児童自立支援施設に収容することが原則であることには変わりありません。それゆえ，2007 年改正では，「決定の時に 14 歳に満たない少年に係る事件については，特に必要と認める場合に限り」少年院送致を認める旨規定されており（少年法 24 条 1 項），慎重な運用を求めています。

(c) 保護観察処分少年による遵守事項違反に対する措置　　保護処分により保護観察に付されている者（保護観察処分少年）に重大な遵守事項違反が認められた場合には，**児童自立支援施設または少年院に送致**できるようになりました。従来，保護観察処分少年による遵守事項違反に対しては，法的に取りうる手段は限られていました。そのため，保護司に面会に行かなかったり，行っても全く言うことを聞かないなど，保護観察が実質的に機能していないケースもみられました。そこで，2007 年の改正では，保護観察処分少年が遵守事項を遵守しないことの程度が重く，その保護処分によっては本人の改善更生を図ること

320 第3章 刑事学

ができないと認めるときは，事前に保護観察所長が警告をした上で，家庭裁判所が決定で少年を少年院等へ送致することができるようになりました。遵守事項違反に対処する規定が盛り込まれたことは，少年の改善更生を目指す更生保護関係者にとって待望の制度改革であったといえるでしょう。

(d) 国選付添人制度の充実　国選付添人制度は2000年改正少年法でも導入されていました。従前の制度では，少年審判への検察官関与決定がなされた場合に，少年に弁護士付添人がいないケースで必要的に弁護士付添人が選任されることになっていましたが，その他のケースで少年に公費で付添人を付する制度はありませんでした。しかしながら，重大事件で観護措置がとられているようなケースでは，少年にとって影響の大きい検察官送致などの処分が予想されます。また，身柄拘束を受けている場合には，直接家族等の援助を受けることが困難であり，弁護人による資料収集などが必要となるケースが少なくありません。そこで，2007年の改正では，一定の重大事件で，少年が身柄拘束を受けている場合，家庭裁判所が職権で国選付添人を付することができるとされました（少年法22条の3第2項）。

　このほか，2000年の改正で盛り込まれた保護者に対する規定（同25条の2）と同様に，少年を取り巻く人的環境にも目を向けた新たな規定が盛り込まれました。すなわち，少年院および保護観察所の長は，それぞれ在院者や保護観察に付されている少年の保護者に対し，監護に関する責任を自覚させ，矯正教育の実効性の向上や更生に資するために指導，助言等を行うことが明文化されたのです（少年院法17条，更生保護法59条）。これらの措置は，従前から実務上行ってきてはいるものの，明文の規定を設けることで，積極的な措置がとられ，より一層の効果が生じることが期待されます。

(3) 2008年改正の背景

　少年審判については，先にみたように，2000年改正少年法において，少年事件の被害者への配慮の充実を図る観点から，少年審判の記録の閲覧・謄写や意見聴取，審判結果の通知が認められました。他方で，広く犯罪被害者等への配慮や権利利益を保障するための議論が本格化しました。こうした動きの中で，2004（平成16）年に，**犯罪被害者等基本法**が成立し，基本理念として「すべて犯罪被害者等は，個人の尊厳が重んぜられ，その尊厳にふさわしい処遇を

保障される権利を有する」ことが明記されました。また，これを受けて，2005（平成 17）年には，**犯罪被害者等基本計画**が策定されました。犯罪被害者等基本計画には，「少年審判の傍聴の可否を含め，犯罪被害者等の意見・要望を踏まえた検討を行い，その結論に従った施策を実施する」とあり，具体的施策として，かねてから要望のある被害者側に少年審判の傍聴を認めることの法制化が検討されるに至りました。

(4) 2008 年改正少年法の概要

2008 年改正少年法では，少年が起こした殺人や強盗致傷など「被害者の生命に危険を与えた」事件の少年審判（12 歳未満の事件は対象外）に，従来認められていなかった被害者や遺族の傍聴が可能となりました（少年法 22 条の 4）。本法の成立によって事件の真相を知りたいと願っていた被害者や遺族の思いが実現する運びとなりました。しかし，法制化の過程では，「なぜ少年審判は非公開にされてきたのか」との視点から，この改正には強い異議が唱えられました。すなわち，少年審判は，刑事裁判とは異なって事実関係の解明に主眼を置いておらず，少年の健全育成を目的として，少年の生い立ちや動機などを聴きながら，少年の更生を念頭に，少年院送致や検察官送致などの処分を決定する場であることから，これまで非公開にされてきたとの指摘です。こうした指摘を踏まえ，本法では，被害者等に直接傍聴を認めるに際し，少年の健全育成との調整を図ろうとしています。

(a) 対象事件の限定　被害者等に傍聴を認める対象事件が限定されました（同 22 条の 4 第 1 項）。具体的には，故意の犯罪行為により被害者を死傷させた罪（1 号），業務上過失致死傷等の罪（2 号）が対象として明記されました。なお，その後の改正により，現在では，自動車運転死傷処罰法の過失運転致死傷の罪等（3 号）も対象とされています。対象事件の設定については，広狭いずれの議論もありましたが，特に要望が強いと思われる殺人等の命が奪われた場合などに限定されました。

(b) 家庭裁判所の許可　少年審判を被害者等が傍聴する場合には，家庭裁判所の許可が要件とされました（同 22 条の 4 第 1 項）。傍聴を許可するのは，少年の年齢および心身の状態，事件の性質，審判の状況その他の事情を考慮して，家庭裁判所が相当と認めるときとされています。

322　第 3 章　刑 事 学

　2008 年改正少年法に対しては，次のような問題点が指摘されています。①少年が萎縮して十分な弁解ができず，本来の趣旨に反する。②少年審判のカウンセリング的機能が減退し，少年の健全育成にマイナスになる。③被害者が少年の不十分な反省の態度を目撃することで不満が増幅されるなど，被害者等への悪影響の可能性がある。④現在の狭い審判廷では，少年に対する加害行為など，審判廷でのトラブルが起こりうる。本制度が目指す被害者等の要求と少年の健全育成の達成は，家庭裁判所による適切なコントロールにかかっているといっても過言ではありません。本制度が，少年の真の更生に資するとともに，被害者等の要求にも応える制度になることが期待されます。

⑸　2014 年改正の背景

　2008 年改正少年法では，少年保護手続における犯罪被害者等の権利利益の保護を図るために被害者等に少年審判の傍聴が認められましたが，その後，新たな法改正に向けた議論の中で，傍聴対象事件の拡大やモニターによる視聴システムの導入などが検討されました。最終的に，これらについて導入には至りませんでしたが，このほかにも，これまでの改正を踏まえた幅広い検討が加えられ，国選付添人制度および検察官関与制度の対象事件の拡大や刑事事件の処分の一部見直しを視野に入れた議論がなされ，2014 年の少年法改正へとつながりました。

⑹　2014 年改正少年法の概要

　2014 年改正少年法のポイントは，大別すると，国選付添人制度および検察官関与制度の対象事件の拡大（手続の適正化）と少年の刑事事件の処分の一部見直し（科刑の適正化）の 2 点に集約されます。

⒜　国選付添人制度および検察官関与制度の対象事件の拡大　　国選付添人制度および検察官関与制度の対象範囲については，2000 年改正少年法における導入以来，引き続き検討されてきたテーマです。本改正は，これまでの改正法の延長線上に位置づけられるものといえます（⇨217 頁）。

　国選付添人制度は，当初は検察官関与制度にいわば対抗する制度として導入されたこともあり，その対象は検察官が審判に関与した事件への必要的付添いに限定されていましたが，2007 年改正少年法では，弁護士付添人の必要性は

THEME 5 大人とは違う少年犯罪者への取扱い   *323*

検察官関与事件に限られないとして，家庭裁判所がその必要性を勘案し裁量で選任する仕組みとなりました。もっとも，対象範囲については，検察官関与の対象とされている罪またはその罪に係る触法行為の事件とされたことから，対象事件を制限する枠組みは維持されました。この点については，対象事件に制限を加える必要性はないとの意見が出されましたが，国費を新たに投じる制度改革になる以上，類型的に必要性が高いと考えられる事件に限定すべきとの考え方が採用され，「死刑又は無期若しくは長期3年を超える懲役若しくは禁錮に当たる罪」に拡大されました（22条の3第1項）。対象範囲の妥当性は必ずしも論理的に導かれるものではありませんが，少年審判手続の適正化を図るという改正法の趣旨からは，少なくとも当時の被疑者国選弁護制度の対象範囲に合わせる必要性があったことは指摘できると思われます。

　検察官関与は，事実認定の適正化のために導入された制度であり，その趣旨はすべての事件に妥当する性格のものですから，対象範囲を対象事件（一定の重大事件）によって限定することに必然性はありません。しかし，検察官関与の導入をめぐっては，当初より，少年審判が対立の場と化し，少年の改善更生を阻害するとの危惧も根強いものがありました。そこで，国選付添人制度の対象範囲と歩調を合わせて対象事件を同一の範囲に拡大する形での改正がなされました（22条の2）。

　このように，両制度の対象範囲は対象事件において共通していますが，論理必然の関係にあるわけではありません。対象範囲はなお検討を要する課題であり，その際には，それぞれの制度趣旨に沿った必要性と合理性が問われるべきでしょう。

(b) 少年の刑事事件の処分の一部見直し　　2000年改正少年法では，少年の刑事事件の処分の見直しに注目が集まりましたが，その後，2004（平成16）年の刑法改正によって成人の有期刑の上限が30年に引き上げられた（刑法14条）ほか，量刑実務において無期刑と不定期刑（従前は長期の上限が10年）との乖離が大きすぎる旨の指摘がなされました。そこで，本改正では，**不定期刑の期間の見直し**が検討され，短期の上限は5年から10年に，長期の上限は10年から15年に引き上げられるとともに（52条1項），長期15年の刑との均衡から，無期刑の緩和刑としての有期懲役の上限が15年から20年に引き上げられました（51条2項）。また，この改正に伴って，仮釈放に要する経過期間も変

324　第 3 章　刑 事 学

更されています（58 条 1 項）。このように，本改正は，裁判での量刑の選択肢
を広げ，科刑の適正化を目指すものでありますが，重罰化につながるとの批判
もあり，議論の分かれるところです。

　他方で，不定期刑の言渡しについて処断刑を 3 年以上の懲役・禁錮とする制
限が削除され，有期刑が選択される場合には，すべて不定期刑が言い渡される
ことになりました（52 条 1 項）。本改正により**不定期刑を科すことのできる範囲
の拡大**がなされたわけですが，不定期刑に対しては，長期が実際の服役期間と
なっているケースが多く，制度自体に懐疑的な見方もあるところです。処遇に
弾力性を持たせるという不定期刑本来の趣旨に合致した運用がなされていくか
注視する必要があります。

⑺　**2021 年改正の背景**

　2007（平成 19）年 5 月に，憲法改正のための国民投票権を 18 歳以上の者に
付与する国民投票法が制定されたことを皮切りに，2015（平成 27）年 6 月に公
職選挙法が改正され，20 歳から認められていた選挙権が 18 歳に引き下げられ
ました。その際，同法改正法の附則 11 条では，年齢の均衡等を勘案しながら
民法，少年法等についても検討し，必要な法制上の措置を講じることと規定さ
れました。これを受けて，2018（平成 30）年 6 月に民法が改正され，成年年齢
が 20 歳から 18 歳に引き下げられました（2022〔令和 4〕年 4 月 1 日施行）。少年
法についても，2017（平成 29）年 3 月から，法制審議会少年法・刑事法部会に
おいて適用年齢の上限を 20 歳未満から 18 歳未満へと引き下げることなどの検
討が始まりました。そして，2021（令和 3）年 5 月に，少年法等の一部を改正
する法律が成立しました（2022〔令和 4〕年 4 月 1 日施行）。

⑻　**2021 年改正少年法の概要**

　選挙権年齢や民法の成年年齢が 20 歳から 18 歳に引き下げられ，18 歳・19
歳の者は，社会において責任ある立場で行動することが期待される時代になり
ました。そこで，2021 年改正少年法は，これらの者が罪を犯した場合，その
立場に相応しい取扱いとするために，新たに「特定少年」というカテゴリーを
設けるなどの変更を加えました。本改正は，主に，「特定少年」の取扱いに関
するものです。以下では主たる 5 点について説明します。

（a） **少年法の適用**　改正法では，従来通り，「20歳に満たない者」に少年法が適用されることは維持されています。したがって，すべての犯罪少年の事件が家庭裁判所に送致され，家庭裁判所が処分を決定する点に変わりはありません。ただし，新たに「特定少年の特例」が設けられ，18歳・19歳の少年は「特定少年」として（62条1項），17歳以下の者とは異なる取扱いを受けることになりました。

（b） **逆送対象事件の拡大**　従来，原則として検察官に逆送される対象事件は，犯行時16歳以上の少年による故意の犯罪行為で被害者を死亡させた罪とされていましたが，特定少年のときに犯した死刑，無期，短期1年以上の拘禁刑に当たる罪が追加されています（62条2項2号）。これにより，たとえば，現住建造物等放火罪，強盗罪，不同意性交等罪，組織的詐欺罪といったこれまで対象とされていなかった犯罪が原則逆送の対象事件になることとなります。また，家庭裁判所は，死刑または拘禁刑に当たる罪の事件について，調査の結果，刑事処分を相当とする場合には検察官に送致しなければならないと定められていますが（20条1項），特定少年については，対象事件の制限は置かれていません（62条1項）。さらに，これらに関連して，特定少年に逆送決定があった場合，原則として20歳以上の者と同様の取扱いになります（67条）。たとえば，特定少年に不定期刑の規定は適用されないため，有期刑の上限は，17歳以下の少年の場合が15年であるのに対し，30年になります。

（c） **報道規制の解除**　少年法61条は，審判の非公開（22条2項）と併せて，少年や家族の名誉・プライバシーを保護するとともに更生をはかる趣旨のもと，家庭裁判所の審判に付された少年や少年のとき犯した罪により公訴を提起された者について，氏名，年齢，職業，住居，容ぼう等により当該事件の本人であることを推知できるような記事や写真を出版物に掲載することを禁止しています。しかし，違反した場合でも罰則はなく，実際に報道に踏み切るケースもみられます。こうした状況の中で，改正法は，特定少年のときに犯した罪で起訴された場合（略式請求の場合を除く）の報道規制を解除しました（68条）。特定少年については起訴を条件に実名報道が許されることになりましたが，その当否については今後も議論を呼ぶでしょう。

（d） **保護処分についての特例**　少年審判において，いずれの保護処分が適切かを決定する際には，改善教育や再非行防止の観点から少年の要保護性に応

326　第3章　刑事学

じて判断がなされるのであって，非行事実の内容自体が直接考慮されるわけではないと考えられてきました。これに対し，改正法では，特定少年の場合，家庭裁判所は「犯情の軽重」を考慮して判断することが明示されました。また，保護観察や少年院送致の期間については，状況に応じた柔軟な対応を可能とするために，審判時点では明示されず，それぞれ，保護観察所の長が保護観察を継続する必要がなくなったと認めるとき（更生保護法69条），少年院の長が矯正教育の目的を達したと認めるとき（少年院法136条，更生保護法46条1項）とする一般規定が置かれていますが，特定少年に関しては，審判時に，「犯情の軽重」を考慮して，保護観察は6か月または2年のいずれか，少年院送致は3年以下の範囲内で明示されることとなりました。なお，特定少年に対して2年の保護観察に付する保護処分を決定するときには，「犯情の軽重」を考慮して，1年以下の範囲内で少年院に収容できる期間を定めることとなり，保護観察に際して，その特定少年に重大な遵守事項違反があった場合には，家庭裁判所の決定により少年院に収容することができます。「犯情の軽重」を用いた判断は，要保護性に応じた柔軟な判断や対応を阻害することも懸念されていますが，当否は別にして，ここにも特定少年の取扱いに対する基本的な考え方が表れているとみるべきでしょう。

(e)　ぐ犯少年の対象からの除外　少年法は，罪を犯した少年（犯罪少年）や14歳に満たないで刑罰法令に触れる行為をした少年（触法少年）だけでなく，将来，罪を犯したり，刑罰法令に触れる行為をしたりするおそれのある少年（ぐ犯少年）についても保護の対象としています（3条1項）。ぐ犯少年を少年法の対象に含めた趣旨は，少年の健全育成のため，犯罪や触法行為に至らない場合であっても，要保護性があるのであれば，家庭裁判所が後見的立場でできる限り早期に適切な処遇を行うことが必要かつ有効であると考えられたことにあります。本改正では，「特定少年」をぐ犯少年の対象から除外し，少年審判に付すことはできないことになりました（65条1項）。成人の場合は，そもそもぐ犯を理由に国家が介入することは許されていませんが，18歳・19歳の少年の場合も同様に取り扱うことになったわけです。

■　4　改正少年法の評価　■

　これまでみてきたように，平成年間の4度にわたる少年法改正（2000年・

2007 年・2008 年・2014 年改正法）は，およそ次の 3 つのポイントに集約されます。①事実認定手続の適正化，②処分のあり方の見直し，③被害者への配慮の充実です。

事実認定手続の適正化については，現行の職権主義的な審判構造を維持しながら，必要最低限の範囲で裁定合議制や検察官の関与，国選付添人制度などを認め，少年をフォローしつつ可能な限り客観的で正確な事実認定を目指したものといえます。また，実務では，資料の不足から適切な事実認定に支障があるケースもありましたが，任意の調査権限が明文化されるとともに，一定の強制調査権限も認められました。少年審判の事実認定の適正化という視点からは，これらの改正は基本的に支持できるように思われます。

処分のあり方の見直しについては，逆送可能年齢を 16 歳以上から 14 歳以上に引き下げた点が注目されたわけですが，これは社会の声を反映した改正です。こうした社会の声は，少年による凶悪犯罪を報じたマスメディアの影響を少なからず受けたものでしょう。それゆえ，こうした声は，「モラル・パニック」という色彩もないわけではありません（⇨237 頁）。しかし，他方で，少年に対する厳格な処分を望む声は，犯罪に対する社会の不安感を反映したものであり，体感治安の悪化に伴う市民的安全要求として無視しがたい側面も併せもっているのです。したがって，ごく少数の例外に対して，刑事処分の適用範囲を拡大する改正も，1 つの選択肢としてありうるものであったといえるでしょう。また，14 歳未満の少年の少年院送致が可能になり，保護観察処分少年による遵守事項違反に対しては少年院等への送致が可能となるなど，保護処分に関しても，厳しい態度が示されたとも言えます。いずれも少年の健全育成を念頭に置き，よりよい効果が出るよう処遇上の選択肢を増やすという趣旨では肯定的な評価が可能ですが，慎重な運用が求められるのはいうまでもありません。さらに，不定期刑等の上限引上げや不定期刑の対象の拡大については，適正な量刑や不定期刑の趣旨に照らした検証が必要です。

被害者への配慮の充実については，刑事司法と同様に，ようやく手がつけられ始めたところですが，意見聴取や被害者通知制度，記録の閲覧・謄写，被害者等の傍聴が認められました。これらは，被害者の法的地位の改善を図る改正であり，被害者への配慮の推進は，戦後刑事法制の歪みの補正の面があります。もちろん，被害者に関心が集まるあまり，「少年の健全育成」という少年

328　第3章　刑事学

法の基本理念がおろそかにされることは認められません。そこで，現行の理念の範囲での被害者への配慮が今後も推進されていくべきです。

　これら4つの少年法改正によって，長年議論の俎上に載りながら積み残されてきた主要課題はおおむね法的解決をみたといってよいでしょう。しかし，いずれの改正点も実務の運用が大きな鍵を握っており，批判的見解も，本来の趣旨から外れた取扱いがなされるのではないかといった危惧感からのものです。実務が改正法の趣旨に沿って適切なバランスの上で機能していくことが求められます。

　他方で，2021年改正少年法は，趣を異にします。少年法の根幹にかかわる「少年年齢」が正面から問われたからです。少年年齢をめぐり，法制審議会の少年法・刑事法部会では，①18歳・19歳を少年法の対象から除外すべきとする見解，②現行法を維持すべきとする見解，③一律の引下げや現状維持ではなく，犯罪の軽重等を踏まえて制度設計すべきとする見解の対立がありました。最終的に，「特定少年」という新たなカテゴリーが設けられたものの，18歳・19歳の少年を一律に保護処分の対象から除外するといったドラスティックな改正は行われませんでした。しかし，この改正に18歳・19歳の少年の取扱いを成人のものへと近づける方向性がみられることは否定できません。この点については，これまでの少年審判手続や保護処分が再非行の防止や少年の立ち直りに有効に機能してきたことを変容させないか懸念が示されているところであり，今後の動向を注視していく必要があります。

Invitation to 家庭裁判所調査官　家庭裁判所調査官――一般に家裁調査官と略されます――について知っていますか。私は，大学で教育学を学んでいたときに，少年犯罪や離婚紛争下の子の福祉などにかかわる家裁調査官という仕事を知り，採用試験を受けました。家裁が扱う問題は，複雑な人間関係や様々な感情が絡み合い，法律だけでは割り切れないことも多く，このような困難な問題の解決を図るため，心理学，社会学，社会福祉学，教育学などの専門知識や技法を学んだ家裁調査官が，全国に配置されています。

　少年事件における家裁調査官の活動についてご紹介します。事件が送致されると，家裁調査官は，記録を読み，その情報の中から，少年が事件を起こした動機や経緯について仮説を立て，何を調査するかを考えます。少年，親との面接では，事件の内容だけではなく，少年の生い立ちや家庭環境，交友関係，生活状況などにつ

いて話を聴きます。面接では，事実とともに事件時の感情を振り返らせながら聴き，少年の変化への動機づけを高めることも大切にしています。多面的に少年を理解するために，心理テストや被害者調査を行うこともあります。種々の調査で把握した事実と働き掛けの結果を踏まえて，事件の重大性，少年の問題の改善に要する時間，学校や就労先などの少年の社会資源などを検討し，裁判官に書面で処遇意見を提出します。

　最初はぶっきらぼうで反抗的だったものの，調査の過程で次第に自身の抱えてきた問題や葛藤に目を向け，審判で親子の思いを伝えあいながら，更生に向けて前向きに家裁を後にする少年もいれば，一貫して認識が深まらなかったり，社会に戻った後も変わらない環境の中で再犯に至ったりする少年もいます。すべてが良い結果となるわけではありませんが，少年が家裁の手続によって，自身の責任を自覚しつつ，家族や社会とのつながりを回復し，更生に向けて前向きに出発していったときには家裁調査官として充実感に満たされます。また，それぞれの少年に違いがあり，いつも新たな気持ちで事件に向き合うことができる点が，仕事の面白さだと思います。

　採用される学生は，多岐にわたります。法学部出身者も少なくありません。採用後に幅広く様々な分野の知識を学ぶために，職場内の研修は大変充実しています。また，仕事と家庭を両立しながら取り組んでいる人も多くいます。この本を読んでおられる多くの方に家裁調査官という仕事に興味を持っていただければ大変嬉しく思います。

〔土方正樹〕

330　第3章　刑事学

THEME 6
被害者支援をいかに実現するか

■　1　被害者学の発展　■

　従来の犯罪学はもっぱら犯罪者に焦点を当てて犯罪現象や犯罪原因を考察してきました（⇨*THEME 2*）。しかし，こうした考察方法は一面的なものであり，これのみによって犯罪の実態を解明することはできないとし，犯罪の被害者に注目せよとの主張があります。これが被害者学です。被害者学は，1948年にH・ヘンティッヒによって提唱されて以来，約半世紀の間に急速に発展を遂げました。

　被害者学は1950年代にその端緒を見出すことができるわけですが，わが国では，1960年代に関心を集め始めました。当初，わが国では，被害者学は単なる防犯の技術を教えるものにすぎず，学問的な体系化が困難で，一時的なブームに終わるといった悲観的な評価もみられましたが，その後，飛躍的に発展を遂げてきました。

(1)　伝統的な被害者学の考え方
　伝統的な被害者学の考え方といっても多岐にわたりますが，ここでは，代表的な3つの見解を紹介したいと思います。

　第1に，犯罪の発生要因として被害者の役割について考察した「犯罪の二重奏」という見解です。この見解は，犯罪を行為者と受忍者の相互関係として捉えることを説いたもので，犯罪の実態を摑むためには犯罪者だけではなく，被害者にも注目してその特性を抽出し，類型化を図る必要性が指摘されました。また，被害をこうむりやすい一般的な特性として，若者，女性，精神障害者，移民，少数民族をあげるとともに，精神・心理的特性として抑うつ性，強欲などをあげ，「**生まれながらの被害者**」の存在を唱えました（**生来性被害者説**）。

　第2に，被害者には，被害をこうむりやすい素質や環境が備わっているとする「被害（受容）性」の理論を説くとともに，犯罪の責任を加害者だけではな

く，被害者にも帰すべき場合があるとして「**被害者の有責性**」を説く見解です。この見解では，被害者の有責性は①全く責任のない被害者，②有責性の少ない被害者，③加害者と同程度に有責な被害者，④加害者よりも有責な被害者，⑤最も有責な被害者の5類型に分類されています。これらの分類によって，刑事裁判において被害者の申立て通りに認定することによる誤判の可能性が低下し，適切な量刑が可能になると説きました。

第3に，「**被害者誘発**」の理論を公式化した見解です。被害者誘発とは，被害者が直接的かつ積極的に犯罪を誘発していることをいいます。具体例として，被害者が先に殺傷能力のある武器をみせたり，口論中に相手に殴りかかった結果，反撃を受けて死亡したケースなどが挙げられます。この理論の提唱者は，588件の殺人事件のうち150件（約26%）が被害者誘発の事例であったとの調査結果をもとに，被害者誘発が犯罪の決定要因の1つであると結論づけました。

このような理論によって欧米における初期の被害者学理論の基礎が築かれていったわけですが，目指した意図はともかく，これらの理論が結果的に犯罪の原因を被害者に求めたことから，「**被害者バッシング**」につながる等の批判を受けました。また，被害者は，生まれながらにして被害者になる素質を有しているとする生来性被害者説など生物学的要素を重視する点を捉えて，被害者に対する偏見や蔑視であるとも指摘されました。さらに，初期の被害者学には，被害者支援の発想が前面に出ていなかった点も特徴的です。こうした批判・指摘を受けて，初期の被害者学理論は反省を迫られることになりました。

(2) **新しい被害者学の考え方**

初期の被害者学理論に対する批判や被害調査によって明らかとなった被害者の実態を踏まえて，1980年代半ば以降，新しい被害者学理論が展開されました。ここでは，代表的な見解を2つに分類して紹介します。

第1に，ライフスタイル理論と日常活動理論です。まず，**ライフスタイル理論**とは，犯罪と接触する可能性が高いライフスタイルを送っている者が犯罪の被害にあいやすいとする見解です。ここでいうライフスタイルは広く日常生活の中で慣習化した活動を指し，その差異が犯罪の被害者となる可能性の違いとなって現れる場合があると考えます。この見解は，被害者となる危険が，独り

暮らし，深夜の外出，都市部での生活などによって増加することを示した統計データによっても裏付けられています。次に，**日常活動理論**ですが，この見解は，被害者のライフスタイルのみならず，犯罪者のライフスタイルをも視野に入れ，犯罪が発生した原因を検討する見解です。その意味で，ライフスタイル理論の派生理論と評することができます。この見解は，犯罪者と被害者の双方の日常的ライフスタイルが共通したものであることを指摘し，犯罪は，①潜在的な犯罪者の存在，②適当な犯罪標的の存在，③監視者の不在の要素が重なった場合に発生するとして，犯罪予防のためには，市民らのライフスタイル改善が必要であると説きました。

　第2に，「第二次被害者化」と「第三次被害者化」です。まず「**第二次被害者化**」とは，刑事司法機関等の配慮に欠けた対応によって被害者の犯罪被害をさらに深刻なものにすることをいいます。犯罪捜査や刑事裁判では真実の追求を重視するあまり，しばしば被害者への配慮を欠くことがありうるのです。とりわけ，性犯罪では，それまでの被害者の異性関係などの私生活がむやみに暴かれ，プライバシーが侵害されるという傾向が顕著に現れやすいといえるでしょう。こうした事情を背景に，近時では，刑事手続における被害者の人権保護の問題が検討されているのです。次に，「**第三次被害者化**」とは，第一次・第二次被害者化によって心身ともに苦悩を負うことになった被害者に対して適切な対応もせずに放置したために，さらなる被害を負い，場合によっては自己破滅的な道をたどることがありうることをいいます。裁判において有罪判決が確定することによって，事件は一応の解決をみたと一般的には考えられがちですが，被害者の心の傷は癒されることなく残り続けます。不同意性交等による被害者の場合，こうした第三次被害者化は「セカンド・レイプ」とも呼ばれています。

　このように，新しい被害者学には，被害化予防の発想のほか，初期の被害者学とは対照的に被害者支援の発想が前面に出ているのが特徴的といえるでしょう。

(3)　これからの被害者学

　1970年代に入ると，被害者補償制度が急速に発展していきました。さらに被害者支援が具体的な活動となり，アメリカ合衆国の NOVA，イギリスの

VS, ドイツの Weisser Ring（白い輪），フランスの INAVEM など，各国で被害者支援機構が設立されました。1980 年代に入ると刑事手続における被害者の法的地位の問題が検討され，欧米諸国では被害者の保護と権利保障のための法的整備がなされ，1990 年代以降は，犯罪被害者支援の施策が強力に進められました。さらに近年では，様々な犯罪類型の被害者が研究対象に組み込まれ，犯罪予防論との連携が図られるなど一層の発展がみられます。

　他方で，1990 年代に入って被害者救済への動きが応報的な処罰思想と過度に結びつく危険性に警鐘を鳴らす「**批判的被害者学**」が主張されるようになりました。もっとも，こうした批判的被害者学の主張は，わが国の状況にストレートに当てはまるものではありません。しかしながら，被害者学における被害者救済や被害者の権利保護の主張を展開する際には，応報思想と過度に結びつく危険性を包含していることは自戒しておくべきです。被害者学の発展には，こうした批判的被害者学が危惧するような弊害を可能な限り取り除いていく努力が必要となります。

　わが国においても，1970 年代以降，被害者支援の波が訪れます。この点については，節をあらためて触れたいと思います。

■ 2　わが国における犯罪被害者支援の変遷と現状 ■

(1)　犯罪被害者支援の変遷

　わが国における犯罪被害者支援（救済）の変遷は，始動期，沈滞期，拡大・発展期，法的整備期の 4 期に分類することができます。

　(a)　始動期　　第 1 期は，1974（昭和 49）年の三菱重工ビル爆破事件を契機として，1980（昭和 55）年に犯罪被害者を経済的に支援する「犯罪被害者等給付金支給法」が成立するまでです。まさにわが国の被害者支援の始動期といえます。

　(b)　沈滞期　　第 2 期は，「空白の時代」ともいうべき 1980 年代です。1980 年に犯罪被害者等給付金支給法が制定され，犯罪被害者支援への関心が高まりをみせるかにみえましたが，その後の約 10 年間は，政府，民間のいずれにおいても目立った動きはありませんでした。犯罪被害者支援の沈滞期といえるでしょう。

　(c)　拡大・発展期　　第 3 期は，いくつかの重大事件が発生し，「被害者の

334　第 3 章　刑 事 学

再発見」という時代が到来した 1990 年代です。この時期には，民間の被害者支援組織が設立されるとともに，刑事司法機関による被害者支援体制が強化されました。また，1999（平成 11）年には，刑事訴訟法の一部が改正され，被害者等が証人となる場合を含め，証人等に対する加害行為等の防止を図るため，一定の場合に証人等の住居等の情報を保護する制度が設けられました。

　(d)　**法的整備期**　　第 4 期は，法的整備期です。2000（平成 12）年の刑事手続における犯罪被害者への配慮・保護に関する犯罪被害者等保護 2 法と 2004（平成 16）年の犯罪被害者等基本法を軸に法的整備が強力に進められました。詳しくは次の(2)で述べることにします。

(2)　犯罪被害者支援の法的整備

　(a)　**犯罪被害者等保護 2 法**　　犯罪被害者等保護 2 法は，2000（平成 12）年5 月に成立した「刑事訴訟法及び検察審査会法の一部を改正する法律」と「犯罪被害者等の保護を図るための刑事手続に付随する措置に関する法律」（以下，**犯罪被害者等保護法**）を指します。同 2 法によって次のような制度が新たに導入されました。①証人尋問の際の付添い（刑訴法 157 条の 4）。②遮蔽（同 157 条の5）およびビデオリンク方式（同 157 条の 6）の導入。③性犯罪の告訴期間の撤廃（同 235 条 1 項 1 号。その後，2017〔平成 29〕年の刑法改正で，強制性交等罪と強制わいせつ罪〔現在の不同意性交等罪と不同意わいせつ罪〕は非親告罪となりました）。④被害者等による意見陳述制度（同 292 条の 2）の導入。⑤検察審査会の審査申立権者の範囲の拡大（検察審査会法 2 条 2 項）。⑥被害者等の優先的傍聴（犯罪被害者等保護法 2 条）。⑦被害者等による公判記録の閲覧・謄写制度（同 3 条）。⑧刑事和解制度（同 4 条。現在は，犯罪被害者等権利利益保護法〔⇨337 頁〕19 条）。同 2 法は，欧米から 20〜30 年遅れているといわれたわが国の犯罪被害者支援の遅れを取り戻すための足がかりとなりました。

　(b)　**犯罪被害者等基本法**　　犯罪被害者支援の法整備が進められていく中，上記犯罪被害者等保護 2 法は，高い評価を得る反面，①経済的支援が不十分である，②刑事手続上での被害者の取扱いに対する不満が強い，③医療・福祉サービスが不足しており，特に精神的・身体的被害への対応が不十分である，④官民ともに支援体制が未成熟であるなど，犯罪被害者支援の法的整備にはいまだ不十分な点が多いことが指摘されました。

THEME 6 被害者支援をいかに実現するか 335

図表 6-1 犯罪被害者等に対する 13 の基本的施策

① 相談・情報の提供等	⑧ 刑事手続への参加機会拡充のための制度の整備等
② 損害賠償の請求についての援助等	⑨ 被害者保護，捜査，公判等の過程における配慮等
③ 給付金の支給制度の充実等	
④ 保健医療サービス・福祉サービスの提供	⑩ 国民の理解の増進
⑤ 犯罪被害者等の再被害防止・安全確保	⑪ 調査研究の推進等
⑥ 居住の安定	⑫ 民間の団体に対する援助
⑦ 雇用の安定	⑬ 意見の反映，透明性の確保

　このような状況を受けて，犯罪被害者等の権利利益のさらなる保護を図るため，2004（平成16）年12月に「**犯罪被害者等基本法**」（以下，基本法）が成立しました。基本法は，犯罪被害者等の権利利益の保護を目的に，次の3つの基本理念を掲げました。①犯罪被害者等は個人の尊厳が尊重され，その尊厳にふさわしい処遇を保障される権利を有する（基本法3条1項）。②被害の状況および原因，犯罪被害者等が置かれている状況等の事情に応じた適切な施策を講じる（同条2項）。③再び平穏な生活を営めるまでの間，途切れることなく支援を行う（同条3項）。また，犯罪被害者等のための施策が円滑に実施されるよう，国・地方公共団体・日本司法支援センター（法テラス）などの関係機関は相互に連携を図りながら協力しなければならない（同7条）とするとともに，国が講じるべき13の基本的施策（⇨**図表6-1**）をあげています（同11条〜23条）。

(c)　犯罪被害者等基本計画　基本法では，国が総合的かつ計画的に上記基本的施策を推進するために基本計画を定めなければならないと規定しています（同8条）。そこで，基本法を踏まえて，2005（平成17）年12月に第1次となる「犯罪被害者等基本計画」（以下，基本計画）が閣議決定されました。第1次基本計画では，実施期間を2010（平成22）年までの5年間とし，合計258施策に取り組みました。

　続く，2011（平成23）年4月から2015（平成27）年度末までを計画期間とする第2次基本計画では，犯罪被害給付制度の拡充，被害者参加人への旅費等の支給，国選弁護制度の資力要件の緩和，市町村における総合的対応窓口の整備等がなされました。2016（平成28）年4月に閣議決定された第3次基本計画では，海外での犯罪被害者に対する経済的支援や犯罪被害給付金制度についての

336　第3章　刑事学

図表6-2　第4次犯罪被害者等基本計画

4つの基本方針	① 尊厳にふさわしい処遇を権利として保障すること		
	② 個々の事情に応じて適切に行われること		
	③ 途切れることなく行われること		
	④ 国民の総意を形成しながら展開されること		
5つの重点課題	① 損害回復・経済的支援等への取組み	（12条・13条・16条・17条関係）	37施策
	② 精神的・身体的被害の回復・防止への取組み	（14条・15条・19条関係）	87施策
	③ 刑事手続への関与拡充への取組み	（18条関係）	41施策
	④ 支援等のための体制整備への取組み	（11条・21条・22条関係）	84施策
	⑤ 国民の理解の増進と配慮・協力の確保への取組み	（20条関係）	30施策

　実態調査の実施等が盛り込まれています。また，「内閣の重要政策に関する総合調整等に関する機能の強化のための国家行政組織法等の一部を改正する法律」の施行に伴い，2016（平成28）年4月1日からは，犯罪被害者等の施策の管轄が，内閣府からより現場に近い国家公安委員会（警察庁）に移されています。そして，2021（令和3）年4月1日から第4次基本計画がスタートしています。第4次基本計画では，実施期間を2026（令和8）年までの5年間とし，合計279施策に取り組むこととされました（⇨**図表6-2**）。

　中でも注目されるのは，社会問題化していたインターネット上の誹謗中傷に関する相談体制の充実が盛り込まれたことです。総務省が相談体制の充実や広報啓発の強化を担当することになっています。また，性犯罪被害者のニーズに応えるべく，ワンストップ支援センターで夜間休日も相談を受け付けるコールセンターの設置が明記されました。早期の実現が望まれます。

　なお，基本計画の詳細や進捗状況などについては，犯罪被害者等基本法10条に基づいて作成されている『犯罪被害者白書』に掲載されており，警察庁のホームページで閲覧可能になっています。

THEME 6 被害者支援をいかに実現するか　*337*

■　3　犯罪被害者支援の展開　■

(1)　被害者の刑事裁判への参加制度の創設

　2005（平成17）年の第1次基本計画では，5つの重点課題の1つとして，刑事裁判に犯罪被害者等の意見をより反映させるべく，刑事裁判手続に直接関与できる制度の導入を検討するよう求めていました。

　これを受けて，2007（平成19）年6月に「犯罪被害者等の権利利益の保護を図るための刑事訴訟法の一部を改正する法律」が成立しました（同法によって「犯罪被害者等保護法」は**「犯罪被害者等権利利益保護法」**〔正式名称：犯罪被害者等の権利利益の保護を図るための刑事手続に付随する措置に関する法律〕となり，刑事訴訟法の一部も改正されました。また，同法では，刑事裁判への被害者参加制度のほかに，犯罪被害者等の氏名等の情報保護や刑事手続の成果を利用した損害賠償命令といった制度が創設され，公判記録の閲覧・謄写範囲も拡大されています）。

　同法によって犯罪被害者等は裁判所の許可を得て，**被害者参加人**という特別な地位において，検察官と密接にコミュニケーションを図りつつ，刑事裁判手続に直接的に関与できるようになりました。一定の犯罪の被害者等であって，資力要件を満たす場合には，国費で被害者参加弁護士の援助を受けることもできます（⇨219頁）。しかし，注意を要するのは，本制度は，国家による訴追という現行法の仕組み（当事者主義的訴訟構造）を前提としつつ，基本計画にあるように犯罪被害者等の尊厳にふさわしい処遇の実現が目指されたという点です。同法で参加が認められたのは，主として次の3点です。

　第1に，**証人尋問**です。同法によって裁判所は，被害者参加人から，検察官を介して証人尋問の申出があり，審理の状況，尋問事項の内容等を考慮して相当と認めるときは，情状に関する事項について証人の供述の証明力を争うための尋問を許すものとされました（刑訴法316条の36）。

　第2に，**被告人質問**です。裁判所は，被害者参加人から検察官を介して被告人質問の申出があり，意見陳述をするために必要と認められる場合で，審理の状況，質問事項の内容等を考慮して相当と認めるときは，被告人質問を許すものとされました（同316条の37）。

　第3に，**弁論としての意見陳述**です。それまでにもすでに意見陳述は認められていましたが（同292条の2），本法で，裁判所は，被害者参加人から，検察

338 第3章 刑事学

官を介して，事実または法令の適用についての意見陳述の申出があった場合，審理の状況等を考慮して相当と認めるときは，検察官の論告・求刑の後に訴因として特定された事実の範囲内で意見を陳述することを許すものとされました（同316条の38）。

(2) 経済的支援の充実

2005（平成17）年の第1次基本計画で提示された5つの重点課題の1つに「損害回復・経済的支援等への取組」が掲げられ，給付金の支給に係る制度の充実等が求められていました。そこで，2008（平成20）年4月には，「犯罪被害者等給付金の支給等に関する法律の一部を改正する法律」が成立しました。

同法では，経済的支援を中心に主に以下の改正がなされました。

第1に，**法律名の変更**です。改正前の「犯罪被害者等給付金の支給等に関する法律」という名称は，給付金を支給する目的が不明であり，恩恵的制度であるとの誤解を招くとの指摘がなされていました。そこで，本法によって犯罪被害者等を支援するという給付金の目的を明らかにする文言が付加され，「犯罪被害者等給付金の支給等による犯罪被害者等の支援に関する法律」（以下，**犯罪被害者支援法**）に改められました。

第2に，**目的規定の変更**です。改正前の法の目的は，「犯罪被害等の早期の軽減に資すること」とありましたが，基本法の基本理念には「再び平穏な生活を営むことができるように……支援」することと掲げられているため（同法3条3項），これとほぼ同一の文言を追加しました（犯罪被害者支援法1条）。

第3に，**重傷病給付金額**が加算されました。従来から，全治1か月以上かつ入院3日以上の重傷病を負った犯罪被害者に対しては，重傷病給付金が支給されてきましたが，支給額は保険診療による医療費の自己負担相当額とされてきました。しかし，重傷病者には，療養のための休業が原因で収入が減少する者がいることから，本改正では，休業損害を考慮した経済的支援として，上記犯罪被害者に対しては，政令で定める額（120万円）を上限に，収入を得ることができない日数や減収入額を勘案して加算した金額が支給されることになりました（同9条2項〜4項）。

第4に，**給付金申請期間の特例**です。改正前の給付金の申請期間は，申請者が被害の発生を知った日から2年，または，犯罪被害の発生から7年でした。

THEME 6 被害者支援をいかに実現するか 339

しかし，被害者が監禁されていた場合などのように，やむを得ない理由で申請期間が経過した場合にまで一律に申請を認めないのはあまりに酷であるとの指摘がなされていました。そこで，本改正では，やむを得ない理由がなくなった日から6か月以内であれば申請できるようになりました（同10条3項）。

なお，本法律では，都道府県公安委員会や国家公安委員会等に対しては，支援活動を行う民間団体の活動を促進すべく必要な助言や指導等の措置を講ずるよう努めることとされたほか，国家公安委員会，都道府県公安委員会，警視総監・道府県警察本部長および警察署長に対しては，国民の理解と協力を得るべく広報啓発活動に努めることとされました（同22条）。

(3) 処遇段階での被害者の関与

2021（令和3）年の第4次基本計画では「刑事手続への関与拡充への取組」が5つの重点課題の1つに掲げられていますが，その中では犯罪者（加害者）処遇における犯罪被害者等への配慮の充実などが記されています。2022（令和4）年6月に成立した「刑法等の一部を改正する法律」では，犯罪者処遇に関して，こうした犯罪被害者等への配慮の充実が図られました。

施設内処遇については，刑事施設の受刑者や少年院の在院者に関して，**被害者等の心情等の聴取**に関する制度（刑事収容施設及び被収容者等の処遇に関する法律〔以下，刑事収容施設法〕85条3項，少年院法23条の2第2項），**被害者等の心情等の処遇内容への反映**に関する制度（刑事収容施設法85条1項・2項，103条3項，少年院法23条の2第1項，24条4項，34条4項），また**被害者等の心情等の受刑者・在院者への伝達**に関する制度（刑事収容施設法103条4項，少年院法24条5項）が新たに導入されました。被害者等から心情等を聴取し，そうした被害者等のいわば「生の声」を受刑者・在院者に直接伝達するという仕組みは画期的なものと言えます。

社会内処遇についても，従来から保護観察対象者に対する被害者等の心情等伝達制度はありましたが，被害者等の心情等の聴取に関する規定をそれらの伝達に関する規定から切り離して独立させました（更生保護法65条1項）。これにより，被害に関する心情等を述べることだけを望む被害者等から，当該心情等を聴取することができ，よりきめ細かな対応を図ることができるようになりました（**心情等聴取・伝達制度**）。ほかにも，犯罪をした者または非行のある少年

340　第3章　刑事学

に対して更生保護法上の措置を行うに際しては，被害者等の被害に関する心情
や置かれている状況等をも十分に考慮することが求められる（同3条）など，
被害者等への配慮の充実が図られています。

(4)　残された課題

　公判手続への被害者参加は，基本法が掲げる被害者の尊厳の尊重を根拠に創
設された制度ですから，その心情や意見を十分に踏まえた着実な発展が望まれ
ます。そうした中，本制度の実施に伴って顕在化してきた犯罪被害者等の新た
なニーズもあります。公判前整理手続へ参加したいとの要望がその代表例で
す。公判前整理手続は裁判所と両当事者（検察官と被告人・弁護人）の率直な意
見交換の場であるという枠組みの下でなされていることもあり，犯罪被害者等
の要望は実現には至っていません。参加を認めることに対しては，十分な意見
交換ができないといった懸念も示されているところですが，近時，最高検察庁
は，全国の検察庁に対し，犯罪被害者等が公判前整理手続の傍聴を希望する場
合には裁判所にその旨を伝える配慮が必要である旨の通知をしており，今後の
動向が注目されます。他方で，本制度に対しては，被告人の防御権との関係で
懸念が指摘されているほか，裁判員制度の対象となることから，裁判員の判断
に不当な影響が及ぼされることがないよう運用面での配慮が必要となるでしょ
う。

　次に，経済的支援については，これまでの基本計画の下，犯罪被害給付制度
が拡充されたほか，被害者参加人に対する旅費等の支給など各論的項目にも目
が向けられました。給付額や給付対象の妥当性などについては引き続き検討が
必要です。

　なお，**海外**での**犯罪被害者**に対する経済的支援にも近年ようやく目が向けら
れ，「国外犯罪被害弔慰金等の支給に関する法律」が2016（平成28）年11月に
施行されました。本法では，死亡した国外犯罪被害者の遺族に対しては弔慰金
200万円が，障害が残った国外犯罪被害者に対しては見舞金100万円が支給さ
れることとなりました（同8条）。今後の運用の実績を踏まえ，一層の充実を図
る必要があります。

　ただ，犯罪被害者の損害回復という点では，被害賠償の実現が十分に行われ
ていないという課題が残されています。損害賠償命令制度が創設されたり，

THEME 6 被害者支援をいかに実現するか　　*341*

2019（令和元）年 5 月に民事執行法が改正され，犯罪被害者等の債権者による債権回収の実効性向上のため，債務者の財産を特定するべく第三者からの情報取得手続の制度も導入されたりしていますが，損害賠償がきちんと支払われていないケースがいまだに多くあります。そこで，国が，犯罪被害者に対して損害賠償の立替払いを行った上で，犯罪被害者に代わって債務者である加害者に対し損害賠償額の請求を行うといった制度の提案もなされています。なお，地方公共団体によっては，上限額を設けつつも，同様の制度を条例で導入しているところもあります（兵庫県明石市）。

　そして，処遇段階での関与については，犯罪被害者保護と加害者の改善・社会復帰支援・促進の必要性との調整が課題と言えるでしょう。被害者等の心情等を処遇内容に反映したり，加害者に伝達したりするとしても，反省・謝罪の強制では意味がありません。加害者にとっても，自ら内省することを通じて自分が行った犯罪に向き合うことで自発的に罪を償えるようになることが望ましいと言えます。被害者等の心情等の処遇内容への反映や加害者への伝達が，そうした契機になることが望まれます。

◾ 4　修復的司法の考え方と問題点 ◾

　以上，犯罪被害者支援の法的整備を中心にみてきましたが，犯罪被害者支援の変遷における第 3 期および第 4 期には，従来の刑事司法パラダイムの転換を目指す**修復的司法**（restorative justice）に関する議論が高まりをみせ，被害者救済の画期的なアイデアとして注目されるようになりました。

⑴　**修復的司法とは**

　修復的司法の内容については，多様な理解が可能ですが，これまでの議論を踏まえると，従来の「**応報的司法**」**からの脱却**を目的として，犯罪者のみならず被害者やコミュニティーが司法手続に参加し，三者の関係修復を目指した理論・実務の総称的な用語といえます。修復的司法では，従来の刑事司法手続のように当事者を代理する専門家に依拠したものとは異なり，犯罪者，被害者，遺族などの犯罪当事者と犯罪者の家族，コミュニティーの住民などの関係者が直接的に参加します。その会合では，犯罪によって破綻した犯罪者，被害者およびコミュニティーの関係を修復するために，犯罪への対応として何をなすべ

きかが話し合われることが想定されます。犯罪者は謝罪と責任の念を表明して損害回復を行い，コミュニティーへの再統合が図られます。他方，被害者は，会合において自らの鬱積した感情を打ち明けることで心理的カタルシスを得たり，損害賠償の合意を獲得し，被害者感情の慰撫と損害の回復が図られます。コミュニティーは，三者の関係修復のための処分に参加するとともに，社会的な絆を強化し，秩序の回復・維持が図られます。このようにみると，修復的司法の理念は，**被害者や犯罪者，コミュニティーの関係修復**に集約されるといってもよいでしょう。

(2) 修復的司法が急速に発展したわけ

　修復的司法については，1960年代頃から一部で先駆的な試みがなされていましたが，90年代後半に脚光をあびて各国に広まりました。では，なぜ修復的司法はこの時期に急速に発展したのでしょうか。ここでは，以下の3点を指摘しておきたいと思います。

　第1に，**犯罪被害者の法的地位向上論が行き詰まり**をみせたことです。従来の刑事司法が犯罪者に対する対策に目を奪われ，犯罪被害者への配慮を欠いてきた反省から，1980年代には各国で犯罪被害者の法的地位を向上させ，救済する施策が実施されました。しかし他方で，犯罪被害者の刑事司法への関与には本質的な限界があることが周知のものとなりました。そこで，従来の刑事司法を抜本的に改め，パラダイム転換を模索する動きとなったのです。

　第2に，**コミュニティー司法の考え方が浸透**したことです。コミュニティー司法の意義は多義的ですが，コミュニティーにとって，近代型の刑事司法機関による犯罪処理は何ら有益ではなく，犯罪はコミュニティーの生活に影響を及ぼす社会問題でもあるとの考えを出発点とする考え方です。コミュニティーにとっては，そこのメンバーが犯罪処理に参加するとともに，犯罪予防や近隣社会の再活性化の活動を行い，犯罪および不安感の減少を目指すことが有益であると考えられたのです。

　第3に，**厳罰化に対するアンチテーゼ**となることが期待されたことです。たとえば，アメリカ合衆国では，1970年代に起こった社会復帰思想から正義モデルへの転換によって，厳罰化が進みました。こうした厳罰化政策は，応報的理念を基礎として抑止刑論や隔離思想によって支えられており，諸外国の刑事

政策に影響を与えましたが，様々な問題点も指摘されました。修復的司法は，こうした問題点を克服すべく厳罰化政策に対抗するアンチテーゼとして出現してきたのです。

(3) 修復的司法の問題点

　修復的司法は，犯罪者，被害者およびコミュニティー三者の関係修復を目指して実りある成果を得ていると一般的に評価されています。また，修復的司法に寄せられる期待も小さくはありません。しかし，近年では，修復的司法プログラムの調査研究を踏まえ，理念そのものに疑問を呈する思潮が台頭してきていることには注意が必要です。たとえば，被害者自らが深刻な苦しみや怒りなどを十分に吐露できない，犯罪者との直接対面はトラウマとなるとの指摘や，参加してはみたものの犯罪者の誠意が感じられなかったことで会合出席後の方が不快感を抱くようになるなどの調査報告もあります。修復的司法の名の下に，犯罪被害者が加害者の社会復帰のために利用されたと感じることがないような仕組みが必要です。

　また，修復的司法が犯罪者の道徳的成長を促し，行動パターンを変えるという実証的根拠はほとんどありません。すなわち，修復的司法プログラムが再犯率や犯罪発生率に及ぼす効果は実証的には示されておらず，希望的観測に基づいていることが多いように思われます。修復的司法が犯罪者の改善効果を有するのかに疑問が呈されているのが現状です。そもそも一定の改善効果をあげるためには，コミュニティー改革のほか，犯罪者処遇の基盤づくりが必要であり，人的・物的の両面で克服すべき課題は多いでしょう。

　さらに，修復的司法には，関係修復の会合が公開された話合いの場ではないことや証拠の利用方法および弁護人依頼権など，犯罪者に保障されている憲法上の権利侵害の可能性も指摘されています。このほか，関係修復については，コミュニティー間の資力による格差や，民族間の差別といった問題点が指摘されています。コミュニティーにとって修復的であろうとすることは，現実の社会矛盾の中ですでに生じている困難な課題ともぶつからざるをえない状況になるでしょう。

さ く い ん

あ 行

IT化 …………………………………120
アメリカ法化…………………………109
暗　数…………………………………240
安全神話………………………………239
安楽死……………………………………62
異議の申立て…………………………176
一般予防…………………………19, 260
違法性阻却………………………40, 62
違法性の錯誤……………………………46
因果関係…………………………………38
因果的共犯論……………………54, 82
インサイダー取引………………………95
疑わしきは被告人の利益に……………109
営業秘密…………………………………98
冤罪事件………………198, 201, 205
応報刑論…………………………19, 260
応用憲法………………………………108
横領罪……………………………18, 89
オレオレ詐欺……………………76, 159
オンライン化…………………………120

か 行

改善指導………………………………285
核心司法………………………………190
過　失……………………………………43
課徴金……………………………………93
家庭裁判所…………………311, 321
家庭裁判所調査官……………………328
仮釈放………………263, 295, 316
仮退院…………………………………295
科　料…………………………………269
カルネアデスの板………………………21
環境学派………………………………245
環境犯罪学……………………………255
監護者性交等罪…………………………67

[右段]

監護者わいせつ罪………………………67
監視社会………………………………256
間接正犯…………………………………51
危険現実化説……………………………39
既　遂……………………………………48
起訴裁量主義…………………………131
起訴状一本主義………………………109
起訴相当………………………………133
起訴便宜主義…………………………131
起訴猶予……………………131, 262
期待可能性………………………………34
規範違反説………………………20, 40
規範的責任………………………………34
欺罔行為…………………………………76
逆　送………………313, 316, 325
客観主義…………………………………19
客観的危険説……………………49, 81
旧刑事訴訟法…………………………107
糺問主義………………………………112
教育刑論………………………………260
教誨師…………………………………289
教科指導………………………………286
教　唆……………………………………53
供述調書………………………………140
矯　正…………………………………281
強制起訴……………………135, 138
行政刑法…………………………………14
矯正施設………………………………281
矯正処遇………………………………284
強制調査………………………………318
共同正犯…………………………52, 82
共　犯……………………………51, 82
共犯の従属性……………………………54
共謀共同正犯……………………………52
共謀罪……………………………………53
業務上横領罪……………………………89
挙証責任………………………………140

さくいん　*345*

緊急避難 …………………………21, 41
禁　錮………………………………267
近代学派 ……………………………19
金融商品取引法 ……………………93
具体的危険説 …………………49, 81
具体的符合説 ………………………45
ぐ犯少年 ……………………………326
区分審理・部分判決 ………181, 187
経済刑法 ………………………14, 90
経済犯罪 ……………………………88
警察官 …………………9, 160, 163
警察官面前調書 ………………142, 147
警察制度……………………………159
警察捜査……………………………151
警察白書……………………………226
刑事学 ………………………2, 5, 224
刑事施設……………………………281
刑事施設視察委員会………………290
刑事収容施設法 ………………3, 281
刑事処分……………313, 315, 327
刑事政策……………………………224
刑事訴訟規則………………………107
刑事訴訟法 ………………2, 5, 106
刑事手続の IT 化……………………119
刑事手続の流れ……………………118
刑事弁護………………………195, 212
刑事法 …………………………2, 224
　——における三位一体性…………7
刑事免責……………………………175
刑の（一部の）執行猶予 ……262, 302
刑罰法規不遡及の原則 ……………32
刑罰論 …………………………16, 259
刑　法 …………………2, 5, 14, 224
刑法各論 ……………………………16
刑法・刑罰の謙抑性 ……24, 87, 280
刑法総論 ……………………………16
刑法典 ………………………………14
刑法犯認知件数……………………154
刑務官 …………………………10, 308
刑務作業………………………282, 285
刑務所………………………………281
刑務所参観 ………………………8, 227

ケースセオリー……………………209
結果無価値論 ………………………20
検察官 …………………………9, 101
検察官関与……………………314, 322
検察官起訴専権主義 ………131, 137
検察官送致……………………313, 316
検察官適格審査制度………………132
検察官面前調書 ………………142, 148
検察事務官……………………10, 102
検察審査員…………………………130
検察審査会制度……………………130
憲法化………………………………108
故　意 ………………………………43
公安委員会…………………………161
行為責任論 …………………………35
行為無価値論 ………………………20
合議事件……………………………165
抗拒不能要件 ………………………69
拘禁刑 …………………………5, 267
更生緊急保護………………………304
公正取引委員会 ……………………92
更生保護……………281, 292, 300, 305
構成要件 ………………………15, 37
　——該当性…………………………37
控訴審………………………………188
拘置所………………………………281
公判準備……………………………166
公判審理……………………………169
公判前整理手続 ……127, 167, 181, 186
交番・駐在所………………………238
公判中心主義………………………169
公判弁護……………………………209
勾　留 …………………………125, 196
拘　留………………………………267
高齢者犯罪…………………………233
国選付添（人）……………217, 320, 322
国選弁護（人）……………194, 201, 215
個人法益に対する罪 ………………17
国家法益に対する罪 ………………18
古典学派 ……………………………19
コミュニケイティブ司法 …………10
コントロール理論…………………252

346　さくいん

コンプライアンス ……………………87

さ 行

罪刑法定主義 …………………………31
財産刑 ……………………………269, 271
財産に対する罪 ………………………17
罪 数 …………………………………55
裁定合議 ……………………165, 314, 327
サイバー犯罪 ………………100, 156, 239
裁判員 ………………………………183
　——の辞任……………………………187
　——の選任 …………………………126, 184
裁判員裁判 ……8, 149, 165, 192, 195, 217
　——の対象事件…………………………182
裁判員裁判弁護技術研究室…………221
裁判員制度 ……………………114, 181
裁判員法 ……………………………181
裁判官 …………………………10, 164
裁判官…………………………………179
裁判所…………………………………164
裁判所事務官・裁判所書記官………10, 180
再犯の防止 …………………………294, 306
裁判傍聴 ………………8, 115, 180, 192, 226
裁判報道…………………………………7
詐欺罪 ……………………18, 76, 88, 233
作 為 …………………………………46
錯 誤 …………………………………44
死 刑 …………………………………263
死刑存廃論………………………………265
事後審 …………………………164, 188
自己負罪拒否特権………………………207
事後法の禁止……………………………32
自殺関与 ………………………………61
事実の錯誤 ……………………………44
施設内処遇………………………………281
実行の着手………………………………48, 79
執行猶予　→刑の（一部の）執行猶予
実体的真実の発見 ……………………112, 152
実体法……………………………………106
実名報道…………………………………325
指定弁護士………………………………137
指導監督…………………………………298

児童虐待 ……………………………220, 275
児童自立支援施設 …………………312, 319
死ぬ権利………………………………60
自 白 …………………………………197
司法過疎…………………………………220
司法制度改革 ……4, 114, 134, 181, 200, 204
司法ソーシャルワーク…………………221
社会環境と犯罪…………………………248
社会集団と犯罪…………………………249
社会的行為論……………………………37
社会的責任論……………………………35
社会統制機能……………………………30
社会内処遇………………………………292
社会法益に対する罪 …………………18
社会奉仕命令……………………………272
社会倫理維持……………………………22
惹起説…………………………………54
自由刑 ……………………………267, 270, 282
従 犯 …………………………………53
修復的司法………………………………341
就労支援…………………………………286
主観主義 ………………………………20
受刑者……………………………………282
守秘義務…………………………………190
準立会い…………………………………208
承継的共犯………………………………82
条件関係…………………………………38
証券取引等監視委員会…………………96
証拠開示 …………………123, 168, 181, 202
証拠構造…………………………………167
証拠調べ…………………………………172
証拠能力…………………………………140
証人尋問 ………………………121, 128, 175
証人審問権………………………………146
少年院 ………………………………291, 319
少年鑑別所………………………………291
少年審判 ………………………………217, 313
　——の傍聴………………………………217
少年犯罪・非行 ……………………230, 234
少年法 ……………………………297, 303, 311
消費者犯罪………………………………99
情報通信技術……………………………100

触法少年	317
女性犯罪	231, 235, 253
職権主義	109
書類の授受	123
侵害原理	24
人権保障機能	30
親告罪	69
審査補助員	137, 138
真正不作為犯	47
心臓死	59
心理強制説	32
スタッフ弁護士	220, 221
ストーカー	220, 276
性格責任論	35
制限区分	286
性交同意年齢	69
精通弁護士	218
性的意図	67
性的グルーミング	67
性的自己決定権	66
性的姿態撮影等処罰法	74, 280
性的自由	66
正当化事由	40
正当防衛	41
正 犯	51
性犯罪	66
監護者による――	67
――〔の〕欺罔・錯誤型	71
――〔の〕公訴時効	73
――の本質的要素	71
精密司法	202
生来性犯罪者	244
生来性被害者	330
責任主義	34
責任阻却	62
接見交通（権）	124, 198
接見指定	198
窃盗罪	18, 84
全件送致主義	311
臓器移植	59
総合法律支援	214
捜 査	9, 101, 113, 151

捜査共助	100
捜査弁護	196, 207
相対的応報刑	260
相当因果関係	38
相場操縦	95
遡及処罰の禁止	31
組織犯罪	53, 101, 162
訴訟指揮権	170
租税犯罪	96
尊厳死	63

た　行

胎児傷害	57
第二次被害者化	332
ダイバージョン	261
代用監獄・代用刑事施設	196
脱 税	96
だまされたふり作戦	81
弾劾主義	112
単独事件	165
治 安	237
知的財産権	98
中止犯	50
抽象的符合説	45
懲 役	267
調査前置主義	311
調書裁判	195, 202
懲 罰	288
直接主義	146
追 徴	269
DV	220, 277
ディスクロージャー	94
手紙の発受	284
適正処罰の原則	33
適正手続の保障	112, 152
デジスタンス研究	256
手続法	106
テ ロ	240
電子監視	273
電子計算機使用詐欺	89
電子データ化	120
電子令状	122

伝聞供述······142
伝聞証拠······141
伝聞法則······140
　——の例外······146
同意殺人······61
同意傷害······29
同意書面······147
道義的責任論······34
当事者主義······108
当番弁護士······200
動物処刑······259
篤志面接委員······289
特殊詐欺······75, 158
独占禁止法······91
特定少年······324
特別刑法······14
特別背任罪······89
特別予防······20, 260
賭　博······28
取調べ······124, 196
　——の可視化······201, 204
　——の録音・録画······205
　——への弁護人立会い······206

な　行

日常活動理論······332
日本司法支援センター（法テラス）······214
任意開示······168
認識ある過失······43
認識なき過失······43
年齢差要件······72
脳　死······59

は　行

陪審制度······131
背任罪······89
パターナリズム······24
罰　金······269
判　決······178, 188
犯　罪······36, 224
　——に対する不安感······242
　——の凶悪化······232

社会環境と——······248
社会集団と——······249
犯罪概念······36
犯罪学理論······254
犯罪原因······225, 246
犯罪社会学······248
犯罪情勢······229, 236
犯罪心理学······248
犯罪人類学······245
犯罪生物学······247
犯罪動向······229
犯罪白書······226
犯罪被害者　→被害者
犯罪被害者支援（法）······218, 333, 338
犯罪被害者等基本計画······335
犯罪被害者等基本法······320, 335
犯罪被害者等権利利益保護法······337
犯罪被害者等保護······114, 132, 334
犯罪予防······151, 239
犯罪類型······36
犯罪論······16
犯則調査······92, 96, 97
反対尋問······143
被害者······300, 330
　——の承諾······29
　——への配慮······315, 327
被害者学······241, 330
被害者参加······126, 170, 219, 337, 340
被害者参加弁護士······219
被害者バッシング······331
被疑者国選弁護······194, 201, 215
被疑者ノート······204
被告人質問······176
微罪処分······262
必要的弁護事件······195
非伝聞······143
人質司法······195
人の始期······57
人の終期······59
批判的被害者学······333
評　議······177, 193
　——の秘密······189

さくいん　*349*

フェミニスト犯罪学·············253	保釈手続 ···············210
フォイエルバッハ ···············32	逋脱犯 ················96
武器統制················238	没　収 ···············269
不作為 ················47	補導援護 ···············98
不真正不作為犯 ···············47	ボンド理論···············252
不同意性交等罪···············71	
不同意わいせつ罪···············71	**ま　行**
不当な取引制限 ···············91	マグナ・カルタ機能···············31
不能犯 ·············49, 81	魔女裁判···············244
部分判決 ···········181, 187	マネーロンダリング···············101
プレゼンテーション方式·············176	未　遂 ···············48
弁解録取···············126	見直し条項···············70
弁護士 ············10, 212	水俣病 ················57
弁護人依頼権···············194	未必の故意 ············44, 79
弁護人立会い···············206	民事不介入の原則···············274
法　益···············15	民事法 ················6
法益侵害説···········20, 38, 40	明確性の原則 ···············33
法益保護···············23	面　会···············283
暴行・脅迫要件···············69	模擬裁判···············116
幇　助···············54	目的刑論···············20
法人重課···············93	黙秘権···············207
法　曹···············9	モラリズム ···············23
法定刑···············15	モラル・パニック···············237
法廷警察権···············170	問題解決型裁判所···············263
法廷見学　→裁判傍聴	
法定合議···············165	**や　行**
法定的符合説···············45	有価証券報告書等の虚偽記載 ·············94
法廷傍聴　→裁判傍聴	優遇区分···············287
法テラス　→日本司法支援センター	
報道規制···············325	**ら　行**
冒頭陳述 ···········173, 186	ライフスタイル理論···············331
冒頭手続···············171	ラベリング理論···············250
法の適正手続···············31	立証趣旨···············144
方法の錯誤 ···············44	リニエンシー制度 ···············93
法律相談 ···········214, 220	リベンジポルノ···············278
法律の留保···············108	類推適用の禁止 ···············33
暴力団対策 ·········154, 157, 163	労役場留置···············269
保護観察 ·········296, 312, 319	論告・弁論···············177
保護観察官 ·········10, 293, 309	ロンブローゾ···············244
保護観察対象者···············297	
保護司 ··········10, 238, 294	**わ　行**
保護処分···············314	わいせつ物 ···············25

| 編者紹介 | 三 井　　誠（みつい　まこと） |
| | 神戸大学名誉教授 |

瀬 川　　晃（せがわ　あきら）
同志社大学名誉教授

北川佳世子（きたがわ　かよこ）
早稲田大学教授

入門刑事法〔第9版〕

An Introduction to Criminal Law,
Criminal Procedure and Criminology, 9th ed.

2000 年 4 月 30 日　初　版第 1 刷発行	2017 年 3 月 30 日 第 6 版第 1 刷発行
2002 年 4 月 20 日　補訂版第 1 刷発行	2020 年 4 月 10 日 第 7 版第 1 刷発行
2003 年 5 月 10 日 第 3 版第 1 刷発行	2022 年 3 月 30 日 第 8 版第 1 刷発行
2009 年 11 月 15 日 第 4 版第 1 刷発行	2024 年 9 月 30 日 第 9 版第 1 刷発行
2013 年 12 月 20 日 第 5 版第 1 刷発行	

編　者	三井誠　瀬川晃　北川佳世子
発行者	江草貞治
発行所	株式会社有斐閣
	〒101-0051 東京都千代田区神田神保町 2-17
	https://www.yuhikaku.co.jp/
装　丁	与儀勝美
印　刷	大日本法令印刷株式会社
製　本	牧製本印刷株式会社
装丁印刷	株式会社亨有堂印刷所

落丁・乱丁本はお取替えいたします。定価はカバーに表示してあります。
©2024, M. Mitsui, A. Segawa, K. Kitagawa.
Printed in Japan ISBN 978-4-641-13971-8

本書のコピー、スキャン、デジタル化等の無断複製は著作権法上での例外を除き禁じられています。本書を代行業者等の第三者に依頼してスキャンやデジタル化することは、たとえ個人や家庭内の利用でも著作権法違反です。

JCOPY 本書の無断複写（コピー）は、著作権法上での例外を除き、禁じられています。複写される場合は、そのつど事前に、(一社)出版者著作権管理機構（電話03-5244-5088，ＦＡＸ03-5244-5089，e-mail:info@jcopy.or.jp）の許諾を得てください。